जायसी : एक नयी दृष्टि

जायसी : एक नयी दृष्टि

डॉ. रघुवंश

एम.ए., डी. फिल्

पूर्व विभागाध्यक्ष, हिन्दी विभाग

इलाहाबाद विश्वविद्यालय, प्रयागराज

लोकभारती प्रकाशन

लोकभारती प्रकाशन
पहली मंजिल, दरबारी बिल्डिंग, महात्मा गाँधी मार्ग
प्रयागराज-211 001

वेबसाइट : www.lokbhartiprakashan.com
ईमेल : info@lokbhartiprakashan.com

शाखाएँ : 1-बी, नेताजी सुभाष मार्ग, दरियागंज
नयी दिल्ली-110 002
अशोक राजपथ, साइंस कॉलेज के सामने
पटना-800 006 (बिहार)
1, अनमोल सोराबजी संतुक लेन, मरीन लाइंस
मुम्बई-400002

प्रथम संस्करण : 1993
पंचम संस्करण : 2023

जे.के. आर्ट प्रेस
प्रयागराज द्वारा मुद्रित

JAYASI : EK NAYI DRISHTI
by Dr. Raghuvansh

ISBN : 978-93-5221-031-2

मूल्य : ₹ 500

भूमिका

जायसी का प्रस्तुत अध्ययन 'कबीर : एक नयी दृष्टि' की तरह प्रचलन से भिन्न दृष्टि से शुरू किया गया है। शिमला के उच्च अध्ययन संस्थान में करने के लिए मेरा प्रिय विषय रहा है 'मानवीय संस्कृति की अभिव्यक्ति का रचनात्मक आयाम : हिन्दी भक्तिकाल के प्रमुख सन्दर्भ में।' इसमें अध्ययन की दृष्टि से मुख्यतः—कबीर, जायसी, सूर और तुलसी को—कवियों को केन्द्र में रखा गया है। इस अध्ययन का पहला भाग—'मानवीय संस्कृति की अभिव्यक्ति का रचनात्मक आयाम' शिमला के संस्थान ने नेशनल पब्लिशिंग हाउस दिल्ली से प्रकाशित किया है। जायसी का अध्ययन इस प्रसंग में और अधिक विस्तृत रूप से करके 'कबीर : एक नयी दृष्टि' की तरह प्रकाशित हो रहा है।

सिद्धान्तपरकता की दृष्टि से मनुष्य की सृजनात्मकता को मूल्यों का अधिष्ठान माना गया है। वह न केवल बुद्धि के वैशिष्ट्य के कारण सब श्रेणियों में श्रेष्ठ है बल्कि रचनात्मक प्रतिभा के कारण विशिष्ट है। यही कारण है कि उसकी प्रत्येक निर्मिति में मूल्यपरकता अन्तर्निविष्ट रहती है। धर्म, दर्शन और आचरण की मूल्यपरक रचना प्रक्रिया मानवीय संस्कृति की आन्तरिक प्रकृति है। इस प्रकृति के अभिव्यक्ति रूप कला और साहित्य भी हैं।

हमारे भक्तिकाल के सभी कवियों की विशेषता यह रही है कि उन्होंने अपने जीवन से लेकर अपनी रचनाओं तक में संस्कृति की रचना प्रक्रिया को आत्मसात् किया है। अपने युग और परिवेश के सांस्कृतिक, सामाजिक, राजनैतिक और आर्थिक जीवन को इन रचनाकारों से अपने साहित्य में उच्चस्तरीय मूल्यबोध के रूप में अभिव्यक्त किया है। तुलसी और जायसी इस दृष्टि से महत्त्वपूर्ण कवि हैं कि इन्होंने अत्यन्त सजग रूप अपने समय की संस्कृति और साहित्यिकता को एक साथ व्यंजित किया है। इनके काव्यों में मूल्य प्रक्रिया के सभी आयामों का सहज ही समाहार हुआ है। जायसी ने अपने समय की सांस्कृतिक टकराहट में से मानवीयता को जिस रूप रचनात्मक स्तर पर पूरे रचनाविधान के भीतर से अभिव्यक्त किया है वह आज के भारतीय समाज के लिए महत्त्वपूर्ण है।

जायसी ने 'पद्मावत' के अन्तर्गत इतिहास, मिथक, लोकजीवन, शिष्ट साहित्य, भारतीय परम्पराओं और इस्लाम की मानवीयता को जीवन के विविध क्षेत्रों से सन्दर्भित करके मूल्यबोध के विविध स्तरों को नाना रूपों और आधारों पर व्यक्त किया है। जायसी मानव परिस्थितियों के बीच से मूल्यों का सृजन करते हैं। प्रेम को मूल्यों के अधिष्ठान के रूप में मानकर जायसी का रचना-विधान अपने समय के अनेक प्रश्नों का उत्तर भी देता है और रचनात्मक दृष्टि से मूल्यों के प्रति सजग और संवेदनशील बनाता है।

इस पुस्तक में इसी मूल्यपरक संस्कृति की ओर उन्मुख दृष्टि को केन्द्र में रख कर जायसी के काव्य-विशेषतः 'पद्मावत' के सभी पक्षों पर विचार किया गया है। विभिन्न प्रकरणों में

कवि के जीवन, दार्शनिक चिन्तन, उसकी आध्यात्मिक दृष्टि, स्तर और मानवीय जीवन के सामाजिक, आर्थिक, राजनीतिक परिवेश के साथ उसकी सारी मूल्य प्रक्रिया के विविध पक्षों को विवेचित किया गया है। काव्य की सृजनात्मकता के आधार पर पद्मावत का विवेचन किया गया है। इस प्रकार यह सारा अध्ययन अपने आप में एक विशेष दृष्टि से करने का प्रयत्न है। कहाँ तक इस कार्य में सफलता मिल सकी है—इसका तो सुधी पाठक ही प्रमाण है।

3 बैंक रोड
इलाहाबाद

—रघुवंश

प्रस्तुत पुस्तक में दिये गये उद्धरण श्री वासुदेवशरण अग्रवाल द्वारा सम्पादित पुस्तक पद्मावत से उद्धरित हैं।

अनुक्रम

जायसी : एक नयी दृष्टि

प्रकरण प्रथम

रचना दृष्टि : इतिहास और पुराण

[1 : 1] जायसी कवि हैं और अपने रचना-कर्म में पूरी सजगता से संलग्न है। यह सूफ़ी थे, किस गुरु के शिष्य थे, किस मार्ग-सम्प्रदाय से सम्बन्धित थे, ये सारे प्रश्न इसके सामने गौण हैं। आत्म-विश्वास के साथ घोषित करनेवाला कि एक आँख का होने पर भी वह रचना-कर्म में सक्षम है और उसका काव्य विमुग्ध करनेवाला है, निश्चय ही कैसा भी साधक हो, किसी भी स्तर का साधक-भक्त हो, वह स्वयं अपने को प्रमुख रूप से रचनाधर्मी मान कर चल रहा है। हमारे भक्त कवियों में सभी श्रेष्ठ कवि अपनी रचना में पूरी तरह आत्म-भाव से अभिव्यक्ति में संलग्न हैं, पर इस कर्म के प्रति सजगता जायसी और तुलसी में स्पष्ट रूप में पायी जाती है। तुलसी काव्य के सिद्धान्तों की पूरी जानकारी रख कर भी 'मति अनुरूप राम गुन गाऊँ' की प्रतिज्ञा लेकर चलते हैं और अपने कवि-कर्म की सुरसरिता को सबके हित के लिए प्रवाहित करते हैं। पर जायसी तो अपनी काव्याभिव्यक्ति को, निर्मल भावों को व्यंजित-बिम्बित करनेवाले दर्पण के रूप में मानते हैं। उनका कवि मानवीय प्रेम को रक्त-मांस के परे अभिव्यक्त करनेवाला है और उनका काव्य हृदय को विह्वल-द्रवित करनेवाला है। अपनी अभिव्यक्ति के क्षणों में कवि अपने युग-बोध को, सामाजिक जीवन को, पूरे परिवेश को समग्रता में ग्रहण करता है। इस प्रक्रिया में जीवन में व्याप्त मूल्यों के हर स्तर को भाषा की अभिव्यक्ति में व्यंजित करता है। जायसी के काव्य की भावाभिव्यक्ति को समझने के लिए उनके युग के इतिहास के घटना-क्रम और उसकी सांस्कृतिक प्रक्रिया के मूल्य-बोध को जान-समझ लेना पर्याप्त नहीं है। वस्तुतः इस युग-यथार्थ और उसके सांस्कृतिक परिवेश को जिस संवेदनीयता के साथ, भावाभिव्यक्ति मिली है, उसके अनुभव से एकतान होना अपेक्षित है। हमारे साहित्य के भक्ति-काल के सभी प्रमुख कवि मूलतः रचनाकार हैं। चाहे जिस भक्ति के सम्प्रदाय से उनका सम्बन्ध रहा हो, किसी भी दार्शनिक चिन्तन-पद्धति अथवा वाद को अपनी गुरु परम्परा से उन्होंने पाया हो अथवा साधना-पद्धति को अपनाया हो, परन्तु उनका अपनी काव्याभिव्यक्ति में अनुभव को एकतान समग्रता में रूपायित करने का निरन्तर उपक्रम दिखायी देता है। फिर सीमाओं का अतिक्रमण सहज हो जाता है, वह चाहे दार्शनिक मतवाद हो अथवा साम्प्रदायिक साधना का रूप-विधान। जायसी में कवि कर्म की भंगिमाएँ परम्परा से ग्रहण की गयी हैं, पर उनमें भावों की सघनता तथा मार्मिकता के साथ मौलिक व्यंजना है। अपने कवि-कर्म के स्वीकार में उनकी निजी अनुभूति व्याप्त है। वस्तुतः अपने युग के जायसी अकेले कवि हैं, अपने युग की संस्कृति को उसकी यथार्थ समग्रता में आत्मसात् करनेवाले। युग की मूल्यहीनताओं, विकृतियों,

विडम्बनाओं एवं अतिरंजनाओं के अस्वीकार, खण्डन, विरोध के माध्यम से उन्होंने अपने काव्य में अपने युग के सामने मानवीय मूल्यों के मार्ग का अनुसन्धान अथवा उसकी अभिव्यक्ति नहीं की, जैसा कि अन्य उनके साथ के कबीर तथा तुलसी जैसे कवियों ने किया है। जायसी ने अपने काव्य में युग की इस परिस्थिति को सामाजिक, धार्मिक, साम्प्रदायिक, दार्शनिक सभी पक्षों एवं स्तरों पर ग्रहण किया है। उन्होंने अपने युग-यथार्थ को सम्पूर्णता में ग्रहण किया है और बिना किसी विरोध भाव के, किसी स्वीकार-अस्वीकार अथवा खण्डन-मण्डन के उसके बीच केन्द्रीय मानवीय दृष्टि... प्रेम तत्त्व का अनुसन्धान काव्याभिव्यक्ति में किया है। इस रचना के स्तर पर कवि जायसी मत, सम्प्रदाय, धर्म, सिद्धान्त सभी सन्दर्भों के बीच सहज भाव से मुक्त रह सके हैं। भवभूति ने काव्य में करुण-रस की व्याप्ति के माध्यम से रचना के स्तर पर मानवीय मूल्य-बोध के व्यापक देश-काल निरपेक्ष स्तर का उल्लेख किया था। जायसी अपनी रचना में प्रेम की पीड़ा के अनुभव को इसी प्रकार व्याप्त मानते हैं, जो रचना में व्यंजित होकर शाश्वत मूल्य-बोध हो गया है।

[1 : 2] हम देखते हैं, युग का विशिष्ट काव्य संस्कृति विशेष की मूल्य-प्रक्रिया का रूप रचना-विधान है, जिसमें उसके दोनों स्तरों को व्यंजित देखा जा सकता है। एक स्तर युग के समसामयिक जीवन के यथार्थ के विभिन्न पक्षों-रूपों की अभिव्यक्ति का रहता है, और दूसरे स्तर पर युग-यथार्थ से निरपेक्ष मानवीय मूल्यों को व्यापक समग्रता में ग्रहण किया जाता है। जायसी की विशेषता है कि उन्होंने अपने युग-विशेष की सांस्कृतिक प्रक्रिया के बीच, मूल्य-बोध तथा मूल्यों के सारे विघटन की समग्र परिस्थिति के माध्यम से शाश्वत और सार्वभौम प्रेम तत्त्व की सघन व्यंजना की। इस प्रक्रिया में कवि ने अपने कथा-काव्य में सब-कुछ संजोया है, युग-जीवन के अनेक पक्षों को, मूल्य के विभिन्न रूपों-स्तरों को, इतिहास और पुराण के तत्त्वों को। हर जगह उसकी सघन संवेदना मार्मिक अभिव्यक्ति ग्रहण करती है। उसकी कथा में पुराण की मिथक कल्पनाओं का स्वच्छन्द उपयोग है। पहाड़ उभरते हैं, घाटियाँ खुलती हैं, अनेक रंगों के सागर उमड़ते-फैलते हैं, प्रकृति के सौन्दर्य के बीच सरोवर लहराते हैं, अप्सराओं जैसी सुन्दरियाँ जल क्रीड़ा करती हैं, पहाड़-घाटी-वन पार करते हुए योगियों के साथ राजा सागर-तट पहुँचता है और जहाजों से सात समुद्र पार करता हुआ सिंहल के स्वप्न लोक पहुँचता है। यह सारा कथा का विधान कवि मिथ-कल्पनाओं के आधार पर संयोजित करता है। और फिर सिंहल द्वीप पर चलनेवाला सारा घटना क्रम... सुआ से प्रश्नोत्तर, मण्डप में शिव-दर्शन, पद्मावती और सुआ की भेंट, वसन्त पंचमी के दिन सखियों के साथ उद्यान में विश्वनाथ का पूजन और रत्नसेन का उसको देख कर मूर्च्छित होना आदि... इसी स्तर पर संयोजित हुआ है। और पद्मावती के साथ रत्नसेन की चित्तौड़ की वापसी तक चलता है। फिर जायसी की कथा-योजना का दूसरा विस्तार सामने खुलता जाता है और इतिहास का उपयोग पुनः जीवन के व्यापक मूल्य-बोध के स्तर पर किया जा रहा है। दोनों चित्तौड़ पहुँचते हैं और यहाँ से कवि अपने युग के इतिहास से गुजरता है, निश्चय ही यह उसकी कल्पना में संयोजित-विकसित होनेवाली वस्तु-योजना है जिसमें पात्रों-घटनाओं के माध्यम से युग के मूल्यों की संगति-विसंगति में व्यापक मानव मूल्यों की व्यंजना है। इस घटना-क्रम में राजा का नागमती से मिलन, नागमती का रूठना मनाया जाना, पद्मावती की प्रतिस्पर्द्धा, दोनों का विवाद, राघव चेतन के देश निकाले के साथ घटना-क्रम में मोड़ आना, उसका दिल्ली जाकर

बादशाह को पद्मावती के रूप-सौन्दर्य से आकर्षित कर चित्तौड़ पर आक्रमण करने के लिए प्रेरित करना... आदि वस्तु-योजना को चरम की ओर अग्रसर करते जा रहे हैं। स्पष्टतः वस्तु-योजना के इस उत्तरार्द्ध में कथा का रूप-विधान इतिहास-कल्पना से निर्मित हीता चलता है। रचनाकार कवि के लिए तथ्यों की प्रामाणिकता की अपेक्षा नहीं है, वह अपनी रचना में इतिहास के सत्य को व्यंजित करता है, जैसा कहा गया है दुहरे स्तर पर। रचनाधर्मी इतिहास की इस परिकल्पना में शाह की सेवा करनेवाले हिन्दू राजाओं को युद्ध में सहायता के लिए आमन्त्रित किया गया है और वे चित्तौड़ को हिन्दुओं की माता और रत्नसेन को अपने बीच सबसे बड़ा मानकर युद्ध से विरत होने की अन्यथा चित्तौड़ के लिए प्राण देने के लिए अनुमति देने की प्रार्थना करते हैं। यह रचनाकार की दृष्टि है जिससे वह शाह के अधीन राजाओं को यह घोषित करते देख सकता है, 'हम पुनि जाइ मरहिं ओहि ठाऊँ। मेटि न जाई लाज कर नाऊँ।' और दूसरी ओर शाह के व्यंग्य के माध्यम से मध्ययुग के राजपूत वीरों की दिशाहीन उत्सर्ग-भावना की व्यंजना भी करता है, 'तिन्ह सीतल को राखे जिन्है आगि महँ मीच।' (42 : 502) जिस प्रकार सिंहल द्वीप पर चलनेवाले कथा के मिथकीय कल्पना-विधान में कवि मानवीय प्रेम और सौन्दर्य की आध्यात्मिक व्यंजनाओं की ओर उन्मुख ऊँची भूमिकाओं का आविष्कार करता है, उसी प्रकार इतिहास की इस परिकल्पना में वह इस प्रेम तथा सौन्दर्य की देश-काल निरपेक्ष अभिव्यक्ति करता है।

[1 : 3] अपनी साधना की भूमिका को जायसी अपने रचना-कर्म में तिरोहित रखते हैं, इस कारण उनकी संवेदनीयता और भाव-व्यंजना प्रमुखतः हमको अभिभूत करती है। इस अनुभव की सघनता तथा व्याप्ति में साधना की ओर उन्मुख हुआ जा सकता है। इससे अधिक जायसी की अपेक्षा भी नहीं जान पड़ती। इसीलिए उनके मन में, अपनी रचना-प्रक्रिया में निर्द्वन्द भाव है, जबकि कबीर निरन्तर अपनी काव्याभिव्यक्ति, अपने भाषिक रचना-विधान के क्रम में अपने द्वन्द्व भाव को प्रकट करते चलते हैं। कवि के रूप में अपने अनुभव को, अपने परम के साक्षात्कार के अनुभव को अभिव्यक्ति करने का, साथ चलनेवाले को सम्प्रेषित करने का उनका जो उपक्रम है, वह भाषिक है, काव्य-रचना का है। वह भाषा की सीमा को समझते हैं। कवि रूप में भाषा के प्रतीक विधान, रूपकों तथा उसकी व्यंजनाओं का सहारा लेते हुए उनके साधक को यह निरन्तर बोध रहता है कि अपनी अभिव्यक्ति में जो व्यंजित कर पा रहा है, उस अनुभव के सत्य, परम तत्त्व को आगे, परे ग्रहण कर पाना सम्भव होगा। जायसी की सहज भाषिक अभिव्यक्ति में ऐसा द्वन्द्व कहीं नहीं है। इतिहास की कल्पना और मिथक की पुराण-योजना के बीच मुहम्मद ने वस्तुतः अपनी काव्य-रचना को सुना कर प्रेम की पीड़ा का अनुभव ही श्रोता-पाठक को दिया है। उसका यह सहज स्वीकार एक ओर प्रेम-कथा को प्रेम की लेई से संयोजित मानता है, तो दूसरी ओर उस प्रगाढ़ प्रीति को आँसुओं से सींचा हुआ मानता है (58 : 652)। यश-कामना रचना-कर्म की प्रमुख प्रेरणा माननेवाले कवि की दृष्टि स्पष्ट है और वह अपनी प्रेम की सघन-मार्मिक भाव-व्यंजना को देश-काल की सीमाओं के अतिक्रमण के द्वारा ही मानव-जीवन के मूल्यों के आन्तरिक स्रोत के रूप में प्रस्तुत करता है और उसी में आध्यात्मिक अनुभव ध्वनित-प्रतिध्वनित होता रहता है। अलग से उसे निरूपित-विवेचित करने के प्रयत्न के पीछे आलोचकों का जायसी को सूफ़ी

मत तथा साधना के प्रतिनिधि के रूप में मानने का आग्रह रहा है। जैसा हम आगे के विवेचन में देखेंगे, व्यक्तिगत जीवन के स्तर पर किसी मत, विश्वास को स्वीकार करना, किसी गुरु अथवा गुरुजनों को मानना आदर करना एक बात है और अपने रचनात्मक अनुभव में मानवीय मूल्यों की व्यंजना करना भिन्न स्तर की बात होती है। अगले विवेचन में यह भी स्पष्ट हो सकेगा कि गुरु-परम्पराओं का आदर-भाव से स्मरण करते हुए भी जायसी उनसे जुड़ नहीं पाते। उनकी मान्यता, आस्था और उनका विश्वास सहज रूप में अपनी परम्परा तथा मत के रूप में, गुरु के साथ है। पर अपनी रचना की भूमिका पर कवि पूरी तरह स्वच्छन्द भाव से गतिशील रहा है। उसकी यह स्वच्छन्दता जिस प्रकार मत, सम्प्रदाय तथा साधना-रूपों की मिथक कल्पनाओं एवं विधि-विधानों के उपयोग में देखी जाती है, उसी प्रकार अपने युग के इतिहास की घटनाओं तथा पात्रों के संयोजन में रही है। रचनाकार हर पात्र के चरित्र को अंकित करने में, हर घटना के नियोजन में उस तटस्थ भाव को व्यंजित करता है जो व्यापक मानवीय संवेदना में कारुणिक भाव के साथ गहरे मूल्यबोध से सम्पृक्त करता है।

[1 : 4] जायसी जैसे कवि की रचना-दृष्टि को समझने के लिए यह जानना जरूरी है कि वह निरन्तर मनुष्य को किस रूप में प्रस्तुत करने में संलग्न हैं, और उसे मूल्यों की किस भूमिका पर अंकित करते हैं। वस्तुतः श्रेष्ठ कवि-रचनाकार अपने युग-परिवेश में उस मनुष्य को खोजना-पहचानना चाहता है जो अपनी सांस्कृतिक परिस्थिति में, उसकी समस्त मूल्यपरक क्रिया-प्रतिक्रियाओ में अपने मानवीय व्यक्तित्व को मूल्यों के रचनात्मक विधान में ग्रहण कर रहा है। इस विधान को हर युग के कवि ही नहीं एक युग के विभिन्न कवि अलग रूपों में भी प्रस्तुत करते हैं। अलग-अलग युगों के सामाजिक जीवन में विभिन्न पक्षों एवं स्तरों की प्रक्रिया में मूल्यों के संघटन-विघटन की स्थिति में अन्तर होता है, उनके प्रचलन के रूप और स्वीकार-अस्वीकार की मान्यता भिन्न होती है। पर हर युग का रचनाकार अपने यथार्थ-परिवेश के आधार पर, उसके बीच से अपने रचना-कर्म को गतिशील करता है। इस प्रक्रिया में हमारे विभिन्न कवियों ने अपने युग की परिस्थिति, उसकी मूल्यों के विघटन की स्थिति को भिन्न रूपों में ग्रहण किया है। युग के चरित्रों को सामाजिक जीवन के घटना-क्रमों के बीच से ग्रहण करने की प्रक्रिया में इन कवियों में अन्तर है, पर अपनी अभिव्यक्ति में सभी मूल्यों को रचनात्मक आयाम पर शाश्वत तथा सार्वभौम रूप प्रदान करते हैं। भक्त के रूप में अपनी साधना को सभी ने प्रेम-तत्त्व के आधार पर स्वीकार किया है और फिर उनकी काव्याभिव्यक्ति में केन्द्रीय भाव प्रेम का होना सहज है। अतः इस मूल भाव के आधार पर हमारे इन कवियों ने युग-जीवन की सांस्कृतिक प्रक्रिया में निहित मूल्यों की स्थिति के विविध पक्षों को ग्रहण किया है और उनकी क्रिया-प्रतिक्रिया के माध्यम से मूल्यों की भूमिकाओं को व्यंजित किया हैं, जो अध्यात्म की उच्चतम भावभूमि की ओर उन्मुख हैं। भक्ति-काल के प्रमुख चार कवियों में संस्कृति के युग-बोध के अन्तर को उनकी रचना-प्रक्रिया में देखा जा सकता है, और इस आधार पर हम उनके काव्य में युग-जीवन के सन्दर्भों और उससे सम्बन्धित चरित्र-विधान की झलकियाँ पाते हैं। परन्तु प्रेम-साधना की भावभूमि पर अपनी रचनात्मक प्रतिभा के सहारे संचरण करते हुए एक ओर वे विभिन्न स्तरों पर युग-सन्दर्भ को ग्रहण करते चलते हैं, दूसरी ओर मूल्यों की संरचना व्यापक मानवीय सन्दर्भ में करते हैं। सूर मानवीय भाव-व्यंजना के

सघन-गहन स्तरों पर रचनाशील हैं, पर वह अपने युग-जीवन के मूल्यपरक सन्दर्भों को सामान्य रूप में ग्रहण करते हैं, चरित्रों का आधार भी व्यापक है जिससे युग की परिस्थिति का बोध नहीं हो सकता है। पर एक ओर मूल्यों के विघटन का व्यापक चित्र युग-सन्दर्भ का संकेत बन गया है, तो दूसरी ओर भक्ति के विविध रूपों की अभिव्यक्ति के अन्तर्गत सार्वभौम मानवीय मूल्यों का अर्थबोध होता है। इनकी सापेक्षता में कबीर अपनी काव्याभिव्यक्ति में एक स्तर पर यदि अपनी प्रेम की अभिव्यक्ति को लौकिक मूल्य-बोध से निरन्तर अलौकिक के परात्पर अनुभव की ओर उन्मुख रखते हैं, तो दूसरे स्तर पर युग-जीवन की विसंगतियों, मूल्यविहीन स्थितियों, विश्वास की जड़ताओं के चित्रण के माध्यम से समाज को चिरन्तन मूल्यों से प्रेरित करते हैं। इन दो सीमाओं के बीच कबीर को अपनी युग-संस्कृति की परिस्थिति के बीच रचना-कर्म में संलग्न देख-परख पाना सहज है।

[1 : 5] इन दोनों कवियों की अपेक्षा जायसी और तुलसी ने अपने युग के जीवन की पात्रों तथा परिस्थितियों के अन्तर्गत अधिक अभिव्यक्ति की है। इनमें तुलसी ने मानव जीवन और उसके मूल्यों की व्यापक भावभूमि की अभिव्यक्ति राम-कथा के संयोजन के विविध प्रतिरूपों में की है। इस स्तर पर सार्वभौम मूल्यों की अभिव्यक्ति के साथ उसके चारित्रिक संयोजन के अन्तर्गत उनके स्खलन के प्रतिरूप भी समाहित किये गये हैं। इस प्रकार अपने युग के सन्दर्भ में आदर्शों को प्रस्तुत करना भी कवि को अपेक्षित रहा है। पर अपने काव्य में कई स्थलों पर अनेक प्रसंगों में अपने युग-जीवन के नैतिक ह्रास और मूल्यों के विघटन को भी कवि ने अभिव्यक्त किया है। जैसा हम अध्ययन के क्रम में देखेंगे। जायसी की काव्य-दृष्टि अपने युग के इन तीनों कवियों से इस अर्थ में भिन्न है कि उन्होंने अपने युग को उसके सम्पूर्ण यथार्थ में स्वीकारा है। कबीर आध्यात्मिक जीवन के परम मूल्य परात्पर प्रेम की अभिव्यक्ति के साथ लौकिक जीवन की वर्जनाओं के विरोध तथा अस्वीकार के साथ उसको गतिशील रख कर उच्च भूमिकाओं की ओर प्रेरित करनेवाले आदर्शों, मूल्यों के सन्दर्भों को प्रस्तुत-व्यंजित करते चलते हैं। इनकी अपेक्षा सूर लौकिक प्रेम के विभिन्न सम्बन्धों-स्तरों के माध्यम से अलौकिक प्रेम की व्यंजना करते हैं। प्रत्यक्षतः उनके काव्य में युग-जीवन का यथार्थ कहीं व्यक्त नहीं है, उन्होंने जीवन की चरम उपलब्धि में प्रेम के विविध पक्षों को समाहित कर अपने युग को मानवीय प्रेम का व्यापक आधार प्रदान किया है। और तुलसी स्पष्ट रूप से अपने युग (व्यापक रूप में कलियुग) के मूल्यों के ह्रास तथा विघटन का अंकन करते हैं, पात्रों के चरित्र के माध्यम से व्यंजित करते हैं और सार्वभौम मूल्यों को पात्रों के चरित्र में नियोजित करते हैं। इन सब से इस स्तर पर जायसी अलग हैं। उनकी कवि-दृष्टि में अपने युग का सम्पूर्ण विघटित-खण्डित मूल्यों का जीवन है, उसके बीच अपने रचना-कर्म की प्रतिश्रुति को लेकर वह चल रहे हैं। इस प्रक्रिया में वह इस युग-यथार्थ को इतिहास और पुराण (मिथ-कथा) की कल्पनाओं में संयोजित करते हैं। और रचनात्मक अनुभवों तथा भावों की अभिव्यक्ति के बीच सहज ही वह प्रेम व्यंजित होता चलता है जो मानवीय मूल्यों का आधार है, जो युग सन्दर्भों में विकसित होता हुआ युग-निरपेक्ष हो जाता है। इस आधार पर वह इस युग के सूफ़ी आन्दोलन की सांस्कृतिक परिधि का अतिक्रमण कर जाते हैं। उनकी रचनात्मक स्तर की अनुभूति की गहराई, मर्मस्पर्शी संवेदना और मानवीय करुणा उस युग

के सूफ़ी कवियों की अपेक्षा जायसी को श्रेष्ठ कवि के रूप में प्रस्तुत करती है। विजयदेवनारायण साही की अपनी पुस्तक 'जायसी' में 'पद्मावत' को ट्रैजडी कहने में यही दृष्टि है कि यह कवि अपने काव्य में मानवीय करुणा को इस सघन व्यापकता के साथ व्यंजित करता है कि इसकी रसानुभूति में शुद्ध मानवीय मूल्य-दृष्टि व्यंजित होती है। निश्चय ही अगर जायसी को उनकी रचना के सही परिप्रेक्ष्य में देखा जाय तो समझना सरल है कि अपनी इस दृष्टि से वह उन साम्प्रदायिक विभ्रमों से सहज ही बचे हुए हैं, जिनमें भिन्न रूपों में एवं स्तरों पर हमारे ये श्रेष्ठ भक्त कवि सम्प्रदायों के साथ जुड़ गये हैं। उन्होंने अपनी काव्याभिव्यक्ति में सांस्कृतिक परिस्थिति को यथार्थ के आयामों में ग्रहण कर युग की समग्र विसंगतियों तथा मूल्यहीनताओं को व्यंजित किया है। मिथकीय कल्पना में प्रेम के अलौकिक प्रतीकार्थ को व्यक्त करनेवाले पात्र भी ऐतिहासिक सन्दर्भ ग्रहण करने के क्रम में आदर्श पात्र की भूमिका निरन्तर नहीं निभाते हैं। जायसी मूलतः मनुष्य पर अपनी रचना-दृष्टि केन्द्रित करके चले हैं, इस कारण युग के ऐतिहासिक परिवेश में उसके साधारण चरित्र के विविध पक्षों के माध्यम से कथानक का संयोजन किया गया है। इस सामान्य युग-जीवन के बीच निरन्तर अनुभव होता है कि कवि चरित्र की सारी कमियों-कमजोरियों, विकृतियों-हीनताओं, अनैतिकताओं-मूल्यहीनताओं के बीच प्रेम, वीरता, उदारता, उत्सर्ग की झाँकियों के माध्यम से जीवन के यथार्थ में मनुष्य की असहाय स्थिति व्यंजित कर रहा है। साही के शब्दों में जायसी का यह मनुष्य 'अपर्याप्तता की गहरी त्रासदी से ग्रस्त हो जाता है।'

[1 : 6] यह सहज ही स्वीकार किया जा सकता है कि हमारे श्रेष्ठ भक्त कवियों के बीच जायसी में अपने कवि होने की, रचना-कर्म में संलग्न होने की सजगता अधिक है। साथ ही वह अपनी कथा की योजना में रचनाकार की तटस्थ दृष्टि का निरन्तर परिचय देते रहे हैं। कवि युग-जीवन के यथार्थ के ग्रहण में निरन्तर मानवीय सत्य का साक्षात्कार करता है और सारे जीवन की अभिव्यक्ति में उसको व्यंजित करने में लीन रहता है। भक्ति काल के प्रमुख कवियों के काव्य के रचनात्मक स्तर को जानने-समझने के लिए उस युग के वादों एवं सम्प्रदायों से ऊपर उठकर स्वतन्त्र रहना अपेक्षित है, यद्यपि इस युग के आन्दोलन में इनका प्रचलन-प्रतिपादन सामाजिक जीवन की मूल्यहीनताओं, जड़ताओं एवं कुण्ठाओं से मुक्त होने के लिए किया गया था। फिर भी जैसा कहा गया है जायसी अपने युग के अन्य तीनों महान् कवियों से इस स्तर पर भी भिन्न हैं। अन्य कवियों की रचना-दृष्टि युग-जीवन की विसंगतियों एवं विरोधाभासों के बीच आध्यात्मिक प्रेम के प्रकाश में मानवीय मूल्यों की खोज एवं प्रतिष्ठा करने में अपने-अपने ढंग से संलग्न हैं। जबकि जायसी ने अपने युग के सूफ़ियों के वृत्त के बाहर अपनी रचनात्मक अन्तदृर्ष्टि से पूरे परिवेश की सघन अनुभूति को व्यंजित किया है, जिसमें किसी आदर्श, नैतिक मान्यता अथवा मूल्य-बोध की अपेक्षा मानवीय करुणा की अवसादमयी समरसता और शान्ति व्याप्त है। प्रेम-साधना में सूफ़ी साधक वियोग के अनुताप से प्रेमोल्लास की ऊँची भूमिका की ओर बढ़ता है। जायसी के कवि-व्यक्तित्व का अन्तर अमीर खुसरो जैसे भारतीय सूफ़ी कविता के शीर्षस्थ कवि की सापेक्षता में अधिक स्पष्ट हो जाता है। निज़ामुद्दीन औलिया जैसे सूफ़ी साधक के शिष्य होकर भी खुसरो हिन्दू-इस्लाम सत्ता-संघर्ष के बारे में निरन्तर संकुचित दृष्टि का परिचय देते हैं, हिन्दुओं के संहार को मुसलमान शासक

पवित्र धर्म मानते हैं। धर्म और साधना के बारे में उदार दृष्टि रखनेवाले सूफ़ी इस युग में राजकीय संरक्षण पाने और मत-प्रचार के लिए संकुचित दृष्टि और क्रूर व्यवहार का परिचय दे रहे थे। यह नीति निज़ामुद्दीन औलिया के मठ एवं सम्प्रदाय को लाभ की दृष्टि से स्वीकार्य रही हैं। यहाँ जायसी के अलगाव को स्पष्ट रूप में देखा जा सकता है, जो कवि रूप में तटस्थ भाव से बादशाह के द्वारा चित्तौड़ को ध्वस्त करके इस्लाम की स्थापना में धर्मोल्लास के स्थान पर मनुष्य की कारुणिक ट्रैजडी को व्यंजित कर रहा है। अलाउद्दीन जैसे हिन्दू गढ़ों के विजेता और इस्लाम के स्थापक बादशाह से भी कवि उस व्यापक संहार को देखकर कहलाता है, 'यह पृथ्वी झूठी है' और यह कहते हुए वह मुट्ठी में उठायी राख को हवा में उड़ा देता है। क्या यहाँ स्पष्ट नहीं है कि कवि की दृष्टि कहाँ है। इस मार्मिक वेदना के साथ जीवन के परम सत्य को व्यंजित करते हुए वह सूफ़ी मत के प्रति न निष्ठा को व्यक्त कर रहा है और न उसकी साधना के प्रेम तत्त्व को व्यंजित कर रहा है। इस प्रकार इस्लाम के प्रचार-प्रसार के प्रति उसकी तटस्थता ही नहीं विरक्ति भी ध्वनित हो रही है। स्पष्टतः कवि की मूल दृष्टि मनुष्य की उस संवेदना पर केन्द्रित है जो उसकी मनुष्य रूप में सच्ची पहचान है।

(1 : 7) जायसी ने 'पद्मावत' की रचना की पूर्व कथा का संयोजन मिथकीय कल्पना के रूप में किया है। जायसी के आलोचकों में यह ऊहापोह चलता रहा है कि उनकी कथा रूपक, अन्योक्ति, प्रतीक जैसे किस विधान के अन्तर्गत आती है। पर अध्ययन क्रम में स्पष्ट होगा, जायसी की दृष्टि में ऐसा कोई निश्चित रूप-विधान नहीं रहा है। वस्तुतः जिस विशद मानवीय परिवेश में जायसी जीवन के मूल्य-बोध को अभिव्यक्त कर रहे हैं, उसके लिए इस प्रकार का कोई विधान पूरा नहीं पड़ सकता था। देश-काल के अन्तर्गत मनुष्य की मानसिक प्रक्रिया के प्रत्ययों, परिकल्पनाओं तथा संरचनाओं में अन्तर लक्षित होता रहता है, पर व्यापक मानवता के परिवेश में मनुष्य के समाज के किसी पक्ष अथवा स्तर को एकदम अलग या स्वतन्त्र नहीं पाया जा सकता। जायसी जैसे कवि की रचनात्मक अभिव्यक्ति में जीवन की इस व्यापक समानता को लक्षित कर पाना सहज है। सांस्कृतिक प्रक्रिया की इस समग्रता को आदिम मनुष्य की मिथकीय कल्पना के रूप-विधान में विशेष स्तर पर देखा जाता है। जायसी की कथा के मिथकीय कल्पना-विधान में इसी का कलात्मक उपयोग हुआ है। वस्तुतः आदिम स्तर के मिथकों की कल्पना में प्रकृति के दृश्य-रूपों, घटना-विधानों के मानसिक प्रत्यक्षीकरण, रूपों एवं परिकल्पनाओं में कोई तार्किक क्रम या व्यवस्था नहीं पायी जाती। पर प्रकृति के साथ मनुष्य की अभिन्नता का अनुभव स्वचेतना के स्तर का है, इस कारण उसके मानसिक व्यापारों में तार्किक क्रम लक्षित न होने का अर्थ यह नहीं लिया जा सकता कि वे तर्कविहीन हैं। उनकी अतार्किक अथवा तर्कातीत प्रक्रिया रचना के रूप में समझना अधिक संगत है। हम जानते हैं कि रचनाकार जीवन के सारे व्यापारों के बीच अनुभव को समग्रता में व्यंजित करना चाहता है, वह मानव समाज की कोटियों, प्रत्यक्ष के प्रत्ययों एवं रूपों तथा कल्पना के क्षेत्रों तथा स्तरों में बँटे हुए अनुभव को रचनात्मक इकाई में ग्रहण करता है। अभिव्यक्त की भाषिक प्रक्रिया में यह रूप-विधान अनुभव को पूर्णता में सम्प्रेषित करने का उपक्रम है। एक प्रकार से यह मानव संस्कृति की रचनात्मक उपलब्धि का ऐसा स्तर है जिसमें उसके अनुभव को एकतानता या संश्लिष्टता से व्यंजित पाया जाता है। यहाँ हम देखते हैं, अपने प्राकृतिक

परिवेश में आदिम मानव के अनुभव की समग्रता अपने बिम्बों तथा प्रतीकों में मिथकीय रही है, इस प्रकार वह इस अनुभव का साक्षात्कार प्रायः समग्र एवं सम्पृक्त रूप में करता था। हमारा रचनाकार अपने सर्जन के क्षणों में उलटे क्रम से इस अनुभव को अभिव्यक्त करता है। आदिम मिथकीय कल्पना अनुभव की तर्कातीत स्थिति है, पर रचना में तार्किक मानस के अतिक्रमण से इस अनुभव को व्यंजित किया जाता है। इसलिए जायसी जैसे कवि का सारा मिथकीय कथा का विधान सजग रूप से सामान्य यथार्थ जीवन और जगत् का अतिक्रमण करता है। पर इस कथा के संयोजन में अप्रस्तुत अलौकिक अर्थ के समाहित होने की व्यंजना के साथ प्रस्तुत प्रसंगों में अर्थ की तीव्र भावाभिव्यक्ति समाहित हो गयी है। जायसी के 'पद्मावत' के पूर्वार्द्ध का रचना-विधान मिथकीय कल्पना से संयोजित है। इसके आधार पर अलौकिक प्रकृति के बीच मानवोपरि व्यापारों में अभिव्यक्त होनेवाले प्रेम-प्रसंगों में आध्यात्मिक व्यंजना का एक स्तर निरन्तर व्यंजित है, लेकिन इसमें किसी मतवाद, किसी प्रतीकात्मक बिम्बपरक योजना को व्याख्यायित करना सम्भव नहीं। इस प्रकार का प्रयत्न कवि की मूल भावना के प्रतिकूल होगा। यह सिंहल का मिथकीय लोक आगे जायसी द्वारा प्रस्तुत इतिहास लोक से बिम्बित-प्रतिबिम्बित होकर अर्थवान् है।

(1 : 8) सिंहल के कल्पना लोक के निर्माण करने में प्रकृति का स्वच्छन्द प्रयोग किया गया है। यह अपने मिथकीय विधान में असीम तथा परम सौन्दर्य में चिरन्तन गतिशील प्रस्तुत है, लेकिन इस रूप में कवि अपनी मौलिक रचनात्मक क्षमता का आविष्कार अधिक करता है जिसमें आध्यात्मिक अनुभव प्रेम के आदिम संस्कार के साथ व्यंजित भी होता है। हम जानते हैं, मनुष्य की रचनाशीलता के स्तर पर प्रतीकीकरण की प्रक्रिया से क्रमशः उसके मानसिक चिन्तन तथा विचार का विकास हुआ है। अतः जायसी जैसा कवि अपनी रचनात्मक कल्पना के विस्तार में अपने पाठकों को, सामाजिकों को जीवन की यथार्थ वस्तु-स्थिति, उसके व्यापार-व्यवहार तथा उनमें अन्तर्निहित मूल्य-बोध सम्प्रेषित करने के लिए बिम्बों तथा प्रतीकों को प्रकृति के आदि रूप से ग्रहण करता है। इस प्रसंग में ध्यान में रखने की बात है, यह मिथकीय कल्पना के रचनात्मक विधान में अप्रस्तुत अर्थ-व्यंजना बनी रहने पर भी प्रस्तुत की प्रासंगिकता प्रमुख रूप से व्यक्त होती रहती है। आध्यात्मिक अर्थ-व्यंजना गहरी छवि में झलक मारती हुई एक ओर प्रस्तुत कथा के साथ बनी रहती है, दूसरी ओर उसके अर्थ-प्रवाह को गतिमय तथा तरंगायित करती है। इस प्रकार कवि के द्वारा निर्मित कल्पना-लोक अपनी संवेदना की मार्मिक सघनता के साथ आगे के इतिहास-लोक की सहज भाव-भूमि बन गया है। यह मिथकीय बिम्बविधान और प्रतीक योजना कवि की सजग रचना में अपने कृत्रिम संसार को विश्वास की कल्पना में रूपान्तरित कर रही है। हम देखते हैं, सिंहल लोक अपने मिथकीय रूप-विधान में कवि की रचना-प्रक्रिया के स्तर पर जीवन की यथार्थ परिकल्पना से अनुभव की संश्लिष्ट अभिव्यक्ति है। भारतीय काव्य चिन्तन में रचना के अनुभव (आस्वाद्य) को लोकोत्तर इस अर्थ में माना गया है कि अपनी अनुभूत स्थिति में यथार्थ वस्तु-स्थिति के अस्तित्व अथवा अनास्तित्व से निरपेक्ष होता है। जायसी मिथकीय पुराण-कल्पना से इतिहास के यथार्थ का अतिक्रमण नहीं करते, उनका देश-काल से निरपेक्ष आन्तरिक स्वप्नलोक इतिहास को पूरी तरह अपने में तिरोहित किये हुए नहीं है। अगर जायसी की

प्रबन्ध-योजना में उसके पूर्वार्द्ध तथा उत्तरार्द्ध दोनों भाषा के रचना-विधान को पूर्णता प्रदान करते हैं, तो उसमें पुराण तथा इतिहास के संयोजन को एक रूप में देखना-समझना है। इस स्तर पर इन दोनों की आन्तरिक क्रिया-प्रतिक्रिया, दोनों के बीच रचनात्मक अनुभव की समग्रता को स्वीकारना है। कथा की योजना और उसकी शिल्प-शैली की दृष्टि से दोनों में प्रत्यक्ष रूप में अन्तर देखा जा सकता है। एक भाग का रूप तथा शैली-विधान पुराण कथा, लोक कथा तथा परीकथाओं जैसा है, और दूसरे का ऐतिहासिक पात्रों-घटनाओं की कल्पना के आधार पर निर्मित हुआ है। 'पद्मावत' का विवेचन करनेवाले विचारकों ने प्रायः इन दोनों की रचनात्मक अन्विति पर ध्यान नहीं दिया है, इन पर अपनी दृष्टि के अनुसार अलग-अलग विचार किया है और महत्त्व दिया है। साही ने इस प्रबन्ध में काल और कालातीत, इतिहास और इतिहासातीत को एक साथ नियोजित करने की समस्या पर विचार किया है। और उनके अनुसार ये दोनों भाग आन्तरिक प्रतिक्रिया के साथ रचना को समग्र रूप प्रदान करते हैं, पूरे प्रबन्ध में व्यंजित होनेवाली विषाद-दृष्टि (ट्रैजिक विज़न) इन दोनों लोकों को एक ही भाव-भूमि पर प्रस्तुत-व्यंजित करती है। इस प्रकार रचनाकार अनुभव की ऐसी संश्लिष्ट अभिव्यक्ति कर सका है, जिसमें सिंहल-लोक की मिथकीय कल्पना मूलभूत एवं अनिवार्य मानवीय परिस्थिति से इतिहास में निरन्तर घटित होनेवाले सत्य को व्यंजित करती है। और पूरी रचना से व्यापक करुणा (करुण-रस) का वातावरण निर्मित हुआ है।

(1 : 9) हम देखते हैं, जायसी का रचनाकार अपने कर्म की, सर्जन की भूमि पर गतिशील रह कर किसी अन्य प्रतिश्रुति को लेकर नहीं चलता। इसी कारण अन्य सूफ़ी प्रबन्धकारों की सीमाओं को वह स्वीकार नहीं करते, उन्होंने न मात्र काल्पनिक कथा के माध्यम से धर्म अथवा साधना को अभिव्यक्त तथा समर्थित-प्रतिपादित किया है और न ही इतिहास की कोई व्याख्या की है। सूफ़ी कवियों में ही नहीं हिन्दी मध्य युग के सभी साधक कवियों में जायसी ने ही अपनी रचनात्मक कल्पना के माध्यम से अपने युग के इतिहास-बोध को, उसकी असंगतियों, विडम्बनाओं तथा मूल्यहीनताओं के सन्दर्भ में अभिव्यक्ति दी है। जैसा ऊपर संकेत किया गया है, इस दृष्टि को व्यंजित करने के लिए ही 'पद्मावत' के रचना-विधान में सिंहल के मिथकीय लोक को संयोजित किया गया है। सिंहल द्वीप के वर्णन की प्रस्तावना में स्वीकार किया गया है कि दर्पण के समान प्रस्तुत चित्र में जिसका जैसा रूप है, वह वैसा ही दिखायी देता है। फिर इस स्थापना से प्रारम्भ होता है, जिस द्वीप में स्त्रियाँ दीपक के समान हैं उसके समान संसार में कोई अन्य द्वीप नहीं है। क्रमशः निकट आता हुआ यह द्वीप जैसे अपने देश-काल के परे रूप-विधान में गोचर होता जाता है। अपनी चिरन्तन प्रकृति के दृश्यों में वह सामने आता जाता है। इस प्रकृति की अमराइयों की सघनता, धरती से आकाश तक फैला विस्तार, मलयगिरि से लाये वृक्षों की रात बन कर अवतरित होनेवाली छाया और उसमें मलय पवन का प्रवाह सभी तो देश-काल के परे अलौकिक वातावरण की सृष्टि करते हैं। पर मिथक लोक की इस चिरन्तन कल्पना में कवि मानवीय जीवन के यथार्थ लोक के संकेत देता चलता है, 'सांसारिक ताप को सह कर पथिक जब वहाँ पहुँचता है, वह उसके दुःख को भूल कर विश्राम पाता है। जिसे वह अनुपम छाया मिली हो, वह लौट कर यह धूप नहीं सहता।' (2 : 27)। सिंहल द्वीप का लोक 'कविलास' अर्थात् आदर्श स्वर्ग-लोक क्रमशः बहुत धीमी

गति से खुलते हुए चल-चित्र सा सामने घूम रहा है। इसकी प्रकृति के फूल-फल, लता-वृक्ष अपनी निरन्तरता में चिर सुन्दर तथा नवीन हैं, पशु-पक्षी स्वच्छन्द भाव से आनन्दमग्न हैं। यहाँ साधु-संन्यासी आश्रमों-तीर्थों में साधनाओं में संलग्न हैं। फिर लौकिक जीवन से मुक्त कर सौन्दर्य में निमग्न करनेवाला मानसरोवर है, जिसके पाल के ऊपर अमृत फलवाले वृक्ष हैं, जिसका अमृत तुल्य निर्मल कपूर-गन्ध काला जल है, जिसमें सहस्र दल कमल अपने रक्त वर्ण में खिला हुआ है, सुनहले पक्षी तैर रहे हैं, सीप से मोती निकल कर ऊपर उतरा रहे हैं जिन्हें जलक्रीड़ा करते हुए हंस चुग रहे हैं। यहाँ की पनिहारिनें अपने दीप्त सौन्दर्य में काम की मूर्तियों जैसी अप्सराओं के समान सुन्दरियाँ हैं। इसी क्रम में नगर, उसके भवन और हाट-बाज़ार आदि का वर्णन चलता है, यह क्रम अपनी गति में जैसे काल का अतिक्रमण कर रहा है, केवल गति का बोध भर व्यंजित होता है। जायसी अपनो रचना-दृष्टि से इस कल्पना लोक की सृष्टि के अन्तर्गत सार्वभौम व्यापक मूल्य-बोध को व्यंजित करते चले हैं और इस प्रकार इतिहास के युगीन सन्दर्भ से इस मिथक वातावरण का सामंजस्य स्थापित होता है। उदाहरण के लिए सिंहल के हाट की आदर्श परिकल्पना के साथ लौकिक जीवन के व्यवहार के हानि-लाभ का सन्दर्भ जुड़ जाता है। इस हाट में 'कोई लाभ कमा कर जाता है और कोई मूल भी गँवा बैठता है' (2 : 37)। सांसारिक हानि-लाभ के सन्दर्भ इस पुराण-कल्पना के लोक में हमको सांसारिकता का बोध सहज रूप में कराते चलते हैं, और पूरी प्रबन्ध योजना को एक संरचना में बाँधते चलते हैं, 'जब तक मनुष्य की टेंट में पूँजी है शृंगार-हाट की वेश्याएँ उन्हें लुभाती हैं, पूँजी नष्ट होने पर उन्हें अपना रास्ता नापना पड़ता है, जैसे कभी से जान-पहचान ही नहीं थी' (2 : 38)। इस प्रकार सिंहल के नगर-वर्णन में अलौकिक कल्पना के साथ निरन्तर यथार्थ जीवन के सन्दर्भ उभरते हैं, जो पूरे प्रबन्ध की संरचना को एक स्तर पर व्यंजित करने के लिए क्रियाशील हैं।

(1 : 10) सिंहल-लोक की व्यापक चेतना बाह्य प्रकृति के साथ इस प्रकार एकरस हो गयी है कि उसमें आन्तरिक और बाह्य जगत् की क्रिया-प्रतिक्रिया, मूल्यपरक नैतिक दृष्टि और प्रकृति के कार्य-व्यापार के बीच सामंजस्य हो जाता है। भीतर-बाहर का अन्तराल दूर हो गया है। वस्तुतः जायसी के कवि-व्यक्तित्व की क्षमता इस आधार पर समझी जा सकती है। उन्होंने मिथकीय कल्पना का यह मौलिक आधार अपने युग की मूल्य-प्रक्रिया को संश्लिष्ट रूप में व्यंजित करने के लिए प्रस्तुत किया है। यहाँ यह स्पष्टतः देखा जा सकता है कि कवि अपने युग के वस्तु-जगत् की स्थितियों, घटनाओं, पात्रों का आधार इतिहास की दृष्टि से नहीं ले रहा है, अतः उसका रचना संसार व्यवहार एवं सिद्धान्त की तथ्यपरकता का नहीं है। वह अनुभव में घटित समग्र संसार मिथकीय संसार के समान समग्र एवं तरल होता है। यह अवश्य है कि मिथ-कल्पना के स्तर पर प्राथमिक रूप में वस्तु-प्रत्यक्ष के स्थान पर संश्लिष्ट अनुभूत विशेषताओं का प्रत्यक्ष होता है। इस प्रकार मिथकीय प्रत्यक्ष भावात्मक विशेषताओं से सम्पन्न बाह्य जगत् के संश्लिष्ट अनुभव की समग्रता का होता है। सभ्य जीवन के स्तर पर मानवीय अनुभव के इन प्राथमिक रूपों की पुनर्रचना सम्भव मानी गयी है, क्योंकि सभ्य मनुष्य के जीवन में बाह्य प्रकृति एवं आन्तरिक जीवन के एकतान अनुभव करने की मौलिक क्षमता समाप्त नहीं होती। जायसी जैसा कवि मिथकीय कल्पना के सजग प्रयोग के माध्यम से वस्तुतः

युगीन जीवन की समग्रता को व्यंजित करनेवाला रचना-संसार निर्मित करता है। अनुभव के इस प्रतीकात्मक रूप-विधान को समझ कर ही जायसी के कथानक के दोनों भागों की अन्तर्प्रक्रिया को व्याख्यायित करना सम्भव है। जिन दो भिन्न लोकों को इन भागों में वर्णित किया गया है, उनके देश-काल की परिस्थिति भिन्न है और इस स्तर पर उनके मूल्यों की स्थिति में अन्तर ही नहीं एक प्रकार से विरोध है। पर दोनों की आन्तरिक प्रतिक्रिया के रूप में उनके सम्बन्धों को व्यंजित किया गया है। इसी कारण सिंहल के कल्पना संसार को चित्रित करने के क्रम में इतिहास के युगीन विरोधों, संघर्षों, विकृतियों एवं मूल्यहीनताओं के संकेत मिलते रहते हैं, यद्यपि अपनी आन्तरिकता में उसके देश-काल में तात्त्विक दृष्टि तथा मूल्य-बोध की व्यंजना प्रमुख है। जायसी अपनी रचना-प्रक्रिया के फैलाव के साथ काव्य के प्रचलित अभिप्रायों, मिथकीय कथाओं-अभिप्रायों का उपयोग करते हैं। यह उनकी प्रतिभा है जिसके आधार पर इन प्रयोगों के माध्यम से गहरे मूल्य-सन्दर्भ को व्यंजित करते हैं। मानव जीवन की नश्वरता, क्षणभंगुरता और मूल्यहीनता के बीच वह प्रेम तत्त्व का आविष्कार करते हैं, जो मनुष्य जीवन की सार्थकता है। और सिंहल-लोक की प्रवहमान निरन्तरता में यह प्रेम देश-काल से परे शाश्वत अनुभव है, मनुष्य को 'वैकुण्ठी' बनानेवाला है। यहाँ इस प्रेम के परम मूल्य को स्पष्टतः आध्यात्मिक स्तर पर व्यंजित नहीं कहा जा सकता, एक ध्वनित होने का उसका स्तर अवश्य है। पर कवि के सामने निरन्तर मानवीय जीवन है और युगों में प्रवहमान उसका इतिहास है। अपने युग विशेष की परिस्थिति के सत्ता-संघर्ष, शक्ति के उन्माद, नैतिक अवमूल्यन के घटना-क्रम का पौराणिक कल्पना लोक से सामंजस्य स्थापित करने के बजाय जायसी ने कथानक के पूर्वार्द्ध की मिथकीय योजना से व्यंजित होनेवाले प्रेम को इस यथार्थ जीवन के व्यंग्य के आधार पर व्यापक मानवीय करुण-भाव (विषाद) में पर्यवसित कर दिया है।

(1 : 11) जायसी की काव्य-प्रतिभा की यह विशेषता तथा रचनात्मक क्षमता है कि वह पुराण तथा इतिहास के घटना-क्रम तथा पात्रों को एक स्तर पर आमने-सामने रख कर संयोजित कर सके हैं। जैसा हम जानते हैं, अन्य प्रेम तथा वीरता के आख्यानों में सारा वातावरण, प्रकृति, पात्र, घटना-क्रम पौराणिक अथवा मिथकीय कल्पना से संयोजित है। विशेषकर सूफ़ी प्रेमाख्यानों में तो ऐतिहासिक घटना-पात्र भी उसी में समाहित-तिरोहित हो गये हैं। परन्तु जायसी ने अपनी रचनात्मक क्षमता से काल्पनिक सृष्टि का उपयोग किया है और उसमें निहित मूलभूत रचनाशीलता का मानवीय जीवन की भाव-व्यंजना के स्तर पर प्रयोग हुआ है। इतिहास का युग यथार्थ है और हम उसमें घटित होनेवाले पात्रों के चरित्र, व्यवहार, गुणों को, घटना, परिस्थिति और वातावरण को बौद्धिक स्तर पर जानते-समझते हैं। जीवन के बीच हमारा अनुभव प्रत्यक्ष संवेदन के रूप में समग्र एवं संश्लिष्ट होता है, पर अपने व्यावहारिक एवं प्रयोजनीय जीवन में यह हम से पीछे खिसकता-छूटता गया है। रचनाकार पुनः प्रकृति के बीच मनुष्य को अनुभव की प्रत्यक्ष एकतानता और समग्रता में अभिव्यक्त करने के लिए मिथकीय परिकल्पना का उपयोग उल्टे क्रम से करता है। उसकी रचना के बिम्ब-विधान, प्रतीक-विधान, रूपकों और भाषा के लाक्षणिक व्यंजक प्रयोगों में इस क्रम को देखा-पहचाना जा सकता है। जायसी की रचना-दृष्टि में यह स्पष्ट है और वह सजग एवं

सचेष्ट भाव से 'पद्मावत' के कथा-संयोजन में कल्पना के स्तर पर इतिहास के युग-बोध और मिथक लोक के अनुभव का सामंजस्य स्थापित कर सके हैं। और यह उनकी दृष्टि की तटस्थ भावना से सम्भव हुआ है। उनके प्रबन्ध काव्य में पुराण-कथाओं, परी-कथाओं के कल्पना-विलास का न मनोरंजन है और न शिक्षा एवं उपदेश की दृष्टि से इतिहास के युगीन पात्रों-घटनों का संयोजन। और ऐसा भी नहीं है इन दो भिन्न लोकों के माध्यम से मनुष्य के जीवन का मानवता के स्तर पर अनवरत चल रहे अच्छाई-बुराई, नैतिक-अनैतिक, धर्म-अधर्म के संघर्ष के माध्यम से सन्देश देने का उपक्रम हो। जैसा कहा गया दो सामान्तर लोक अंकित हैं, वे एक-दूसरे के सामने-सामने समानान्तर गतिमान हैं। उनकी प्रतिक्रिया भी मात्र एक-दूसरे को प्रकाशित करने की है, प्रभावित-परिवर्तित करने की नहीं है। एक सिंहल-लोक है, कल्पनाओं, स्वप्नों, इच्छाओं, कामनाओं का और दूसरा इतिहास का युग, संघर्षों, युद्धों, आतंककारी सत्ताओं, नीति और मूल्यों की विडम्बनाओं का। पर ध्यान देने की बात है, कवि की दृष्टि में इन लोकों में नितान्त अलगाव नहीं है, क्योंकि दोनों में एक-दूसरे की स्थितियों, रीतियों एवं मूल्यों की छायाएँ, प्रतिध्वनियाँ देखी-सुनी जा सकती हैं। वह रचनात्मक स्तर पर जीवन के सत्य की अभिव्यक्ति में संलग्न हैं, और वह सत्य न मनोरंजन, उपदेश अथवा नीति है और न मूल्यों की स्थापना अथवा खोज है। रचनाकार जीवन और जगत् में, व्यक्ति और समाज के सम्बन्धों में, व्यक्ति-व्यक्ति के बीच प्रेम और घृणा में, उनकी स्वार्थपरता तथा महत्त्वाकांक्षाओं में, त्याग और उदारता में, आपसी संघर्षों तथा हत्याओं, वीरता तथा हिंसा में इस सत्य को व्यंजित करने में संलग्न है। और इस कवि ने पूरी आत्मिक क्षमता से अपनी रचना में यह सत्य खोजा और पाया है। 'पद्मावत' के रचना-विधान में उसने मिथ एवं इतिहास के आधार पर अपनी अभिव्यक्ति के लिए युग की संस्कृति के यथार्थ के साथ सामाजिक, भौतिक और आध्यात्मिक भाषाओं का उपयोग किया है। अन्त में अभिव्यक्त है, व्यंजित हुआ है मानव करुणा का व्यापक विषादमय सघन अनुभव जो मानवीय प्रेम की शाश्वत भावना पर प्रतिष्ठित है।

(1 : 12) मिथकीय कथाओं का परम्परित रूप लोक कथाओं में विकसित होकर लोक का मनोरंजन करता है अथवा जीवन के व्यवहार के लिए उपदेश का भाव व्यंजित करता है। इसी प्रकार लोक मानस में इतिहास की घटनाएँ एवं पात्र काल्पनिक रूप तथा वातावरण में क्रियाशील होकर लोकरंजन करते हैं तथा मूल्यगत आदर्शों की शिक्षा देते हैं। परन्तु काव्य के रचनात्मक स्तर पर इन दोनों स्रोतों का प्रयोग इस रूप में नहीं होता है, क्योंकि उसमें अनुभव की समग्रता की अभिव्यक्ति होती है जिसमें मूल्यों की गतिशीलता में जीवन का सत्य, सौन्दर्य एवं आनन्द व्यंजित होता है। जायसी की प्रतिभा का परिचय इस रूप में मिलता है कि उनकी कथा की संरचना में इन दोनों का अर्थात् मिथक एवं इतिहास की कथाओं का इस स्तर पर प्रयोग किया गया है। इसका विधान कवि ने दोनों कथा-वृत्तों को आमने-सामने समानान्तर चला कर किया है। एक में व्यक्ति मनुष्य का आन्तरिक जीवन है, उसकी इच्छाएँ-आकांक्षाएँ, आशा-स्वप्न-कामनाएँ हैं जो प्रेम-उत्सर्ग-सेवा-त्याग जैसे मूल्यों से आन्दोलित है। दूसरे में यथार्थ युग-जीवन है, जिसमें नृशंस सत्ता का आतंक, अन्याय-अत्याचार, हिंसा-घृणा, कपट-कुचाल के माध्यम से शक्ति का विस्तार ही प्रमुख है। प्रत्यक्षतः स्वतन्त्र रूप से समानान्तर लगनेवाले

इन कथानकों में रचना की योजना में सूक्ष्म आन्तरिक क्रिया-प्रतिक्रिया निहित है, जिसमें कवि जीवन के गहन अर्थ की खोज करता है। यह इतिहास का युग-यथार्थ नश्वर है, बड़ी-बड़ी सत्ताएँ, शक्तियाँ, साम्राज्य और उनका वैभव सब-कुछ मिट जाता है। कवि उनके श्मशान की उड़ती हुई राख को एकान्त सन्नाटे में उड़ाते हुए व्यंजित करता है—एक करुण भाव को, साही ने जिसे ट्रेजिक विज़न कहा है। वस्तुतः इस गहन भाव-व्यंजना से कवि मानव-मूल्य को ध्वनित-प्रतिध्वनित कर रहा है। और यह दोनों लोकों के जीवन की अन्तःप्रक्रिया से ही सम्भव हो सका है, क्योंकि इस प्रकार रचनात्मक स्तर पर विघटित-खण्डित होते मूल्यों के बीच से यह दृष्टि विकसित हुई है। कथानक के पूर्व तथा उत्तर सिंहल तथा इतिहास के अंशों को संयोजित, बिम्बित-प्रतिबिम्बित करनेवाली पद्मावती है। वह मात्र एक आध्यात्मिक प्रतीक—ब्रह्म रूप—नहीं है, बल्कि यह पूर्वार्द्ध में सौन्दर्य के विश्व-व्यापी और प्रेम के परम रूप-विधान में व्यंजित भी है। उत्तरार्द्ध की इतिहास कल्पना में सौतिया डाह करनेवाली सामान्य नारी से लेकर पति के लिए आत्मदाह करनेवाली आदर्श नारी तक एक साथ प्रस्तुत है। जायसी की कथा-योजना और मूल दृष्टि को पद्मावती के व्यक्तित्व के इन भिन्न स्तरों पर ग्रहण किया जा सकता है। देश-काल के सान्त और अनन्त अन्तर से लेकर प्रकृति, परिस्थिति तथा घटना-क्रम के युगीन और शाश्वत रूप-विधान तक को दोनों कथांशों में अलग देखते हुए भी अपने कल्पना-रूपों, बिम्ब-चित्रों तथा प्रतीक-विधानों में एक-दूसरे से प्रतिक्रियाशील होती हुई अर्थ व्यंजनाएँ तथा भाव-छवियाँ व्यक्त एवं प्रत्यक्ष होती पाते हैं।

(1 : 13) हम देखते हैं, मानव इतिहास के विभिन्न युगों की संस्कृतियों के क्षेत्र में व्यापक स्तर पर क्रिया-प्रतिक्रिया चलती रहती है। मूल्यों की व्याख्या एवं स्थापना के क्रम में प्रतिक्रिया रूप में उनके विघटन तथा कुण्ठित-विजड़ित होते जाने की स्थिति आ जाती है। इस प्रकार की ऐतिहासिक परिस्थिति में रचनाकार समाज की जड़ताओं, मूल्यहीनताओं तथा निर्मम भावनाओं के बीच अपने को पाता है। जायसी ऐसे ही युग में हुए, जब भारतीय समाज इस स्थिति में कुण्ठित और अवरुद्ध हो रहा था, अनेक प्रकार के विरोधाभासों से विशृंखल हो रहा था। साधारण व्यक्ति इस स्थिति को विवश भाव से स्वीकारता है, मूल्यों की विसंगतियों एवं हीनताओं में जीता है। पर कवि रचना के स्तर पर इस परिस्थिति तथा वातावरण के बीच से जीवन की संगति, सार्थकता, मूल्यों की संसक्ति को पाना चाहता है। जायसी जैसा कवि युग की पूरी परिस्थिति के बीच इस अर्थ की व्यंजना करने में संलग्न है। जैसा हम देखते हैं, उन्होंने कबीर तथा तुलसी के समान विरोध एवं स्थापन की प्रक्रिया के बीच मूल्यों का अनुसन्धान या उनकी अभिव्यक्ति नहीं की है, युग-जीवन के पूरे विशृंखलित विनष्ट होते समाज के बीच से मानवीय करुणा की व्यंजना की है। इस मार्मिक भावानुभूति से सहज ही ऐसी मूल्य दृष्टि मिल जाती है जो हमको सार्थक जीवन की पहचान देती है। जायसी ऐसे युग में जन्मे थे, जब हमारे देश में शक्तिशाली सत्ता के आधार पर प्रतिष्ठित धर्म आ चुका था और जम भी चुका था। इस संघीय इस्लाम धर्म का आगमन भारतीय संस्कृति की व्यापक परम्परा में एकदम नयी और अनजानी परिस्थिति थी। हमारे भक्ति आन्दोलन तथा भक्ति काव्य की पृष्ठभूमि में भारतीय समाज एक अभूतपूर्व स्थिति से गुज़र रहा था। हज़ारों वर्ष के भारतीय संस्कृति के क्रम में इस्लाम जैसे संघीय तथा संगठित धर्म का राजसत्ता के साथ

प्रसार बहुत बड़ी चुनौती थी। हमारी संस्कृति व्यापक एवं मानवीय रही है, उसके उदार तथा मुक्त वातावरण में साम्राज्यों के उत्थान-पतन होते रहे हैं, अनेक जातियाँ, कबीले, नस्लें यहाँ आयीं और बसती रहीं। उनके देवी-देवता तथा विश्वास-मान्यताएँ आती रहीं। और देश के वातावरण को बिना संक्षुब्ध किये इस महासमुद्र में उठती-गिरती तरंगों के समान समाहित हो गयीं। अनेक संस्कृतियों का भीतर-बाहर से संघात हुआ, पर भारतीय संस्कृति की व्यापकता में वे समाहित हो गयीं। इस व्यापक भारतीय समाज में व्यवहार तथा सम्बन्ध के आधार पर अनेक वर्ण और जातियों का विकास होता गया है, इस स्तर पर उनमें अनेक भेद, अन्तर, विरोध एवं विसंगतियाँ आती गयी हैं। पर हमारी संस्कृति में धर्म का आधार मूल्यों तथा कर्त्तव्यों का रहा है, जिसके कई आयाम स्वीकृत रहे हैं। पारिवारिक, सामाजिक, आर्थिक, राजनीतिक क्षेत्रों के कर्त्तव्यों-दायित्वों से लेकर आध्यात्मिक जीवन के साधनापरक मूल्यों तक को इनमें सामाहित माना गया है। इस संस्कृति की व्यापक एवं मुक्त स्वीकृति के विपक्ष में इस्लाम धर्म एक ऐसा 'मज़हब' था जो संघटित धर्म-मत के रूप में एक ही देवता और अनुशासन मान कर चलता है। जायसी इसी धर्म-समाज में जन्मे और बढ़े। जैसा हम देखते हैं, वह उसके सूफ़ी मत के वृत्त में आते हैं जो अपनी प्रेम-साधना एवं उदार मानवीय दृष्टि के लिए उल्लेखनीय रहा है।

(1 : 14) भारतीय इतिहास का मध्य-युग का उत्तरार्द्ध हमारे साहित्य का मध्य-युग भक्ति-युग है। यह हमारे इतिहास का वह युग था जब देश भर में विभिन्न स्तरों पर सारी व्यवस्था नष्ट हो चुकी थी। श्रुति-सम्मत परम्परा के नाम पर अनेक कुरीतियाँ, अन्धविश्वास, भ्रष्ट आचार प्रचलित हो चुके थे। इस बिगड़ती हुई सामाजिक परिस्थिति का अनुभव इस बीच किया गया। चौदहवीं शताब्दी तक ऐसे कई मत-सम्प्रदाय महत्त्व पा चुके थे जो इन प्रचलित एवं मान्य रीतियों, विश्वासों तथा मूल्यों के ह्रास, विघटन एवं विजड़ित होते जाने का विरोध कर रहे थे। इनमें सिद्ध, नाथ, अवधूत आदि आते हैं। यद्यपि सिद्ध जैसे सम्प्रदाय सामाजिक जीवन और उसके मूल्यों के पूरे अस्वीकार पर चले, वे नैतिक मूल्यों की अवहेलना करनेवाले हैं। पर नाथ जैसे सम्प्रदायों में व्यक्तिगत संयम-निग्रह पर बल देकर नैतिकता का स्तर स्वीकार किया गया है। पर ध्यान देने की बात है, व्यक्तिगत साधना पर बल देनेवाले समाज और उसको धारण एवं चालित करनेवाले मानदण्डों तथा नियमों के प्रति उपेक्षाशील रहे हैं, ये सामाजिक मूल्यों तथा आदर्शों की भूमिका प्रतिष्ठित करने के बजाय आध्यात्मिक जीवन की उच्च भूमिकाओं की खोज में संलग्न रहे। दूसरी ओर इनको स्वीकार करनेवाले समाज में सामाजिक मूल्य-मर्यादाओं की पुनः प्रतिष्ठा के बजाय विरोध के स्तर पर उनका अतिक्रमण इस सीमा तक हुआ कि सारा नैतिक जीवन और भी विशृंखलित होता गया। इस परिस्थिति में हम देखते हैं, शंकराचार्य तथा गोरखनाथ जैसे व्यक्तित्व वाममार्गी साधनाओं के कुहासे को छिन्न-भिन्न करके शुद्ध ज्ञान मार्ग एवं राज-योग का प्रवर्तन तो कर सके, पर इस युग के फैले हुए साधना तथा धर्माचरण के विभ्रम, विघटन एवं मूल्यहीनताओं को रोक नहीं सके। और इस युग की परिस्थिति में 'इस्लाम' जैसा संघ-धर्म शक्ति और सत्ता के आधार पर देश में विस्तार पा रहा था। उसके अनुशासन में हर नस्ल, कबीले और जाति के लोगों को एक संगठन में स्वीकार किया जाता है और उनके आचरण की संहिता एक है। उनकी

साधना का रूप व्यक्तिगत न होकर सामूहिक होता है। संघीय धर्म में धार्मिक तथा सामाजिक विधि निषेधों में कोई अलगाव नहीं है। भारतीय संस्कृति के सामने यह नयी परिस्थिति थी, और वह भी जब पूरा समाज विशृंखलित, विजड़ित तथा मूल्यविहीन हो चुका था। भारतीय समाज जातिगत विशेषताओं को स्वीकार कर व्यक्तिगत धर्म-साधना का पक्षपाती है, जबकि इस्लाम जातिगत विशेषताओं तथा अलगाव को मिटाकर सामूहिक साधना को स्वीकार करता है। छिन्न-भिन्न समाज की इस परिस्थिति में राजसत्ता पर आधारित संघ-धर्म इस्लाम दोहरी चुनौती के साथ देश में उत्तर-पश्चिम से पूर्व-दक्षिण की सीमाओं में फैल रहा था। हिन्दू समाज उसकी आन्तरिक एवं बाह्य अनुशासन की क्षमता के सामने ठहर नहीं पा रहा था, सभी जातियों, वर्गों तथा सम्प्रदायों के लोगों को समान स्तर पर स्वीकार करने की उसकी क्षमता का मुकाबला करना उसके लिए सम्भव नहीं हो पा रहा था। फिर उसकी संगठित शक्ति के साथ सत्ता भी थी और उसके सामने यहाँ के विभाजित एवं आपसी प्रतिद्वन्द्विताओं में लगे राजाओं-सामन्तों का टिक पाना सम्भव नहीं था। व्यापक स्तर पर भारतीय समाज विभिन्न मत-सम्प्रदायों तथा मान-मान्यताओं के बीच विभ्रमित एवं दिशाहीन था। इसी प्रकार यहाँ राजाओं तथा शासकों की व्यक्तिगत महत्त्वाकांक्षाओं, प्रतिद्वन्द्विताओं तथा उपेक्षा भाव से जनता असुरक्षित थी। इस परिस्थिति में इस्लाम एक ओर सत्ता और शक्ति से यहाँ के राजाओं-सामन्तों को पराभूत कर रहा था और दूसरी ओर बलपूर्वक एवं संरक्षण के प्रलोभन से जन-समाज को धर्म-संघ में मिला रहा था। सैनिक शक्ति और संगठित अनुशासन के सहारे इस धर्म-प्रचार के ऐतिहासिक परिवेश में सूफ़ियों की स्थिति तथा दाय को समझना अपेक्षित है, क्योंकि जायसी का सम्बन्ध सूफ़ी साधना तथा मत से रहा है।

(1 : 15) सत्तात्मक संघीय धर्मों के आधार में मानवीय सार्वभौम तथा शाश्वत मूल्य रहे हैं, पर उनमें निहित शक्ति-सन्धान का यह भाव कि उनके धर्म-संघ के स्वीकार के परे अधर्म है और सत्ता की शक्ति के नृशंस संहारक प्रयोग से धर्म विस्तार का भाव मानवीय मूल्यों के निषेध पर प्रतिष्ठित रहे हैं। युग की इस विषम परिस्थिति में भारतीय समाज को धारण करने के लिए, नया आधार प्रदान करने के लिए ही इस युग के चिन्तकों एवं रचनाकारों ने भक्ति-आन्दोलन का प्रवर्तन किया है और उसमें सूफ़ी साधकों का योग अपने स्तर पर स्वीकार किया गया है। वस्तुतः इस आन्दोलन की केन्द्रीय बात है कि तात्त्विक चिन्तन तथा साधना की पद्धतियों के अन्तर के बावजूद इसके अन्तर्गत सांसारिक जीवन का स्वीकार है और व्यक्ति तथा समाज के सम्बन्धों के आधार पर व्यापक मूल्यों से साधना की ऊँची भूमिकाओं को प्राप्त करने की मान्यता है। प्रेम तत्त्व को साधना का रूप मान लेने पर मानवीय जीवन और उसके भाव-जगत् का स्वीकार सहज ही हो गया है। जब मानवीय सम्बन्धों की स्वीकृति है, उनमें निहित मूल्य-प्रक्रिया ही साधना की भाव-भूमि पर संचरण का आधार होगी। भक्ति-काव्य में साधना की भावमयी अभिव्यक्ति में आराध्य की प्रेममयी कल्पना और उसके भावपरक सम्बन्ध के अन्तराल में मानवीय प्रेम, करुणा, सहानुभूति, दया, सेवा और उपकार जैसे मूल्यों की व्याप्ति है। साथ ही मूल्य-विरोधी भावों-प्रवृत्तियों मद, मोह, अहंकार, काम, क्रोध, हिंसा आदि—से मुक्त होने की आकांक्षा नाना रूपों में व्यंजित हुई है। दक्षिण से उत्तर तक फैलनेवाले इस आन्दोलन में इस्लाम के सूफ़ी मत की भाव-धारा को गतिशील माना गया

है, क्योंकि मूलतः उनकी प्रेम-साधना विधि-विधानों, कर्मकाण्डों तथा धर्म-मतों के भेद-भाव का अतिक्रमण करके मानवीय मूल्यों के स्वीकार पर प्रतिष्ठित मानी गयी है। इस युग में जो अलगाव एवं विरोध के बीच सांस्कृतिक स्तर पर मानवीय मूल्यों के समंजन का प्रयत्न स्वीकार किया गया है, उसमें सूफ़ी साधकों का योग भी माना गया है। हिन्दी साहित्य के इतिहासकारों ने मध्य-युग के भक्ति आन्दोलन के अन्तर्गत सूफ़ी मत के साधकों एवं कवियों का महत्त्वपूर्ण योग प्रतिपादित किया है। इस आधार पर जायसी को सूफ़ी मत में दीक्षित तथा उनके काव्य को उसकी प्रेम-साधना की अभिव्यक्ति के रूप में स्वीकार किया गया है। जायसी इस्लाम धर्म के स्वीकार के साथ सूफ़ी मत और उसकी साधना-पद्धति से अपना लगाव व्यक्त करते हैं, यह स्पष्ट है। पर साही ने अपने अध्ययन में कवि की रचना के अन्तर्साक्ष्यों के आधार पर इस धारणा पर प्रश्न-चिह्न लगाया है कि जायसी सूफ़ी सम्प्रदाय के दीक्षित साधक हैं और उनका काव्य-ग्रन्थ सूफ़ी रहस्यवाद की प्रेम-साधना का आख्यान है। साहित्य की रचना-दृष्टि से जायसी के 'पद्मावत' को समझने-परखने वाले व्यक्ति के लिए यह स्पष्ट रहा है कि समग्र रचना-विधान में कवि की मूल प्रतिश्रुति जीवन तथा जगत् के अनुभूत सत्य की अभिव्यक्ति की है। और उसे उन्होंने अपने युग के पूरे परिवेश के बीच से व्यंजित किया है। परन्तु साही ने अपने अध्ययन के सन्दर्भों से यह स्पष्ट किया है कि जायसी सूफ़ी परम्परा के कवियों से अलग पड़ते हैं, और इसका महत्त्वपूर्ण तर्क है कि आधुनिक युग के पहले मध्य युग में सूफ़ी सम्प्रदाय तथा 'तसव्वुफ़' के कवियों में उनकी उपेक्षा की गयी है।

(1 : 16) साही ने सतर्क प्रमाणों से प्रतिपादित किया है कि अन्य सूफ़ी मत के अन्तर्गत आनेवाले दाऊद, मंझन, कुतबन आदि कवियों का उल्लेख महत्त्वपूर्ण ढंग से सूफ़ी सम्प्रदाय के ग्रन्थों में मिलता है, जबकि जायसी और उनके 'पद्मावत' के बारे में वे मौन हैं। अपने अध्ययन क्रम में हम देखेंगे कि साही ने 'पद्मावत' के प्रारम्भ में दी हुई गुरुओं की सूचियों के विश्लेषण के आधार पर मानना चाहा है कि जायसी मत में दीक्षित होने की चर्चा इस प्रकार नहीं कर रहे हैं। परन्तु निष्कर्ष रूप में इसको न मान कर अगर हम मान लें कि उन्होंने किसी गुरु से दीक्षा ली भी तो वह साधारण शिष्य के रूप में और उन्होंने काव्य में सूफ़ी साधना का व्यापक प्रेममार्गी आधार भी स्वीकार किया। रचना के स्तर पर वह स्वच्छन्द रूप में अपने युग-जीवन के सत्य की अभिव्यक्ति के मार्ग पर चले हैं। जहाँ सूफ़ी साधना का आध्यात्मिक प्रेम जीवन के अनुभव के सन्दर्भों में करुण भाव, विषाद की गहरी आन्तरिकता में व्यंजित हुआ है। अपने अध्ययन में साही ने एक महत्त्वपूर्ण बात की ओर हमारा ध्यान आकर्षित किया है। सामान्यतः यह माना जाता है कि इस्लाम धर्म के अन्तर्गत सूफ़ी मत धार्मिक उदारता और व्यापक प्रेम तत्त्व के स्वीकार को माननेवाला है। और वह आत्मा और ब्रह्म के एकात्म भाव को पाने की भावमूलक साधना पर विश्वास करता है। इसके लिए मंसूर जैसे साधक को सूली पर चढ़ना पड़ा। पर जब हम भारत के सन्दर्भ में सूफ़ी मत-सम्प्रदाय तथा उसके आन्दोलन पर विचार करते हैं, तब ध्यान रखना है कि यह केवल सिद्धान्त अथवा साधना की बात नहीं है। इस आन्दोलन को चलानेवाले संगठन तथा पीठ थे। और उस युग के समाज में विभिन्न स्तरों पर चल रहे धार्मिक संघर्षों में उनके संगठनों की भूमिका को देखा-समझा जा सकता है। उस युग की परिस्थिति में वस्तुतः सूफ़ी संगठन के विभिन्न रूप इस्लाम को

राजनीतिक शक्ति के आधार पर फैलानेवाले सुल्तानों, बादशाहों की नीतियों को मानकर काम कर रहे थे, उनसे उनका विरोध नहीं रहा है। कुँवर मुहम्मद अशरफ़ के कथन के आधार पर उन्होंने यह प्रतिपादित किया है। इस स्तर पर सूफ़ी लोग रूढ़िवादी हो चुके थे और हिन्दू-मुसलमानों के पारस्परिक सम्बन्धों के आधार पर समाज में हो रहे परिवर्तनों को खुला समर्थन नहीं दे रहे थे। पारम्परिक इस्लामी जीवन-पद्धति और धर्म के कठोर अनुशासन से असन्तुष्ट होकर भी वे उल्माओं की ताकत को चुनौती नहीं दे सकते थे। इसी प्रकार मुस्लिम शासक वर्ग और अमीर-उमरा समाज के आचार-विचार नापसन्द करके भी उनकी सत्ता से भयभीत होकर ईमानदारी से वे उनका विरोध नहीं कर सकते थे। इस आतंक के वातावरण में सूफ़ियों ने इस युग में इस्लामी कट्टर और असहिष्णु दृष्टि को ही समर्थित-प्रतिपादित किया। हम अमीर खुसरो को कवि तथा सूफ़ी के रूप में जानते-मानते हैं, उन्होंने भारतीय काव्य, जीवन को जिस प्रकार अपनाया है और प्रेम की जिस भूमिका पर अभिव्यक्ति दी वह सब युग-युग से समाज के मन को आकर्षित करता रहा है। पर साही ने विशेष रूप से हमारा ध्यान उनके इतिहासकार व्यक्तित्व पर केन्द्रित किया है। यहाँ स्पष्ट रूप से उस युग में जिस नृशंस-निर्मम भाव से, क्रूरता तथा अमानवीयता के साथ हिन्दुओं के प्रति अन्याय-अत्याचार किया जा रहा था, उसका खुसरो ने इस्लाम-धर्म के प्रचार के रूप में बड़ी आकर्षक एवं सशक्त भाषा में वर्णन किया। इस आधार पर साही का कहना है, 'हिन्दू-तुर्क सत्ता-संघर्ष के बारे में जो संकुचित दृष्टि खुसरो के 'खजायुनुल-फ़तूह' में मिलती है, वह बादशाहों और मुल्लाओं को खुश करनेवाली तो थी ही, निज़ामुद्दीन औलिया के मठ के लिए भी लाभदायक और स्वीकार्य थी' (पृ. 61)। निश्चय ही इस परिस्थिति के परिप्रेक्ष्य में जायसी उन्हें मानवीय दृष्टि तथा मानवीय भाव से सूफ़ी मत से अलग रूप में लगते हैं।

(1 : 17) सामान्य जीवन के स्तर पर कवि गृहस्थ या संन्यासी, किसान या व्यापारी, स्वामी या सेवक कुछ भी हो सकता है, किसी धर्म या मत को स्वीकार कर सकता है और किसी सम्प्रदाय में दीक्षित हो सकता है, परन्तु रचना के स्तर पर वह व्यापक जीवन में प्रवेश करता है, उसके हर क्षेत्र और स्तर के अनुभव से गुज़रता है, बीच में अलगाव की अनेक सीमाओं का अतिक्रमण करता है। इन अनुभवों से जीवन की सृष्टि करता है, पात्रों, घटनाओं, परिस्थितियों का संयोजन करता है, और इस सारे रचना-विधान से वह हमको जीवन के यथार्थ मूल्य-बोध की सघन-मार्मिक अनुभूति के स्तर पर पहुँचाता है। हम देखते हैं, अपने रचना-संसार में कवि व्यावहारिक जीवन की सीमाओं का अतिक्रमण करता है, भक्ति युग के तुलसी और सूर अपने गुरु तथा सम्प्रदाय पर पूरी निष्ठा रखते हुए भी सिद्धान्तों के घेरे में समेटे नहीं जा सकते। उन्होंने भक्ति-आन्दोलन के क्षेत्र में उनके गतिशील विचार तथा मत को स्वीकारा है और उन्हीं की जीवन के स्तर पर भावाभिव्यक्ति की है। फिर भी उनके काव्य में इन मान्यताओं के सन्दर्भ तथा संकेत मिलते रहते हैं। दूसरी ओर कबीर को अपने रचना-क्रम में अभिव्यक्ति के अन्तर्गत निरन्तर यह कहते और व्यक्त करते रहना पड़ा है कि उनका अनुभव का संसार, उनकी अभिव्यक्ति का क्षेत्र किसी सीमा, किसी मतवाद में नहीं आता। परन्तु जायसी की स्थिति भिन्न है। रचना के स्तर की उनकी तटस्थता पूरी तरह स्पष्ट है। उनके काव्य में जीवनगत सामान्य विश्वास और मान्यताओं का उल्लेख प्रासंगिक एवं

सन्दर्भगत है, उनकी रचना की अन्तर्निहित भावना के साथ नहीं। वहाँ उसकी दृष्टि मनुष्य पर केन्द्रित रही है, मनुष्य जो समाज का प्राणी है, अपने युग के परिवेश में जीता है। जीने की प्रक्रिया में अच्छाई-बुराई, हानि-लाभ, वीरता-कायरता, ईमानदारी-बेईमानी, त्याग-कपट, सरलता-कुटिलता सभी कुछ है। जायसी ने इस सम्पूर्ण जीवन के यथार्थ को व्यंजित किया है, यहाँ तक कि इतिहास एवं पुराण दोनों लोकों की कल्पना में यह यथार्थ प्रतिच्छवित होता है। इस रचना के प्रवाह में अभिव्यक्ति के क्रम में इन्हीं चित्रों में जीवन के मानवीय सत्य की झलकियाँ (शेड्स) मिलती रहती हैं। व्यंजित होनेवाले इस सत्य को कथा के पूरे प्रवाह से अलग नहीं किया जा सकता, वह उसका अभिन्न अंग है। जायसी की कथा-योजना के अन्तर्गत युग-जीवन के यथार्थ के विविध पक्ष, नाना चरित्र एवं परिस्थितियों का असम्पृक्त भाव से वर्णन है। अपने युग के राजनीतिक वातावरण की रचना में उनकी दृष्टि जिस प्रकार मानवीय है, वह हर व्यक्ति और पक्ष को इसी आधार पर ग्रहण करती है। अपने चारों ओर के वातावरण में सूफ़ी मत के तसव्वुफ़ के साथ जायसी ने हठयोग, गोरखपन्थ, सहजयान और वेदान्त जैसे वादों-मतों को फैले देखा है। अपनी-अपनी साधना में लगे योगी-यती, साधू-संन्यासी, साधक-सिद्ध, जंगम-अवधूत का कवि तटस्थ भाव से वर्णन करता है। ये सब उसकी मान्यता, उसके विश्वास, धर्म अथवा मूल्य-बोध को व्यक्त नहीं करते, वरन् कथा के संयोजन में इनका उद्देश्य उसकी मुख्य संवेदना को अधिक घना, मार्मिक और प्रत्यक्ष बनाना है। इन सारे प्रसंगों, घटना-क्रमों, पात्रों एवं परिस्थितियों का अलग स्वतन्त्र अस्तित्व नहीं है, वे समग्रता में अपने वैचारिक-सैद्धान्तिक अंशों के साथ कथा के मूल भावात्मक प्रवाह में विलीन होकर उसे तीव्र बनाते हैं।

(1 : 18) 'पद्मावत' के पूर्वार्द्ध को मिथ-कथा के रूप-विधान में माना गया है और उसका उत्तरार्द्ध कथा के आधार पर संयोजित हुआ है। जैसा हम देखते हैं, इन दोनों कथा के अंशों में इस दृष्टि से स्पष्ट अन्तर है। हमने पूर्व-कथा के कल्पना से निर्मित मिथक रूप पर विचार किया और यह भी देखा कि यह देश-काल की सीमाओं का अतिक्रम करनेवाला लोक-शुद्ध, अनाविल, अलौकिक नहीं है, उसमें यथार्थ जीवन की अनेक स्थितियाँ-सीमाएँ प्रतिच्छवित प्रतिध्वनित होती रहती हैं। फिर जब हम कवि के इतिहास-लोक की कल्पना में प्रवेश करते हैं, तो पिछले लोक का सन्दर्भ निरन्तर मूल दृष्टि को व्यंजित करता चलता है। इस रचना-प्रक्रिया में ही कवि युग के मूल सत्य का साक्षात्कार करा सका है। जायसी का इतिहास युग-यथार्थ से ग्रहण किया हुआ नहीं है, वह कल्पना के स्तर पर कल्पित है। अनेक पात्रों, स्थानों के नाम तथा घटना-प्रसंगों के सन्दर्भ ऐतिहासिक हैं। पर उनके तथ्यपरक आधार की चिन्ता कवि को नहीं, वह अपने युग के यथार्थ के पूरे परिवेश एवं सन्दर्भ के माध्यम से मानवीय अनुभव के रूप में सत्य की व्यंजना करने में संलग्न है। ऐतिहासिक खोजों के आधार पर यह प्रायः मान्य है कि 'पद्मावत' का यह कथानक इतिहास से लिया गया नहीं है। यह अवश्य है कि इतिहासकारों ने इस वृत्तान्त को ऐतिहासिक स्वीकार करने में जायसी का सहारा लिया हो, यह सम्भावना मानी जाय। जायसी के पूर्व के ख़ुसरो, बरनी, इसाकी जैसे फ़ारसी के वृत्त-लेखकों ने अलाउद्दीन की चित्तौड़-विजय के सन्दर्भ में पद्मिनी का कोई उल्लेख नहीं किया है। इतिहासकार कानूनगो ने अपने 'लीजेण्ड ऑफ़ पद्मिनी' नामक प्रकाशित

व्याख्यान में इन सबके साथ अकबरकालीन फ़रिश्ता द्वारा निर्दिष्ट पद्मिनी-कथा में गोरा बादल को चतुराई से अलाउद्दीन की कैद से रत्न सिंह की मुक्ति के वर्णन तथा राजस्थानी ख्यालों में इस प्रसंग के वर्णन पर विचार किया है। उनका निष्कर्ष रहा है कि यह सारा प्रसंग ऐतिहासिक नहीं है। दशरथ शर्मा ने कुम्भलगढ़ के शिला-लेख के आधार पर कानूनगो के निष्कर्ष को स्वीकार नहीं किया है। पर इस शिलालेख से इतना ही प्रकाश पड़ता है कि अलाउद्दीन के आक्रमण के पहले चित्तौड़ के शासक अमर सिंह थे, और आक्रमण के समय उनके पुत्र रत्न सिंह थे। वस्तुतः आक्रमण का सामना सिसोदिया सरदार लखमसी (लक्ष्मसिंह) ने किया, जिसके सात पुत्र उस युद्ध में काम आये। इस लेख में रत्न सिंह का नामोल्लेख है और वह भी उपेक्षा भाव से, क्योंकि रक्षा का भार तो सरदार ने ग्रहण किया। अन्य पद्मिनी गोरा बादल आदि का कोई उल्लेख इसमें नहीं है। जायसी के पूर्व सन् 1460 का यह शिलालेख राणा कुम्भा का माना गया है। फिर भी जायसी का रत्न सिंह कायर नहीं है। 'पद्मावत' में रत्न सिंह ने किसी युद्ध में पराक्रम प्रदर्शित नहीं किया। पर वह साहसी है, विपत्तियों का सामना करता है और युद्ध से पीछे नहीं हटता। इस प्रकार न केवल जायसी ने इतिहास-वृत्त में विभिन्न पात्रों-घटनाओं का संयोजन अपने ढंग से किया है, बल्कि रत्न सिंह का नाम लेकर उसके चरित्र की निजी ढंग से परिकल्पना की है। दशरथ शर्मा ने 'छिताई वार्ता' को जायसी के पहले की रचना मान कर उसके प्रभाव का उल्लेख किया है, पर अन्य विचार करनेवालों ने उसे बाद का ही माना है।

(1 : 19) साही ने अपने चिन्तन-क्रम में प्रस्तावित किया है कि इस कथा के आधार के लिए जायसी के पूर्व 'पद्मावती' की कोई लोक-कथा स्वीकार करने के बजाय यह माना जा सकता है कि जायसी ने अपनी सर्जनशील प्रतिभा से अनेक सूत्रों के आधार पर इसकी पूरी कल्पना की हो। और बाद में यह इतनी प्रचलित हुई और प्रभावी बन पड़ी कि इतिहास स्वीकार कर ली गयी है। जो भी हो जायसी की प्रतिभा और दृष्टि का प्रमाण तो 'पद्मावत' के इस इतिहास-वृत्त के संयोजन में मिलता ही है। उन्होंने कथा के दोनों अंशों की कल्पना में प्रतिभा का परिचय दिया है और साथ ही दोनों को जिस प्रकार एक रचना-विधान में बाँधा है, अलग होकर भी एक-दूसरे में प्रतिध्वनित-प्रतिच्छवित किया है, वह अपने आप में विशिष्ट प्रयोग है। अपने युग से जायसी जिस गहरे स्तर पर जुड़े रहते हैं, उस पर इतिहास की वह सारी सामग्री...इतिवृत्त, परिस्थितियाँ, घटनाएँ, पात्र...उनके चारों ओर बिखरी रही है। संघर्ष, युद्ध, संहार, धोखा-कपट, राजाओं को जीत कर रानियों, बहनों-बेटियों को हरम के लिए छीन लेना, जौहर, व्यक्तिगत शौर्य सभी कुछ उस युग के प्रत्यक्ष यथार्थ का रूप था। उन्होंने गहराई से पर तटस्थ भाव से इतिहास-क्रम में घटित हो रहे अपने युग को देखा-परखा, फिर अपनी रचना की अनुभव की सघनता-मार्मिकता में उसे अभिव्यक्ति प्रदान की। पर सत्य ग्रहण करने की इस प्रक्रिया में इतिहास का कवि प्रयोग करता है, अपनी कल्पना से इतिहास के तथ्यों एवं घटित का स्वच्छन्द रूप में संयोजन करता है। इस स्तर पर वह उस युग के यथार्थ का उपयोग पूरे विस्तार में करता है। राजनीतिक चालों और उसमें निहित छलछन्दों, धर्म बनाम कुफ़्र की नारेबाजी का मुसलमान बादशाहों-सुल्तानों के द्वारा राज्य-विस्तार के लिए प्रयोग का चित्र सामने आता है, और इस प्रकार के वर्णनों में कवि की तटस्थ दृष्टि के साथ उसकी

अनुभूत जीवन की इस व्यर्थता में हम उस करुण भाव की सूक्ष्म व्यंजना पाते हैं, जिसको कवि 'फूल की सुगन्ध' मानता है। कवि सहज और आन्तरिक भाव से यह अभिव्यक्त करने में सक्षम हुआ है, न कहीं आक्रोश, आरोप, क्षोभ और न किसी के प्रति कटुता, तिरस्कार अथवा अस्वीकार का भाव। तुलसी के 'गृह-त्याग'' के बिना ही जायसी के काव्य में व्यापक मानवीय मूल्यों की कौंध व्याप्त हो जाती है। युग का अजीब माहौल था। दिल्ली की मुहम्मद गौरी के बाद तीन शताब्दियाँ सुल्तानों की शेरशाह सूरी तक बीत रही थीं और बाबर के साथ मुगल सल्तनत की नींव पड़ रही थी। इस माहौल में कई तरह के संघर्ष चल रहे थे। एक ओर नवागन्तुक एवं आक्रमणकारी मुसलमानों के साथ यहाँ पहले बसे-रहे-आये मुसलमानों के बीच की टकराहट, उनके बीच उभरनेवाले सामाजिक राजनीतिक-सांस्कृतिक संघर्ष सामने आ रहे थे। दूसरी ओर शताब्दियों के बीतने के साथ हिन्दू-मुसलमानों को निकट लाने तथा साथ रहने की विवशता की प्रतिरोधी शक्ति के रूप में कट्टर साम्प्रदायिक विचारधाराएँ प्रबल हो रही थीं। राजनीतिक मंच पर बाबर का प्रवेश होता है, वह इब्राहीम लोदी तथा राणा साँगा से लोहा ले चुका है। पट परिवर्तन के साथ शेरशाह सूरी सबको एकजुट करके हुमायूँ को पराजित करता है। और फिर कुछ वर्षों के अन्तराल से वह पराजित होता है और दिल्ली में मुगल साम्राज्य की स्थापना होती है। हम देखते हैं, यह सत्ता-संघर्ष का दूसरा रूप है, जिसमें दोनों पक्ष एक धर्म-मत के हैं। इस सांस्कृतिक विशृंखलता, धार्मिक उन्माद, राजनीतिक सत्ता-संघर्ष के सैलाब के बीच एक कवि है जो समझ रहा है, अनुभव कर रहा है कि यह सब मानवता के व्यापक सन्दर्भ में अर्थहीन है, अन्ततः राख हो जानेवाला है, और जो मानवीय है, बचने-रहने वाला है वह है 'प्रेम' जिसकी ही एक आभा करुणा है, एक छाया विषाद है।

(1 : 20) कहा गया है कि 'पद्मावत' की रचना में कवि ने दो भागों की योजना इस प्रकार की है जिससे दो अलग लोक लगाते हुए भी एक-दूसरे को प्रतिच्छवित एवं प्रतिध्वनित करते रहते हैं। इस प्रक्रिया को प्रदर्शित करने के लिए दो पक्षियों के प्रसंगों को लिया जा सकता है। उनको यहाँ लेने का प्रयोजन यह भी है कि ये दोनों कथानक के पात्र रूप में उसके घटना-क्रम को सहज मानवीय स्तर पर आगे बढ़ाने में सहायक हैं और साथ ही उनके माध्यम से प्रतीकार्थ की हल्की झलक देते हुए कवि गहन मानवीय भाव-बोध को व्यंजित करता है। और यह जायसी की विशेष काव्य-शैली है। पद्मावती का हीरामन तोता सिंहल लोक का है और नागमती के विरह का सन्देश लेकर जानेवाला एक विहंगम चित्तौड़ (इतिहास लोक) का है। इस प्रकार ये दोनों पक्षी दोनों कथा-संसारों को जोड़नेवाले माने जा सकते हैं। हीरामन के द्वारा पद्मावती के अलौकिक सौन्दर्य का वर्णन सुनकर रत्नसेन प्रेमातुर होकर योगी बन कर सिंहल की यात्रा करता है। फिर विहंगम द्वारा नागमती के विश्वव्यापी विरह की ज्वाला का सन्देश पाकर वह चित्तौड़ वापस आता है। पर यह घटना-क्रम के रूप में कथानक के दोनों भागों के संयोजन से गहरे, सघन, व्यापक स्तर की व्यंजनाओं सहित नियोजित है। सामान्य कथानक के अन्तर्गत पद्मावती अपने नाराज़ पिता गन्धर्वसेन को मना कर हीरामन को मारे जाने से बचा लेती है। पर अपने मन के खटके के कारण तोता पिंजरे से उड़ जाता है। वन में व्याध लासा से उसे पकड़ कर बन्दी बना लेता है और फिर एक ब्राह्मण के हाथ

बेच देता है। सिंहल के व्यापार से लाये हुए पण्डित तोते की बात सुनकर चित्तौड़ की गद्दी पर बैठनेवाला राजा रत्नसेन ब्राह्मण को बुलाकर उसे एक लाख मूल्य पर खरीद लेता है। फिर कथा के घटनाक्रम के साथ तोता के द्वारा 'पद्मावती' के अलौकिक सृष्टि में व्याप्त सौन्दर्य का वर्णन सुन कर रत्नसेन सिंहल द्वीप जाने के लिए योगी हो जाता है और तोता उसके मार्ग-निर्देशन के लिए साथ रहता है। दूसरी ओर नागमती के सारी प्रकृति एवं विश्व में व्यापनेवाले विरह के ताप में जलनेवाले पक्षियों के बीच एक विहंगम ने उससे उसकी व्यथा के बारे में प्रश्न किया। उसकी विरह-दशा का हाल सुन कर सन्देश लेकर पक्षी सिंहल द्वीप के लिए उड़ा। अपनी यात्रा में विरह के व्यापक ताप और ज्वाला के बीच से वह सिंहल के एक वृक्ष की डाल पर पहुँचता है। वहाँ अपने साथी पक्षियों को अपनी कथा सुनाता है कि जम्बू द्वीप की यात्रा में वह चित्तौड़ की रानी के विरह की ज्वाला से काला हो गया है और जिसका राजा योगी होकर नगर सूना कर गया है। यह बातचीत सुन कर रत्नसेन पक्षी से सन्देश कहने की प्रार्थना करता है और उससे नागमती के विरह की मार्मिक कथा सुन कर वापस लौटने का संकल्प करता है। यह काव्य की बहुस्तरीय व्यंजनाओं को ध्वनित-प्रतिध्वनित करते हुए मूल्यों के सन्दर्भ में सत्य को अभिव्यक्त करनेवाले घटना-क्रम का मूल ढाँचा मात्र है। परन्तु इसके आधार पर यह ग्रहण करना सहज है कि कवि अपनी रचनात्मक कल्पना में पुराण तथा इतिहास दोनों लोकों को बिम्बित-प्रतिबिम्बित करते हुए अपनी कथा की योजना कर रहा है। इस प्रकार मनुष्य इतिहास-क्रम में युगों के घटित होते निरर्थक तथा सारहीन जीवन के अन्तर्गत प्रेम के परम मूल्य के आधार पर उसमें ध्वनित-प्रतिध्वनित विषाद से करुण भाव ग्रहण करता है। वस्तुतः यह भाव मनुष्य के सभी शाश्वत एवं सर्वभौम मूल्यों में व्याप्त है।

(1 : 21) इस रचना की सारी योजना में व्याप्त उपर्युक्त मूल्य-बोध को कवि ने इन दोनों कथानक प्रसंगों के वर्णन-क्रम में निरन्तर अनेक रूपों में व्यंजित-ध्वनित किया है। इसको हम कुछ प्रयोगों के विश्लेषण से ही समझ सकते हैं। मृत्यु रूपी मार्जारी के भय से बचाव के लिए राजमहल से हीरामन प्राण लेकर ढाक वन के लिए उड़ता है। इसका उल्लेख करते हुए भण्डारी बताता है कि 'प्रश्न करने पर उत्तर देनेवाले सुआ के उड़ जाने पर अब रीता पिंजड़ा नहीं बोलता।' यह सुनकर पद्मावती की दशा का वर्णन प्रकृति के दृश्य-रूपों के अप्रस्तुत विधान में इस भाव को सार्वभौम परिवेश में व्यंजित करता है। और उसके इस कथन 'दहुँ है धरति कि सरग गा पवन न पावै तासु' में इस भाव की अनुगूँज जीवन-मृत्यु के बीच व्याप्त है। सखियाँ उसे समझा रही हैं, उनका सारा समझाना-बुझाना सहज जीवन की परिस्थिति के अनुसार उसकी भाषा-शैली एवं मुहावरे में चलता है—'चला गया पक्षी कहाँ मिलता है। बन्धन से छूट कर फिर बन्धन में कहाँ जा सकता है। उड़ने का फल उसी दिन चख लिये, जिस दिन उसके शरीर में पंख निकले और पक्षी नाम पड़ा। जिसका पिंजड़ा उसको सौंप कर चला गया। जो जिसका था, उसी का हो गया। जिस पिंजड़े में दस द्वार हों, उसका पक्षी कैसे बच सकता है, जब बिल्ली पास में हो। यह धरती कितनों को निगल गयी, उसका पेट इतना गहरा है कि फिर नहीं उगलती।' इस सारे कथन में कुछ भी ऐसा नहीं है जो साधारण बोलचाल के स्तर पर नहीं कहा जाता, पर साथ ही इसमें से जीवन की नश्वरता एवं आत्मा का सत्य व्यंजित ध्वनित होकर अपने विस्तार में अपनी अनुगूँज के साथ फैलता-बिखरता-मिटता जाता

है। कवि अपनी ओर से इस परिस्थिति के बीच अन्तर्निहित अप्रस्तुत प्रतीकार्थ से पूरे अर्थ-सन्दर्भ को अधिक मार्मिक, सघन और संश्लिष्ट बना देता है, 'जहाँ न राति न देवस है जहाँ न पौन न घानि। तेहि बन होइ सुअटा बसा की रे मिलावे आनि।' इस लोक-कथा के वातावरण से जीवन की सहज परिस्थिति के अन्तर्गत आत्मा-परमात्मा के मिलन जैसी व्यंजनाएँ उत्पन्न की गयी हैं। यहाँ जीवन में प्रिय-वियोग के सामान्य मानवीय भाव का सुआ पर आरोप करने के साथ पिंजरा और बन्धन के सन्दर्भ से हम दूसरे स्तर पर अर्थ ग्रहण की मानसिकता में आ जाते हैं। कवि ने रचनात्मक कुशलता से सारी सहज मानवीय परिस्थिति के संयोजन में इन अर्थों को ध्वनित-प्रतिध्वनित किया है। साथ ही कथा-क्रम की निरन्तरता अपनी स्वाभाविक गति से बनी हुई है। यह हीरामन सुआ रत्नसेन को सिंहल द्वीप लाने का महत्त्वपूर्ण माध्यम है, और निरन्तर कथा के संयोजन में उसके प्रवाह को आगे बढ़ाने में सहायक है। जैसा कहा गया है, वह लोक कथानक के पात्र के स्तर पर सहज ही उसके घटनाक्रम में प्रस्तुत रहता है। लेकिन हम देखते हैं, उसके माध्यम से कवि जीवन के सत्य और आध्यात्मिक अर्थ के अनेक छायातप डालता चलता है, और अर्थ-व्यंजनाएँ निहित करता है। ज्ञानी पण्डित हीरामन लोभवश व्याध के जाल में फँसता है और आगे ब्राह्मण के द्वारा रत्नसेन तक पहुँचता है। हीरामन अपने आधार पर सांसारिक माया-मोह के आकर्षणों में फँसे व्यक्ति (जीव) का वर्णन करता है। आगे अपना परिचय देते हुए वह अपने गले में कण्ठा फूटने, मनुष्य की भाषा पाने, मुख से रक्त वर्ण और शरीर से हरित वर्ण होने को पद्मावती की कृपा मान कर रात-दिन स्मरण करने और मरते समय भी उसके नाम लेते रहने की बात कहता है। इस कथन की अनुगूँज करती ध्वनि का विस्तार हम उसके द्वारा पद्मावती के सौन्दर्य-वर्णन में पाते हैं। प्रारम्भ की प्रस्तावना में ही यह सौन्दर्य कमल गन्ध, चन्द्रमा के अंश तथा शुद्ध सुगन्धित स्वर्ण के रूप से निर्मित कहा गया है। सौन्दर्य के इस संकेत पर ही राजा मोहित-विमुग्ध होकर उससे पद्मावती के रूप-सौन्दर्य के वर्णन का आग्रह करता है। फिर हीरामन के द्वारा वर्णित सौन्दर्य विश्वव्यापी होकर सीमातीत विराट् में समाहित हो गया है। केशों के सन्दर्भ में नागराज वासुकी और आकाश-पाताल के बीच अन्धकार फैलने, की कल्पनाएँ माँग के लिए नक्षत्र-तारों के साथ आकाश-गंगा की जगमगाहट आदि प्रकार की हैं।

(1 : 22) कथानक के क्रम में रत्नसेन के पद्मावती के प्रेम में वैरागी होने पर सुआ भी उसे समझाता है और 'प्रेम के कठिन मार्ग' का वर्णन करता है, उसके परम उत्सर्ग की चर्चा करता है। वह योग-मार्ग की कठिनाई बता कर उसे 'सूली की सेज' कहता है। इन सन्दर्भों में साधना के संकेत मिलते रहते हैं। स्पष्टतः यह उसे प्रेम मार्ग पर दृढ़-संकल्प के साथ चलने की प्रेरणा का काम करता है, यहाँ सुआ गुरु रूप में आभासित होता है। मार्ग में वह साथ है और मार्ग-दर्शक का काम कर रहा है। मार्ग के चुनाव के मौके पर वह गूढ़ अन्तर्ध्वनियों के साथ कहता है, अगुआ वही होता है जिसने मार्ग स्वयं देखा हो, जिसके शरीर में पंख नहीं 'वह क्या उड़ सकता है?' इसी प्रकार किलकिला समुद्र के आने पर वह फिर इसी व्यंजना के साथ आगाह करता है, 'इसी समुद्र में आने पर सत्य डोल जाता है। साथ रहनेवाला गुरु ही पार उतार सकता है।' यह हीरामन वस्तुतः राजा के सबसे आगे चलनेवाले जहाज को खे रहा है।' सिंहल पहुँचकर वह राजा का मार्ग-निर्देशन करता है और पद्मावती

में वर्णन करता है और सिंहल द्वीप का परिचय देता है, उसमें सहज कथाक्रम के बीच अलौकिक संकेत समाहित है। सिंहल के आकाश छूनेवाले दुर्ग, कंचन के परकोटा और रत्नों से जटित सोने के राजमहल आदि का इस रूप में वर्णन करता है, 'आकाश मानसरोवर है, चन्द्रमा कमल है, उसके पास दिखायी पड़नेवाले नक्षत्र कुमुद हैं। जैसे सूर्य के निकलने पर भौंरा विकसित कमल की सुगन्धि लेकर जाता है, वैसे ही तुम्हारे आने पर पवन उस पद्मावती की सुगन्ध लेकर आया है।' इस क्रम में आन्तरिक अनुगूँजों के साथ सुआ पद्मावती के पास जाता है। यहाँ दोनों के मिलन से वियोग के दुःख में भी पद्मावती को आनन्द हुआ। पिंजड़ा खाली कर के चले जाने की शिकायत करने पर हीरामन के अपने सहज कथन में फिर जीवन, जगत् तथा आत्मा आदि के सम्बन्धों की झलक मिलती है, 'पक्षी को पिंजड़े का ठाठ शोभा नहीं देता। पंख निकलते ही स्थिर रहना कहाँ सम्भव है? डैने हुए कि पक्षी उड़ने लगता है।' साथ ही वह सांसारिकता के मोह-आकर्षणों के बीच अपने बन्धन का उल्लेख कर जीव के सांसारिक बन्धन का संकेत देता है। अगले क्रम में सुआ रानी को चन्द्रमा और रत्नसेन को निर्मल सूर्य के रूप में बता कर उनके आध्यात्मिक अर्थ की व्यंजना करता हुआ कथा को आगे गति प्रदान करता है। यहाँ हम देखते हैं कि हीरामन दोनों के मिलन में महत्त्वपूर्ण भूमिका निभा रहा है। दोनों का पत्र और सन्देश एक-दूसरे के पास पहुँचाता है और उनके प्रेम-मिलन का मार्ग प्रशस्त करता है। इस क्रम में वह कभी राजा को आश्वासन देता है, बेहोशी से होश में लाता है और कभी प्रीति की बेल में उलझी हुई पद्मावती के लिए सहारा बनता है। इसी क्रम में वह उसे सजग करता है कि वही गुरु है, रत्नसेन तो उसका शिष्य है। हम देखते हैं, अन्ततः हीरामन गन्धर्वसेन को रत्नसेन का सच्चा परिचय देकर दोनों के विवाह के लिए राजी करता है। और इस प्रकार रत्नसेन तथा पद्मिनी को मिलाने के बाद हीरामन कथा से अदृश्य हो जाता है।

(1 : 23) नागमती का विरह-वर्णन प्रेम की बहुत सूक्ष्म अभिव्यक्ति है, जिसमें अनुभव की सघनता तथा व्यापकता भाव-व्यंजना को अपार्थिव व्यक्ति-निरपेक्ष स्तर पर नियोजित करती है। विरहिणी नागमती अपने परदेशी प्रिय के लिए व्याकुल-विकल होकर विलाप कर रही है। पर चारों ओर की प्रकृति के बीच उसकी आवाज़ ध्वनित-प्रतिध्वनित होकर सारी दृष्टि में व्यापती जाती है। वस्तुतः यह इतिहास-लोक की भाव-भूमि है जो सिंहल के कल्पना-लोक को अपनी ओर आकर्षित कर रही है, उसकी पुकार है जो अपने 'नायक' को अपनी ओर खींच रही है। नागमती अपना सन्देश भेजने के लिए वन-वन भटकती है, पर कोई उसका सन्देश नहीं ले जा पाता। तब आधी रात के समय एक पक्षी बोलता है, 'तुमने घूम-घूम कर सब पक्षियों को जला दिया। क्या दुःख है कि रात में भी आँख नहीं लगती।' यही पक्षी है जो सन्देश लेकर सिंहल जाता है, और इस प्रकार रत्नसेन सन्देश पाकर वापस आने को तत्पर हो जाता है। इस स्थल पर रत्नसेन की माँ सरस्वती के पुत्र-वियोग में अँधी-बूढ़ी हो जाने का वर्णन आकस्मिक होकर भी इस लोक को पूर्णता प्रदान कर रहा है। वस्तुतः इन मानवीय संवेदना के स्तर पर दोनों लोकों के सामरस्य को प्रस्तुत-व्यंजित करने का यह उपक्रम है। सन्देश लेकर पक्षी के उड़ते ही, हम देखते हैं, ऐसी अग्नि प्रज्वलित होती है जो सिंहल को नष्ट कर रही है। यह विरह की अग्नि का ही प्रतीक है। 'उससे धुएँ के

बवण्डर उठ रहे हैं, बादल काले हो गये हैं, लूकों के उठने से सारा आकाश भर गया है।... पक्षी समुद्र के पास पहुँचता है, उसके रोने से मछलियाँ जल गयीं, समुद्र का पानी खारा हो गया, वन में वृक्ष और जल में सीप तक जल गये।' यह सारा वर्णन प्रभाव को विश्व में व्याप्त दिखाने के लिए है। शिकार खेलने निकला रत्नसेन वृक्ष के नीचे पक्षियों की बातचीत में सुनता है कि वह काला पक्षी अन्य पक्षियों को चित्तौड़ की कथा बताकर कह रहा है कि वहाँ की रानी के विरह की आग की झार से वह काला पड़ गया है। वह पक्षियों की हँसी पर यह भी कहता है कि इस विरह ज्वाला से कोई नहीं बच सकता, वह जल-थल-आकाश सर्वत्र व्याप्त है। रत्नसेन के जिज्ञासा व्यक्त करने पर पक्षी सांकेतिक उत्तर देता है, 'तू वियोग का सन्देश क्या पूछता है? जोगी होकर जोग नहीं जानता। तू शंख और सिंगी दाहिने (उचित) ढंग से नहीं बजाता। बायें बजाकर व्यर्थ दिन गँवाता है। पक्षी तेरे भुलावे में नहीं आता, वह तो जनम से संसार में उड़ना जानता है। जो दाहिने चलता है, वही उज्ज्वल होता है, जैसे संसार में चाँद, सूर्य और तारे।' नागमती के इस संकेत के साथ फिर पक्षी उसके विरह की सार्वभौम व्यापकता का वर्णन कर राजा को उसकी ओर उन्मुख कर देता है। यह है वह भूमिका जो दोनों लोकों की कथा की योजना के दोनों भागों की अनेक स्तर की अर्थ-व्यंजनाओं को ध्वनित-प्रतिध्वनित कर रही है।

सन्दर्भ

प्रकरण प्रथम : रचना दृष्टि : इतिहास और पुराण

अनु. 1: 'मुहमद कबि जो प्रेम का ना तन रकत न माँसु। जेइँ मुख देखा तेइँ हँसा सुना तो आए आँसु।' जायसी विनम्र भाव से अपने को 'हौं सब कबिन्ह केर पछिलगा' मानकर नक्कारे की आवाज़ के साथ पीछे चल पड़नेवाला कहते हैं। परन्तु अपनी वाणी की क्षमता और अपने अभिव्यक्त भावों के बहुमूल्य भण्डार का उन्हें पूरा भान है, 'रतन पदारथ बोलइ बोला। सुरस पेम मधु भरिअ अमोला।। 1 : 23।।

अनु. 2 : मुख्य सन्दर्भ 42 : 502 का है। कवि ने हिन्दुओं के उत्सर्ग भाव का चित्र प्रस्तुत किया है। वे शाह को युद्ध से विरत (पद्मावती को पाने की इच्छा छोड़कर कर) होने की प्रार्थना करते हैं, अन्यथा अपने विपक्ष में रत्नसेन के साथ जाने की अनुमति चाहते हैं, 'चितउर है हिंदुन्ह कै माता। गाढ़ परैं तजि जाइ न नाता।' और इस कारण उत्सर्ग के लिए प्रस्तुत हैं।

अनु. 3 : सन्दर्भ 58 : 652—मुहमद यहि कबि जोरि सुनावा। सुना जो पेम पीर गा पावा।। जोरी लाइ रकत कै लेई। गाढ़ी प्रीति नैन जल भेई।

अनु. 4 : युग के यथार्थ परिवेश के बीच रचना-कर्म में संलग्न श्रेष्ठ भक्त-कवियों में युग-जीवन की सांस्कृतिक मूल्य-प्रक्रिया को ग्रहण करने की दृष्टि का अन्तर... सुर में युग-जीवन के मूल्यपरक सन्दर्भों का व्यापक रूप... कबीर में युग-जीवन की विसंगतियों, मूल्यहीनताओं, जड़ताओं के चित्र... सूर की भावाभिव्यक्ति में सार्वभौम मानवीय मूल्यों का परम प्रेम में अन्तर्भाव... कबीर प्रेम की अभिव्यक्ति में परात्पर अनुभव की उन्मुखता के साथ ...ाज को चिरन्तन मूल्यों से प्रेरित करते हैं...

अनु. 5 : तुलसी और जायसी—पात्रों-परिस्थितियों के अन्तर्गत युग-जीवन की अभिव्यक्ति... तुलसी द्वारा सार्वभौम मूल्यों का अभिव्यक्ति के लिए राम-कथा के विशद फलक का उपयोग... जायसी इतिहास और पुराण (मिथ-कथा) कल्पनाओं के बीच अपने युग-यथार्थ की अभिव्यक्ति में प्रेम-व्यंजना के साथ मानवीय मूल्यों का आधार प्रस्तुत करते हैं। सन्दर्भ—साही : जायसी, पृ. 62।

अनु. 6 : जायसी की सूफ़ियों के वृत्त के बाहर अपनी रचनात्मक दृष्टि से पूरे परिवेश की सघन अनुभूति की व्यंजना में आदर्श नैतिक मूल्यों की अपेक्षा मानवीय करुणा की अवसादमयी समरसता और शान्ति व्याप्त है। सन्दर्भ—'छार उठाइ लीन्हि एक मूँठी। दीन्ह उड़ाई पिरिथमी झूठी।।' सन्दर्भ—57 : 651। साही : जायसी, पृ. 4।

अनु. 7, 8 : इस प्रकार की व्यंजनाएँ अनेक स्थलों-प्रसंगों के वर्णन में देखी जा सकती है। सिंहल द्वीप के वर्णन में ऐसे अनेक संकेत कवि देता चलता है, जो अलौकिक स्तर के अनुभव को सम्प्रेषित करते हैं। द्वीप के चारों ओर की अमराइयों की छाया के वर्णन-क्रम में कहा गया है, 'जिन्ह वह पाईं छाँह अनूपा। बहुरि न आई सही यह धूपा'। 2 : 27।। इसी प्रकार 'मानसरोदक' के वर्णन में कहा गया है, "फूला कँवल रहा होइ राता। सहस सहस पँखुरिन्ह कर छाता।" (2 : 31) और इसी क्रम में इस द्वीप के वर्णन में निरन्तर अलौकिक रहस्य की व्यंजना कवि करता है, पर साथ ही उसका लौकिक परिवेश तथा वातावरण भी सुरक्षित रखता है। सिंहलगढ़ के नौ खण्डों, नौ द्वारों, वज्र दरवाज़ों के वर्णन में इसी स्तर पर चढ़नेवाले के चार पड़ावों (सूफ़ी साधना) और सत्य के आधार पर चढ़नेवाले की सफलता का सन्दर्भ भी यही है (2 : 41)। साही : जायसी, पृ. 7।

अनु. 9 : सिंहल द्वीप के वर्णन की विशेषता, 'बरन क दरपन भाँति बिसेखा। जेहि जस रूप सो तैसेइ देखा।।" (2 : 25) कवि लौकिक जीवन के सन्दर्भ में उस चिरन्तन मिथक लोक की कल्पना करता है, 'पंथिक जौं पहुँचै सहि घामू। दुख बिसरै सुख होइ बिसरामू।। जिन्ह वह पाई छाँह अनूपा। बहुरि न आइ सही यह धूपा।। (वही 27) इस प्रसंग में आदर्श परिकल्पना के साथ लौकिक जीवन के व्यवहार के सन्दर्भ प्रस्तुत हुए हैं (2 : 37, 38)।

अनु. 10 : मानव जीवन में प्रेम तत्त्व ही सार्थक है, जो उसकी नश्वरता और क्षणभंगुरता के बीच विकसित होकर व्यक्ति को ऊँची भूमिकाओं पर अनुभव सम्पन्न करता है। इसके बिना वह सारहीन रह जाता है, 'मानुस पेम भएउ बैकुंठी। नाहिं त काह छार एक मूँठि।' इसके साथ कवि सत्य आचरण को सम्मिलित करता है, 'निसत धाइ जौं मरै तो काहा। सत जौं करै बैसेइ होइ लाहा।।' (17 : 166)।

अनु. 11 : इस प्रेम-कथा में जीवन के परम सत्य के रूप में कवि अपनी आन्तरिक अनुभूति की व्यंजना में उस प्रेम की पीड़ा को अभिव्यक्त करता है जो आन्तरिक पीड़ा के करुण भाव हैं—'मुहमद यह कबि जोरि सुनावा। सुना जो पेम पीर गा पावा।। जोरी लाइ रकत कै लेई। गाढ़ी प्रीति नैन जल भेई।।' (58 : 652)।

अनु. 12 : दे. साही : जायसी और पद्मावत 59 : 651। समस्त 'मानवीय मूल्यों को यथार्थ युग-जीवन की विडम्बनाओं-विसंगतियों, जड़ताओं और मूल्यहीनताओं के जीवन-क्रम में ही खोजा गया है, स्थापित किया गया है।'

अनु. 13 : जायसी सूफ़ी सम्प्रदाय के दार्शनिक, आध्यात्मिक पक्ष को अपनी कवि की रचना-भूमि पर ग्रहण एवं अभिव्यक्त करते हैं। यही कारण है कि उनके काव्य में

प्रेम-साधना के अन्तर्गत मानवीय भाव-बोध में आध्यात्मिक जीवन की भूमिकाएँ समाहित हैं। पद्मावती के अमूर्त और मूर्त दोनों प्रतीक रूपों का लोकोत्तर सौन्दर्य व्यंजित हुआ है। (64 : 1, 2, 7)। उसकी व्याप्ति सार्वभौम इसी दृष्टि से है (96 : 4)।

अनु. 14 : विशेष के लिए सन्दर्भ—ह. प्र. दि. : हिन्दी साहित्य की भूमिका; कबीर। हिन्दी भक्ति-काल के काव्यान्दोलन की पृष्ठभूमि में विभिन्न सम्प्रदायों का योग।

अनु. 15 : मुख्यतः वि. ना. साही ने 'जायसी' में इस प्रश्न को विस्तार से चर्चा का विषय बनाया है।

अनु. 16 : इस सम्बन्ध में विस्तार के लिए देखिये—वि. दे. ना. साही : जायसी, पृ. 61।

अनु. 17 : समकालीन सुल्तान शेरशाह के यशोगान के बाद पीर सैयद अशरफ़ का मार्ग-दर्शक के रूप में वर्णन किया गया है। कवि उनको हृदय निर्मल करके प्रकाश में दृष्टि प्रदान करनेवाले के रूप में स्वीकार करता है, साथ में उनके दो पुत्रों, शेख मुबारक और शेख कमाल का स्मरण किया गया है। दूसरी ओर कवि ने महदी का सेवक अपने को स्वीकार करते हुए उनकी गुरु परम्परा का उल्लेख किया है (1 : 18-20)।

अनु. 20 : पद्मावत 3 : 54, 56, 57। 5 : 66-71। 7 : 76-82। यह कथा-क्रम आगे के खण्डों में चला है। इसी प्रकार दूसरे पक्षी का सन्दर्भ खण्ड 31 में आया है।

अनु. 21 : पद्मावत 5 : 67, 68।

प्रकरण द्वितीय

रचनात्मक व्यक्तित्व और युग-परिवेश

(2 : 1) हम देखते हैं कि कोई भी महान् प्रतिभा का कवि या रचनाकार अपने जीवन के स्तर पर ऐसी विशेषता को व्यंजित करता है, जिसमें युग जीवन के मूल्यों की प्रक्रिया को ग्रहण करने की क्षमता है। वस्तुतः इस अन्तर्निहित क्षमता के आधार पर वह अपने रचना-कर्म को मूल्यों का व्यापक तथा संश्लिष्ट आयाम देने में समर्थ होता है। इस दृष्टि से मलिक मुहम्मद जायसी के जीवन-क्रम पर विचार किया जाना अपेक्षित है। प्रायः यह माना गया है कि जायसी सूफ़ी सम्प्रदाय में दीक्षित थे और उनका 'पद्मावत' सूफ़ी काव्य है। सम्भवतः ग्रियर्सन ने तसव्वुफ़ ही नहीं बल्कि जायसी को सूफ़ी सम्प्रदाय की सीमा के अन्तर्गत स्वीकार कर उन पर विचार करना प्रारम्भ किया। इसी प्रकार रामचन्द्र शुक्ल ने इस तथ्य को रेखांकित करते हुए कि जायसी ने निज़ामुद्दीन औलिया की शिष्य परम्परा की दो शाखाओं का उल्लेख किया है, माना है कि वह सूफ़ी मत में दीक्षित थे। इन सन्दर्भों में 'सैयद असरफ पीर पिआरा', 'गुरु मोहदी खेवक मैं सेवा', 'उघरी अशरफ औ जहाँगीर' तथा 'पाएउँ गुरु मोहमी मीठा' आते हैं। यहाँ ग्रियर्सन ने वंश परम्परा के विस्तार के आधार पर शेख़ मोहदी (मुहीउद्दीन) को उनका गुरु माना है, जबकि शुक्ल जी ने सैयद अशरफ़ को उनका दीक्षा गुरु स्वीकार किया है। उसका कारण उनके अनुसार जायसी के द्वारा उन्हें पीर कहा जाना है तथा 'आख़िरी कलाम' में केवल उनका उल्लेख का होना है। इस प्रसंग की विस्तृत चर्चा करते हुए विजयदेव नारायण साही ने अपनी पुस्तक 'जायसी' में इस प्रश्न पर प्रकाश डाला है और इसके समाधान के लिए फ़ारसी के प्रामाणिक स्रोतों का उपयोग किया है। साही ने सूफ़ी सम्प्रदाय तथा उसकी विभिन्न शाखाओं के गुरुओं की छान-बीन कर यह निष्कर्ष निकाला है कि 'सही यही दिखता है कि जायसी विधिवत् किसी सम्प्रदाय में दीक्षित नहीं थे। न किसी घराने से उनका दीक्षा का सम्बन्ध बनता है। जायसी ने जितने नाम गिनाये हैं, उन सबको उन्होंने आस्था और आदर भाव के साथ एक सिरे से लिया है।'

(2 : 2) प्रायः महदवी सम्प्रदाय में उनके दीक्षित होने की बात कही गयी है, लेकिन वह आक्रामक रूप से इस्लाम की परम्परागत मान्यताओं की स्थापना का पक्षधर रहा था। वस्तुतः इस प्रकार के सम्प्रदायों का वर्चस्व इस्लामी सत्ता के प्रसार के साथ बढ़ा था, क्योंकि ये राज सत्ता के समर्थन के आधार पर अपनी स्थिति को महत्त्वपूर्ण बनाये रखना चाहते थे। इस प्रकार मूल सूफ़ी तसव्वुफ़ के चरित्र के साथ उसके अन्तर को लक्षित किया जा सकता है। फिर जायसी द्वारा उल्लिखित 'अगुआ भएउ सेख बुरहानू' की संगति कादिर बदायुँनी के सैयद मुहम्मद महदी से बैठाना सही नहीं जान पड़ता। अपनी 'आईने अकबरी' में

अबुल फ़ज़ल शेख़ बुरहान का नाम आदर के साथ लेते हैं, पर धर्म के शास्त्रीय तथा दार्शनिक पक्ष पर अधिक अधिकार न होने तथा केवल बातिनी अर्थात् आन्तरिक ज्ञान (साधना) में पहुँचे हुए होने के कारण दूसरी श्रेणी के साधकों में मानते हैं। बदायुँनी की शिकायत है कि शेख़ बुरहान को एक अरबी अक्षर नहीं आता और उनका रंग-ढंग हिन्दुओं के क़रीब है। जायसी ने अपने गुरुओं के रूप में जो नाम गिनाये हैं, उनको सूफ़ी सन्तों के किसी एक सम्प्रदाय या घराने में रख पाना सम्भव नहीं है। इनमें कोई क्रम या तारतम्य भी नहीं लक्षित किया जा सकता। इस सम्बन्ध में साही ने यह तर्क भी प्रस्तुत किया है कि सूफ़ी पीरों, साधकों और सन्तों के बारे में मध्यकाल की धार्मिक तथा ऐतिहासिक पुस्तकों में पर्याप्त जानकारी प्राप्त होती है। विद्वानों ने चिश्तिया सम्प्रदाय तथा उसकी विभिन्न शाखाओं और दरगाहों की विस्तृत सूचियाँ तैयार की हैं। पर जायसी का नाम इनमें सिद्ध पुरुष छोड़कर फ़क़ीर की तरह भी नहीं आया है। 'आईने अकबरी' की फ़कीरों तथा दरवेशों की लम्बी सूची में भी उनका नाम नहीं आया। इसी प्रकार कादिर बदायुँनी की 'मुत्तख़ाबुल-तवारीख़' में उस समय के छोटे-बड़े सूफ़ी साधकों, फ़क़ीरों का बड़ी संख्या में उल्लेख है, पर यहाँ भी जायसी का नाम नहीं है। उनके बाबा स्वीकार करने की तथा उनकी समाधि-पूजा की परम्परा भी नहीं रही है। अगर जायसी साम्प्रदायिक दृष्टि से महत्त्वपूर्ण होते, और अगर 'पद्मावत' की स्वीकृति कुतबन तथा मंझन के प्रेमाख्यानों के समान होती तो यह महत्त्व उन्हें क्यों नहीं मिलता। ऐसी स्थिति में सोलहवीं से उन्नीसवीं शताब्दी तक उनकी ऐसी उपेक्षा नहीं होती। इस बीच तसव्वुफ़ और विभिन्न सूफ़ी सम्प्रदायों का बोल-बाला था। जबकि न उनके रचनात्मक व्यक्तित्व की और न उनकी कृति की समता कोई कर सकता है।

(2 : 3) इतिहासकार और रचनाकार की दृष्टि में अन्तर रहता है। पात्रों, घटनाओं तथा परिस्थितियों की तथ्यपरकता के आग्रह के कारण इतिहासकार तटस्थ रहने के प्रयत्न में भी युग-विशेष की जीवन-प्रक्रिया को दृष्टि-विशेष से ही ग्रहण कर पाता है। परन्तु कवि रचनाकार के रूप में तथ्यों से बँधता नहीं, उसके लिए मानवीय परिस्थिति का युगपरक बोध ही प्रमुख रहता है। कारण वह युग-जीवन को भी व्यापक मानवीय सन्दर्भ में ग्रहण करता है। जायसी कवि-व्यक्तित्व के आधार पर अपने युग के इतिहास की कल्पना करते हैं, पर वह तथ्यों से निर्दिष्ट नहीं होता। इस प्रकार उन्होंने अपने समाज को जिस तटस्थ दृष्टि से देखा है और पूरे परिवेश का निर्माण किया है, वह उनके व्यक्तित्व के माध्यम से तत्कालीन जीवन की विराट् कारुणिक स्थिति को अभिव्यक्त कर सकी है। यह कवि ही की दृष्टि हो सकती है कि उस युग के हिन्दू-तुर्क सत्ता संघर्ष और धार्मिक उन्माद के बीच मानव मूल्य की अभिव्यक्ति कर सके। इस मूल्य-दृष्टि को विकसित करने के लिए कवि ने सिंहल के कल्पना लोक और चित्तौड़ के अवदानी लोक का संयोजन एक ही कथा-वृत्त में किया है। इतिहास लोक में जीवन के स्तर पर घटनाओं का संयोजन यदि कल्पना के स्तर पर हुआ है, तो कल्पना लोक के आध्यात्मिक संकेत युग-जीवन की असारता को व्यंजित करते हैं। यह जिस भावभूमि पर संयोजित हुआ है, उसमें प्रत्यक्षतः इतिहास की कल्पना पर आधारित जीवन अपने परिवेश में पर्याप्त है और सिंहल का कल्पना लोक अपनी आन्तरिकता में सम्पूर्ण है। और यह कवि-कर्म से सम्भव हुआ है कि इन दोनों संसारों को एक-दूसरे से प्रतिक्रियाशील प्रस्तुत किया

जा सके। इस प्रकार अपनी कल्पना से जिन मूल्यों की भूमिका को जायसी निर्मित कर रहे हैं, वह युग की अनेक विसंगतियों, विडम्बनाओं, कुरूपताओं के बीच आविर्भूत हुई है। वह किसी आदर्श नैतिक मूल्य-जगत् की प्रतिष्ठा करने में संलग्न नहीं हैं, केवल मानव जीवन की विशद भावमयी अभिव्यक्ति में इस मनोलोक को प्रकाशित करते हैं। इस कारण जायसी न कबीर के समान युग की मूल्यहीन परिस्थिति को चुनौती देते हैं और न तुलसी के समान आदर्श युगों की मूल्य-दृष्टि के आधार पर समाज का उद्‌बोधन करते हैं। कबीर ने मूल्यों की प्रतिष्ठा का मार्ग युग की समस्त मूल्यहीनताओं के बीच से प्रशस्त किया और तुलसी ने युग की समस्त विकृतियों और विडम्बनाओं के बीच आदर्श मार्ग का निर्देशन किया। जायसी ने केवल रचना के स्तर पर युग के सन्दर्भ में 'विषादमयी' दृष्टि से कारुणिक भावभूमि पर मूल्य-दृष्टि को व्यंजित करने का प्रयत्न किया है।

(2 : 4) भारत में सूफ़ी आन्दोलन को संचालित करनेवाले संगठनों तथा सूफ़ी गुरुओं की भूमिकाएँ भिन्न रूपों तथा प्रकारों में होकर भी अधिकतर मुस्लिम राज-शक्तियों की दृष्टियों तथा नीतियों के अनुसरण की रही हैं। इस परिस्थिति को ध्यान में रखने पर स्पष्टतः लगता है कि जायसी और उनका 'पद्मावत' इस सांस्कृतिक तथा सत्ता संघर्ष से मुक्त रहा है। सूफ़ी साधना की प्रेमपरक भावभूमि की मानवीय स्तर पर अभिव्यक्ति का प्रश्न इससे अलग है। और जायसी के व्यक्तित्व को समझने के लिए इस प्रश्न का आधार लेना अपेक्षित होगा। यहाँ इस चर्चा का महत्त्व इस दृष्टि से है कि जायसी के व्यक्तित्व को निरन्तर हमारी साहित्य चर्चा में सूफ़ी मत के आधार पर ग्रहण किया गया है और 'पद्मावत' को सूफ़ी प्रेमाख्यानक काव्य के रूप में विवेचित किया गया है। इस सन्दर्भ में शाहजहाँ के काल में नज़्मी नामक शायर के 'पद्मावत' के फ़ारसी अनुवाद के आधार पर इस परिस्थिति पर प्रकाश पड़ता है। इस अनुवाद में ऐसे परिवर्तन लक्षित किये जाते हैं, जो इस रचना को सूफ़ीवाद के दार्शनिक एवं साधनापरक रूप में प्रस्तुत करने का प्रयत्न है। उदाहरण के लिए नागमती के विरह वर्णन का अभाव तथा अलाउद्‌दीन के चरित्र में परिवर्तन आदि। अनुवाद में 'पद्मावत' की दार्शनिक एवं ऐतिहासिक दृष्टि को बदलने का नज़्मी का प्रयत्न भी इस दिशा में महत्त्वपूर्ण संकेत है कि जायसी स्वतन्त्र प्रकृति के व्यक्ति थे, जो एक कवि की परिकल्पना के अनुकूल है। उनके जीवन के आधार पर जो व्यक्तित्व सामने उभरता है, वह अपने मुक्त रूप में मानवीय स्तर पर जीवन की संवेदनाओं को ग्रहण तथा अभिव्यक्त करनेवाले एक सहृदय रचनाकार का है। इस प्रकार जायसी को अनिवार्यतः सूफ़ी सम्प्रदाय से जोड़ने के बजाय उसकी मूलभूत प्रेम-भावना से प्रेरित मानकर चलने से उनके व्यक्तित्व तथा उनके काव्य के अन्तर्सम्बन्ध को सही रूप में ग्रहण किया जा सकता है।

(2 : 5) जायसी को सूफ़ी सम्प्रदाय में दीक्षित तथा 'पद्मावत' को सूफ़ी प्रेमाख्यानक मानकर चलने पर, जायसी के कवि व्यक्तित्व को सही दृष्टि से नहीं देखा जा सका है और न ही उनके काव्य का मूल्यांकन ठीक परिप्रेक्ष्य में हो सका है। यदि हम उनके द्वारा अनेक गुरुजनों की वन्दना को केवल यह स्वीकार करते हैं कि जायसी आदरवश इन सबको प्रणाम करके भी किसी मत या सम्प्रदाय से प्रतिबद्ध नहीं हैं, तो हमारे सामने उनका ऐसा कवि व्यक्तित्व उजागर होता है जो अपनी यत्र-तत्र मिलनेवाली जीवन की झाँकियों से समर्थित होता

है। इस प्रकार यह देख पाना भी सहज हो जाता है कि अपने रचना-क्रम में मूल संवेदना को ग्रहण करनेवाला यह उनका कवि व्यक्तित्व है। इस प्रसंग में 'पद्मावत' को प्रेम साधना का कथा-रूपक मान लेने के कारण उसमें निहित उदात्त और विराट् रचना-दृष्टि तथा उसमें संयोजित अभिव्यक्ति ग्रहण करनेवाली विशाल मानवता की भावभूमि को ग्रहण तथा विवेचित कर पाने में आलोचक चूकते रहे हैं। रामचन्द्र शुक्ल जैसा संवेदनशील और अन्तर्दृष्टि का आलोचक जायसी के काव्य के गहरे संवेदनात्मक स्तरों को खोल कर भी 'पद्मावत' के कथा-रूपक 'तन चितउर मन राजा कीन्हीं' में उलझन का अनुभव करता है। इसी प्रकार सूफ़ी मतवाद में सन्दर्भ को दृष्टि में रखने के कारण वह उसके पूरे मानवीय परिवेश तथा उसमें व्यंजित होनेवाली संवेदनाओं को अपेक्षित सहानुभूति से व्याख्यायित नहीं कर सके। माताप्रसाद गुप्त ने इस रूपकवाले कड़वक को अपने सम्पादित पाठ में प्रक्षिप्त सिद्ध कर दिया है। कवि की इस प्रकार के रूपक-विधान की दृष्टि नहीं है। सम्पूर्ण 'पद्मावत' से तो स्वतः स्पष्ट हो जाता है कि कवि किसी निश्चित आध्यात्मिक दृष्टि को लेकर अपने कथानक क्रम में नहीं चला है। यह अवश्य है कि उसमें प्रेम की अभिव्यक्ति का स्तर ऐसा रहा है, जिसमें निरन्तर लोकोत्तर अनुभव-जगत् लक्षित-व्यंजित होता रहा है। यह कवि की रचनात्मक क्षमता के स्तर पर घटित होता है, मात्र किसी मान्यता के रूप में नहीं स्वीकार किया जा सकता है। सामान्य व्यवहार के जीवन में वह सूफ़ी प्रेम-साधना से परिचित-प्रभावित रहे हैं और यह मान्यता उनकी रचनात्मक प्रतिभा से सम्पन्न जीवन की, व्यापक मानवीय संवेदनाओं की विराट् भावभूमि में अन्तर्निहित दृष्टि है।

(2 : 6) अन्तर्साक्ष्यों के आधार पर जायसी के व्यक्तिगत जीवन की जो झाँकियाँ मिलती हैं, उनसे कवि-व्यक्तित्व पर समुचित प्रकाश पड़ता है। यह भी मालूम होता है, वह अपने कवि-कर्म के प्रति बहुत सजग हैं और उनमें एक रचनाकार का गौरव भाव विशेष रूप से लक्षित किया जा सकता है। 'पद्मावत' के प्रारम्भ में तत्कालीन बादशाह शेरशाह की स्तुति परम्परा के अनुसार करने के बाद जिस भंगिमा में वह आशीर्वाद देने की मुद्रा में प्रस्तुत होते हैं, वह कवि की है। स्तुति के साथ आशीर्वाद की इस भंगिमा में स्वाभिमान की मधुर व्यंजना हुई है। एक सजग कवि ही इस प्रकार अपने रचनाकार के गौरव को विनय के साथ व्यक्त कर सकता है। इन साक्ष्यों में एक आँख के होने का उल्लेख भी कई बार हुआ है। समाज में काना होना अशुभ तथा उपहास का विषय रहा है। अपनी इस हीनता को जिस प्रकार जायसी स्वाभिमान के साथ न केवल स्वीकार करते हैं, वरन् उसे विश्वव्यापी श्रेष्ठता के अलौकिक सिद्धान्त के रूप में प्रतिपादित करते हैं, वह एक आत्मचेता कवि की गर्वोक्ति का रूप है। उनका यह आत्मविश्वास है, जो इस प्रकार घोषित कर सका है कि कवि-प्रतिभा से परिचित हर व्यक्ति इस एक नैनवाले कवि पर मुग्ध है। वह प्रतिपादित करता है कि एक नेत्र के सामने सारा संसार गोचर हो जाता है, इस प्रकार कवि मानवीय जीवन को पूरे भाव-जगत् के साथ ग्रहण करने की अपनी क्षमता को घोषित करता है। अपनी एक आँख को शुक्र नक्षत्र के समान विशेष गौरव का सूचक मानता है और प्रतिपादित करता है कि 'चाँद, आम, समुद्र, सुमेरु तथा काँच' आदि का कलंक महानता तथा गरिमा का प्रतीक हो जाता है। यहाँ कवि इस प्रकार अपनी रचना-दृष्टि की व्यापकता को घोषित कर उसके

मानवीय सन्दर्भ को रेखांकित कर रहा है और जानता है कि जो उसकी मार्मिक भाव-व्यंजना को ग्रहण करने में समर्थ होंगे, वे 'सब रूपवंत पाँव गहि मुख जोवहि कइ चाउ' रखेंगे। उसे यह आत्म-विश्वास भी है कि जो केवल उसके बाह्य रूपाकार को देखनेवाले हैं, वे उसकी हँसी उड़ा सकते हैं, पर जो उसके काव्य का आस्वादन करनेवाले हैं, वे उसकी भाव-व्यंजना से अभिभूत हो जाते हैं। आगे अन्तर्साक्ष्यों से यह भी पता चलता है कि उस समाज में अनेक ऐसे लोग भी थे जो जायसी की उपेक्षा और उपहास करते थे। कवि को अपनी काव्य-प्रतिभा पर विश्वास था, पर लगता है कि ऐसे लोग उनकी भावनाओं को चोट पहुँचाने तक की धृष्टता करते थे। इस कारण किंचित् आक्रोश के साथ कवि कहता है कि 'कमल की सुगन्ध लेने के लिए भौंरा तो वन से सरोवर तक आता है, पर आस-पास रहनेवाले दादुरों को वह कहाँ मिलती है' (1 : 24)। इन सन्दर्भों से साही का यह निष्कर्ष ठीक ही लगता है कि अगर जायसी की प्रतिष्ठा समाज में सूफ़ी साधक या सन्त के रूप में होती, तो यह स्थिति सम्भव नहीं थी। इसके आधार पर यह कहा जा सकता है कि वह एक सजग और स्वाभिमानी रचनाकार थे, जिसकी दृष्टि में मानवीय अनुभव के विस्तृत क्षेत्र में मूल्यों की भाव-व्यंजना ही सर्वोपरि रही है।

(2 : 7) जायसी आत्मचेता कवि हैं, इतनी स्पष्टता से तथा घोषित रूप में मध्य युग में प्रायः किसी ने अपने को कवि नहीं कहा है। तुलसी ने अपने को कवि अवश्य कहा है, पर उनका स्वीकार भिन्न रूप में तथा भिन्न स्तर पर है। एक ओर जायसी ने सहज विनय के साथ अपने को 'हौं सब कबिन्ह केर पछिलगा। किछु कहि चला तबल दइ डगा' घोषित करते हुए रचनाधर्मी स्वीकार किया है, तो दूसरी ओर उसमें गौरव की अन्तर्निहित भावना भी है, क्योंकि डंके के साथ आगे चलने में यह भाव है। दूसरे स्थान पर उन्होंने अपने को रक्त-मांस के शरीरे से परे प्रेम का कवि कहा है, जिसकी रचना सामाजिक को भावविह्वल कर देती है। यहाँ कवि में रचनाकार होने की पूरी सजगता और गर्व लक्षित किया जा सकता है, उसकी एक आँख मानवीय निर्मल भावों का दर्पण है जिसमें बड़े रूपवन्त भी पाँव पकड़ कर मुख को प्रतिबिम्बित देखने की चाह रखते हैं। वह अपने रूप तथा अपनी प्रतिभा के बारे में सजग हैं, और कहते हैं कि जो रचनाकार के केवल मुख देखने की क्षमता रखता है, वह उसकी भावाभिव्यक्ति की गरिमा को ग्रहण करने में समर्थ न होने के कारण हँस सकता है, पर जो उसको सुन कर समझता है, वह संवेदित होकर करुणार्द्र हो जाता है। कवि प्रेम तत्त्व अर्थात् व्यापक भाव-सम्पदा के आधार पर अपनी रचना में प्रवृत्त होता है, मात्र रक्त-मांस का शरीरधारी मनुष्य उसकी अभिव्यक्ति का विषय नहीं है। यह उसके लिए गौरव की बात है। कवि में आत्मविश्वास है कि रचना को सुन कर उसकी काव्य-प्रतिभा से प्रभावित हुए बिना कोई रसज्ञ नहीं रह सकता है। वह इस काव्यानुभव के तथ्य से पूरी तरह परिचित है कि उसका आस्वादन रसज्ञ श्रोता या पाठक ही कर सकता है। फूल के संग रहकर भी काँटा उसके रस-गन्ध से असम्पृक्त रहता है, पर भौंरा दूर रहकर उसे पाने आ जाता है। 'पद्मावत' के उपसंहार खण्ड में जायसी ने वस्तुतः कथा की मूल संवेदना को निर्दिष्ट करते हुए अपनी रचना-दृष्टि को स्पष्ट किया है। उनकी इस रचना का लक्ष्य काव्य-सर्जन घोषित किया गया है और कवि-कर्म के रूप में प्रेम की व्यापक व्यंजना को स्वीकार किया गया है।

'मकु यह रहै जगत मँह चीन्हा' कवि रूप में यह अपनी स्वीकृति की कामना है। कवि स्वीकार करता है कि फूल मरता है, पर उसकी सुगन्ध अमर है। उसकी काव्याभिव्यक्ति में यह सौन्दर्य निहित है जो उसके कवि-व्यक्तित्व का स्वरूप तथा प्रमाण दोनों है। और यह यश रचना की मार्मिक व्यंजना के साथ सुगन्ध रूप है, यह बेचा-खरीदा नहीं जाता। कवि अन्ततः मात्र यह अभिलाषा व्यक्त करता है, 'जो यह पढ़ै कहानी हम संवरै दुइ बोल'। दो बोल याद कर लेने की कामना को यहाँ अनेक मार्मिक अर्थ-व्यंजनाओं के साथ कहा गया है।

(2 : 8) साही ने 'पद्मावत' के एक सन्दर्भ के आधार पर कल्पना की है कि सम्भवतः जायसी कभी वाम मार्ग के चक्कर में रहे, और एक आँख (बायीं), एक कान गँवाकर उसे त्याग दिया। अन्य कई प्रसंगों में भी योग की चर्चा की गयी है। इसी प्रकार उन्होंने 'आख़िरी कलाम' के तीन कड़वकों (10, 11 और 12) के आधार पर कवि के किसी प्रेम-प्रसंग की कल्पना की है। उनका अनुमान है कि 'इस अनुभव के कुछ दिन बाद शायद यही भेद-बात थी जो जायसी ने यूसुफ़ मलिक को सबसे पहले बतायी 'पहिलै भेद बात उन्ह जानी।' इन प्रसंगों से पूरी तरह यह अर्थ न लिया जाय तो भी उनकी व्यंजनाओं में रचनाकार के व्यक्तित्व का वह पक्ष सामने आता है जो एक स्तर पर मुक्त तथा स्वच्छन्द रहकर जीवन को समग्रता में ग्रहण कर सका है। इसी प्रकार जायसी के जीवन की जो भी झाँकी बाहरी उल्लेखों से मिलती है, जो न के बराबर है, और अन्तर्साक्ष्यों के आधार पर मिलती है उनसे हमारे सामने किसी साधक, सूफ़ी सन्त का रूप नहीं आता, वरन् मानवीय भाव सम्पदा के अधिकारी का आता है। धार्मिक मान्यताओं तथा साधना की महिमा की दृष्टि से वह एक सहज साधारण व्यक्ति हैं। पर मनुष्य के जीवन को जिस विविधता के साथ और अनुभव के सूक्ष्म तथा व्यापक स्तरों पर ग्रहण तथा अभिव्यक्त करने में वह समर्थ है, उसमें उनकी कवि-प्रतिभा, उर्वर कल्पना और विवेकशीलता को लक्षित किया जा सकता है। जायसी की इस रचना में सूक्ष्मता के साथ समस्त कथा घटना तथा पात्रों की अलग-अलग भूमिकाओं के बाद तिरोहित होकर मानवीय जीवन का व्यापक चित्र-पट हमारे सामने चालित कर देती है, जो अनुभव के अनेक सघन स्तरों में मूल्यों का संश्लिष्ट बोध कराती है। फिर अन्त में अपनी वृद्धावस्था की स्थिति का मार्मिक चित्र प्रस्तुत कर कवि अपने जीवन भर के संघर्षशील व्यक्तित्व के माध्यम से वस्तुतः अपनी 'रक्त की उस लेई' का सन्दर्भ देता है, जिस रचनाशील अनुभूति से मानव जीवन की विराट् कल्पना तथा सौन्दर्य का विस्तार हुआ है। ध्यान देने की बात है, यह वृद्धावस्था का वर्णन कवि किसी खेद या पश्चात्ताप के रूप में नहीं करता, यह केवल यथार्थ स्थिति का स्वीकार है। लेकिन यह महत्त्वपूर्ण है कि कवि की इस अवस्था में भी स्मृति में उसकी सघन-मार्मिक अनुभूतियों का भाव-व्यंजक रचनाशील व्यक्तित्व कौंधता रहता है। अन्य किसी के लिए इस प्रकार की स्वीकृति के साथ यह भावना सम्भव नहीं है। यह कवि है जो एक ओर सामान्य जीवन के सुख-दुःख के बीच का प्राणी है और दूसरी ओर उसके हृदय के भण्डार में मणियों की सम्पदा सुरक्षित है। वह अपनी इस मूल्यवान् निधि को भावमय सौन्दर्य की भाषिक अभिव्यक्ति देने में समर्थ होता है। आत्म-विस्मरण की स्थिति में सुख-दुःख से परे वह अपनी रचना में प्रेम-विरह की पीड़ा को मार्मिक अनुभूति में

व्यंजित करता है, वस्तुतः वह धूल में छिपा हुआ माणिक है जो इस प्रकार प्रकाशित हो जाता है।

(2 : 9) जायसी ने 'पद्मावत' में अपने चार मित्रों का वर्णन किया है। ध्यान देने की बात है कि किसी काव्य-परम्परा में, मसनवी पद्धति में भी, मित्रों के वर्णन की कोई मान्यता नहीं रही है। ऐसा किसी प्रबन्ध काव्य में नहीं मिलता है, जिससे जायसी ने प्रेरणा ली हो। यह उनकी अपनी रुचि मानी जा सकती है और उनके व्यक्तित्व को समझने के लिए इस पर विचार करना अपेक्षित है। यह लोक प्रचलित उक्ति है कि आदमी अपने दोस्तों से जाना जाता है। साही का आश्चर्य करना ठीक है कि विद्वानों का ध्यान इस तथ्य की ओर नहीं गया, जबकि इसके आधार पर कवि के व्यक्तित्व पर महत्त्वपूर्ण प्रकाश पड़ता है। इस प्रसंग से यह निष्कर्ष निकाला जा सकता है कि अपनी मुक्त दृष्टि के कारण वह किसी परम्परा से बँधकर चलनेवाले रचनाकार नहीं थे। इस सन्दर्भ में यह स्पष्ट है कि इन मित्रों के साथ जायसी की घनिष्ठता थी। इन चार मित्रों में यूसुफ़ मलिक को 'पण्डित और ज्ञानी' कहा गया है, जिन्होंने सबसे पहले अपने मित्र से 'भेद की बात' जानी थी। निश्चय ही यह कथन सामान्य व्यावहारिक अर्थ में स्वीकार किया जाना अपेक्षित है, कि वह पढ़ा-लिखा तथा बुद्धिमान् व्यक्ति था और कवि का अन्तरंग भी जो उसकी बहुत-सी निजी बातों को जानता था। फिर लड़ाई-झगड़े में अधिक रुचि रखनेवाले तथा बात-बात पर खाँड़ा भाँजनेवाले सलार दूसरे मित्र हैं। तीसरे मित्र मियाँ सलोने हैं, जो सिंह के समान वीर और युद्ध में खड्ग का पराक्रम दिखानेवाले हैं। चौथे मित्र बड़े शेख को बड़ा सिद्ध कहा गया है, जिनका अन्य सिद्ध आदर करते थे। वस्तुतः इस कथन का भी सहज अर्थ लेना अपेक्षित है, जिसके अनुसार उनके यह मित्र धार्मिक साधु पुरुष रहे होंगे। इन चारों विभिन्न स्वभाव एवं चरित्रवाले मित्रों के आधार पर जायसी का ऐसा व्यक्तित्व सामने उजागर होता है, जो अपने सम्बन्धों को विभिन्न स्तरों पर निभाने में समर्थ है। इस प्रकार भिन्न चरित्रों के साथ निर्वाह करने की क्षमता जायसी के चरित्र के संवेदनशील तथा गुणग्राही होने का प्रमाण है। यह उनका संवेदनशील व्यक्तित्व इस बात का संकेत देता है कि वह अपनी काव्य प्रतिभा तथा मानवीय अनुभवों के आधार पर इस प्रकार के मित्रों के गुणों को ग्रहण करने में सक्षम हैं और मित्रता का निर्वाह भली-भाँति कर सके हैं। यह कवि का ही कौशल है कि वह अनकहा छोड़कर भी गहरी तथा मार्मिक व्यंजना करता है, अपनी प्रतिभा को बिना कहे व्यक्त कर देने में समर्थ है, 'चन्दन के पास जो वृक्ष हैं, वे उसकी सुगन्ध को बेध कर चन्दन हो जाते हैं।' यहाँ जायसी ने अपने साथ मित्रों का वर्णन किया है, पर यह नहीं कहा गया कि वे कौन वृक्ष हैं जो चन्दन की सुगन्ध पाकर चन्दन हो गये हैं। मित्र-प्रसंग का समापन करते-करते जायसी अपने इन भिन्न चरित्रोंवाले मित्रों के साथ अपनी आन्तरिकता तथा अभिन्नता के स्वीकार में अपनी भावशीलता तथा रचनाशीलता की सहज अभिव्यक्ति करने में समर्थ हुए हैं। यहाँ चन्दन वृक्ष के अर्थ को अस्पष्ट रखकर जायसी ने आत्मीय भाव के साथ अर्थ व्यंजना की है। यह स्वच्छन्द भाव, व्यापक सहानुभूति तथा उदारता के परिवेश में रचना-कर्म की व्यापक भावभूमि पर ही व्यंजित हुआ है।

(2 : 10) जायसी ने जिस प्रकार धर्म, साधना, आचार-विचार, रीति-रिवाज, परम्परा, रूढ़ि के अनेक सन्दर्भों से अपनी रचनाशीलता का मार्ग निकाला है, उससे स्पष्ट होता है कि उनका कवि-व्यक्तित्व ही प्रमुख है। सूफ़ी प्रेम-साधना (तसव्वुफ़) का प्रयोग अपनी रचनात्मक भावशीलता को व्यंजक बनाने की दृष्टि से किया गया है। 'पद्मावत' में नाथपन्थी योग-साधना का उपयोग इसी प्रकार प्रेम की ऊँची भूमिकाओं को व्यंजित करने की दृष्टि से किया गया है। यह कवि दृष्टि है जो हिन्दू-मुसलमान के बजाय मानवीय संवेदना को तटस्थ भाव से ग्रहण करती है। उच्चतम सर्जन-भूमिका पर कवि भावों की गहराई, मार्मिकता, संवेदनशीलता के साथ अभिव्यक्ति करने में सक्षम होता है। फिर इस प्रक्रिया में व्यापक स्तर के मानवीय मूल्यों को अभिव्यक्ति मिलती है। जायसी इस स्तर के कवि ही स्वीकार किये जायँगे। काव्य में अनुभव की एकतान समरस भूमिका पर विरोधों का समाहार हो जाना सहज है। जायसी इस क्षमता में अन्तर्दृष्टि के कवि हैं। सिद्धान्त, मतवाद, मार्ग को प्रतिपादित करनेवालों के लिए ऐसा कर पाना न सम्भव है और न उचित ही माना जाता है। दूसरी ओर जायसी की काव्य-क्षमता उनके भाषा-प्रयोग तथा उसकी व्यंजकता में इस स्तर पर लक्षित की जा सकती है कि उन्होंने विभिन्न धर्म-परम्पराओं, साधना-मार्गों, सामाजिक मान्यताओं की सारी शब्दावली को उसके पारिभाषिक तथा रूढ़ सन्दर्भों से मुक्त कर जीवन के अनुभव-क्षेत्र की विविधता, उसके विस्तार तथा उसमें निहित मूल्य-प्रक्रियाओं को व्यंजित करने के लिए किया है। स्मरण रखना है कि जायसी ने निरन्तर विभिन्न संस्कृतियों की परम्परा से शब्दावली ग्रहण की है और अपनी रचना-प्रक्रिया में उनके सन्दर्भगत अर्थ को व्यंजित न कर अर्थ विस्तार किया है। इसमें इस्लामी तथा भारतीय संस्कृतियों की शब्दावली को व्यापक मानवीय स्तर पर अर्थ प्रदान किया गया है। प्रचलित पारिभाषिक शब्दावली के माध्यम से जीवनगत व्यापक सन्दर्भों के स्तर पर नयी संश्लिष्ट मानवीय भावशीलता एवं मूल्य-प्रक्रिया के अर्थ को व्यंजित किया गया है। इसी शैली में मित्रों की योग्यता की प्रशंसा में उन्हें चौदह गुणों (विद्याओं) का जानकार कहा गया है। निश्चय ही यह वेद-वेदांग-पुराण-मीमांसा-न्याय और धर्मशास्त्र के सन्दर्भ में नहीं कहा गया है, वरन् व्यावहारिक स्तर पर स्वीकार किया गया है।

(2 : 11) 'पद्मावत' पर विचार करते समय सभी आलोचकों ने चित्तौड़ के रत्नसेन की कथा को ऐतिहासिक माना है। यह अवश्य है कि जायसी ने दूसरे भाग के अन्तर्गत पात्र और स्थानों के, अलाउद्दीन, चित्तौड़ और दिल्ली जैसे ऐतिहासिक नामों का उपयोग किया है। साथ ही इस भाग की सम्पूर्ण रचना में अलौकिक तथा अतिप्राकृतिक घटनाओं का उपयोग नहीं है। परन्तु यह अब स्वीकार किया गया है कि चित्तौड़ की कथा, जिसमें अलाउद्दीन के आक्रमण के साथ पद्मिनी तथा गोरा बादल आदि के वृत्तान्त हैं, इतिहास से जायसी ने नहीं लिया है। इतिहास के फ़ारसी लेखकों ने अलाउद्दीन द्वारा चित्तौड़ पर आक्रमण तथा विजय का वृत्त तो दिया है, परन्तु 'पद्मावत' की कथा से उसका सम्बन्ध नहीं है। जायसी के बाद फरिश्ता नामक लेखक ने अवश्य इस कथा का उल्लेख किया है। इस सम्पूर्ण सामग्री पर इतिहासकार कानूनगो ने पूरी तरह विचार कर यह परिणाम निकाला है कि यह वृत्तान्त जायसी ने कल्पना से ग्रहण किया है, क्योंकि अन्य ऐतिहासिक प्रमाणों से यह सिद्ध नहीं है (लीजेण्ड आफ़ पद्मिनी)। राणा कुम्भा के शिलालेख (सन् 1460) में अलाउद्दीन के आक्रमण की चर्चा

में पद्मिनी तथा गोरा बादल आदि का उल्लेख नहीं है और रत्नसेन का मात्र सन्दर्भ है। इस प्रकार जायसी ने चित्तौड़ के आक्रमण तथा रत्नसेन का नाम इतिहास से लिया और इस भाग की कथा का विधान स्वतन्त्र रूप से कल्पना के आधार पर किया अथवा लोक कल्पना का आश्रय लिया गया है। यह जायसी के कवि-व्यक्तित्व की महत्त्वपूर्ण दृष्टि है, जिसने युग-जीवन को काव्य के स्तर पर व्यंजित करने के लिए इतिहास की ही परिकल्पना की। सामान्यतः इतिहास के आधार पर काव्य-कृतियों की रचना होती रही है, यह स्वीकार करना प्रायः कठिन है कि कवि की कल्पना से इतिहास की सृष्टि हुई हो। वस्तुतः जब कवि अपने युग-जीवन को पूरी तरह आत्मसात् कर उसमें पात्रों तथा परिस्थितियों की उद्भावना करता है, तो वह इतिहास जैसा प्रामाणिक लगता है। जायसी ने अपने सम्पूर्ण युग-जीवन को अपनी कथा-योजना के इस भाग में यथार्थ संवेदनाओं में संयोजित-व्यंजित किया है। इसी कारण उनकी काव्य-कृति इतिहास को व्यंजित करती है, विशेषकर उस युग की सम्पूर्ण परिस्थिति के सन्दर्भ में। यही कारण है कि अपनी उद्भावना में ग्रहण किये गये इतिहास से जायसी नियन्त्रित अथवा निर्दिष्ट नहीं रहे, वरन् उस सम्पूर्ण परिस्थिति के चित्रण में सघन मानवीय भाव-व्यंजना करने में सक्षम हुए हैं।

(2 : 12) 'पद्मावत' की वस्तु-योजना का सम्बन्ध उसकी रचनाप्रक्रिया से है और यहाँ यह लक्षित किया जा सकता है कि इसके पीछे कवि का व्यक्तित्व है। प्रायः विचारकों ने इसकी वस्तु-योजना में दो अलग विधान देखे हैं। प्रथम योजना के अन्तर्गत सिंहल द्वीप की काल्पनिक कथा को माना है और दूसरे विधान में चित्तौड़ की ऐतिहासिक वस्तु को माना गया है। परन्तु 'पद्मावत' की कथा-वस्तु केवल रत्नसेन के आध्यात्मिक प्रेम तथा सिंहल द्वीप पहुँचकर पद्मावती को प्राप्त करना मात्र नहीं है, वरन् सम्पूर्ण वस्तु का सघन संयोजन है। प्रारम्भ में ही कवि रूप में अपनी काव्य-योजना पर प्रकाश डालते हुए उन्होंने कहा है, 'सिंहल दीप पदुमिनी रानी। रतनसेनि चितउर गढ़ आनी।। अलाउदीं ढिल्ली सुलतानू। राघौ चेतन कीन्ह बखानू।। सुना साहि गढ़ छेंका आई। हिन्दू तुरकहिं भई लराई।।' इस प्रकार उनकी दृष्टि में तथाकथित इतिहास पर आधारित वस्तु कम महत्त्व की नहीं है। इसमें अलाउद्दीन तथा राघव चेतन का विशेष उल्लेख किया गया है और हिन्दुओं तथा तुर्कों के युद्ध पर बल दिया गया है। इसी प्रकार प्रबन्ध-योजना के अन्त में भी इस बात को रेखांकित किया गया है कि आदि से अन्त तक सम्पूर्ण वस्तु कवि की रचना-दृष्टि में रही है। और इस सम्पूर्ण वस्तु के संघटन में जिस व्यापक मानवीय तत्त्व को व्यंजित किया गया है, उसमें जायसी का कवि-व्यक्तित्व अभिव्यक्त होता है। वस्तुतः फूल के नष्ट होने पर सुगन्ध के रूप में उसके अमर होने की कल्पना में जायसी रचनाकार के यश की कामना को महत्त्व देते हैं। यह उनकी कवि-दृष्टि ही है कि उन्होंने यह कथा प्रेम तथा युद्ध के आधार पर संयोजित की है। जैसा उल्लेख किया गया है यह आध्यात्मिक प्रेम साधना का रूपक-विधान नहीं है, वरन् इसकी कथा-वस्तु में युद्ध विशिष्ट और महत्त्वपूर्ण अंग है। सिंहल के युद्ध-प्रसंग को आध्यात्मिक साधना के साथ जोड़ा जा सकता है, यद्यपि यह भी एक स्तर पर व्यंजित भर होता है। चित्तौड़ का युद्ध कवि ने पूरे युग के सन्दर्भ में मानवीय ट्रैजिक घटना के रूप में अंकित किया है। यह कवि की उसी व्यापक संवेदना का रूप है, जिससे वह सभी पक्षपातों से मुक्त होकर करुण की सृष्टि कर सका है।

(2 : 13) जायसी ने सारे इतिहास तथा पुराण के घटना-क्रम, पात्र-योजना, परिस्थितियों के वर्णन आदि में रचनात्मक तटस्थता का विशेष परिचय दिया है। सिंहल का कल्पना-लोक, चित्तौड़ तथा दिल्ली का वस्तु-लोक, प्रेम तथा युद्ध के प्रसंग, स्वप्न और इतिहास, सभी प्रकार के अनेक स्त्री-पुरुष पात्र सबका वर्णन कवि ने असम्पृक्त तटस्थ भाव से किया है। इसका यह अर्थ नहीं है कि हमारे सामने परिस्थिति और चरित्र की कोई मूल्यपरक दृष्टि व्यंजित नहीं होती। यहाँ रचनात्मक स्तर की तटस्थता की बात है, जिसके साथ हर स्थिति और पात्र पाठक की पूरी सहानुभूति पाता है और व्यंजना में एक ऐसा भाव-स्तर व्यक्त होता है जो मानवीय अनुभवों को व्यापक स्तर पर आस्वादनीय बनाता है। कवि की प्रतिभा का मानदण्ड यही है कि भावशील कल्पना और तथ्यात्मक यथार्थ के रचनात्मक उपयोग से ऐसे अनुभव-जगत् की सृष्टि वह कर सका है जिसमें मनुष्य से मनुष्य को अलग करनेवाली दृष्टि तथा मान्यताएँ तिरोहित हो गयीं और मानवीय विवेक के व्यापक मूल्यों की व्यंजना हो सकी। 'पद्मावत' के रचना-विधान में ऐसे अनेक वर्णन-प्रसंगों को लिया जा सकता है जिनमें वाच्यार्थ के साथ व्यंग्यार्थ और प्रतीकार्थ भी है। पर उनके रचना-विधान में आध्यात्मिक अर्थ एक स्तर पर व्यंजित होकर पुनः तिरोहित हो जाता है, समानान्तर भी नहीं चलता जैसा समासोक्ति में होता है। कवि निरन्तर मानवीय स्तर पर मार्मिक तथा महान् भाव-व्यंजनाओं में संलग्न रहा है। इस प्रकार वह जीवन को रचना के स्तर से अलग किसी अलौकिक आध्यात्मिक जगत् में अभिव्यक्त नहीं करना चाहता। उसकी मूल दृष्टि कवि की रही है और इस स्तर पर वह आध्यात्मिक तथा अलौकिक प्रतीकों का उपयोग जीवन के स्तर पर अर्थ-व्यंजनाओं, भावाभिव्यक्तियों और मूल्य-बोध को अधिक संश्लिष्ट, प्रभावी तथा संकुल बना सके हैं। 'पद्मावत' में सिद्धान्त, मतवाद, साधना आदि के ही नहीं वरन् आदर्शों, मान्यताओं, चरित्रों के अनेक विरोधी लगनेवाले रूपों का समाहार हुआ है तथा इनकी अभिव्यक्ति की रचना-प्रक्रिया में मानव-जीवन की एकतान और समग्र व्यंजना हुई है। यह इतना कुछ बचाकर इस स्तर पर रचना करना एक प्रतिभासम्पन्न कवि के वश की बात हो सकती है। रचना का स्तर समग्र को ग्रहण करने का होता है, खण्डों, विरोधों और विषमताओं को व्यक्त करने का नहीं।

(2 : 14) कवि का रचनात्मक व्यक्तित्व ही महत्त्वपूर्ण होता है, क्योंकि वही उसकी सार्थक उपलब्धि का आयाम है। हमारा कवि सजग रूप में इस सत्य को जानता है। इसीलिए वह अपने जीवन के बारे में उतना ही कहता है, वही सन्दर्भ देता है जो उसके इस आयाम को व्यंजित करते हैं। यह तथ्य हमारे भक्ति युग के महाकवियों की रचनाओं में उजागर हुआ है। उनकी इस प्रकार की आत्मपरक अभिव्यक्ति में अन्तर है, पर मूल दृष्टि समान है। यह अलग बात है कि अपनी रचना-धर्मिता के प्रति उनकी सजगता में अन्तर है, और उसके अनुपाठ में सन्दर्भों की दृष्टि तथा दिशा भी है। कहा गया है कि तुलसी और जायसी अपने कवि-कर्म के प्रति विशेष जागरूक हैं। उन्होंने अपने कवि व्यक्तित्व को स्वीकारा है, अपनी काव्य-दृष्टि को अपने-अपने ढंग से रचनात्मक शैली में प्रस्तुत किया है। प्रसंग के अनुसार उसकी चर्चा की गयी है। पर एक स्तर पर जायसी अन्य कवियों से भिन्न हैं, न केवल इन महाकवियों से वरन् संस्कृत तथा हिन्दी के प्रायः सभी महत्त्वपूर्ण कवियों से। उनकी समग्र

रचनात्मक कल्पना की भूमि महाभारतकार व्यास तथा 'पृथ्वीराज रासो' के कवि चन्दबरदाई की योजना के समान मानी जा सकती है। इन दोनों रचनाओं के बारे में निश्चय के साथ नहीं कहा जा सकता कि ये एक ही कवि के द्वारा सम्पूर्ण रूप से रची गयी हैं। परन्तु इनकी प्रबन्ध योजना में युग-जीवन के व्यापक और जटिल-सघन यथार्थ का विधान इस प्रकार घटित के क्रम में संयोजित हुआ है, जिससे इतिहास के युगों को अतिक्रमण करता हुआ मानव समाज का कालातीत सत्य उजागर होता है। भारतीय संस्कृति की एक मूल अवधारणा है, अन्त में सत्य की विजय होती है। साहित्य में इसका स्वीकार इस रूप में माना गया है कि रचना की निष्पत्ति आनन्द में होती है, हमारा नाटक सुखान्त ही होना चाहिए। जिन दो विशद रचनाओं का उल्लेख किया गया है, प्रत्यक्ष रूप में उनमें भी अन्त में सत्य की विजय है, रचनात्मक उपलब्धि सौन्दर्य के साथ आनन्द माना जायगा। पर साहित्यिक कृति का पूरा ताना-बाना जीवनगत अनुभव की संवेदनाओं से निर्मित होता है। और संवेदनाओं के इस विशाल रचना-विधान से व्यंजित होनेवाला यह सत्य क्या है? क्या यह सत्य जीवन के आनन्द की उपलब्धि रूप माना जा सकता है? 'रासो' में अन्ततः वन्दी और दृष्टिहीन चौहान 'चूकता' नहीं, चन्द के संकेत के अनुसार लक्ष्य-वेध करता है और सुल्तान से बदला चुकाता है। पर यह कैसी विजय है, और किस प्रकार के रचनात्मक स्तर की आनन्दोपलब्धि है? फिर उस काव्य की विशद योजना में इस मध्य युग की परिस्थितियों, घटनाओं, पात्रों, सम्बन्धों, युद्धों-संघर्षों के बीच कैसा जीवन गतिमान है! कवि ने अपने युग जीवन की असंगतियों-विसंगतियों के बीच मूल्यों की जीवन-पद्धति को टूटते-बिखरते देखा है, उनकी अतिरंजनाओं, विडम्बनाओं तथा विकृतियों को बढ़ते-फैलते देखा है। युग की इस विशृंखलता के बीच हम चरित्रों को अनेक भावनाओं, मनःस्थितियों तथा कृतित्वों में उलझा हुआ पाते हैं। विभिन्न चरित्रवाले पात्र अवतरित होते हैं, एक ओर वीरता, उदारता, दया, प्रेम, त्याग, उत्सर्ग, दृढ़ता और कोमल ममता जैसे भावों की अभिव्यक्ति हुई है और दूसरी ओर कायरता, निर्ममता, कठोरता, विद्वेष, घृणा, प्रतिहिंसा जैसी भावनाओं से उद्वेलित पात्रों की अवतारणा हुई है। यह युग के पूरे परिवेश में फैले-बिखरे जीवन का यथार्थ ही तो है, जो अपनी समग्र रचनात्मक योजना में मानव-जीवन के ऐसे आयाम पर मूल्यों की सारी गतिशीलता को ग्रहण करता है, जो कालनिरपेक्ष सत्य की व्यंजना करता है।

(2 : 15) रचना के इस आयाम को 'महाभारत' की सम्पूर्ण योजना में अधिक गहराई तथा व्यापकता में व्याप्त पाया जाता है। 'पृथ्वीराज रासो' की अपेक्षा यह कहीं अधिक विशाल कथा-विधान की योजना है। इस योजना की कल्पना करनेवाला व्यक्तित्व, वह चाहे एक या कई व्यक्तियों का योग हो, बहुत व्यापक तथा गहरी अन्तर्दृष्टि से सम्पन्न है। वह एक सम्पूर्ण देश-काल में विस्तार पानेवाले युग का दृष्टा है। वह मात्र कथानक का योजक और पात्रों-चरित्रों की कल्पना करनेवाला रचनाकार नहीं है। इस कारण साहित्य की अभिव्यक्ति और कला के विधान की दृष्टि से महान् काव्य-सृष्टि पर विचार करना सम्भव नहीं है। इसमें पूरे युग के जीवन-क्रम को मूल्य-मर्यादाओं के संघर्ष के साथ चित्रित किया गया है। इस व्यापक फलक पर विभिन्न देश के पात्र और घटनाएँ सक्रिय होकर मूल पात्रों, प्रधान घटना-क्रम से सप्रयोजन जुड़ते जाते हैं। इतने विस्तार में कथानक फैलाना और उसमें इतने चरित्रों को

संयोजित करना, घटना-क्रम को आगे बढ़ाते जाना महान् प्रतिभा का काम है। पर सबसे अधिक महत्त्व और रचना-कौशल की बात है, युग के पूरे परिवेश के विविध पक्षों तथा स्तरों की विसंगतियों, विडम्बनाओं तथा विघटित होते मूल्यों को पूरे संघर्ष के बीच व्यंजित करने की क्षमता। धर्म-अधर्म, सत्य-असत्य और न्याय-अन्याय का संघर्ष इसे प्रत्यक्षतः कहा-समझा जाता है, इसके सम्पूर्ण विधान के मध्य में कृष्ण जैसा व्यक्तित्व निरन्तर दिखायी देता है। पर अपनी गहरी-व्यापक अन्तर्दृष्टि से रचनाकार सत्य को न केवल ग्रहण करने में समर्थ है वरन् उसे पूरी संवेदना के साथ व्यंजित भी करता है। और रचना के कथा-प्रवाह में गहराई से अनुभव करता है कि कृष्ण जैसे सब-कुछ को आत्मसात् करने, धारण कर लेनेवाले केन्द्रीय व्यक्तित्व के बावजूद न कहीं कोई अनाविल पूरा सत्य है, न धर्म और न न्याय ही। यह युग का यथार्थ है। मानव जीवन का यथार्थ है। इसमें न्याय-अन्याय, धर्म-अधर्म और सत्य-असत्य सब-कुछ समाहित है। परन्तु इसी यथार्थ के परिवेश में अपने संघर्ष, द्वन्द्व तथा ऊहापोह के बीच मनुष्य मूल्यों के न्याय, धर्म तथा सत्य की रचनात्मक भूमिका के अनुसन्धान में हर युग में हर काल में संलग्न रहा है। और यही है जो व्यास ने कृष्ण के महामरण तथा युधिष्ठिर के महाप्रयाण में व्यंजित किया है। निश्चय ही यह कवि की विराट् कल्पना से ही सम्भव हुआ है, जिस स्तर पर हम उस महा विधान का अनुभव करते हैं जो मानवीय करुणा में हमको उदात्त भूमिका पर संचरण करने की क्षमता देती है।

(2 : 16) जायसी के व्यक्तित्व के प्रसंग में व्यास और चन्द जैसे कवियों की चर्चा विषयान्तर लग सकती है। पर उनकी रचना 'पद्मावत' में जो कविव्यक्तित्व उभरता-बनता है, उसको परिकल्पित करने में इससे सहारा मिलता है। यह व्यक्तित्व ऐसे रचनाकार का है जो अपने युग के यथार्थ को समग्र रूप से ग्रहण करता है, उसकी हर परिस्थिति और चरित्र के नानाविध सन्दर्भों को व्यंजित करता है। जायसी का युग भारतीय समाज और संस्कृति की विशृंखलता और विघटन का था और साथ ही इस्लाम धर्म के संघीय संघात का था, जिसमें धर्म के मूल्यों, मर्यादाओं और नियमों की अतिरंजनाएँ और विकृतियाँ अधिक प्रत्यक्ष एवं प्रभावी होती जा रही थीं। इस परिस्थिति में जायसी के कवि-व्यक्तित्व की क्षमता उनके कथानक के रचना-विधान में, घटनाओं की योजना में और चरित्रों की अभिव्यक्ति में देखी जा सकती है। हमने देखा है कि कवि अपनी काव्य-प्रतिभा के प्रति पूरी तरह आश्वस्त है। साथ ही उसकी रचना-दृष्टि भी स्पष्ट है। वह पूरे युग के यथार्थ को अपने काव्य में अभिव्यक्ति देने के क्रम में कथा का संयोजन करता, उसे विस्तार देता है, उसमें विभिन्न पात्रों की अवतारणा चरित्रों की विविधता के साथ करता है। और इस सारे रचना-विधान की विशिष्ट युगीन मूल्य-बोध प्रक्रिया भी व्यंजित होती चलती है। मानवीय संवेदना के आधार पर व्यंजित होनेवाली सहानुभूति के अलावा कवि का न कोई पक्ष है और न आदर्श पात्र। रचनाकार का यह तटस्थ भाव महत्त्वपूर्ण है, जिससे वह सारे युग-जीवन को पात्रों-घटनाओं के माध्यम से उपस्थित करते हुए उसकी समस्त विसंगतियों-विकृतियों-मूल्यहीनताओं के बीच परम मानव मूल्यों का अनुसन्धान करता है। उनकी मार्मिक अनुभूति हम को कराता है। मूल्यों के अनुभव के स्तर पर अन्य श्रेष्ठ और महाकवियों ने आदर्शों तथा नैतिक मान्यताओं को व्यंजित किया है। उनके काव्य रूपों, प्रबन्धों एवं विधानों में मानसिक भावस्थितियों, घटनात्मक

परिस्थितियों, पात्रों के चरित्र की अभिव्यक्तियों के माध्यम से सम्पूर्ण जीवन के मूल्य-बोध को संवेदित-व्यंजित किया गया है। परन्तु इस प्रकार की काव्याभिव्यक्ति में युग-जीवन का सारा सन्दर्भ, यथार्थ-बोध भिन्न आयाम ग्रहण करता है। पात्रों के विशेष प्रतिरूप चरित्रों की अलग-अलग छवियों में व्यक्त होते हैं। घटना-क्रम की योजना में युग के मूल्यों, आदर्शों, मान्यताओं के संघर्ष, विघटन और टकराहट के बीच से उनकी मान्यता एवं स्वीकृति की दृष्टि बनती, उभरती व्यंजित होती है। इस प्रकार ये रचनाकार युगीन परिवेश के रचना-विधान से युग को, और व्यापक स्तर पर मानवता को सार्थक मूल्य-बोध से सम्पन्न करते हैं। परन्तु जैसा हम देखते-समझते हैं, जायसी इन कवियों से भिन्न स्तर के रचनाधर्मी हैं और इस दृष्टि से व्यास और चन्द की परम्परा में आते हैं। उनकी दृष्टि में पूरा युग है, उसके सारे आयाम हैं, मूल्यों की नैतिक मानदण्डों की हर प्रकार की विशृंखलताएँ और हीनताएँ हैं! उसकी कथा के पात्र उस युग के यथार्थ चरित्र को हर प्रकार से घटित करते हैं। कोई भी आदर्श का प्रतिनिधि नहीं, जिसके माध्यम से कवि ने मूल्य-दृष्टि को व्यंजित करना चाहा हो। वह 'स्तुति-खण्ड' में अपनी कथा का ढाँचा इस प्रकार देता है, जिससे उस युग के यथार्थ को व्यापक मानवीय सन्दर्भ मिल सके। 'सिंहल द्वीप की रानी पद्मिनी है, उसे रत्नसेन चित्तौड़गढ़ लाया। राघव चेतन दिल्ली के सुल्तान अलाउद्दीन के आगे उसके सौन्दर्य का वर्णन करता है। सुन कर शाह ने गढ़ छेक लिया। हिन्दू और तुर्कों में लड़ाई होती है।' कथा की इस रूप-रेखा की प्रस्तावना करते हुए कवि वस्तुतः अपनी रचना-दृष्टि का परिचय ही दे रहा है। 'उपसंहार खण्ड' में कथा का समाहार करते हुए यह और अधिक स्पष्ट हो जाती है, 'कहाँ सो रतनसेनि अस राजा। कहाँ सुवा असि बुधि उपराजा।। कहाँ अलाउद्दीन सुलतानू। कँह राघौ जेइँ कीन्ह बखानू।। कहँ सुरूप पदुमावति रानी।' यह सारा-का-सारा कथा-विधान रचनाकार ने युग-यथार्थ से कहानी के रूप में ग्रहण किया है और इस इतिहास से मानवीय जीवन की गहन विषादमयी करुणा को ही व्यंजित किया है। निश्चय ही काव्य की अभिव्यक्ति के रूप में यह भाव मनुष्य के जीवन को मूल्यों की उदात्त भूमिका पर गतिमय करता है। कवि जायसी स्वीकारते हैं, रचनात्मक अभिव्यक्ति के इस स्तर पर जीवन का यह सारा युग-यथार्थ रसमय, सौन्दर्य-रूप और सुगन्धित व्यंजनाओं में व्यक्त होता है। और रचना की यह सुगन्ध ही वस्तुतः कवि की यश रूप में उपलब्धि है।

सन्दर्भ

प्रकरण द्वितीय : रचनात्मक व्यक्तित्व और युग-परिवेश

अनु. 1. रा. शु. : जायसी ग्रन्थावली (सं. 17); भूमिका, पृ. 6, 7 (मलिक मुहम्मद, निज़ामुद्दीन औलिया के शिष्य परम्परा में थे। ... 'आख़िरी कलाम' में केवल सैयद अशरफ़ जहाँगीर का ही उल्लेख है। 'पीर' शब्द का प्रयोग भी जायसी ने सैयद अशरफ़ के नाम के पहले किया है और अपने को उनके घर का बन्दा कहा है। इससे हमारा अनुमान है कि उनके दीक्षा गुरु तो थे सैयद अशरफ़ पर पीछे से उन्होंने मुहीउद्दीन चिश्ती की भी सेवा करके उनसे बहुत कुछ ज्ञानोपदेश और शिक्षा प्राप्त की, (1—स्तुति खण्ड : 18-20—सैयद असरफ पीर पिआरा। तिन्ह मोहिं पंथ दीन्ह उजियारा। लेसा हिएँ पेम कर दिया। उठी जोति भा निरमल

हिया।। 'आख़िरी कलाम' में उल्लेख—'मानिक एक पाएउँ उजियारा। सैयद असरफ़ पीर पिआरा'।।8।। कवि ने यह भी स्वीकार किया है, 'बोहित धरम लीन्ह कइ चेला।। उन्ह मोर करिअ पोढ़ कर गहा।'' (18)! दूसरी ओर जायसी ने 'गुरु मोहदी खेवक मैं सेवा। चलै उताइल जिन्ह कर खेवा।।(20)।। यह भी कहा है। वि. दे. ना. साही : जायसी, पृ. 5-8।

अनु. 2 : वि. दे. ना. साही : जायसी, पृ. 5-8। जायसी निरन्तर अपने कवि-कर्म के प्रति सजग हैं, यह अपने आप में इस बात का साक्ष्य है कि उनके लिए सूफ़ी मत का केन्द्रीय मूल्य 'प्रेम' महत्त्व का है, शेष सम्प्रदाय का सारा परिवेश गौण है। यह मूल्य मनुष्यत्व का प्रतीक है और उसकी सारी साधना का रूप भी—'मानुस पेम भएउ बैकुंठी'। (17 : 166)

अनु. 3 : कवि आदि कवि वाल्मीकि और व्यास का आदर्श सामने रख कर चला हैं और स्वीकार करता है कि रचना के स्तर पर यथार्थ जीवन रसानुभव रूप में अभिव्यक्ति ग्रहण करता है, 'कवि बिआस रस कौंला पूरी'। रचनाकार के हृदय के भण्डार में 'सुरस पेम मधु भरिअ अमोला' है (23)।

अनु. 4 : वि. दे. ना. साही; 'जायसी' में देखें। अनु. कथा के उपसंहार में इस कथन 'मुहमद यहि कबि जोरि सुनावा। सुना जो पेम पीर गा पावा'।। में रचनाकार की दृष्टि निहित है। वह प्रेम की पीड़ा के अन्तर्गत मानव करुण भाव को ही व्यंजित करता है।

अनु. 6, 7 : पद्मावत 1 : 13—'दीन असीस मुहम्मद करहु जुगहि जुग राज'। गहरे आत्मविश्वास के साथ अपनी रचना की मार्मिक भाव-व्यंजना का संकेत दिया गया है, 'मुहमद कवि जो पेम का ना तन रकत न माँसु। जेइँ मुख देखा तेइँ हँसा सुना तो आए आँसु'।। 23।। उपसंहार खण्ड 'धनि सो पुरुख जस कीरति जासू। फूल मरै पै मरै न बासू'।। 652।। इसी प्रकार प्रारम्भ की प्रस्तावना में आत्माभिमान और बहुत गहरा आत्मविश्वास व्यक्त हुआ है, जग सूझा एकइ नैनाहाँ। उवा सूक अस नखतन्ह माहाँ'।।23।।

अनु. 8 : आख़िरी कलाम : कड़. 10, 11, 12। खं. 1 : 22—यूसुफ़ मलिक पंडित औ ग्यानी। पहिले भेद बात उन्ह जानी।।; खं. 58 : 652—जोरी लाइ रकत कै लेई। गाढ़ी प्रीति नैन जल भेई।।; वही : 653—वृद्धावस्था का सटीक वर्णन।

अनु. 9 : पद्मावत खं. 1 : 22—मित्रता की आत्मीय भावना की अभिव्यक्ति—चारि मीत कबि मुहमद पाए। जोरि मिताई सरि पहुँचाए।।...मुहमद चारिउ मीत मिलि भए जो एकइ चित्त। एहि जग साथ जो निबहा ओहि जग बिछुरन कित्त।।

अनु. 10 : जायसी ने 'पद्मावत' के कथा-विधान में अपने समय की प्रचलित दार्शनिक चिन्तन-पद्धतियों और साधना मार्गों की शब्दावली का उपयोग सहज अनुभव को अभिव्यक्त करने के लिए किया है। वेदान्त के अनुसार हमारे चैतन्य के केन्द्र हृदय में अंगुष्ठ मात्र पुरुष रहता है। नाथ मत में यही बिन्दु है। यह हृदय सूर्य है और मन चन्द्रमा कहा गया है। यह आध्यात्मिक भावनाओं के प्रतिरूप को भासित करता है, जायसी के इस प्रकार के प्रयोग को सहज समाहित देखा जा सकता है—जनु होइ सुरुज आइ मन बसी। सब घट पूरि हिएँ परगसी।। 9 : 96।। यहाँ इस प्रक्रिया में फिर रत्नसेन सूर्य बन जाता है और पद्मावती उसकी छाया या चन्द्रमा—'अब हौं सुरुज चाँद वह छाया'। सिद्ध, हठयोगियों की साधना-पद्धति में

चन्द्र और सूर्य के प्रतीक बहुत प्रचलित रहे हैं। इड़ा और पिंगला नाड़ियों के रूप में गंगा-यमुना का प्रयोग इसी प्रकार का है।

अनु. 12 : पद्मावत 1 : 24 । 58 : 652—कथा का समापन कवि रचनाकार की तटस्थ भावना से कर रहा है, 'कहाँ अलाउदीन सुलतानू। कहँ राघौ जेइँ कीन्ह बखानू।। कहँ सुरूप पदुमावति रानी। कोइ न रहा जग रही कहानी'। फिर इसी स्तर पर निष्कर्ष रूप में अपनी रचनात्मक उपलब्धि की व्यंजना करता—'धनि सो पुरुख जस कीरति जासू। फूल मरै पै मरै न बासू'।। यह यश-कामना इस प्रकार सहज रूप में व्यक्त हुई है कि जगत् में यश का मोलभाव नहीं किया जाता (बेचा-खरीदा नहीं जाता), जो इस कहानी को पढ़ेगा वह दो शब्दों में कवि का स्मरण करेगा।

—————

प्रकरण तृतीय

रचना दृष्टि और सर्जन का आयाम

[3 : 1] काव्य सर्जन सारे वस्तु-जगत्, यथार्थ स्थितियों, स्थूल जीवन के परे भाव के स्तर पर क्रियाशील होता है और उससे अनुभव के स्तर पर सम्पृक्त होनेवाला सामाजिक करुणा से प्लावित होता है। भवभूति के समान जायसी काव्य की मूल संवेदना को करुण-रस में व्यंजित पाते हैं। कवि की रचना-दृष्टि दर्पण के समान है, जिसमें मनुष्य जीवन के निर्मल भावों का प्रतिबिम्ब पड़ता है और बड़े-बड़े गुणी-मर्मज्ञ (रूपवान्) चाव के साथ मानवीय जीवन की छवि देखते हैं। काव्य की अन्तर्निहित क्षमता सामान्य व्यक्ति को भी संवेदनशील बनाती है। काव्य में विमोहक प्रभाव होता है, जो कवि की रचना को सुनता है वह अभिभूत होता जाता है। काव्य की रसानुभूति को ग्रहण करने में रसज्ञ ही समर्थ होता है, जिसमें संवेदन की क्षमता नहीं है, वह पास रह कर भी, सुन कर भी काव्य के अनुभव को ग्रहण करने में समर्थ नहीं होता। भौंरा वन से आकर सरोवर के कमल की सुगन्ध ग्रहण करता है, जबकि मेढक पास रहकर भी उसका अनुभव कर पाने में असमर्थ है। काव्याभिव्यक्ति में प्रेम की वेदना उत्पन्न करने की क्षमता होती है। कवि जो कुछ रच कर सुनाता है, उससे श्रोता प्रेम की पीर से विह्वल हो जाता है। मानवीय करुण-भावना से सिक्त इस प्रगाढ़ प्रीति को कवि अपने रक्त की लेई अर्थात् अपने अन्तर्तम की वेदना से जोड़ने में, संयोजित करने में समर्थ होता है और उसके द्वारा निर्मित पात्रों में अभिव्यक्त इस प्रक्रिया को पाठक ग्रहण करता है। रचना ही संसार में उसकी स्मृति चिह्न के रूप में शेष रहेगी, यही उसकी काव्य प्रेरणा है। संसार में कीर्ति ही तो रह जाती है, फूल तो नष्ट होता है, केवल सुगन्ध रह जाती है। काव्य सर्जन की प्रकृति के बारे में कवि स्वीकार करता है कि इस कथा के वर्णन की विशेषता दर्पण की भाँति है, जो जिस रूप का है, वह वैसा ही दिखायी देता है। शर्त है कि इस वर्णन में सारे यथार्थ को मानवीय संवेदना के स्तर पर अभिव्यक्ति मिले, जिससे सामाजिक का भाव विस्तार पा सके। रचना-प्रक्रिया के क्रम में जब कवि कहने के लिए स्वतन्त्र होकर अग्रसर होता है, तो उसके हृदय भण्डार में संचित अमूल्य मणियों की सम्पदा का द्वार मुक्त हो जाता है। उसके कहे हुए वचनों में (भाषिक अभिव्यक्ति में) रत्नों की आभा है जिसमें रसमय मधुर अमूल्य प्रेम व्यंजित है। काव्य के शब्द विरह-व्यथा का मार्मिक प्रभाव उत्पन्न करते हैं और भावक आत्मविस्मृत हो जाता है। ये अर्थ की व्यंजनाएँ जीवन के सारे धूल-धूसरित सन्दर्भों में छिपी रहती हैं, जिन्हें अपनी साधना से रचनाकार उजागर कर देता है। यह जीवन के व्यावहारिक यथार्थ के बीच व्यंजित होनेवाली भाव-व्यंजना व्यापक प्रेम की अनुभूति से सामाजिक को अविभूत करती है।

[3 : 2] मतवाद, सिद्धान्त तथा मूल्यों का निरूपण-विवेचन काव्य की रचनाशीलता नहीं हो सकते। सामर्थ्य तथा प्रतिभा के अनुसार कवि अपनी काव्याभिव्यक्ति में मूल्यों की जिस भाव-भूमि का आविष्कार करता है, उस पर इन सबके परे मानवता की मूल्योपलब्धियों की व्यंजना मार्मिक संवेदनीयता के स्तर पर होती है। यहाँ जायसी जैसा कवि विभिन्न परम्पराओं, मान्यताओं और रूढ़ियों का वर्णन इसी दृष्टि से करता है और विभिन्न दार्शनिक विचारों, योगपरक साधनाओं, मतवादों का उपयोग इस लक्ष्य को पाने के लिए करता है, क्योंकि रचना में इन तमाम तथ्यों, स्थितियों, घटनाओं तथा पात्रों के माध्यम से कवि मात्र 'प्रेम-पीर' व्यंजित करता है। इस प्रकार जायसी काव्य-रचना का उद्देश्य उस व्यापक मानवीय संवेदन को स्वीकार करते हैं, जो सारे अलगाव, विभाजन, विरोध, मतभेद के बीच मूल मनुष्य की अभिव्यक्ति करता है। यह मनुष्य और मनुष्य के बीच जोड़नेवाली संवेदना 'प्रेम की पीर' है। रचना की इस दृष्टि को अधिक मार्मिकता के साथ उन प्रसंगों में लक्षित किया जा सकता है, जहाँ कवि तटस्थ भाव से पक्ष-विपक्ष, जय-पराजय, अपने तथा पराये धर्म को भूलकर केवल मानवीय ट्रैजडी के बीच करुणा की सृष्टि करता है। कथा का अन्त कवि इस कारुणिक भाव के साथ करता है—'छार उठाइ लीन्हि एक्र मूँठी। दीन्हि उड़ाइ पिरिथमी झूठी'। (57 : 651 पद्मावती नागमती सती खण्ड 4) इस झूठे संसार में सत्य है क्या? उड़ती हुई एक मुट्ठी राख मात्र इसका यथार्थ है। अलाउद्दीन की विजय की असारता को लक्षित कर कवि ने कारुणिक विषाद की व्यंजना की है। अतः जायसी की दृष्टि मूलतः मनुष्य पर है। वह मनुष्य को उसके सारे परिवेश में अंकित करते हैं, जो अपनी शक्ति-उपलब्धियों, कमियों-कमजोरियों, वीरता-कायरता में क्रमशः कारुणिक स्थिति में पहुँच जाता है। यह रचना की मूल दृष्टि तथा प्रक्रिया है, क्योंकि इस प्रकार मानव-स्थिति को व्यापक सन्दर्भ में अर्थ देना सम्भव हो पाता है। रचना के स्तर पर यह मानवीय संवेदना उस व्यापक करुणा को व्यक्त करने में समर्थ होती है, जिसमें धार्मिक विश्वास तथा आध्यात्मिक चिन्तन लहरों के समान उठते और विलीन हो जाते हैं। रचना-प्रक्रिया के प्रवाह में यहाँ सूफ़ी प्रेम-साधना (तसव्वुफ़), हठयोग, राज्य शक्तियों का संघर्ष, लोक-भावना, विभिन्न शास्त्रों का ज्ञान सभी एक साथ तरंगित होकर व्यापक धारा में मनुष्य की मार्मिक अनुभूति में तिरोहित हो जाते हैं। इस प्रक्रिया में कवि द्वारा प्रयुक्त युग की प्रचलित सभी क्षेत्रों, शाखाओं की तथा लौकिक शब्दावली अपनी अर्थ-व्यंजना में यह मर्म की बात कहती है। और इस रूप में कवि अपने अन्तर्तम मर्म को खोल कर अपने पाठक-श्रोताओं तक पहुँचता है। करुणा को ही मूलतः सभी रसों के काव्यानुभव में व्याप्त माननेवाले भवभूति काव्य की रचना-प्रक्रिया के इसी स्तर की बात कहते हैं। काव्य के अनुभव में निहित यह व्यापक मानवीय संवेदना वह आधार है जिस पर सामाजिक उसका सहभागी होता है और मनुष्य के बीच व्यापक प्रेम के सम्बन्ध सूत्र का अनुभव करने में समर्थ होता है। इस स्तर पर जायसी धर्मों, सम्प्रदायों, मतवादों में बँटे-बिखरे लोगों को मनुष्यत्व की पहचान दे सके हैं। यहाँ सारे युग-जीवन की विसंगतियों, मूल्यहीनताओं, विडम्बनाओं को आत्मसात् कर कवि उस अन्तर्दृष्टि को रचना में निर्दिष्ट करता है, जो 'जो प्रेम की पीर' अर्थात् गहरी राद्यानुभूति के सहारे लोकोत्तर रसानुभूति के क्षेत्र में प्रवेश देती है।

[3 : 3] जायसी के रचना-कर्म में इसका प्रचुर साक्ष्य मिलता है कि उनके लिए यह कर्म शुद्ध काव्य का रहा है, न वह उसे मन बहलाने के साधन के रूप में लेते हैं और न किसी विशेष नैतिक अथवा आध्यात्मिक सन्देश के वाहक के रूप में स्वीकारते हैं। मन को चमत्कृत करनेवाला साहित्य जीवन के गहन प्रश्नों, उसकी मूलभूत समस्याओं, जिज्ञासाओं से जुड़ नहीं पाता और न इनसे सम्बन्धित चुनौतियों को मानवीय संवेदना तथा विवेकशीलता के स्तर पर व्यंजित कर पाता है। हम देखते हैं कि 'पद्मावत' के कथानक का सारा विस्तार मार्मिक अनुभूति की व्यंजनाओं में जीवन को इस स्तर पर प्रस्तुत करता है। और जैसा कहा गया है, इस रचना में जायसी की मूल दृष्टि सूफ़ी प्रेम-साधना से सम्बद्ध नहीं है और न इस प्रकार की किसी भी निश्चित साधना, सन्देश, मतवाद के लिए प्रतिबद्ध ही। सन्देशवाहक के रूप में रचनाकार जीवन को एक व्यवस्था में देखता है, और इस कारण निश्चित नियमों में परिचालित मान कर चलता है। अपने व्यक्तित्व के अनुसार रचनाकार इस व्यवस्था की परिकल्पना कितनी ही व्यापक तथा विशद करने में समर्थ हो, पर दृष्टि की यह निश्चित सीमा जीवन के व्यापक तथा गहरे प्रवाह को ग्रहण करने में चूक ही जायेगी। जायसी की रचनात्मक क्षमता सीमाओं के परे गहरी तथा मार्मिक व्यंजना करने की प्रतिभा में देखी जा सकती है। वह इन दोनों स्तरों को बेध कर अनुभूति को मार्मिक विशदता में अर्थवान् बनाते हैं। जायसी जिस स्तर पर रचनाशील हैं, वहाँ अनेक विचार-धाराएँ तथा दार्शनिक विचार युग के सन्दर्भ में प्रस्तुत होकर सघन अनुभूति के रूप में व्यंजित होते हैं, उनका सिद्धान्त पक्ष या मतवाद का रूप तिरोहित रहता है। ध्यान देने की बात है कि सिंहल द्वीप के प्रसंग में वह उन सारे मतों, वादों, दर्शनों, साधनाओं का उपयोग करते हैं, जो उनके युग में चारों ओर प्रचलित थे। पर वह मुक्त भाव से इन सब के माध्यम से कथा को अग्रसर करते हैं, उसकी सघन और समरस अभिव्यक्ति में रचनात्मक अनुभव का स्तर मार्मिक हो जाता है। ये सारे प्रसंग अपने-अपने सन्दर्भों में उपस्थित भर रह कर उसमें संश्लिष्ट अनुभव रूप हो जाते हैं, और पाठक के मन में एक भावमयी मानवीय परिस्थिति उजागर हो जाती है। यह सर्जन क्षमता का रहस्य है जिसमें इतिहास और युग जीवन की सारी विडम्बनाओं तथा मूल्यहीनताओं के विस्तार से निर्मल मानवीय छवि उजागर हो गयी है। उसकी कल्पना के अदृश्य फैलाव में साधारण तथा सामान्य और असाधारण परिस्थितियाँ, घटनाएँ, ऐतिहासिक, अवदानी और काल्पनिक पात्र मात्र समरस होकर विशिष्ट अर्थवत्ता के साथ समाहित हो जाते हैं। इस प्रक्रिया में ये सभी रचना के कारुणिक भाव में परिणत हो जाते हैं। और जायसी की विषाद, अवसाद और विराग की इस काव्यानुभूति में संशक्ति के साथ तटस्थता को लक्षित किया जा सकता है। फिर इस भावानुभूति में सामाजिक सुगन्ध के रूप में मूल्य-बोध भी ग्रहण करता है।

[3 : 4] जायसी को सूफ़ी आध्यात्मिक प्रेम का कवि स्वीकार किया जाता रहा है, परन्तु जैसा देखा गया है उन्होंने आध्यात्मिक आवरण में यथार्थ को तिरोहित नहीं किया है। उनकी रचना-दृष्टि निरन्तर दोनों भूमियों पर एक-दूसरे को बिम्बित-प्रतिबिम्बित करती चली है। अन्य साधक इश्क मजाज़ी को इश्क हक़ीकी में अन्तर्भुक्त मानते हैं, जबकि जायसी की रचना में दोनों को सम्बद्ध अभिव्यक्ति मिलती चली है। वस्तुतः जायसी कवि के रूप में प्रेम के माध्यम से आध्यात्मिक भूमिका को व्यंजित करना चाहते हैं। इसी प्रकार इतिहास के यथार्थ तथा अलौकिक कल्पना के संयोजन के माध्यम से सघन आन्तरिक मूल्य-दृष्टि को अभिव्यक्ति

देते हैं। अपने सारे अलौकिक परिवेश में पद्मावती अलौकिक स्वप्न है, पर उसका एक वस्तुपरक आधार भी लक्षित होता है। उसके व्यक्तित्व के माध्यम से युग-विशेष की संस्कृति का एक दृश्य प्रस्तुत किया गया है। उसको मात्र आध्यात्मिक प्रतीक के रूप में कवि ने कल्पित नहीं किया, वरन् उसमें स्वप्न और यथार्थ, लौकिक और अलौकिक का संश्लेष है। इस पात्र से अनेक अर्थों की व्यंजना की गयी है। इसी प्रकार रचना में घटनाओं, परिस्थितियों तथा भावनाओं के परस्पर विरोधी लगनेवाले उत्थान-पतन के बीच जीवन की गतिशीलता लक्षित होती है, दार्शनिक प्रतीक-विधान नहीं। कवि ने पद्मावती के माध्यम से साधनापरक भूमिका को अभिव्यक्त करने के बजाय जीवन की समग्रता को ग्रहण करने का उपक्रम किया है। इसको पद्मावती के अन्तिम क्षण में भी लक्षित किया जा सकता है। चिता पर पद्मावती के अन्तिम क्षण में किसी पारमार्थिक दृष्टि अथवा आध्यात्मिक उपलब्धि को लक्षित नहीं किया जाता, वरन् जीवन की असारता के प्रति एक तटस्थ मनोभाव व्यक्त हुआ है। इसी प्रकार सारे संघर्षों और विरोधों के बीच युग-जीवन में जातियों और सम्प्रदायों के संघर्ष, संस्कृति के विघटन, सामाजिक-राजनीतिक विशृंखलताओं को अभिव्यक्ति देते हुए कवि एक ऐसे मानवीय स्तर की कल्पना व्यंजित करता है जिसमें भविष्य का संकेत निहित है। इस समस्त अभिव्यक्ति की प्रक्रिया में जायसी ने भारतीय दर्शन, साधना की विविध पद्धतियों की शब्दावली का उपयोग किया है। साथ ही सूफ़ी परम्परा की शब्दावली का उपयोग लोक-जीवन तथा लोक-भाषा के स्तर पर किया है, लेकिन उनकी रचना-प्रक्रिया के ताप में ये सभी प्रत्यय तथा परिकल्पनाएँ भावाभिव्यक्ति के अनुकूल बन सकी हैं। इनके अपने सन्दर्भों में अर्थ ग्रहण करने से जायसी की काव्य-दृष्टि को समझा नहीं जा सकता। यह अवश्य है कि उन्होंने स्थल-स्थल पर इन सन्दर्भों को व्यंजनाएँ देकर अपनी मूल अभिव्यक्ति को अधिक प्रभावी बनाया है।

[3 : 5] 'पद्मावत' के आदि तथा अन्त में संयोजन की दृष्टि को लक्षित किया जा सकता है। कथा के प्रारम्भ में सिंहल द्वीप की पद्मिनी रानी का उल्लेख एक चौपाई मात्र में है। जबकि चित्तौड़ तथा दिल्ली से सम्बन्धित अलाउद्दीन और रत्नसेन के संघर्ष का उल्लेख तीन चौपाइयों में है। इस काव्य-दृष्टि में हिन्दू-तुर्कों का युद्ध महत्त्वपूर्ण है। जायसी ने यहाँ आदि से अन्त तक सम्पूर्ण कथा की योजना को अपनी रचना-दृष्टि में रखा है। इसी प्रकार इस काव्य-ग्रन्थ के अन्त में कड़वक की तीन चौपाइयों में प्रेम की व्यथा की व्याप्ति का उल्लेख है। इस प्रेम की व्यंजना के साथ सम्पूर्ण परिस्थिति की असारता को व्यक्त किया गया है। कवि प्रेम की पीड़ा को नेत्रों के गाढ़े प्रेमाश्रु से आसक्त और रक्त की लेई से संयुक्त कहता है। लेकिन यही अनुभूति काव्य की अभिव्यक्ति में संसार में शेष रहती है। कहाँ रत्नसेन जैसा राजा, कहाँ सुआ जैसा बुद्धिमान् प्राणी, कहाँ अलाउद्दीन जैसा सुल्तान, कहाँ राघव चेतन जैसा व्यक्ति जिसकी चर्चा की गयी और कहाँ सौन्दर्यमयी पद्मावती रानी? कोई भी संसार में नहीं रहा केवल कहानी शेष है। इस संकेत से यह स्पष्ट हो जाता है कि कवि ने इस रचना को आदि से अन्त तक एक योजना में कल्पित किया है। इन दोनों कल्पना तथा इतिहास लोकों को कथा की समग्रता में ग्रहण किया गया है। साथ ही यह प्रबन्ध मात्र प्रेम की कहानी नहीं है, इसमें प्रेम और युद्ध की परस्पर संयोजित अभिव्यक्ति हुई है। स्पष्टतः ''पद्मावत'' की रचना में युद्ध-कथा का महत्त्वपूर्ण स्थान है और अन्य सूफ़ी प्रेमाख्यानक काव्यों की अपेक्षा

इसकी वस्तु को अभिव्यक्ति का नया स्तर मिला है। इस प्रसंग में जायसी कहते हैं, "धनि सो पुरुख जस कीरति जासू। फूल मरै पै मरै न बासू" स्पष्टतः यहाँ काव्य की अभिव्यक्ति के केन्द्रीय तत्त्व को प्रेम की अभिव्यक्ति माना गया है, जो मनुष्य के जीवन को सांस्कृतिक उपलब्धि का आधार प्रदान करता है। परन्तु रचना के सन्दर्भ में कवि यशःप्रार्थी है, क्योंकि कीर्त्तिमान् पुरुष धन्य है। प्रायः आलोचकों ने "पद्मावत" को दो भागों में विभाजित स्वीकार किया है और दोनों भागों के संयोजन में रचना के स्तर की कठिनाई को रेखांकित किया है। पूरी कथा-वस्तु के दो भागों को स्वीकार किया जा सकता है और उनकी संरचना के अन्तर को भी लक्षित किया जा सकता है, जिनको इतिहास लोक तथा कल्पनालोक के रूप में कहा गया है। परन्तु जैसा कवि ने भी निर्दिष्ट किया है, इन दोनों भागों को एक भावभूमि पर लाकर समग्र व्यंजना हो सकी है। जायसी रचना के स्तर पर प्रकृति के लौकिक-अलौकिक वस्तु तथा भाव-सौन्दर्य का वर्णन करते हैं, क्योंकि कथनों में सामान्य जीवन से लेकर पारलौकिक जीवन तक के संकेत देते हैं। मनुष्य तथा मानवेतर पात्रों के चरित्र अनेक लौकिक-अलौकिक भूमियों पर विकसित करते हैं, परिस्थिति एवं घटनाओं का नियोजन भी इन्हीं के समानान्तर करते हैं। पर यह सारी रचनात्मक अभिव्यक्ति मात्र रूप-सौन्दर्य तथा भाव-सौन्दर्य न होकर अपनी सघन तथा गहरी मार्मिकता में मूल्यों के विवेकपरक आयाम को भी उजागर (प्रकट) करती है। इस दृष्टि को चित्तौड़ तथा सिंहल द्वीप की समस्त घटनाओं तथा उनके परिवेश के वर्णन में प्रतिफलित देख सकते हैं। एक इतिहास होकर इतिहास नहीं है, उसका अतिक्रमण है। दूसरा पुराण होकर भी पुराण नहीं है, क्योंकि उसके साथ विश्वास का लोकमान्य आधार नहीं है। जायसी मनुष्य मनुष्य के बीच अन्तराल को लक्षित करनेवाले और सत्ता-संघर्ष से गतिशील होनेवाले इतिहास के परे उसके विध्वंस के बीच मानवता को व्यंजित करने का उपक्रम करते हैं। और भिन्न धर्मों तथा संस्कृतियों के आपसी निर्णय तथा संघर्ष को प्रतिफलित करनेवाली पौराणिकता के स्थान पर "सिंहल द्वीप" की स्वप्न-कल्पना के आधार पर कवि सौन्दर्य तथा आनन्द की भूमिकाओं को मानवीय व्यापक "विषाद दृष्टि" अथवा करुणा में व्यंजित करता है। इस प्रकार जीवन के यथार्थ से गहरी संवेदना के स्तर पर मूल्य-बोध को व्यंजित करना तभी सम्भव हो सका है, जब जायसी अपने गहरे तथा सघन अनुभव को रचना में पूरी तटस्थता के साथ व्यंजित करने में सक्षम हुए हैं। इस स्तर पर मूल्यों का एक ऐसा आयाम स्वतः व्यंजित होता रहता है, जो देश-काल की सीमाओं के परे मात्र मानवीय कहा जा सकता है। इस तटस्थ भाव में व्यंजित मानवीयता को जायसी की मूल रचना-दृष्टि माना जा सकता है।

[3 : 6] अपनी रचना-प्रक्रिया में कवि ने युगीन समाज की परिस्थितियों और जीवन के सन्दर्भों के आधार पर इतिहास की अवदानी कल्पना की है, जिसमें अलाउद्दीन और रत्नसेन जैसे व्यक्ति नाम तथा चित्तौड़गढ़ और दिल्ली जैसे स्थान नाम सारे परिवेश के साथ ग्रहण किये गये हैं। स्मरण रखने की बात है कि जायसी ने भले ही इस लोक के निर्माण में किसी भी स्रोत से संकेत रूप कथा-तत्त्वों को लिया हो, पर उन्होंने उसके आधार पर जिस कथा को रचा है उसमें इतिहास के बन्धन को नियामक न मानकर मूल भाव-व्यंजना की दृष्टि को अपनाया है। जायसी ने अलौकिक प्रेम-तत्त्व की व्यंजना भले ही निरन्तर स्थान-स्थान पर की हो, पर उनके सामने अपने युग के समाज की पूरी विडम्बनाएँ और सत्ता संघर्ष रहा है और

रचनाकार के रूप में रंगमंच पर घटित इस सारे रंग-विधान को उन्होंने तटस्थ दृष्टि से देखा है। और अन्ततः उनके प्रबन्ध की रचना-प्रक्रिया का अन्त इस तथ्य के उद्घाटन में हुआ है कि मनुष्य का अहंकार निरर्थक है। सारे समाज को मथनेवाला सत्ता का यह संघर्ष केवल एक विराट् करुण-भाव को व्यंजित करता हुआ शक्ति और ऐश्वर्य की निरर्थकता को सिद्ध करता है। इस पूरी परिस्थिति में हिन्दू तथा इस्लाम दो संस्कृतियों का संघर्ष व्यंजित करते हुए यहाँ आन्तरिक स्तर पर मानवीय संस्कृति के ऐसे स्तर की खोज लक्षित होती है जो संश्लेष का मार्ग पाना चाहती है। हिन्दू और तुर्क शक्तियों की टकराहट के धार्मिक उन्माद के लहराते हुए इस सागर की तरंगों में रूप ग्रहण करते निर्मल भाव की व्यंजना का प्रयत्न किया गया है। यह प्रेम का व्यापक मूल्य मनुष्य की सच्ची उपलब्धि है। कवि की दृष्टि निरन्तर अपने युग के यथार्थ से सम्पृक्त रही है। उन्होंने अन्य साधकों, सूफ़ी साधकों की भी दृष्टि से आध्यात्मिक प्रेम-साधना के स्तर पर युग-जीवन की मूल्य-प्रक्रिया का अतिक्रमण नहीं किया। उनकी दृष्टि में मानव मूल्यों की यह भूमिका गोचर-व्यंजित रही है, पर युग के यथार्थ को वह कभी भुला नहीं सके। यही कारण है कि युग के सन्दर्भ में प्रेमपरक यह व्यापक मानवीय मूल्य कवि के मन में अपने युग के सन्दर्भ में मार्मिक विषाद की अनुभूति व्यंजित करता है। कवि की इस दृष्टि के आधार पर दोनों भागों के रचना-विधान को भी एक स्तर पर समझा जा सकता है। कथा के प्रस्तुत दोनों भागों में कल्पना के भिन्न प्रकृतिवाले कथानकों को एक संरचना में बाँधा जा सका है। 'इतिहास-लोक' इतिहास का यथार्थ न होकर भी युग के जीवन का सामान्यीकृत रूप है, क्योंकि इसमें युग के जीवन के राजनीतिक तथा सामाजिक सन्दर्भ सामान्य स्तर पर व्यंजित हैं। इस इतिहास-लोक की संरचना में युद्ध और संघर्ष की आतंककारी प्रक्रिया को ग्रहण किया गया है। इसमें मूल्यों की आन्तरिक प्रक्रिया को लक्षित नहीं किया जा सकता। प्रायः सामन्ती समाजों के संघर्ष के बीच आन्तरिक मूल्यों के संघर्ष को देखा जा सकता है। परन्तु 'पद्मावत' में जिस युग-समाज को अभिव्यक्ति मिली है, उसमें यह आन्तरिक मूल्य-प्रक्रिया लक्षित नहीं होती। जायसी की दृष्टि यहाँ अपने युग की परिस्थिति पर रही है। सत्ता-संघर्ष को देखनेवाली काव्य-दृष्टि केवल निरंकुश शक्ति के नैतिक स्रोत पर केन्द्रित हो जाती है। इस नैतिकताविहीन युग-परिवेश की अवधारणा में मानवीय मूल्य यत्र-तत्र झलक भर मारते हैं और सिंहल के कल्पना के लोक की प्रेम साधना इस लोक पर मानवीय प्रेम का छाया-प्रकाश डाल सकी है।

[3 : 7] अनेक व्यतिरेकों के बीच 'पद्मावत' को एक संरचनात्मक योजना के रूप में स्वीकार किया जा सकता है। सम्पूर्ण प्रबन्ध अपनी अभिव्यक्ति में एकतान, समग्र तथा केन्द्रित प्रभाव छोड़ता है। उसकी सघनता में सामाजिक सारी कारुणिक परिस्थिति में मानवीय संवेदना का अनुभव करता है। उसकी भाव-व्यंजना में मानवीय मूल्यों का एक ऐसा संश्लिष्ट रूप-विधान व्यक्त होता है जो मन को अभिभूत करता है। यहाँ यह द्रष्टव्य है कि इस व्यापक मानवीय स्तर की भाव-व्यंजना में जायसी ने अनेक साधना पद्धतियों को आत्मसात् किया है, उन क्षेत्रों की शब्दावली का अनेक ढंग से उपयोग किया है। परन्तु हर मार्ग की शब्दावली और साधनापद्धति का उपयोग उन्होंने मनुष्य की आन्तरिक मूल्य-दृष्टि की खोज के लिए किया है। और इस आन्तरिक मूल्यों की खोज की प्रक्रिया में ही उन्होंने अपने इतिहास तथा कल्पना लोकों का उपयोग किया है। जायसी की काव्य-दृष्टि को लक्षित करते हुए साही ने

हमारा ध्यान इस तथ्य की ओर आकर्षित किया है कि 'अलोक और लोक' सिंहल द्वीप और इतिहास का जो सन्धिस्थल जायसी ने देखा, वह फिर किसी कवि ने हिन्दी में नहीं देखा। इसीलिए जायसी अपने ट्रेजिक विज़न अथवा विषाद दृष्टि में अकेले हैं'। निश्चय ही यह रचना का स्तर जायसी का अपना है। एक ओर इतिहास के युग की परिकल्पना है, तो दूसरी ओर सिंहल की कल्पना में देश-काल के आयाम का तिरोभाव है। इसमें जो कल्पना का आदर्श-लोक अभिव्यक्ति ग्रहण करता है, वह वस्तुतः इतिहास के यथार्थ पर प्रतिबिम्बित होकर उसकी समग्र मूल्यहीनताओं के बीच व्यापक मानवीय संस्कृति को व्यंजित कर सका है। इस प्रकार अलौकिक आदर्श-लोक तथा इतिहास के यथार्थ-लोक को बिम्बित-प्रतिबिम्बित किया गया है, और अलौकिक-लौकिक के बीच मनुष्य की पहचान की खोज की गयी है। यह भी द्रष्टव्य है कि कल्पना-लोक की वर्णन शैली में स्थिरता, विस्तार तथा वर्णन वैचित्र्य है। इसके विपरीत इतिहास के क्षेत्र में प्रवेश करते ही घटना-चक्र तीव्र गति से घूमने लगता है। यहाँ से अलौकिक तथा अति प्राकृतिक विस्तार समाप्त हो जाता है। इसके बाद यथार्थ जीवन की गतिशीलता को देखा जा सकता है। पूर्वार्द्ध में घटनाक्रम का यह आवेग, उसके विस्तार में तरंगों का आलोड़न-विलोड़न मनुष्य और प्रकृति के बीच सामंजस्य स्थापित करता हुआ व्यापक नैतिक भावों का सामंजस्य व्यंजित करता है। इन प्रसंगों में जायसी ने अपनी रचनात्मक क्षमता का परिचय आत्मानुशासन के साथ दिया है, इसी प्रक्रिया में वे सामंजस्य को स्थापित कर सके। मनुष्य की आन्तरिकता में कवि मानवीय मूल्यों को ग्रहण करता है। जब सिंहल के कल्पनालोक में सतत प्रवाहित वर्तमान में भूत और भविष्य समाहित हो जाते हैं, तब मनुष्य का सर्वोपरि मूल्य प्रेम रह जाता है और इस स्तर पर मनुष्य को चरम उपलब्धि होती है। इसी परिप्रेक्ष्य में कवि ने चित्तौड़ का घटना-क्रम प्रस्तुत किया है। मूल्यों के इस छाया-प्रकाश में, जिसमें मानवीय स्तर पर सामरस्य व्यंजित है, इतिहास के घटना-क्रम की सारी विडम्बनाएँ मार्मिक कारुणिक व्यंजना में मूल्यवान् हो उठी हैं।

[3 : 8] जायसी कथानक के क्रम-विस्तार में घटनाओं के अन्तर्गत अथवा पात्रों के चरित्र-संयोजन में मौका पाते ही मानवीय मूल्यों के कई स्तर व्यंजित करते हैं। इस रचना-प्रक्रिया में उपमानों, बिम्बों तथा प्रतीकों को जीवन तथा प्रकृति के विस्तार से ग्रहण करते हैं और लाक्षणिक तथा व्यंजक अर्थ सन्दर्भों को प्रस्तुत करते हैं। तोता के उड़ जाने पर पद्मावती को समझाने के लिए सखियों के कथन में यह अर्थ-व्यंजना देखी जा सकती है, 'जब उस बन्धन से मुक्त हुआ, फिर बन्दी होकर कहाँ जा सकता है। उसने उड़ने का फल उसी दिन चख लिया जिस दिन उसके शरीर में पंख निकले और पक्षी नाम पड़ा। जिसका पिंजड़ा है उसे सौंप कर चला गया, जो जिसका था उसका हो गया'। इस सांसारिकता की अभिव्यक्ति में कवि बहुत सहज रूप से आध्यात्मिक संकेत देता है, 'जहाँ न राति न देवस है, जहाँ न पौन न घानि। तेहि बन होइ सुअटा बसा, की रे मिलावे आनि'। इसी प्रकार हीरामन तोता द्वारा रत्नसेन के सामने पद्मावती के रूप-सौन्दर्य वर्णन के प्रतीक-विधान में अलौकिक स्तर की व्यंजना भी चलती है। 'बेनी खुलने पर केश-राशि बिखरती है तो आकाश-पाताल में अन्धकार फैल जाता है। कोमल कुटिल केश विषधर भुजंगों की तरह लहरा रहे हैं, मानो शरीर मलयगिरि की सुगन्ध ने इन केश रूपी नागों को बेध रखा है। अष्टकुल के नागों के अधिपति मानों इन केशों के बन्दी बने हुए थे। (कड़. 99)। इस समस्त नख-शिख वर्णन के

सादृश्यमूलक तथा वैचित्र्यपरक उपमान-विधान के अन्तर्गत इस प्रकार के संकेत निरन्तर मिलते हैं, 'जड़े हुए नगोंवाले माथे के टीके के नक्षत्र-तारे उसकी माँग की सेवा करते हैं, जो रात में आकाश-गंगा की तरह जगमगाती है।... पवन के समान झकझोरते और हिलोरे लेते नेत्र आकाश तक ले जाकर फिर पृथ्वी पर पटक देते हैं।... नेत्र घूमते हैं तो जान पड़ता है समुद्र के हिण्डोले पर झूल रहे हों, या खंजन क्रीड़ाशील लौट रहे हों अथवा विभ्रमित हरिण के चंचल नेत्र हों। दोनों नेत्र में फैले समुद्र जैसे जल-विस्तार हैं जिनकी लहरों में माणिक्य उतराते हैं और काल-भँवर (काली पुतलियाँ) के साथ किनारे जाते और लौटते हैं।' यहाँ कवि व्यक्ति के चित्र के स्थान पर व्यापक सौन्दर्य की कल्पना करता है, और इसके साथ अदृश्य संकेत भी देता चलता है। पद्मावती के इस रूप-सौन्दर्य को प्रस्तुत करने में कई स्तरों पर जायसी के रचना-विधान में लौकिक से अलौकिक सौन्दर्य की व्यंजना निहित है।

[3 : 9] जायसी निरन्तर प्रकृति के दृश्य-रूपों के वर्णन में सौन्दर्य के साथ लोकोत्तर अनुभव को व्यंजित करते हैं। इस स्तर पर प्रायः आलोचकों ने साधना की परात्पर भूमिका स्वीकार की है। लेकिन जायसी की कवि-दृष्टि निरन्तर मानवीय जीवन को उसकी सम्पूर्ण विविधता, सघनता, सूक्ष्मता तथा विषमताओं में ग्रहण करने तथा अभिव्यक्त करने की रही है। निश्चय ही इस समग्र जीवनगत अनुभवों, भाव-स्थितियों, मनोदशाओं के बीच उन्होंने निरन्तर उच्च आध्यात्मिक भूमिकाओं की व्यंजना की है। पर पूरा काव्य प्रबन्ध-योजना के रूप में इसका अप्रस्तुत-विधान अथवा इसकी प्रतीक योजना नहीं स्वीकार किया जा सकता। जायसी मुख्यतः कवि के रूप में अपनी रचना-प्रक्रिया में संलग्न रहे हैं। सिंहल-द्वीप की कल्पना में मानसरोवर समुद्र के अगाध विस्तार में अपने सौन्दर्य को व्यंजित करता है। 'उसका मोती जैसा निर्मल अमृत रूप पानी कपूर जैसा सुगन्धित, मोती जैसी आभा में फैला हुआ है। रक्तवर्ण का फूला हुआ कमल अपनी सहस्र पंखुड़ियों के छत्र को फैला रहा है। उलटती हुई सीपियों से मोती जल-तल पर बिखर रहे हैं, हंस उन्हें चुगते और जलक्रीड़ा करते हैं। चारों दिशाओं में पाल के ऊपर वृक्षों में अमृत फल लगे हैं। सरोवर की शोभा को देखकर भूख-प्यास मिट जाती है।' इस प्रकृति की सौन्दर्य कल्पना में लोकत्तर व्यंजना निहित है। इसी प्रकार 'मानसरोदक खण्ड' में सरोवर में स्नान करती प्रकृति के परिवेश में पद्मावती के सौन्दर्य चित्रण में यह संकेत निरन्तर निहित है। 'सरोवर के तट पर जूड़ा खोलने पर केशराशि मुख चन्द्र पर बिखर गयी है। देह रूपी मलयगिरि की सुगन्ध से आकर्षित होकर केश-नागों ने पर्वत को छा लिया है। केश-मेघों से छा जाने से संसार में छाँह हो गयी। मुख पर पड़ती केशों की झाँई से लगता है, काले राहु ने चन्द्रमा की शरण ली है। उनकी श्यामता से सूर्य का प्रकाश छिप गया और रात हो गयी, चन्द्रमा नक्षत्रों के साथ उदित हो गया' (कड़. 61)। इस निरन्तर चलते वर्णन से कवि ने प्रकृति-सौन्दर्य और मानव-सौन्दर्य के माध्यम से मार्मिक स्तर पर भाव-व्यंजना की है, जिसमें यह संकेत मिलता रहता है। यह व्यंजना जायसी इस प्रकार के कथनों में स्पष्ट भी करते हैं, 'मुहमद बारि परेम की जेउँ भावै तेउँ खेल।' 'यह प्रेम का सरोवर है, मन-भावनी क्रीड़ा की जाती है, तिल और फूल के संयोग से फुलेल (इत्र) बनता है। फिर पद्मावती के चरणों के स्पर्श से मानसरोवर निर्मल हो गया है, रूप-सौन्दर्य के साक्षात्कार से रूपवान् हुआ। ...उसके नेत्रों को जिसने देखा वह कमल हो गया, हँसते देखा वह हंस हो गया, दाँतों की ज्योति से नग हीरा बन गये।'

(3 : 10) 'नागमती वियोग खण्ड' में लोकगीतों के बारहमासा की अभिव्यक्ति शैली को अपनाकर जायसी ने प्रेम-विरह की मार्मिक व्यंजना को लोकजीवन के स्तर पर ग्रहण किया है। लेकिन इस रचना-क्रम में विरहिणी नागमती की वाणी विरह की ऐसी भावमयी परिस्थिति का निर्माण करती है, जिसमें भौतिक परिस्थिति अपने घटना-पात्रगत सन्दर्भों से मुक्त होकर मात्र भाव-लोक में अदृश्य आवाज की ध्वनियों-प्रतिध्वनियों में तैरने लगती है। देश-काल के सारे सन्दर्भ और परिवेश, क़िला, महल, पर्वत, वन-उपवन सभी तिरोहित होते जाते हैं और केवल नागमती की विरह-वेदना, मार्मिक व्यथा व्यापती जाती है। अपनी इस निर्वैयक्तिक संवेदना में कवि अपने युग की सारी परिस्थिति को व्यंजित कर देता है। सखियाँ पद्मावती को समझाती हैं, 'भौंरा कमल के संग जाकर भी पराया नहीं होता, वह पूर्व-प्रेम का स्मरण कर मालती के पास लौटेगा।...धरती आकाश के मेघ से प्रेम करती है, और वर्षा ऋतु में वापस आकर वह उसे जल से भर देता है।' सखियों के आश्वासन के साथ बारहमासा असाढ़ मास से शुरू होता है, 'मेघ आकाश में गरजने लगे, विरह ने अपनी सेना में दुन्दुभि बजाकर युद्ध का घोष किया। धुमैले, काले, धौले बादल सैनिक के समान आकाश में दौड़ रहे हैं, बगुलों की पंक्तियों की ध्वजा फहरा रही है।' इस प्रकृति के उमड़ते वातावरण में प्रिय के विरह की मार्मिकता अधिक सघन होती जाती है। आगे प्रकृति वर्णन के अन्तर्गत बीरबहूटियों को विरहिणी के रक्त के आँसू कहा गया है। सखियों को हिण्डोलों पर प्रियतमों के साथ देखकर विरहिणी का हृदय कम्पित हो रहा है, 'पर्वत, अगम सागर, बीहड़ जंगल और घने ढाक के वन-प्रदेश' उसके तथा प्रिय के बीच में है। भादों माह अत्यन्त दुःसह और बोझिल हो गया है, वह आधी रात कैसे बिताये।' यह सब अनुभव के स्तर पर नागमती के द्वारा कहलाया गया है, 'आकाश में बिजली चमक रही है, मेघ गरज रहे हैं, उसे भयभीत करने के लिए। मघा नक्षत्र झकझोर बरस रहा है और उसके दोनों नेत्र ओलती जैसे चू रहे हैं।' फिर कुँआर माह लग जाता है और इसमें अगस्त्य नक्षत्र के उदय के साथ हस्ति नक्षत्र का मेघ गरजने लगता है और फिर 'स्वाति की बूँदें चातक मुख में पड़ गयीं और साथ ही समुद्र में सीप मोतियों से भर गये। सरोवर का स्मरण आते ही हंस वापस आ गये, सारस फिर कुरलने (क्रीड़ा करने) लगे, खंजन पक्षी दिखायी देने लगे। चारों ओर मैदानों में कास के वन फूल गये। पर कन्त विदेश में ऐसे भूले कि फिर नहीं लौटे।' नागमती के विरह-वर्णन में निरन्तर व्यापक स्तर पर प्रकृति के माध्यम से मानवीय व्यथा को अंकित करने की प्रवृत्ति लक्षित हुई है। कवि कार्तिक माह की शरद चाँदनी के प्रकाश की शीतलता में वियोग की तप्त अनुभूति का वर्णन करता है, 'चन्द्रमा चौदह कलाओं में प्रकाशमान है, पर विरहिणी को पृथ्वी से आकाश तक सब जलता अनुभव हो रहा है।' फिर अगहन में दिन घट गया है और रात बढ़ गयी है। शीत ने अपना प्रभाव फैलाया है, हृदय काँप रहा है। विरहिणी का रंग-रूप स्वामी के साथ चला गया। ठण्डक आग बन कर उसका हृदय जलाती है, और हृदय सुलग-सुलग कर जल कर राख हो गया है—ऐ भौंरे, ऐ काग, यह सन्देश प्रिय से जाकर कह देना...'वह बाला विरह में जल गयी। उसका धुआँ हमें लग गया है।' इस स्तर पर कवि सारी प्रकृति के विस्तार में नागमती के विरह को अंकित करता हुआ उसे व्यापक मानवीय संवेदन में घटित करता है।

(3 : 11) पूस माह के शरीर को कम्पित करनेवाले जाड़े को केन्द्रित करते हुए कवि दारुण शीत में कम्पित विरहिणी को प्रस्तुत करता है, 'मार्ग अपार है, निकट की वस्तु भी नहीं सूझती, सेज हिमालय की बर्फ में डूब रही है। चकवी रात में बिछुड़ कर दिन में मिल

जाती है, पर वह रात-दिन विरह में कोयल बनी पुकारती है।...विरह सचान (बाज) भयंकर रूप से शरीर के चारों ओर मँडरा रहा है।...विरह में रक्त आँसू बन कर ढल गया, मांस गल गया, हडिड्याँ सूख कर शंख हो गयीं। बाला सारस की जोड़ी की भाँति रटती हुई मर गयी। प्रिय, अब आकर उसके पंख समेट लो।' इस वर्णन में सारी देश-काल की यथार्थ परिस्थिति का अतिक्रमण कर व्यापक मानवीय वेदना व्यंजित है। फिर माघ का महीना लग जाता है, जिसमें 'उस रस का मूल उत्पन्न होता है जो वसन्त की वनस्पतियों पर पुष्प रूप में प्रकट होता है।' फागुन माह में पवन झकझोरता है, शीत से विरहिणी का शरीर पीले पत्ते जैसा हो गया है। वह उद्वेग में भाव-व्यक्त करती है, 'शरीर को जला कर राख कर दूँ और कहूँ—हे पवन, इसे उड़ा ले जा। शायद उस मार्ग में पड़ूँ, जहाँ प्रियतम के कभी पैर पड़ें।' फिर चैत में वसन्त का धमार प्रारम्भ होता है, पर उसके लिए सर्वत्र प्रिय के बिना सूना है। 'आम बौरे हैं और फलने लगे हैं, प्रकृति में वनस्पति सहस्रों रूपों में फूली है।...भौंरे मालती का स्मरण कर लौट आये हैं...इस नारंग वृक्ष की शाखा में यौवन भर आया है।' पर प्रिय बिना उसको 'कोयल का स्वर विरह के कारण 'पिउ पिउ' रटता लगता है, जैसे वह रक्त के आँसू सारे वन में बिखेरती है। और इन आँसुओं से सिक्त वृक्षों के नये पत्ते ताम्रवर्ण हो गये हैं।' फिर वैशाख माह की तपन में उसकी चाँदनी चीर का चोला उत्तप्त हो उठा है। 'सरोवर की तरह उसका हृदय भी प्रतिदिन घटता जाता है, खण्डित होकर विकीर्ण हो जायेगा। प्रिय ही सहारा दे सकता है, उसकी कृपादृष्टि का दौंगरा ही उसे जिला सकेगा। खिला हुआ कमल सरोवर में सूख कर धूल-धूसर हो चुका है, प्रिय के सींचने से उसकी बेल में नये पत्ते आयेंगे।' इस चित्र की मार्मिक व्यंजना भाव-जगत् को सूक्ष्म ध्वनियों से अनुगुंजित कर रही है। फिर इन ध्वनियों की प्रतिध्वनियाँ फैल कर देश-काल के सारे यथार्थ का अतिक्रमण कर सघनतम संवेदनाओं को निर्वैयक्तिक तटस्थता की भूमिका पर विस्तार देती हैं। जेठ मास में 'सारा संसार उत्तप्त होकर जल रहा है, लू चल रही है, बवण्डर उठ रहे हैं तथा पर्वत दहक उठे हैं। अग्नि उठने लगी हैं, आँधी चल रही है, आँखों के सामने कुछ दिखायी नहीं देता।...पर्वत, समुद्र, मेघ, शशि और सूर्य भी इस आग के ताप को सहन नहीं कर पा रहे हैं। रामचन्द्र शुक्ल ने इस विरह-वर्णन की आन्तरिक अनुभूतियों की अभिव्यक्ति में मानवीय संवेदनाओं के तरल, तीव्र, व्यापक, सघन रूप का विश्लेषण किया है और इस स्तर पर जायसी की रचनात्मक क्षमता को प्रतिपादित किया है। स्पष्टतः इस विरह-वर्णन में काव्याभिव्यक्ति के अत्यन्त सूक्ष्म तथा संवेदनशील स्तर पर सारे अनुभव को ऐसा व्यापक और सघन विस्तार मिला है जो निरन्तर लोक से लोकोत्तर ध्वनियों में प्रतिध्वनित होता है।

(3 : 12) 'पद्मावत' की रचना-प्रक्रिया के साथ जायसी निरन्तर अपने कवि-कर्म के प्रति सजग हैं। उनका यह आन्तरिक भाव कथा की योजना, पात्रों के घटना-क्रम में अभिव्यक्त होनेवाले चरित्र, प्रकृति के वातावरण में व्यंजित होनेवाली भाव-स्थितियों में समाहित रहा है। उनकी रचना शैली के साथ यह दृष्टि छाया-प्रकाश के बीच उभरती रहती है कि कवि कथाकार, उपदेशक अथवा मनोरंजन करनेवालों की भूमिका के परे अपनी रचना की भूमिका के प्रति जागरूक है। यह जायसी की प्रतिभा का प्रमाण है कि वह निरन्तर कथा से लेकर भाव-स्थितियों, मनोभावों एवं संवेदनाओं के संयोजन तथा अभिव्यक्ति में व्यंजित करते चलते हैं कि यह उनका सर्जन-कर्म है। साथ ही यह भी ध्वनित होता है, और संकेतों में ग्रहण किया

जा सकता है कि उनकी दृष्टि क्या है। वह काव्य की प्रक्रिया को किस रूप में या स्तर पर स्वीकार करते हैं। जैसा पिछले विवेचन से स्पष्ट है, जायसी काव्य को गहन एवं मार्मिक अनुभव की अभिव्यक्ति मानते हैं। सारी भाषिक अभिव्यक्ति, रचना का विधान, शैली का रूप मानवीय भावों-संवेदनाओं को सम्प्रेषित करने के लिए है। घटनाएँ, परिस्थितियाँ, व्यापार, पात्र तथा चरित्र आदि की सारी योजना इसी दृष्टि से की जाती है। वह स्पष्ट शब्दों में कवि रूप में काव्य रचने की बात कहते हैं और उसके मोहक प्रभाव पर आस्था रखते हैं। वह स्वीकार करते हैं कि रचना-कर्म में जीवन का ताप, उसकी पीड़ाएँ-व्यथाएँ रचना-धर्मी को निखारती हैं, उसके निर्मल भाव दर्पण में प्रतिबिम्बित-काव्याभिव्यक्ति में—होकर सौन्दर्य की व्यंजना करते हैं—'एक नैन कबि मुहमद गुनी। सोइ बिमोहा जेइ कबि सुनी।...जौं लहि घरी कलंक न परा। काँच होइ नहिं कंचन करा। एक नैन जस दरपन औ तेहि निरमल भाउ।'' यहाँ रचना प्रक्रिया को व्यक्त करते हुए कवि संवेदना की मार्मिकता और करुण अनुभव को महत्त्व दे रहा है। वह अपने 'हौं सब कबिन्ह केर पछिलगा' इस विनम्र भाव के साथ यह आत्मविश्वास व्यक्त करता है, "हिअ भँडार नग आहि जो पूँजी। खोली जीभ तारा कै कूँजी।।" यहाँ वह अपने काव्य को मूल्यवान् रत्नों-मणियों (रत्नसेन-पद्मावती) के संगीत के रूप में प्रस्तुत कर रहा है, जिसमें रसमय प्रेम की माधुर्यमयी अभिव्यक्ति स्वीकार की गयी है। इस प्रकार हम देखते हैं, जायसी काव्य में प्रेम को केन्द्रीय मानते हैं, जिसका विरह पक्ष सर्वाधिक प्रभावी और उच्चस्तरीय है। वह अशरीरी प्रेम के भाव-जगत् के कवि हैं, 'मुहमद कबि जो प्रेम का ना तन रकत न माँसु।' और वह यह भी मानते हैं 'भँवर आइ वन खण्ड हुति लेहि कँवल कै बास। दादुर बास न पावहिं भलेहिं जो आछहिं पास।' काव्य के मर्म का अनुभव संवेदनशील व्यक्ति ही कर सकता है। कवि अपनी रचना में निरन्तर इस दृष्टि को व्यक्त करता है, "मुहमद यहि कबि जोरि सुनावा। सुना जो पेम पीर गा पावा।। जोरी लाइ रकत कै लेई। गाढ़ी प्रीति नैन जल भेई।। इस प्रकार जायसी ने प्रेम की पीड़ा, मार्मिक वेदना को काव्य का केन्द्रीय तत्त्व निरन्तर स्वीकार किया है। और अपने प्रबन्ध-काव्य में उसकी निरन्तर अभिव्यक्ति की है, कई स्तरों पर और अनेक पक्षों से।

सन्दर्भ

प्रकरण तृतीय : रचना दृष्टि और सर्जन का आयाम

अनु. 1 : मुख्य रूप से 1 स्तुति और 58 उपसंहार खण्डों के आधार पर। आत्म-विश्वास व्यक्त करने की शैली आकर्षक और प्रभावी—'एक नैन जस दरपन औ तेहि निरमल भाउ। सब रूपवँत पाँव गहि मुख जोवहिं कइ चाउ।' 21। इसी प्रकार रसज्ञ के लिए कहा गया है—भँवर आइ बनखंड हुति लेहि कँवल कै बास। दादुर बास न पावहिं भलेहिं जो आछहिं पास।' 24। अपने काव्य के प्रति विश्वास भाव—(मुहमद यहि कबि जोरि सुनावा। सुना जो पेम पीर गा पावा। जोरी लाइ रकत कै लेई। गाढ़ी प्रीति नैन जल भेई। 58 : 652)।

अनु. 2 : रत्नसेन की सिंहल-यात्रा से लेकर पद्मावती से मिलन तक के क्रम में इन मतवादों एवं साधनाओं के प्रसंग आये हैं और कथानक में उपयोग किया गया है। सम्पूर्ण इस क्रम में प्रसंगानुसार कवि निरन्तर जीवन-दृष्टि के विविध रूपों एवं पक्षों की व्यंजना करता है। यह सिद्धान्त अथवा मत प्रतिपादन के रूप में नहीं वरन् अनुभव के स्तर पर व्यंजित है। राजा योग-मार्ग पर भी अपने हृदय में प्रेम का आलोक अनुभव करता है—'नैन लागु तेहि

मारग पदुमावति जेहि दीप। जैस सेवाती सेवहिं बन चातक जल सीप।।' 12 : 139।। केवट समुद्र (सत्य) तक पहुँचने की बात राजा से इसी सन्दर्भ के रूप में कहता है—'तहाँ न चाँद न सुरुज असूझा। चढ़ै सो जो अस अगुमन बूझा।। दस महँ एक जाइ कोइ करम धरम सत नेम।। 14 : 148।।

अनु. 3 : जायसी अपनी कहानी में मनुष्य के यश की कीर्ति को मूलतः महत्त्वपूर्ण मानते हैं।, 'धनि सो पुरुख जस कीरति जासू। फूल मरै पै मरै न बासू।।'' (58 : 652)।। यह सुगन्ध, यह कीर्ति वस्तुतः मूल्यों पर ही प्रतिष्ठित है।

अनु. 4 : सती खण्ड (57) में जीवन के व्यापक सत्य की अभिव्यक्ति—''आजु सूर दिन अँथवा आजु रैनि ससि बूड़ि। आजु बाँचि जिय दीजिअ आजु आगि हम जूड़ि।।' 649।। कवि जीवन के सहज घटना-क्रम में सघन भाव-व्यंजना के साथ जीवन के व्यापक और सार्वभौम सत्य की अभिव्यक्ति करता चलता है। पद्मावती ने यह कह कर चिता पर अपने प्रिय का कण्ठालिंगन किया—'हम और तुम दोनों लोकों में साथ निभाएँगे।' फिर वह 'छार भई जरि अंग न मोरीं।' इसके साथ वातावरण को भाव-सामंजस्य में जीवन के परम सत्य की व्यंजना हुई है—'रातीं पिय के नेह गइँ सरग भएउ रतनार। जो रे उवा सो अँथवा रहा न कोई संसार।। 650।।

अनु. 5 : स्तुति खण्ड (1) की प्रस्तावना में आदि और अन्त में संयोजित कथा की योजना का उल्लेख है। कवि अपनी रचना को रसानुभव से पूर्ण (रस कौंला पूरी = रस भरा कटोरा) माना है और रचनाकार के स्वाभिमान के साथ स्वीकार करता है कि रसज्ञ ही इस काव्यानुभव को पाने में समर्थ है, 'भँवर आइ बनखंड हुति लेहि कँवल कै बास।' अरसिक इस अनुभव को पाने में असमर्थ है, 'दादुर बास न पावहिं भलेहिं जो आछहिं पास।।' 24।। इसी प्रकार उपसंहार खण्ड में कथा की योजना का समाहार हुआ है (58 : 652)।

अनु. 6 : कवि ने प्रस्तावना में अपने को प्रेम का कवि कहा है और माना है कि उसके मुख को देख कर हँसनेवाला व्यक्ति भी उसके काव्य को सुनकर आँखों में आँसू भर लाता है (1 : 23)। फिर पूरी कथा के संयोजन के उपसंहार में विनय के साथ इस करुण-भाव की अभिव्यक्ति को अपनी उपलब्धि मानता है, 'मुहमद यहि कबि जोरि सुनावा। सुना जो पेम पीर गा पावा।।' (58 : 652)।।

अनु. 7 : वि. ना. साही : जायसी, पृ. 12।

अनु. 8 : सुआ खण्ड (5 : 68)। तोता द्वारा पद्मावती के रूप-सौन्दर्य के वर्णन में व्यापक-विराट् प्रकृति विस्तार में सांसारिक जीवन के सत्य के साथ आध्यात्मिक स्तर की व्यंजनाएँ निहित हैं। नखशिख खण्ड (10) के वर्णन में इस प्रकार अप्रस्तुतों, बिम्बों और प्रतीकों का विशेष उपयोग देखा जा सकता है। (100, 103)।

अनु. 9 : जायसी के प्रकृति के सौन्दर्य-वर्णन में निरन्तर आध्यात्मिक संकेत उसी प्रकार मिलते हैं जिस प्रकार पद्मावती के रूप-चित्रण में। यह विधान प्रकृति और पद्मावती के सौन्दर्य को बिम्बित-प्रतिबिम्बित करने की प्रक्रिया में संयोजित हुआ है (सिंहल द्वीप खण्ड (2:3) और मनासरोदक खण्ड (4:61, 63, 65।)

अनु. 10, 11 : नागमती वियोग खण्ड (30) से। 'आह जो मारी बिरह की आगि उठी तेहि हाँक। हंस जो रहा सरीर महँ पाँख जरे तन थाक।।' जैसे प्रयोगों में इन संकेतों और व्यंजनाओं को देखा जा सकता है।

अनु. 12 : स्तुति (1) और उपसंहार (58) खण्डों से।

प्रकरण चतुर्थ

दार्शनिक मतवादों का मानवीय सन्दर्भ

(4 : 1) पिछले प्रकरण में जायसी की काव्य-दृष्टि पर विचार करते समय हम प्रतिपादित कर चुके हैं कि उनके सामने मनुष्य प्रधान रहा है। वस्तुतः जैसा निरन्तर विचार किया जा रहा है कि कवि के लिए अन्य सभी सन्दर्भों की अपेक्षा मानव जीवन प्रमुख होता है। इस केन्द्रीय दृष्टि के कारण जायसी में तत्त्ववादी कोई निश्चित मत लक्षित नहीं किया जा सकता, वरन् जायसी एक स्तर पर अन्य प्रमुख कवियों से अलग पड़ते हैं। इन कवियों की अपेक्षा जायसी ने निरन्तर दार्शनिक दृष्टियों को मानवीय जीवन के सन्दर्भों से जोड़ा और विकसित किया है। मानवीय दृष्टि को वि. ना. साही ने जिस प्रकार उनकी रचना के केन्द्र में व्याख्यायित किया है, उसका उल्लेख किया गया है। रामचन्द्र शुक्ल ने जायसी की इस व्यापक दृष्टि को उनके दार्शनिक चिन्तन में भी लक्षित किया है, 'इस प्रकार के कई परस्पर भिन्न सिद्धान्तों की झलक से यह लक्षित होता है कि उन्होंने जो कुछ कहा है वह उनके तर्क या ब्रह्म-जिज्ञासा का फल नहीं है, उनकी सार-ग्राहिणी और उदार भावुकता का फल है, उनके अनन्य प्रेम का फल है। इसी प्रेमाभिलाष की प्रेरणा से प्रेमी भक्त अखण्ड रूप-ज्योति की किसी-न-किसी कला के दर्शन के लिए सृष्टि का कोना-कोना झाँकता है, प्रत्येक मत और सिद्धान्त की ओर आँख उठाता है और सर्वत्र जिधर देखता उधर उसका कुछ आभास पाता है।' वस्तुतः सभी भक्त कवियों ने अपने युग के समाज को अपनी भावाभिव्यक्ति के स्तर पर व्यापक मानवता का सन्देश दिया है। परन्तु जायसी में एक विशेष बात है, धर्म तथा लोकमर्यादा की केन्द्रीय मूल्य-दृष्टि को व्यंजित करते हुए उन्होंने किसी मत या सिद्धान्त का खण्डन नहीं किया है और न उसके प्रति असम्मान व्यक्त किया है। उनमें साधारण तथा विशेष दोनों धर्म-तत्त्वों का सामंजस्य देखा जा सकता है। इस कारण उन्होंने अपने युग में परम्परा से प्रचलित दार्शनिक मतों को स्थान-स्थान पर अभिव्यक्त किया है। इन सभी मत-मतान्तरों के बीच उनकी व्यापक तत्त्ववादी दृष्टि अनेक छवियों में व्यंजित होती है। कबीर के समान वह शास्त्रियों, पण्डितों, पैगम्बरों और मुल्लाओं को चुनौती देने के स्थान पर ग्रन्थ के प्रारम्भ में आदरपूर्वक उनका स्मरण करते हैं, 'हौं पंडितन केर पछिलगा'। साही ने यह प्रतिपादित करने का उपक्रम किया है कि जायसी सूफ़ी सम्प्रदाय के अन्तर्गत गुरु-शिष्य रूप में सम्बद्ध नहीं थे और उनकी रचना व्यापक स्तर पर संयोजित हुई है। पर यदि किसी स्तर पर इस सम्बन्ध को स्वीकार किया जाय, तो भी यहाँ दार्शनिक चिन्तन क्रम में यह देखा जा सकेगा कि उनमें अनेक तत्त्ववादी दृष्टियाँ अभिव्यक्ति पा सकी हैं।

(4 : 2) जायसी के सन्दर्भ में यहाँ सूफ़ी दार्शनिक विचार को प्रस्तुत करना अपेक्षित है। माना जाता है कि इस्लाम धर्म के परिवेश में सूफ़ी मत का क्रमशः विकास हुआ है। इस्लाम में स्वीकृत एकेश्वरवाद एक प्रकार का देववाद ही है, भावात्मक परिकल्पना में दोनों में अन्तर

नहीं है। इस मान्यता के अनुसार ईश्वर सर्वशक्तिमान् सृष्टि का रचयिता, पालन करता तथा विनाश करनेवाला है। इस परिकल्पना में ईश्वर अपनी रचना से पूर्णतः अलग तथा स्वतन्त्र है। जैसा हमने देखा है, भक्ति युग में प्रतिपादित और स्वीकृत सभी दार्शनिक दृष्टियों से यह मान्यता अलग पड़ती है। इस्लाम के अन्तर्गत सूफ़ी चिन्तन तथा साधना का विकास हुआ है। उन्होंने आत्मा और ब्रह्म की अभिन्नता को घोषित किया। मंसूर हल्लाज "अनलहक" (अहं ब्रह्माऽस्मि) का नारा देते हुए सूली पर चढ़ गये। इस स्तर पर सूफ़ी ब्रह्मवाद में परमात्मा के अतिरक्त कोई भिन्न सत्ता नहीं है, आत्मा तथा परमात्मा में कोई अन्तर नहीं है। जायसी ने सूफ़ियों के इस मताग्रह का उल्लेख करते हुए कहा है, "पेम पहार कठिन बिधि गढ़ा। सो पै चढ़ै जो सीस सों चढ़ा"। यद्यपि इस तत्त्व-चिन्तन को कुरान के वचनों के आधार पर व्याख्यायित करने का प्रयत्न किया गया है, पर परमशक्तिमान् ईश्वर की अवधारणा से अद्वैत पारमार्थिक सत्ता तक पहुँचने में सूफ़ियों ने अनेक स्रोतों से प्रभाव ग्रहण किया है। सूफ़ियों के चिन्तन-क्रम में सत्-चित्-आनन्द की परिकल्पना के समानान्तर आलमे नासूत (भौतिक जगत्), आलमे मलकूत या अरवाह (चित् जगत्) और आलमे जबरूत (आनन्दमय जगत्) को माना जा सकता है। इसके अतिरिक्त उनका आलमे लाहूत सत्य जगत् अथवा ब्रह्म लोक है। इसी प्रकार मनुष्य के विवेचन में उन्होंने नफ़स (विषय-भोग-वृत्ति या इन्द्रिय), रूह (चित् और आत्मा), कल्ब (हृदय) और अक्ल (बुद्धि) को स्वीकार किया है। उन्होंने आत्म तत्त्व का समाहार सामान्यतः चित् (रूह) और हृदय (कल्ब) के साथ किया है। उनके अनुसार आत्मा ज्ञान या प्रत्यय रूप है और जिस पर विविध ज्ञान या भावों के चित्र अंकित होते हैं वह हृदय (कल्ब) है। यहाँ सत्य पारमार्थिक सत्ता है और इस चरम स्तर पर अभिव्यक्त होनेवाले ब्रह्म तथा आत्मा के चित् रूप से परे हैं। हम देख सकते हैं कि वेदान्त तत्त्व चिन्तन में भी यही स्थिति है। आत्म तत्त्व के सान्निध्य से जड़ बुद्धि में उत्पन्न धर्म ही चित् रूप है। वही ज्ञान भी कहलाता है। इस दृष्टि से आत्मा तथा ब्रह्म पर बुद्धि के इस चेतन धर्म का आरोप ठीक नहीं है, क्योंकि ब्रह्म निर्गुण तथा अज्ञेय है। कल्ब पर पड़नेवाले प्रतिबिम्ब का आत्मा को बोध होता है, यह अद्वैत दृष्टि से आत्मा के साथ समाहित अन्तःकरण है तथा प्रकृति का विकास है। प्रकृति के विकार रूप में यह जगत् के अन्तभूत है। वस्तुतः यही वेदान्त का प्रतिबिम्बवाद है, जगत् रूपी दर्पण पर इस प्रकार ब्रह्म का प्रतिबिम्ब पड़ता है। सूफ़ी इस परम सत्ता को प्रेम रूप मानते हैं और सृष्टि-क्रम के पूर्व यह प्रेम निर्विशेष भाव से इस परमात्मा को व्यक्त करता रहा। फिर इस एकान्त अद्वैत प्रेम को, अपरत्वरहित प्रेम को अभिव्यक्त रूप में देखने की इच्छा से उसने शून्य से अपना प्रतिरूप या प्रतिबिम्ब व्यक्त किया, जिसमें उसके गुण तथा नाम रूप थे। इस प्रकार यह दार्शनिक दृष्टि अद्वैत रूप ही है, पर सूफ़ी साधको में भी इस अद्वैत के विभिन्न पक्षों को देखा जा सकता है। उदाहरण के लिए "हल्लाज़" की तत्त्व-दृष्टि से अनलहक की अवधारणा में मनुष्य का ईश्वर की भावना में पूर्णतः ओत-प्रोत हो जाना है। यहाँ विशिष्टाद्वैत जैसी स्थिति को लक्षित किया जा सकता है। दूसरी ओर इब्न अरबी की व्याख्या में ईश्वर तथा जीव दोनों के परे ब्रह्म तत्त्व है। और इस प्रकार वह ब्रह्म तथा ईश्वर, आत्मा तथा जीव और निर्गुण तथा सगुण ब्रह्म में अन्तर करते हैं। यह अद्वैत दृष्टि है, जिसके अनुसार ब्रह्म शुद्ध सत्त्व में प्रतिबिम्बित होने पर ईश्वर तथा अशुद्ध सत्त्व में प्रतिबिम्बित होने पर जीव कहलाता है।

(4 : 3) सूफ़ी मत से सम्बद्ध होने के नाते जायसी का दार्शनिक चिन्तन अद्वैतवाद के निकट रहा है और काव्याभिव्यक्ति के स्तर पर उसके अनेक पक्ष उजागर हुए हैं। परन्तु जैसा कहा गया है, वह व्यापक स्तर पर परम्परा को स्वीकार कर चले हैं और उन्होंने अपने प्रबन्ध-काव्य के प्रारम्भ में ऐसे ईश्वर की स्तुति की है जो सर्वशक्तिमान् प्रभु-सत्ता रूप है। यह एक ऐसे परम शक्तिमान् ईश्वर की कल्पना है, जो शासक के समान है। दूसरी ओर इस प्रसंग में यह भी व्यंजित है कि इस रचनाकार ने एक बार ही रचना की है, निरन्तर सृष्टिकर्त्ता ईश्वर के समान नहीं। इस कर्तार ने ज्योति का प्रकाश किया है, फिर उसकी प्रसन्नता के लिए स्वर्ग की रचना की। यहाँ अग्नि, वायु, जल और खेह (मिट्टी) इन चार तत्त्वों से अनेक रंगवाली सृष्टि का वर्णन, इस्लामी परम्परा के अनुसार है। और समस्त सृष्टि की रचना पल भर में करने की बात भी इसी सन्दर्भ से है। इस प्रसंग में ईश्वर की परिकल्पना अपनी सृष्टि से अलग महान् शासक के रूप में हुई है। स्वयं कवि कहता है, ''आदि सोइ बरनौं बड़ राजा। आदिहुँ अन्त राज जेहि छाजा। सदा सरबदा राज करेई। औ जेहि चहइ राज तेहिं देई।' स्पष्टतः यह सम्राट की कल्पना है। यद्यपि इस ईश्वर को 'अलख अरूप अबरन' कहा गया है और व्यक्त-अव्यक्त रूप में वह सर्वव्यापी है, फिर भी उसका अस्तित्व अपनी सृष्टि से स्वतन्त्र माना गया है और उसे अपनी इच्छा के अनुसार कार्य करनेवाला कहा गया है। इस प्रसंग में अन्य स्तर को भी निर्दिष्ट किया गया है, यद्यपि यहाँ उसका अर्थ मूल पक्ष में भी लग सकता है, ''ना वह मिला न बेहरा अइस रहा भरपूरि। दिस्टिवंत कहँ नीअरे अंध मुरुख कहँ दूरि।'' यहाँ परम तत्त्व की व्याप्ति और ज्ञानी के द्वारा उसके अनुभव की बात भी व्यंजित है। परन्तु इस प्रसंग की मूलदृष्टि ईश्वर को महान् स्वामी और सम्पूर्ण गुणोंवाला मान कर चली है (स्तुतिखण्ड)। परन्तु जैसा हम देखेंगे काव्य के विस्तार में सूफ़ी मान्यता को अधिक व्यापक सन्दर्भों में जायसी ने ग्रहण किया है। मनुष्य में सान्त और अनन्त दोनों ही तत्त्व जीव और ब्रह्म के रूप में समाहित हैं। और इस जीव की सान्त सीमा से मुक्त होने का उपाय उस परम प्रेम तत्त्व को प्राप्त करना है। यही प्रेम जीव रूप मनुष्य को परम तत्त्व में परिणत करता है, 'मानुस पेम भएउ बैकुंठी। नाहिं त काह छार एक मूँठी।' यहाँ मुट्ठी भर धूल मनुष्य (जीव) की स्थूल सीमा है; प्रेम से ही इस धूल में चिदंश प्रकाशित होता है। इस प्रकार प्रेम की शक्ति जीव को दैवी अंश से मिलाने की प्रेरणा है, क्योंकि इसी के माध्यम से मनुष्य दिव्य परम तत्त्व के साथ समरस होता है।

(4 : 4) 'पद्मावत' के रचना-विधान में अद्वैत रूप परम तत्त्व की अभिव्यक्ति अनेक प्रसंगों में हुई है। एक ओर जगत् और आत्मतत्त्व का अलगाव है, इस प्रकार वह ब्रह्म से भी द्वैत रूप में है, और दूसरी ओर आत्मा तथा परमात्मा का द्वैत भाव है। परन्तु यह समस्त द्वैत भाव माया जनित है और जीव में 'अहंकार' रूप में यह व्यक्त होता है। इस अहं भाव से मुक्त होने से आत्मानुभव होता है और तब ब्रह्मानुभूति सम्भव होती है, 'हौं हौं कहत सबै मति खोई। जौ तू नाहिं आहि सब कोई।' जायसी ने वेदान्त के 'सोऽहं' तत्त्व की अनुभूति का वर्णन 'अखरावट' में करते हुए उसे पूर्ण शान्ति माना है, 'सोऽहं सोऽहं बसि जो करई। सो बूझे सो धीरज धरई।' इसी प्रकार जगत् रूप सृष्टि को भी वह अलग नहीं मानते, यह जगत् जिसकी अभिव्यक्ति अलग सत्ता की प्रतीति करती है, वह आभास या छाया मात्र है,

परम सत्य रूप नहीं, 'जब चीन्हा तब और न कोई। तन-मन जिउ जीवन सब सोई। हौं हौं कहत धोख इतराहीं। जब भा सिद्ध कहाँ परछाहीं।' यह वेदान्त का विवर्त्तवाद है, जिसमें चित्-अचित् की अनन्यता प्रतिपादित है। जगत् का कल्पित विस्तार है और मूल सत्य ब्रह्म ही है, जिस पर इन नश्वर दृश्यों का परिवर्तनशील अध्यारोप किया गया है। इस चिन्तन के अनुसार नाना रूपात्मक सृष्टि ब्रह्म का वास्तविक स्वरूप नहीं है और न उसका कार्य तथा परिणाम ही। स्वतन्त्र सत्ता न होकर जगत् अध्यास अथवा भ्रान्ति ज्ञान है। यही अद्वैत सिद्धान्त में प्रतिबिम्बवाद कहा गया है, अर्थात् सम्पूर्ण सृष्टि का नाना रूपात्मक दृश्य-विधान ब्रह्म का प्रतिबिम्ब है। इस परिकल्पना को कवि ने अनेक स्तरों और रूपों में अभिव्यक्ति दी है। अलाउद्दीन दर्पण में पद्मिनी के रूप को देख कर इस दृष्टि का उल्लेख करता है, 'दर्पण में एक कौतुक दिखायी देता है, वह इस अन्तर्पट में है और नहीं भी है। यह एक ऐसा सरोवर है जिसमें पानी है और नहीं भी है। लगता है स्वर्ग पृथ्वी पर छाया हुआ है, लेकिन पृथ्वी उसे धारण करके भी धारण नहीं कर पाती।' इस प्रकार के बिलकुल स्वतन्त्र और भिन्न प्रसंगों में जायसी ऐसी व्यंजनाएँ करते हैं। यहाँ प्रकृति की आवरण तथा विक्षेप दोनों शक्तियों को विकसित देखा जा सकता है, प्रकृति आवरण द्वारा परम सत्ता के सत्य-स्वरूप को आच्छादित करती है, फिर विक्षेप द्वारा उसको नाना रूपात्मक दृश्यों में अभिव्यक्त करती है। इस प्रकार सरोवर में पानी होने पर भी यदि पानी तक पहुँच नहीं होती, तो भी उसका आभास मिलता है। जिस प्रकार ब्रह्म के प्रतिबिम्ब रूप जगत् में ब्रह्म का आभास मिलता ही है।

(4 : 5) जायसी ने नाम-रूप जगत् में गाया के विस्तार का वर्णन करते हुए व्यक्त किया है कि यह माया ब्रह्म के आत्म तत्त्व से ही शक्ति ग्रहण करती है। 'सरग आइ धरती महँ छावा' यह स्वर्गीय अमृत तत्त्व वस्तुतः ब्रह्म का रूप है और यही इस सृष्टि में अपने को माया के द्वारा अभिव्यक्त करता है। जायसी 'अखरावट' में इस तत्त्व चिन्तन को काल्पनिक स्तर पर ग्रहण करते हुए कहते हैं, 'आपुहि आपु जौ देखै चाहा। आपनि प्रभुत आपु से कहा।' यहाँ ब्रह्म अपनी शक्ति की लीला का विस्तार देखना चाहता है और यह माया ब्रह्म की ही है, उससे अलग स्वतन्त्र उसकी सत्ता नहीं है। यह समग्र सृष्टि दर्पण के समान है और इसमें प्रतिबिम्बित आत्म तत्त्व ब्रह्म रूप ही है। समस्त रूपाकार में उसी का सौन्दर्य व्यक्त होता है और जिस प्रकार एक अखण्ड सत्ता अलग-अलग प्रतिबिम्बों में लक्षित होती हो, वैसा ही यह जगत् है। जायसी ने एक प्रचलित दृष्टान्त दिया है, 'गगरी सहस पचास, जो कोउ पानी भरि धरै। सूरूज दिपै आकास, मुहमद सब महँ देखिए।।' इस प्रकार ब्रह्म तत्त्व की ज्योति छाया रूप में सृष्टि में अनेक रूप ग्रहण करती है, यह ब्रह्म-ज्योति माया से आच्छादित है। इस माया के आवरण में न उसे मिला हुआ कहा जा सकता है और न अलग ही। इस नामरूपात्मक जगत् का उसके मूल रूप पर कोई प्रभाव नहीं पड़ता और उसके साथ ही छाया रूप में इस जगत् की अभिव्यक्ति हुई है। जब काव्य के स्तर पर इस प्रकार के तत्त्व चिन्तन को अभिव्यक्ति मिलती है, उस समय तार्किक दृष्टि की अपेक्षा भाव-व्यंजना की समग्रता में कई अर्थ-छायाएँ व्यक्त होती हैं। जायसी इस नाना रूपात्मक जगत् में ब्रह्म और माया के सम्बन्ध का वर्णन करते हैं, 'इस जगत् पर परमहंस ब्रह्म की छाया पड़ती है और यह जीव की आत्मज्योति से अलग नहीं होती। जल में जगमग होती यह ज्योति वस्तुतः न जल से बाहर है और न अभिन्न ही।' इस काव्याभिव्यक्ति में हम देख सकते हैं कि ऊपर के चिन्तन की

मार्मिक व्यंजना है, पर इसमें कई छायातप लक्षित होते हैं। इस दृष्टि को प्रकृति में व्यंजित होनेवाले आन्दोलन में भी लक्षित किया जा सकता है, 'सरवर रूप बिमोहा हिएँ हिलोर करेइ। पाय छुवै मकु पावौं तेहि मिसु लहरैं देइ।।' यहाँ पद्मावती ब्रह्म रूप है, सरोवर सृष्टि विस्तार है और प्रकृति का यह सारा आन्दोलन ब्रह्म तत्त्व के सम्पर्क से घटित हो रहा है। इस स्थिति का चित्रमय वर्णन मानसरोवर प्रसंग में आगे इस प्रकार हुआ है, 'शरीर की छाया से जल निर्मल हो गया, जिसने उसके नेत्रों को देखा वही कमल हो गया है। जिसने उसको हँसते हुए देखा वह हंस हो गया और दाँतों की ज्योति ही नग और हीरा में रूपान्तरित हो गयी।' यहाँ सृष्टि में ब्रह्म के प्रतिबिम्ब की व्यंजना हुई है।

(4 : 6) यह नामरूपात्मक जगत् असत्य है, पर नित्य अपरिणामी आत्म सत्ता उसमें अदृश्य रूप में व्याप्त है। नामरूपात्मक जगत् से नित्य परम तत्त्व के अन्तर को स्पष्ट करने के लिए वेदान्त में सागर और तरंग अथवा सुवर्ण के दृष्टान्त दिये गये हैं। कतिपय स्थलों पर जायसी ने इस कल्पना का उपयोग किया है, 'सुन्न-समुद चख माहिं जल जैसी लहरैं उठहिं। उठि-उठि मिटि-मिटि जाहिं, मुहमद खोज न पाइए।।' समुद के जल में उठती हुई तरंगों के समान घट-घट में वह परम तत्त्व व्याप्त है। यह अव्यक्त तत्त्व नामरूपात्मक जगत् में निहित है, उसके व्यक्त-अव्यक्त रूप में उसे खोज पाना नहीं हो सकता। इससे यह व्यंजना ली जा सकती है कि इस माया के दृश्य-रूप का उस पर कोई प्रभाव नहीं है, वह निर्लिप्त तथा अविकारी है। इस भावना को जायसी की अभिव्यक्ति में इस प्रकार रूप मिला है, 'चख महँ नियर, निहारत दूरी। सब घट माहँ रहा भरि पूरी। पवन न उड़ै न भीजै पानी। अगिनि जरै जस निरमल बानी।' नेत्र की पुतली के रूप में सूक्ष्म तत्त्व का संकेत करते हुए दृष्टि के विस्तार में सारे संसार को व्याप्त देखा गया है। यह ब्रह्म की माया का ही रूप वर्णित है! यह परम तत्त्व गीता की उक्ति के अनुसार न पवन से उड़ता है, न पानी से भीगता है और न अग्नि से जलता ही है। इस प्रकार यह प्रतिबिम्ब रूप जगत् ब्रह्म की माया का विस्तार है। देश-काल आदि के आरोप से ब्रह्म अव्यक्त से व्यक्त रूप में प्रकट होता है। साथ ही अपने मूल अव्यक्त रूप के कारण इस प्रतिबिम्ब की प्रतीति पुनः नित्य परम तत्त्व में समाहित होती है, 'जब मनुष्य इस जगत् के विस्तार को अन्तदृष्टि से देखता है, तब वह मूल परम तत्त्व को पुनः ग्रहण करने में समर्थ होता है। इस अन्दर देखने की प्रक्रिया में ही आत्मबोध प्राप्त होता है और आत्मा से परमात्मा का समागम।' इस प्रकार की चिन्तन प्रक्रिया को पद्मावती के 'नखशिख' वर्णन के अन्तर्गत अनेक रूपों में देखा जा सकेगा। ब्रह्म अपनी अभिव्यक्ति में ईश्वर रूप ग्रहण करता है। माया प्रकृति के रूप में अभिव्यक्ति ग्रहण करते हुए कभी तत्त्व प्रधान होती है और कभी तमस प्रधान। सत्त्व के शुद्ध तथा अशुद्ध दो रूप कहे गये हैं, इनमें प्रकृति के प्रतिबिम्बित होने पर ब्रह्म ईश्वर, जीव और जड़ जगत् में व्यक्त होता है। वस्तुतः शुद्ध सत्त्व के उत्कर्ष के स्तर पर माया में प्रतिबिम्बित ब्रह्म ईश्वर रूप ग्रहण करता है। इसी प्रकार जीव के स्तर पर सत्त्व अपने अशुद्ध रूप में अविद्या कहलाता है और उसमें प्रतिबिम्बित ब्रह्म को जीव कहते हैं। जब जायसी कहते हैं, 'भए आपु औ कहा गोसाईं। सिर नावहु सगरिउ दुनियाई।' तब स्पष्टतः उसमें यह सिद्धान्त व्यंजित हुआ है। वह सब-कुछ आप ही है, परन्तु माया की सृष्टि में एक ओर ईश्वर रूप में व्यक्त हुआ है और दूसरी ओर जीव रूप में।

(4 : 7) जायसी ने यह परिकल्पना भी स्वीकार की है, 'जो बरम्हंड सो पिण्ड है' और उस परम तत्त्व को अन्यत्र कहाँ खोजने जाना है। वह समस्त रचना में व्याप रहा है। जैसा

कहा गया है जायसी ने अपने काव्य में दर्शन और साधना के विभिन्न क्षेत्रों से तत्त्व-चिन्तन के सूत्रों और साधना के प्रतीकों को ग्रहण किया है और इन सबके माध्यम से अपने प्रेम के अनेक पक्षों को अभिव्यक्ति दी है। वह कहते हैं कि सृष्टि के पहले ब्रह्म में सब-कुछ समाहित था, 'रहा आपु महँ आपु समाना' (अख.)। सृष्टि के सर्गोन्मुख होने के पूर्व वह अव्यक्त था, ''बजर-बीज बीरौं अस, ओहि न रंग न भेस।' आगे सृष्टि-क्रम में चित्-अचित् दो पल्लव अंकुरित होते हैं, 'हौतै बिरवा भए दुइ पाता। पिता सरग और धरती माता' और इनसे सम्पूर्ण सृष्टि का विस्तार होता है। वस्तुतः ये दो डालियाँ चेतन रूप जीवात्मा और अचेतन रूप में जड़-जगत् माने जा सकते हैं। इसी को कवि ने कल्पना से चित् को पुरुष (पितृ) पक्ष तथा अचित् को प्रकृति (मातृ) पक्ष माना है और चित् को आकाश रूप सूक्ष्म तथा अचित् को पृथ्वी रूप में स्थूल कहा है। इस प्रकार की अभिव्यक्ति में कभी विशिष्टाद्वैती दृष्टि व्यंजित होती है जिसके अन्तर्गत चित् तथा अचित् दोनों उसके अंग माने गये हैं। कभी अभिव्यक्ति के क्रम में द्वैत भाव भी लक्षित हो जाता है, ब्रह्म के चित् रूप में जीवात्मा और अचित् रूप में जगत् की उत्पत्ति यहाँ कही गयी है। जैसा कि विशिष्टाद्वैत में ब्रह्म केवल निमित्त कारण है और उसका उत्पादन जगत् (स्थूल अचित्) और जीव (स्थूल चित्) है। इस क्रम में जायसी ने चित् तत्त्व के सागर से अनन्त जीव-जन्तुओं की वर्षा करनेवाले मेघों की कल्पना की है, 'अदृश्य सागर के जल-विस्तार से उठनेवाले मेघों ने सहस्रों जलकणों की वर्षा की और ये कण अंश रूप में घट-घट में प्रवेश करते हैं। इस प्रकार नाना रूपों में सृष्टि की क्रीड़ा प्रारम्भ होती है।' यहाँ इस चौपाई में सूक्ष्म चित् की परिकल्पना के साथ जीवात्माओं के उत्पन्न होने की कल्पना की गयी है। सृष्टि के विकास-क्रम की परिकल्पना के बारे में इस्लामी दृष्टि की चर्चा की गयी है। इसके साथ भारतीय पुराणों की जन-समाज में प्रचलित सृष्टि-परिकल्पना को भी उस वर्णन में अन्तर्निहित पाया जा सकता है। जायसी के काव्य में दार्शनिक चिन्तन की अभिव्यक्ति पर विचार करते समय यह ध्यान रखना अपेक्षित है कि उसमें चिन्तन के दोनों स्तर लक्षित होते हैं। एक ओर विभिन्न पद्धतियों का उपयोग है, तो दूसरी ओर उसे सामान्य लोक-जीवन के स्तर पर अभिव्यक्त करने का प्रयत्न भी है।

(4 : 8) इसका उल्लेख किया गया है कि जायसी की दृष्टि में सूफ़ी प्रेम केन्द्रीय रूप से रहा है और यही मूल रूप से उनकी सूफ़ी दृष्टि भी है, 'मानुस पेम भएउ बैकुंठी। नाहिं त काह छार एक मूँठी।' मनुष्य जीव रूप में ब्रह्म है, उसमें अनन्त और सान्त दोनों व्यंजित हैं, जिसे जायसी ने मर्त्य तथा अमृत तत्त्व के रूप में कहा है। मनुष्य की स्थूल सीमा का भाव मुट्ठी भर धूल में है, जिसमें चिदंश अन्तर्निहित है जो प्रेम से प्रकाशित होता है। यह हम कह चुके हैं कि 'पद्मावत' में किसी सांगोपांग आध्यात्मिक रूपक-विधान को लक्षित नहीं किया जा सकता। परन्तु स्थान-स्थान पर आध्यात्मिक संकेत देनेवाले प्रतीकों को देखा जा सकता है, जिनसे उनके तत्त्व चिन्तन के सूत्रों को ग्रहण करना सम्भव है। कवि पद्मावती को ज्योति रूप कहता है, परन्तु इसी ज्योति को जन्म लेने अर्थात् अभिव्यक्त होने के लिए छाया रूप ग्रहण करना होता है, 'चंपावति जो रूप उतिमाहाँ। पदुमावति कि जोति मन छाहाँ। माता चम्पावती उत्तम रूपाभ है जिसमें पद्मावती रूपी महाज्योति की छाया पड़ती है। यहाँ प्रतिबिम्बवाद सिद्धान्त के रूप में देखा जा सकता है कि मात्र मातृकुक्षि में आने पर ही परम ज्योति की अभिव्यक्ति होती है और यह स्थूल के साथ सम्पर्क छाया रूप में होता है। इस

अरूप ज्योति को जगत् के रूप-सौन्दर्य में अभिव्यक्त होने के लिए माता के उदर अर्थात् सृष्टि-क्रम में आना होता है। जायसी के काव्य में पद्मावती का प्रतीक-विधान दो स्तरों पर भिन्न स्थलों पर व्यंजित होता है। परन्तु चाहे अमूर्त प्रतीक हो अथवा मूर्त दोनों में सम्पूर्ण सृष्टि के सौन्दर्य की अभिव्यक्ति हुई है। पहले स्तर पर विशुद्ध महाज्योति के रूप में पद्मावती का प्रतीक सूर्य है और वह रत्नसेन के हृदय में व्याप्त हो जाता है। फिर दूसरे स्तर पर अपने भौतिक सौन्दर्य में पद्मावती चन्द्रमा हो जाती है। जिसको प्राप्त करने के लिए रत्नसेन रूपी सूर्य उत्सुक-आकुल हो जाता है। यहाँ पुनः सूर्य को भी प्रकाशित करने वाली व्यापक महाज्योति रूप में पद्मावती अमूर्त हो जाती है। इस प्रकार पद्मावती के सौन्दर्य में कवि ने मूर्त और अमूर्त दोनों पक्षों की व्यंजना की है, 'कहा मानसर चहा सो पाई। पारस रूप इहाँ लगि आई। भा निरमर तेन्ह पायन्ह परसें। पावा रूप रूप कें दरसें।।'। प्रकृति की अव्यक्त अवस्था दर्पण रूप है, जिसमें चैतन्य ज्योति का आभास मिलता है। इसको प्रथम सृष्टि कहा गया है और जितने मूर्त रूप हैं वे इस ज्योति के प्रतिबिम्ब हैं, 'पाए रूप रूप जस चहे। ससि मुख सब दरपन होइ रहे।' पद्मावती के मुख के लिए सृष्टि के सभी पदार्थ दर्पण समान हैं। नेत्रों के रूप से कमल, शरीर से निर्मल नीर, हँसी से सफ़ेद हंस और दशन-ज्योति से नग हीरे बन गये हैं। इस सौन्दर्य का कवि ने व्यापक प्रभाव ही व्यक्त किया है। देवता और मानव सभी इस ज्योति से अभिभूत हैं, उसके सान्निध्य में सब श्रीहीन हो जाते हैं। यह ज्योति धूप है, सब उसकी छाया। इस अनन्त महा-ज्योति की परिकल्पना करने में शरीर और प्राणी का विचार नहीं आता, उसकी केवल छाया या झाँकी व्यक्त होती है। अलाउद्दीन ने इसी झाँकी को देखा है, 'दरपन महँ देखी परछाहीं। सो मूरति जेहि तन जिअ नाहीं।'

(4 : 9) जायसी ने आध्यात्मिक पक्ष और दार्शनिक चिन्तन को अपने वर्णन क्रम में निरन्तर लक्षित-व्यंजित किया है। सुआ के उड़ जाने के बाद सखियाँ पद्मावती को समझाते हुए कहती हैं कि 'जो बन्धन से छूट गया, वह बन्दी होकर कहाँ आ सकता है? शरीर में पंख निकले और पक्षी नाम पड़ा तभी से उसे उड़ने का स्वाद आ गया। वह पिंजड़ा छोड़ कर चला गया, जिसका था वह उसका हो गया'। यहाँ जीव की आत्मा रूप मुक्ति की व्यंजना स्पष्ट है। पद्मावती के 'नख-शिख' वर्णन के प्रसंग में कवि ने प्रकृति के उपमानों तथा प्रतीकों से अनेक स्तर पर परम तत्त्व, आत्म तत्त्व और प्रकृति के विस्तार का वर्णन किया है। निश्चय ही इस वर्णन में कवि ने अपनी कल्पना से इन प्रतीकों की उद्भावना की है। 'केश राशि के बिखरने से आकाश से पाताल तक अन्धकार छा जाता है। ये केश विषधर भुजंगों की तरह लहराते हुए शरीर रूपी मलयगिरि की सुगन्ध से आकर्षित होकर उस पर छा गये हैं'। यह पद्मावती के कन्धों पर लहराते हुए केशों का सुन्दर वर्णन है, पर साथ ही इसमें आध्यात्मिक संकेत भी हैं। इसी प्रकार माँग को कसौटी पर खींची कंचन रेखा, मेघों में प्रकाशित बिजली, नीले आकाश में चमकती हुई सूर्य की किरणें और यमुना की नील-धारा में अग्नि जैसी चमकती सरस्वती कहने में अदृश्य आत्म तत्त्व की व्यंजना है। यहाँ इसका संकेत उसकी सेवा में प्रस्तुत नक्षत्र-तारों से दिया गया है, जो उसकी माँग के साथ रात में आकाशगंगा की भाँति जगमगाते हैं। आगे उसके नेत्रों के प्रभाव का वर्णन इस प्रकार किया गया है, 'नेत्रों के चंचल होने से सारा संसार विचलित हो जाता है, वे पवन के समान झकझोरते और हिलोरते हैं तथा आकाश से पृथ्वी पर ले आते हैं, नेत्रों के घूमने से आकाश डूबता हुआ

लगता है, इसमें प्रचण्ड भँवर-चक्र नाच रहा है और ऐसा लगता है कि समुद्र के हिण्डोले पर झूल रहे हैं।' जिस व्यापक प्रभाव का यहाँ वर्णन किया गया है, उससे सृष्टि-क्रम की विराटता का बोध होता है। जब कवि दाँतों से सूर्य, चन्द्र तथा नक्षत्रों को ज्योतिमान् कहता है और इस ज्योति को अतुलनीय स्वीकार करता है, तो वह वस्तुतः इसी परात्पर की अभिव्यक्ति का संकेत करता है। इसी क्रम में चारों वेदों का ज्ञान पद्मावती की जिह्वा में स्वीकार कर तथा उसकी वाणी में निहित समस्त ज्ञान की अर्थ व्यंजनाओं के कारण इसी सत्य का निर्देश किया गया है। इसी प्रकार 'पद्मावती रत्नसेन भेंट' प्रसंग में पद्मावती के व्यापक सौन्दर्य का वर्णन किया गया है। प्रकृति में उसके विविध अंगों के उपमान् इस प्रकार प्रस्तुत हैं कि उनके माध्यम से एक स्तर पर सौन्दर्य की अलौकिक व्यंजना हो सकी है। 'चाल से लज्जित होकर हंस दूर चला गया, हाथी ने अपने सिर पर धूल डाल ली। मुख से अपने को हीन मानकर चन्द्रमा छिप गया, दाँतों की आभा से बिजली लज्जित हो गयी... शृंगार से सुशोभित गतिशील पद्मावती के रूप-सौन्दर्य से अप्सराएँ लज्जित होकर छिप गयी'। (302)।

(4 : 10) प्रकृति का उपयोग प्रतीक-विधान के साथ वातावरण के रूप में इस दृष्टि से किया गया है। 'रात होते ही वह बाला चाँद-सी चमकने लगी और पृथ्वी उजागर हो गयी। कार्तिक पूर्णिमा का शरद चन्द्र उदित होकर आकाश के सूर्य को छूना चाहता है'। इसी प्रकार आगे कहा गया है कि 'प्रिया चाँद-सी शीतल है और प्रिय सूर्य-सा तपता है। सूर्य के सामीप्य से शशि का नक्षत्र रूपी शृंगार सब चूर हो गया। जब कन्त के आगमन के साथ सर्वत्र वसन्त ऋतु का विस्तार हुआ... पावस ऋतु में कोयल की बोली सुनायी देती है, बगुलियों की पंक्तियाँ मेघों में बिखर जाती हैं और बालाएँ बीरबहूटियों के समान बाहर निकलती हैं। इस समय संसार में सोना बरसाती हुई बिजली चमकी है।... शिशिर ऋतु में राजा और रानी मिलन सुख में इस प्रकार सन्नद्ध हुए, मानों सारी सृष्टि अपने-अपने युग्मों में मिल गयी है... ये दो शरीर एकमेक हो गये जैसे हंसों का युग्म सरोवर में क्रीड़ारत है'। यह सारा वर्णन संयोग पक्ष का है और प्रकृति के उद्दीपक वातावरण का निर्माण किया गया है, पर इसमें ऐसे अनेक संकेत मिलते हैं जिनमें अलौकिक व्यंजना निहित है। इसी प्रकार 'नागमती-वियोग' प्रसंग में भी प्रकृति का जैसा वातावरण निर्मित किया गया है। उसकी समस्त अतिशयोक्तियों तथा अतिरंजनाओं में आध्यात्मिक स्तर पर भावाभिव्यक्ति को ग्रहण किया जा सकता है। नागमती विरह-विदग्ध है और इस स्थिति में 'उसके मुख से निकलनेवाली विरह की आह से उत्पन्न अग्नि ने शरीर में स्थित हंस रूपी जीव के पंख जला दिये। अतः जीव उड़ न सका शरीर में ही रह गया'। सखियाँ पट्ट महादेवी को समझाती हैं, 'कमल के संग जाकर भी भौंरा पराया नहीं होता, वह प्रेम का स्मरण कर मालती के पास वापस आयेगा। प्रिय रूपी स्वाति जैसी तुम्हारी दृढ़ प्रीति है, उसकी पिपासा को रोके रहो और मन में टेक बाँधे रहो। आकाश के मेघ से धरती स्नेह करती है और वह वर्षा ऋतु में लौट कर उसे मेह से भरता है।... दस दिन जब सूखा रहा तो क्या, फिर वही सरोवर और हंस होगा।' कवि जीव और ब्रह्म के सम्बन्ध को इस प्रकार व्यंजित करता है और आत्मा की उस परम तत्त्व की ओर उन्मुखता का संकेत भी देता है। यहाँ नागमती की जीव रूप में परिकल्पना है। सामान्यतः यह प्रसंग बारहमासा का है, जिसके अन्तर्गत विभिन्न मासों में परिवर्तित प्रकृति के बीच विरहिणी की भावनाओं और प्रतिक्रियाओं को अभिव्यक्ति मिलती है।

(4 : 11) यहाँ इस वर्णन-क्रम में कवि ने ऐसे प्रकृति-रूपों के और मनःस्थितियों के चित्र प्रस्तुत किये हैं, जिनसे आध्यात्मिक सम्बध के संकेत ग्रहण किये जा सकते हैं। "आषाढ़ मास में तलवार के समान बिजली चारों ओर कौंध रही है और आर्द्रा लगते ही भूमि छूने लगी। मेघ बूँद रूपी बाणों की घनघोर वर्षा करने लगे।...सावन मास में मेघों से घनघोर वर्षा हो रही है। मेरे और प्रियतम के बीच में पर्वत, असीम सागर, बीहड़ वन फैले हैं। न मेरे पाँव हैं न पंख, प्रिय से कैसे मिलूँ।...कार्तिक में शरद चन्द्रमा का प्रकाश छा गया। चौदह कलाओं से पूर्ण चन्द्रमा प्रकाशित है। जग शीतल है, पर मैं बिरह से जल रही हूँ, यह चन्द्र मेरे लिये राहु जैसा है।...पूस माह में चकवी रात को बिछुड़ कर दिन में प्रिय से मिलती है, पर मैं रात-दिन विरह में कोयल बनी पुकारती हूँ।...विरह उसका रक्त आँसू बन कर ढल गया, मांस गल गया, हड्डियाँ सूख कर शंख हो गयीं और बाला सारस की जोड़ी की भाँति रटती हुई मर गयी...हे प्रिय, अब आकर पंख समेट लो।...फागुन मास में पवन झकझोरती हुई बह रही है और विरहिणी कहती है कि प्रिय इस जलने-मरने में कोई रोष नहीं है, मेरे मन में रात-दिन यही रहा है—हे प्रिय, तेरे थाल जैसे हृदय से लग जाऊँ। वह अपने शरीर को जला कर राख करके कहना चाहती है...हे वायु, इस राख को उड़ा ले जा और इस प्रकार शायद उस पथ पर जा पड़ूँ जिस पर प्रिय पग रखेंगे।...वैशाख का माह तपने लगा है जो कमल सरोवर में खिला था वह सूख कर मिट्टी में मिल गया....हे प्रिय अब तुम्हारे सींचने से यह बेल फिर पल्लवित होगी।...जेठ मास की लू और बवण्डर में संसार जलने लगा और पहाड़ दहकने लगे। अग्नि उठने लगी और आँधी चलने लगी। मैं अधजली हो गयी हूँ, शरीर का मांस सूख गया है। विरह भूखे कौवे की तरह उसे खाने लगा है, पर्वत, समुद्र, मेघ, शशि, सूर्य इस आग को नहीं सह सकते। इस समस्त विरह वर्णन में सामान्यतः व्यथा का ताप और विकलता का ही चित्र है, पर यहाँ उन संकेतों को ग्रहण किया जा सकता है, जिनसे जीव की परमात्मा से वियोग की स्थिति, उसकी विकलता और मिलन की आकांक्षा व्यंजित हुई है। इसकी मार्मिक अभिव्यक्ति आगे के क्रम में विभिन्न पक्षियों के साथ नागमती के विरह वर्णन में है।

(4 : 12) पिण्ड और ब्रह्माण्ड की तात्त्विक एकता की चर्चा की गयी है। जो परम तत्त्व समस्त सृष्टि में व्याप्त है, वही जीव में है। इसलिए उसे मन के अन्दर समझने तथा ढूँढ़ने का प्रसंग है। जायसी के अनुसार "साढ़े तीन हाथ का यह शरीर सुमेरु जैसा है, परन्तु इतने चक्कर हैं कि इसमें पहुँचा नहीं जा सकता। इस प्रकार जीव में परम तत्त्व का अन्तर्भाव निर्दिष्ट किया गया है। मन के भीतर इस परम तत्त्व के साक्षात्कार की चर्चा सहजयानियों, हठयोगियों, नाथपन्थियों, निर्गुण-सन्तों और सूफ़ियों में समान रूप से पायी जाती है। जायसी ने 'अखरावट' (8-9) में सप्तदीपों, नवखण्डों और आठों दिशाओं में व्याप्त परम तत्त्व को ब्रह्माण्ड और पिण्ड दोनों में समान रूप से समाहित माना है और कहा है कि उसे खोजने के लिए अन्यत्र जाने की अपेक्षा नहीं है। 'छान्दोग्योपनिषद्' में कहा गया है कि 'ब्रह्म की नगरी में एक छोटा कमल है, जिसमें छोटा-सा स्थान है और उसमें एक छोटा-सा आकाश है। उसमें जो है उसे खोजों और जानो (8, 1 : 11)। हृदयाकाश अथवा हृदयकमल के भीतर इस तत्त्व को खोजने और जानने की बात प्राचीन काल से की गयी है। यह परम चैतन्य की दिव्य ज्योति को शरीर के भीतर प्राप्त करने की चर्चा इस प्रकार निरन्तर की गयी है। यह जीव-रूप मनुष्य का केन्द्र है, जिसे हृदय-कमल की संज्ञा दी गयी है और जो आत्मानुभव में

प्रस्फुटित होता है। इस चिन्तन-क्रम को निर्गुण सन्तों तथा सूफ़ियों में देखा जा सकता है। जायसी के अनुसार—'इस साढ़े तीन हाथ के शरीर-रूपी सरोवर के मध्य में हृदय-रूपी कमल प्रस्फुटित है। नेत्रों से यह कमल निकट जान पड़ता है, पर वहाँ तक पहुँचना सम्भव नहीं है, क्योंकि अगाध जल का अन्तराल है। हृदय की आत्म-ज्योति में परम तत्त्व के लक्षित होने की चर्चा में हृदय का विशेष अर्थ है। यहाँ ध्यान देने की बात है कि हृदय को चैतन्य का केन्द्र माना गया है, जबकि मन बुद्धि का व्यापार है। इस प्रकार हृदय जीव के आत्म-बोध (प्राण) का केन्द्र कहा जाता है और मनुष्य के प्राण-केन्द्र में ब्रह्म का निवास माना गया है। वस्तुतः यहाँ हृदय के केन्द्र रूप में प्राण को एक प्रतीक माना गया है, जो हृदय के सामान्य अर्थ से नितान्त भिन्न है। मन या मस्तिष्क मानस व्यापार का यन्त्र है। यहाँ प्रतीक भाषा का आश्रय लेकर कहा गया है कि हृदय सूर्य और मन चन्द्रमा है। इसी प्रतीक का पद्मावती तथा रत्नसेन के प्रसंग में विचार किया गया है। जायसी ने हृदय को इसी कारण महत्त्व दिया है कि उसमें सत् का निवास है और इससे ही नेत्रों में दर्शन की शक्ति आती है और हृदय की ज्योति का साक्षात्कार होता है, 'हृदय के सत् से नेत्रों में दीपक जलता है और साधक इस बल को पाकर समुद्र से नहीं डरता, वह मरजिया के रूप में उसका अवगाहन करता है।' इस प्रकार जीव और ईश्वर, आत्मा और ब्रह्म के सम्बन्ध और मिलन के अनेकानेक सन्दर्भ जायसी की प्रेम-साधना की अभिव्यक्ति में आये हैं, जिसकी चर्चा साधना के प्रसंग में हो सकेगी।

जायसी के सम्बन्ध में यह समझना आवश्यक है कि उन्होंने सिद्धान्त-चर्चा को निरन्तर व्यापक दृष्टि से विस्तार दिया है। इस विस्तार के काव्यात्मक रूप में चिन्तन के सूक्ष्म तथा स्थूल दोनों स्तरों का समावेश हुआ है। इस कारण केवल तार्किक पद्धति से उसे एक पक्ष या एक रूप में ग्रहण करना सदा सम्भव नहीं है। प्रसंग के अनुसार वह संसार को असत्य और माया कहते हैं, जिसमें परम सत्ता तात्त्विक दृष्टि से आत्म-रूप व्यंजित होता है। दूसरी ओर यह जगत् का विस्तार दर्पण कहा गया है, जिसमें नाना रूपात्मक दृश्य प्रतिबिम्ब अथवा छाया कह गये हैं। यह अचित् रूप जगत् ब्रह्म न होकर भी उसकी अभिव्यक्ति ही है। यहाँ सिद्धान्त के अन्तर को देखा जा सकता है। फिर जैसा कहा जा चुका है, उन्होंने सृष्टि वर्णन के प्रसंग में ईश्वर की अवधारणा को कर्त्ता अथवा केवल निमित्त कारण के रूप में माना है। उन्होंने स्वयं स्वीकारा है, 'सुनि हस्ती कर नावं अँधरन टोवा धाइकै। जेइ टोवा जेहि ठावं मुहमद सो तैसे कहा।।' इस प्रकार उनमें दार्शनिक दृष्टि से सिद्धान्त-विशेष का आग्रह नहीं है। उनकी काव्यात्मक अभिव्यक्ति में इसी कारण विभिन्न सिद्धान्तों की चिन्तन-धाराओं और प्रतीक-विधानों को देखा जा सका है।

सन्दर्भ

प्रकरण चतुर्थ : दार्शनिक मतवादों का मानवीय सन्दर्भ

अनु. 1 : रा. चं. शुक्ल; जा. ग्र.; भूमिका पृ. 115-116। वि. ना. साही; जायसी, में ऐसा विस्तार से विचार प्रस्तुत किया गया है।

अनु. 2— तोता ने पद्मावती के 'नख-शिख' वर्णन के माध्यम से अलौकिक सौन्दर्य का चित्र प्रस्तुत किया और उसके रत्नसेन पर पड़नेवाले प्रभाव के माध्यम से कवि प्रेम-साधना की भूमिका प्रस्तुत करता है, 'पेम घाव दुख जान न कोई। जेहि लागे जानै पै सोई।। परा

सो पेम समुँद अपारा। लहरहि लहर होइ बिसँभारा' ।।11 : 119।। इसी प्रकार इस वर्णन में प्रेम का विशद और मार्मिक प्रभाव व्यंजित हुआ है। (11 : 124)।

अनु. 3 : (1 स्तुति खण्ड : 6 और 17 मण्डप खण्ड : 166)। यहाँ रचना के स्तर पर हम देख सकते हैं कि कवि कई दृष्टियों और स्रोतों के माध्यम से मानवीय जीवन को अभिव्यक्त करता है। सृष्टि का वर्णन, महान् शासक के रूप में ईश्वर की परिकल्पना इस्लाम परम्परा के अनुसार है और साथ ही परात्पर ब्रह्म आदि की दृष्टि अन्य स्रोतों की समाहित है। यह प्रेम ही है जो मनुष्य का सत्य है (उसमें व्यंजित होनेवाला परम तत्त्व), अन्यथा वह निस्सार ही है।

अनु. 4 : (अख. 53। 34)–'हौं हौं करब अड़ारहु खोई। परगट गुपुत रहा भरि साईं।। पद्मावत 46–चित्तौड़गढ़ खण्ड; 569–'होतहि दरस परस भा लोना। धरती सरग भएउ सब सोना।।'

अनु. 5 : अख. 18 तथा 42। पद्मावत 4 मानसरोदक खण्ड; 61 और 65। यहाँ कवि पद्मावती के सौन्दर्य और प्रकृति सौन्दर्य को एक-दूसरे में बिम्बित-प्रतिबिम्बित करते हुए परम सत्ता की व्याप्ति की व्यंजना की है–'नैन जो देखे कँवल भए निरमर नीर सरीर। हँसत जो देखे हंस भए दसन जोति नग हीर।।'

अनु. 6 : अख. 12, 15 और 4। पद्मावत 10 नखशिख खण्ड-पद्मावती के सौन्दर्य-वर्णन में प्रकृति उपमान-योजना के अनेक एवं विविध विधानों में अलौकिक परम तत्त्व के संकेत व्यंजित हुए हैं–'बेनी छोरि झारु जौं बारा। सरग पतार होइ अँधियारा।।' (99)।। यह केशों के सौन्दर्य का प्रभाव है। मस्तक के टीका और उसमें जड़े नगों के लिए कवि कल्पना करता है, 'सेवा करहिं नखत औ तरई उऐ गगन निसि गाँग।।' 100।।

अनु. 7 : अख. 2, 3 और 4। सृष्टि के विस्तार में कवि-कल्पना उस परम तत्त्व को व्याप्त देखती है।

अनु. 8 : पद्मावत ख. 17. मण्डप खण्ड : 166–'माँटी मोल न किछु लहै औ माँटी सब मोल। दिस्टि जो माँटी सों करै माँटी होइ अमोल।।' कितने सहज रचना-विधान से सृष्टि के परम सत्य को व्यक्त किया गया है। 3. जन्म खण्ड 50। 4. मानसरोदक खण्ड 61–'सरवर रूप बिमोहा हिएँ हिलोर करेइ। पाय छुवै मकु पावौं तेहि मिसु लहरैं देइ।।' 65।। 10. नखशिख खण्ड में इस प्रतिबिम्ब भाव की व्यंजना प्रकृति के उपमानों के अनेक रूपों में हुई है। इसी प्रकार 46. चित्तौड़गढ़ खण्ड में अलाउद्दीन दर्पण में पद्मावती की छवि को देखता है, उस समय के वर्णन तथा राघव चेतन की उक्तियों में यह प्रतिबिम्बवाद के संकेत निहित हैं।

अनु. 9 : पद्मावत 5 सुआ खण्ड–'जहाँ न राति न देवस है जहाँ न पौन न पानि। तेहि बन होइ सुअटा बसा की रे मिलावे आनि।।68।।' जीव आत्मा का सांसारिक स्थिति का सहज भावमय चित्र है। 10. नखशिख खण्ड में इस प्रकार की व्यंजनाओं का उल्लेख किया गया है (103, 107-109)। नेत्रों के वर्णन में परम तत्त्व का अनन्त विस्तार प्रकृति के सहज-सुन्दर चित्र में समाहित है, 'सुभर समुँद अस नैन दुइ मानिक भरे तरंग। आवत तीर जाहिं फिरि काल भँवर तेन्ह संग।।' 27. पद्मावती रत्नसेन भेण्ट खण्ड (302)।

अनु. 10 : पद्मावत 29. षट ऋतु वर्णन खण्ड; 333, 337 और 339। 30. नागमती वियोग खण्ड; 342 और 343 विशेष।

अनु. 11 : पद्मावत 30. नागमती वियोग खण्ड; 344, 345, 348, 350, 352 और 355। विरह की व्यापक मार्मिक अभिव्यक्ति में आत्मा (जीव) के वियोग की (ब्रह्म से) स्थिति व्यंजित, 'आह जो मारी बिरह की आगि उठी तेहि हाँक। हंस जो रहा सरीर महँ पाँख जरे तन थाक' ।।342।।

अनु. 12 : पद्मावत 11. प्रेम खण्ड; 122—'अहुठ हाथ तन जैस सुमेरू। पहुँचि न जाइ परा तस फेरू।। गँगन दिस्टि सौं जाइ पहूँचा। पेम अदिस्ट गँगन सौं ऊँचा।।' अख. 48 और 9। छन्दो. 8, 1, 11। पद्मावत 11. प्रेमखण्ड; 121, 125। 14. मोहित खण्ड; 149।

———————

प्रकरण पंचम

प्रेम-साधना की व्यापक भूमिका

(5 : 1) जायसी की काव्याभिव्यक्ति में 'पद्मावत' पूरे प्रबन्ध का सांगोपांग रूपक-विधान नहीं है। उनकी मूल दृष्टि मानवीय जीवन के विभिन्न स्तरों तथा पक्षों पर रही है, इनमें ही आध्यात्मिक संकेत तथा व्यंजनाएँ निहित होती रही हैं। यही कारण है कि उनकी व्यापक मानवीय दृष्टि निरन्तर केन्द्रीय रह कर अभिव्यक्ति ग्रहण करती है। उनके काव्यविस्तार में साधना की प्रक्रिया को अनेक स्तरों पर विविध-रूपों में व्यंजित किया गया है। उसमें अनेक पद्धतियों का समाहार है। अनेक साधना की परम्पराओं से प्रतीक तथा रूपकों को ग्रहण किया गया है, परन्तु उनकी केन्द्रीय दृष्टि प्रेम-साधना की रही है। यह प्रेम-मूलक साधना सूफ़ी सम्प्रदाय से ग्रहीत है, पर जायसी ने उसका प्रयोग भी व्यापक मानवीय सदर्भों में किया है। मुख्यतः जायसी रचनाकार के रूप में अपनी दृष्टि निरन्तर मानव-प्रेम पर रख कर उसे विविध आयामों में अभिव्यक्त करते हैं। अन्य सूफ़ी कवियों की दृष्टि में केन्द्रीय रूप से सूफ़ी साधना का सिद्धान्त-पक्ष रहा है। प्रेम के मानवीय सन्दर्भ को उन्होंने प्रायः इस दृष्टि से विस्तार दिया है। यहाँ जायसी की स्थिति भिन्न तथा अप्रतिम है, जायसी प्रमुखतः कवि रूप में मानव-प्रेम की मार्मिक अभिव्यक्ति करते हैं, उसकी संवेदनाओं को सघन भावशीलता में ग्रहण करते हैं और उसे विश्वजनीन विस्तार में अंकित करते हैं। यह अवश्य है कि समस्त वर्णन-क्रम में उन्होंने आध्यात्मिक सन्दर्भों तथा आयामों को व्यंजित किया है। यह भी रेखांकित करना आवश्यक है कि इस प्रकार की अभिव्यक्तियों में कोई निश्चित क्रम या व्यवस्थित रूपक-विधान नहीं देखा जा सकता, केवल निरन्तर आध्यात्मिक अनुभव के वातावरण का आभास मिलता चलता है। स्थान-स्थान पर इस वातावरण को कवि अधिक सघन तथा व्यंजक बना देता है, आध्यात्मिक प्रतीक यहाँ स्पष्टतः से व्यंजित होकर व्यापक भावशीलता में तिरोहित हो जाते हैं। निश्चय ही जायसी की आध्यात्मिक भूमिका सूफ़ी मत की है। इसके अन्तर्गत आत्मा और परमात्मा का तात्त्विक भेद नहीं स्वीकार किया गया है, परन्तु साधना के स्तर पर परम तत्त्व को ईश्वर की भावना में प्रियतम स्वीकार किया गया है। इस स्तर पर प्रेम लौकिक से अलौकिक भूमिका पर व्यंजित होने लगता है। अपनी गम्भीरता तथा व्यापकता में यह प्रेम-साधना सीमाहीन की ओर उन्मुख दिखायी देती है। अपने प्रबन्ध में जायसी का व्यापक स्तर पर लक्ष्य रहा है, शुद्ध भाव रूप में प्रेम का एक ऐसा उत्कर्ष व्यंजित करना, जो सांसारिक बन्धनों से परे आध्यात्मिक स्तर पर प्रतिष्ठित हो। जायसी ने अपने प्रबन्ध की योजना में मानवीय प्रेम की अभिव्यक्ति जिस व्यापकता, सघनता तथा आन्तरिकता के साथ की है, उसमें लौकिक स्तर से प्रेम अलौकिकता की ओर उन्मुख तथा पार्थिव सीमाओं से आध्यात्मिक क्षेत्र में व्याप्त हो सका है। सामान्यतः कवि लौकिक सौन्दर्य

के वर्णन में चरम सौन्दर्य को व्यंजना करता चलता है और सृष्टि के नानाविध रूपों में इसी चरम सौन्दर्य के संकेत देता है। सारी सृष्टि के दृश्यों में रूप, रस, गन्ध के संयोजन में जो सौन्दर्य तथा माधुर्य व्यंजित होता है, उसमें उसी अनन्त सौन्दर्य के मिलन की अभिलाषा व्यंजित हुई है। हम देखेंगे कि कवि ने अपने काव्य में प्रेम के संयोग तथा वियोग दोनों पक्षों में मानवीय भाव-स्थितियों की अभिव्यक्ति के अन्तर्गत आध्यात्मिक संकेत दिये हैं।

(5 : 2) हिन्दी के मध्ययुगीन भक्त कवियों में कबीर तथा जायसी की साधना पद्धति को हम रहस्यवाद के रूप में स्वीकार करते हैं। हमने देखा है कि कबीर ने अपनी साधना को सहज रूप में स्वीकार किया है। और उनके काव्य में उसके कई रूप प्रस्तुत हुए हैं। इनमें प्रेमपरक साधना की प्रक्रिया का एक स्तर मानवीय प्रेम-सम्बन्धों के आधार पर अभिव्यक्त हुआ है। परन्तु अभिव्यक्ति की प्रक्रिया में साथ ही कवि ने निरन्तर उस अलौकिक भावभूमि को व्यंजित किया है, जिसको इन अदृश्य संकेतों के कारण रहस्यमय कहा गया है। यह भावाभिव्यक्ति का स्तर जायसी की प्रेमाभिव्यक्ति में भी बार-बार व्यंजित होता है। इस दृष्टि से जायसी की प्रेम-साधना सूफ़ियों की रहस्योन्मुखी प्रेमाभिव्यक्ति मानी गयी है। रहस्यवाद की भावभूमि अद्वैत पर आधारित मानी गयी है। यह भिन्न बात है कि यह अद्वैत का भाव तत्त्व-चिन्तन के ज्ञान मार्ग पर आधारित न होकर भावमूलक है। भारतीय तथा यूनानी तत्त्व-चिन्तन के अन्तर्गत अपनी-अपनी दृष्टि से अद्वैत का प्रतिपादन किया गया है। इन परम्पराओं में ज्ञान की प्रमुखता रही है। इसके विपरीत यहूदी, ईसाई तथा इस्लाम जैसे पैगम्बरी मतों के अन्तर्गत तत्त्व-चिन्तन या ज्ञान-मार्ग की स्वीकृति न होने के कारण भावात्मक स्तर पर रहस्यवाद का विकास हुआ है। इसके अन्तर्गत परम सत्ता के साथ मानवीय सम्बन्ध की परिकल्पना रहस्यमूलक मानी गयी है। भारतीय परम्परा में उपनिषदों से तत्त्व-चिन्तन का क्रम माना गया है। परन्तु यह देखा गया है कि उपनिषदों में परम तत्त्व की परिकल्पना अनुभव के रूप में व्यंजित हुई है। यह अवश्य है कि उपनिषदों के इस अनुभव को आधार मान कर व्याख्या-क्रम से विभिन्न तत्त्ववादी दृष्टियाँ विकसित तथा प्रतिपादित हुई हैं। परन्तु उनमें आत्मिक अनुभव का स्तर जिस समग्रता से विविध आयामों में अभिव्यक्त है, वह एक दृष्टि से रहस्यमूलक ही है। यह परम तत्त्व का अनुभव प्रत्ययमूलक ज्ञान तथा संवेगात्मक भाव से भिन्न स्तर का रहा है। इसकी अपेक्षा ईसाई रहस्य-भावना यूरोप के यूनानी अद्वैत पर आधारित होकर भाव-मूलक रही है, इसी कारण उसकी अभिव्यक्ति में बौद्धिकता के बजाय संवेगात्मक भाव-व्यंजना है। प्राचीन ईसाई साधकों के समान इस्लाम के अन्तर्गत सूफ़ियों की साधना ईश्वर के प्रति माधुर्य भाव की प्रवृत्ति से रहस्योन्मुखी है। अद्वैतवाद के अन्तर्गत ब्रह्म तथा जीव और जगत् की एकता प्रतिपादित की गयी है, इससे सर्वात्मवाद का स्वरूप सामने आता है और इस आधार पर कल्पना या भावना क्रियाशील होती है तथा इस प्रक्रिया में अनुभव को संयोजित तथा अभिव्यक्त किया गया है। इस आधार पर रहस्यवाद जैसी साधना की भूमिका को स्वीकार किया जा सकता है। सूफ़ियों की प्रेम-साधना को इस रूप में देखा गया है। परम तत्त्व से एकमेक (अनहलहक़) होने की भावना सूफ़ियों की प्रेम-साधना में निहित है। इसका कारण है कि सूफ़ी साधना के विकास में एक स्तर पर भारतीय अद्वैतवाद की भूमिका रही है। हमने देखा है कि उपनिषदों में आत्म-तत्त्व के स्तर पर परम

तत्त्व का साक्षात्कार और इस अद्वैत भावना के समग्र अनुभव का संकेत है। इस अनुभव को यहाँ काव्यमयी भाषा में अभिव्यक्ति मिली है। इस भाव-व्यंजना में आत्मा के स्तर पर परमात्मा के मिलन के कारण उसकी रहस्यमयी भूमिका को स्वीकार किया गया है। सूफ़ी परम्परा में जायसी ने अपनी प्रबन्ध-योजना में मानवीय-प्रेम की व्यापकता, सघनता तथा आन्तरिकता के साथ अभिव्यक्ति की है। यह प्रेम अपनी गम्भीरता तथा विशदता में मानवीय सन्दर्भ के अन्तर्गत अनन्त की ओर उन्मुख रहा है। उनके इस प्रबन्ध काव्य में निरन्तर कोई सांगोपांग प्रतीक-विधान नहीं है और न अन्य सूफ़ी कवियों के समान वह सिद्धान्त पक्ष की सीमाओं को सदा स्वीकार करते हैं, वरन् उनकी काव्यात्मक भाव-व्यंजनाओं में मानवीय जीवन ही प्रमुख जान पड़ता है, यह अवश्य है कि उनकी समस्त योजना में निरन्तर लौकिक स्तर से अलौकिक-स्तर की ओर उन्मुखता है, पार्थिव सीमा से आध्यात्मिक सीमा में व्याप्त होने की भावना रही है।

(5 : 3) कबीर के प्रसंग में देखा गया है कि योग की साधना से भलीभाँति परिचित होते हुए भी उन्होंने साधना के सहज मार्ग को स्वीकार किया है। साथ ही इस साधना के साक्षात् अनुभव के सन्दर्भ से उन्होंने अनेक रूपकों को ग्रहण कर अपनी साधना को अभिव्यक्त करने का प्रयत्न किया है, जो हठयोग की साधना से भिन्न तथा कबीर के अनुसार परम तत्त्व का सीधा साक्षात्कार-रूप है। इसी प्रकार जायसी के 'पद्मावत' में अनेकानेक योगपरक साधना के प्रतीकों का उपयोग प्रेम-तत्त्व के अनुभव को विभिन्न सन्दर्भों तथा स्तरों पर अभिव्यक्त करने के लिए किया गया है। जायसी ने व्यापक स्तर पर पद्मावती को परम सत्य के रूप में स्वीकार किया है। पद्मावती ज्योति रूप है। उस ज्योति से अभिभूत न हो ऐसा देव तथा मनुष्य में कोई नहीं है। उसके निकट आकर सब श्रीहीन हो जाते हैं, क्योंकि वह ज्योति है और सब उसके प्रकाश की छाया हैं। यह अनन्त महाज्योति शरीर तथा प्राण की कल्पना में नहीं आती, उसकी छाया या झाँकी मात्र गोचर होती है। इस ज्योति को रत्नसेन साधना-मार्ग पर, हृदय की भाव-शक्ति से ही प्राप्त कर सकता है। जब पद्मावती के गुणों का श्रवण रत्नसेन करता है, वह उत्कण्ठित होकर अनुभव करता है, जैसे पद्मावती रूपी सूर्य उसके घट में प्रकाशित होकर हृदय को अभिभूत कर रहा है। यहाँ हम देख सकते हैं कि साधना के इस स्तर पर जायसी हठयोगियों तथा सिद्धों में प्रचलित चन्द्र तथा सूर्य के रूपक का प्रयोग अनेक बार करते हैं। हठयोगियों की साधना के अन्तर्गत सिद्धि प्राप्त करने के क्रम में चन्द्र-सूर्य अर्थात् इड़ा-पिंगला नाड़ियों को साधने की चर्चा की गयी है। इसी प्रकार सूफ़ी प्रेमकाव्यों में सूर्य-चन्द्र के प्रतीक को प्रेमी-प्रेमिका के रूप में लिया गया है। जायसी ने इस प्रतीक का उपयोग प्रेम के मार्मिक एवं माधुर्य-पक्ष को व्यक्त करने के लिए निरन्तर किया है। चन्द्र तथा सूर्य को गंगा-यमुना के रूप में भी कल्पित किया गया है। पद्मावती तथा रत्नसेन की परिकल्पना आध्यात्मिक साधना के क्षेत्र में एक प्राचीन सन्दर्भ को भी समाहित किये हुए हैं। वेदान्त के अन्तर्गत मन तथा हृदय भिन्न है और हृदय हमारे चैतन्य का केन्द्र है, जिसमें पुरुष निवास करता है। नाथ मत के अन्तर्गत हृदय-स्थित यह पुरुष बिन्दु कहा गया है। यह हृदय (पुरुष) सूर्य है और मनुष्य का मन (मस्तिष्क) चन्द्रमा माना गया है। आध्यात्मिक साधना के क्रम में प्रतिरूप रूप को भासित करता है, तथा भासित होने के साथ रूप ही

प्रतिरूप को जानने का साधन हो जाता है। इस प्रकार जो शुद्ध प्रकाश रूप था वह आत्मज्ञान से युक्त हो जाता है, इस स्थिति में रूप से ही प्रतिरूप को जानना सम्भव है। जायसी की साधना-प्रक्रिया की अभिव्यक्ति के क्रम में पद्मावती रूपी सूर्य रत्नसेन के शरीर को आपूरित कर उसके हृदय को प्रकाशित करता है। इस साधना-क्रम में रत्नसेन स्वयं सूर्य हो जाता है और पद्मावती उसकी छाया या चन्द्रमा रूप। रत्नसेन कहता है, 'अब हौं सुरुज चाँद वह छाया।' इस प्रकार पद्मावती की ज्योति का प्रकाश हृदय में समाहित होकर इन प्रतीकों को परिवर्तित कर देता है। अब रत्नसेन सूर्य तथा पद्मावती चन्द्रमा है। इस स्तर पर पद्मावती चन्द्रमा रूप में शान्त तथा शीतल है और रत्नसेन रूपी सूर्य को अपनी ओर आकृष्ट करती है। वस्तुतः यह प्रेम की साधना की समरस भूमि तक साधक को पहुँचाता है। जायसी ने इन प्रतीकों का उपयोग अपनी काव्याभिव्यक्ति में कुशलता के साथ किया है। नागमती तथा पद्मावती के झगड़े के सन्दर्भ में सहज मानवीय परिस्थितियों के वर्णन-क्रम में उन दोनों को धूप-छाँह, रात-दिन, गंगा-यमुना तथा साँवरी-गोरी के रूप में प्रस्तुत कर कवि ने सहज भाव व्यंजना के साथ प्रतीकार्थ को भी निहित किया है। एक ओर दोनों में स्त्री सुलभ स्पर्द्धा तक ईर्ष्या भाव व्यंजित होता है, तो साथ ही चन्द्र-सूर्य अर्थात् इड़ा-पिंगला के प्रतीकों की अर्थ व्याप्ति भी है। इसी प्रकार इस क्रम में रत्नसेन ने जब इन दोनों को समझाया है, तब निरन्तर सहज तथा आत्मीय परिस्थिति के बीच इस योग-साधना की प्रक्रिया को भी ग्रहण किया गया है। अन्ततः जब रत्नसेन कहता है कि तुम दोनों गंगा-यमुना के समान हो, तुम्हारे लिये परस्पर योग ही निर्दिष्ट है और इस सेवा के क्रम से सुख (आनन्द) प्राप्त होगा, योग-साधना के प्रतीक को स्पष्टतः अन्तर्निहित देखा जा सकता है।

(5 : 4) यहाँ यह स्पष्ट करना अपेक्षित है कि जायसी ने अपने युग में चली आती विभिन्न साधना की प्रतीक-योजनाओं का अपने काव्य में उपयोग किया है। पर इन पद्धतियों को उन्होंने अपनी साधना के रूप में स्वीकार नहीं किया है। व्यापक स्तर पर सूफ़ी प्रेम-साधना को उन्होंने प्रेम की सघन तथा मार्मिक व्यंजनाओं के साथ सर्वाधिक महत्त्व दिया है। सूर्य-चन्द्र की तरह उनके काव्य में सोना तथा रूपा परिभाषित सन्दर्भों के साथ प्रयुक्त हुए हैं। सिद्धों ने करुणा की नाव सोने से भरी मानकर उसमें रूपा के लिए स्थान नहीं माना है। वस्तुतः उनके अनुसार सोना शून्य रूप है अथवा वज्र स्थान का है, जबकि रूपा सांसारिक दृश्य-रूप है और इस कारण नश्वर तथा अस्थिर है। जायसी ने अपने वर्णन-क्रम में पद्मावती को सोना और माता चम्पावती को चाँदी के प्रतीक रूप में प्रस्तुत किया है। चाँदी के सम्पर्क में सोना मलिन हो गया है, उसे सलोनी प्रक्रिया की (शुद्ध होने की) अपेक्षा है। सृष्टि-क्रम में शून्य में रूप उत्पन्न होता है और यह क्रम चलता रहता है। जायसी ने अपनी काव्य-कल्पना के अन्तर्गत आत्मा की शुद्धीकरण प्रक्रिया को व्यक्त करने के लिए सोना-चाँदी के साथ पारा, सुहागा आदि प्रतीकों का प्रयोग किया है। उन्होंने, 'कंचन बरन सुआ अति लोना। मानहु मिला सोहगहिं सोना' कहकर कंचन रूप में आत्मा के शुद्ध रूप की व्यंजना की है। फिर अन्यत्र कहते हैं, 'प्रेम-रूपी सोनें में सीसे के गिर जाने से सोना बिखर गया है, उसमें कलौंस झलकने लगी है। कहाँ वह सुनार है जो सुहागा मिला कर इस सोने को एक रूप शुद्ध कर दे।' इसी प्रकार अन्यत्र वह पद्मावती रूप में सिद्धि प्राप्त करने की बात कहते हैं, क्योंकि इस गुटिका

के बिना धातु सिद्ध करने की बात नहीं की जा सकती है। बिना इस पद्मावती के रत्नसेन राँगे की भाँति गेरुए वेश में अपने को निकम्मा मानता है। इसी प्रकार वह अभ्रक रूपी पद्मावती के साथ मिलकर ईंगुर बनने की बात भी कहता है। इन सारे प्रसंगों में सिद्धों के प्रतीकों का प्रयोग करते हुए जायसी वस्तुतः प्रेम-साधना की सघनता, व्याप्ति और विशेषता को व्यंजित करते हैं। बारहमासी स्वर्ण को इन साधकों ने आत्म-शुद्धि का उच्चतम आदर्श माना है, जायसी भी साधक के लिए यह परम आवश्यक मानते हैं कि वह बारहबानी स्वर्ण बने, 'कनक दुआदस बानि होइ चह सोहाग वह माँग।' इस प्रतीक के माध्यम से जायसी स्त्री के सौभाग्य के साथ प्रेम की व्यंजना करते हैं। इसी क्रम में यह भी देखा जा सकता है कि कवि ने अपनी प्रेम-साधना की प्रक्रिया को अभिव्यक्त करने के लिए कुण्डलनी-योग के प्रतीकों का उपयोग किया है। इस प्रकार के प्रयोगों से 'पद्मावत' भारतीय परम्परा से जुड़ता है और उसके अनुकूल वातावरण का निर्माण करता है। भारतीय योग परम्परा के शब्दों तथा प्रतीकों का उपयोग प्रेम के स्तरों और आयामों को अभिव्यक्त करने के लिए सहज रूप में किया गया है। इस स्तर पर संस्कृति का ऐसा संश्लिष्ट रूप प्रस्तुत होता है जिसमें भिन्न परम्पराओं का अलगाव या विरोध मिट गया है। जायसी कहते हैं, 'नव पँवरी बाँकी नव खंडा। नवहुँ जो चढ़ै जाइ ब्रह्मंडा।' इसी प्रकार अन्यत्र उनका कहना है, 'इस गढ़ के भीतर नौ पौड़ियाँ (इन्द्रिय-द्वार) हैं और वहाँ पाँच कोतवाल (पंच प्राण) उसकी रक्षा करते हैं। एक दसवाँ द्वार (ब्रह्मरन्ध्र) जिसका नाका गुप्त (गुरु स्थान) है। यहाँ इन योगपरक प्रतीक-योजनाओं का उपयोग कवि ने निरन्तर आध्यात्मिक प्रेम के सम्बन्धों तथा उसकी साधना-पद्धति को व्यंजित करने के लिए किया है। जायसी ने स्पष्टतः अपने अर्थ को व्यक्त करने के लिए शरीर के चक्रों को नौ खण्डों में समाहित कर लिया है। उसके साथ दसवें द्वार को गुप्त माना है, जो मध्ययुगीन योगपरक साधनाओं में उल्लिखित द्वार के समान है, जिससे सहस्रार का अमृत झरता है। स्मरणीय है कि योग के अन्तर्गत यह द्वार ब्रह्माण्ड (मस्तक) में सुषुम्ना के प्रवेश का है आगे गढ़ में निर्दिष्ट सुरंग की कल्पना इस सुषुम्ना के मध्य में सुषिर रूप है, जिसके निचले छोर पर स्वर्ग द्वार मूलाधार चक्र में स्थित है। जायसी ने अपनी प्रेम-साधना के व्यापक विस्तार को अभिव्यक्त करने के क्रम में इन साधनापरक प्रतीकों के साथ सूफी मत की साधना के चार पड़ावों को समाहित कर लिया है। नवखण्डों के नौ द्वारों के वज्र किवाड़ों को पार कर जायसी जिन चार बसेरों से होकर सत्य के मार्ग को पाने की बात कहते हैं, वे सूफ़ी मत के अनुसार नासूत, मलकूत, जबरूत और लाहूत हैं। वस्तुतः इसी क्रम से सूफ़ी साधक परम अवस्था को प्राप्त होता है।

(5 : 5) सिद्धों की काया-साधना में उलटी दृष्टि अर्थात् गगन दृष्टि की चर्चा है, जायसी ने अपने ढंग से इसका उपयोग सांसारिक माया से विरत होने के लिए किया है। यहाँ यह देखा जा सकता है कि जायसी किस प्रकार स्वतन्त्र भाव से अपनी साधना के अन्तर्गत इन रूपकों को ग्रहण करते हैं। इसी प्रकार सेंध लगा कर चोरी करने के अभिप्राय का प्रयोग सिद्धों से लिया गया है, परन्तु इसका उपयोग कथा-क्रम में निश्चित भाव-व्यंजना के लिए हुआ है। सिद्धों के अनुसार सर्वशून्य में उच्चतम महासुख की स्थिति है। नीचे की हीन अवस्थाओं में प्रज्ञा तथा चित्त की सक्रियता से अनेक दोष उत्पन्न होते हैं और सर्वशून्य को प्राप्त करने

के लिए इनका हटाना अपेक्षित है। इस परिकल्पना का उपयोग उन्होंने अपने चोरी के रूपक में किया है। उनके अनुसार यह चोरी घोषित रूप में की जाती है, राज भण्डार से रत्न पेटी को चुराने का साहस 'खरभरा' चोर करता है। रत्नसेन की कल्पना अपने योगियों के साथ इस प्रकार की है। यहाँ यह ध्यान रखना है कि इस प्रकार के प्रतीक-सन्दर्भों को कवि अन्ततः प्रेम-साधना के क्रम से जोड़ता है। सहजयान साधना में सहस्रारचक्र या उष्णीय कमल में महासुख की स्थिति मानी गयी है और उसमें शक्ति के रूप को सहज सुन्दरी माना है। सिद्ध-योगी अपनी साधना में इस सहज सुन्दरी के साथ युगनद्ध होकर महासुख प्राप्त करता है। जायसी ने इस प्रतीक-विधान का उपयोग इसके सन्दर्भों के साथ रत्नसेन तथा पद्मावती के मिलन-रूप में किया है। जायसी ने इस परमसुख के स्थान का नाम कविलास दिया है और उसके साथ मिलन के आनन्द की कल्पना को जोड़ा है। वस्तुतः जायसी द्वारा उल्लिखित सात खण्ड शरीर के चक्र-रूप हैं और उसके ऊपर आठवाँ चक्र यह कविलास है। योग-साधना में साधक जब सर्वशून्य की स्थिति में पहुँचता है, वह सर्व-रूपों की समष्टि-रूप हो जाता है, जो रूप-शून्य की स्थिति है। यहाँ परम सौन्दर्य का मिलन होता है, जो महासुख का स्थान है। इस स्तर पर सहज सुन्दरी के साथ साधक के अनन्त विलास की कल्पना की गयी है। हम देखते हैं, योगी रत्नसेन के साथ पद्मावती के उन्मुक्त विहार का वर्णन इस सारी प्रक्रिया से एक स्तर पर जुड़ता है, साथ ही प्रेम-साधना का उच्चतम रूप-विधान यहाँ व्यंजित है। कथाक्रम में रत्नसेन योग-साधना के क्रम से गुज़र कर पद्मावती को प्राप्त करता है। उसका काव्यात्मक वर्णन करते हुए कवि मिलन के आनन्द को अनेक रूपों में तथा स्तरों पर अभिव्यक्त करता है। यहाँ सखियों के द्वारा रत्नसेन की साधना का विनोद के साथ उल्लेख किया गया है और इस प्रकार उस सन्दर्भ के प्रतीकों को प्रेम-साधना से अर्थवान् किया गया है। सखियाँ सहजयान की पारिभाषिक शब्दावली में जो विनोद करती हैं, उसका मूल संकेत वस्तुतः प्रेम-साधना की व्यंजना करता है। सारे सन्दर्भों के बीच वे पद्मावती के सौन्दर्य पर आसक्त रत्नसेन के अगाध समुद्ररूपी हृदय में निहित पद्मावती की रूप-ज्योति का संकेत देती हैं और यह भी कहती हैं कि इस मोती (परम तत्त्व) की प्राप्ति पूर्ण उत्सर्ग भाव से ही सम्भव है। यहाँ यह स्पष्ट हो जाता है कि जायसी ने किस पद्धति से इन विभिन्न योगपरक साधनाओं के शब्दों, क्रियाओं तथा प्रतीकों का उपयोग अपनी प्रेम-साधना के विभिन्न स्तर की अभिव्यक्ति के लिए किया है।

(5 : 6) जायसी ने योगपरक प्रतीकों के साथ स्पष्टतः प्रेम-मार्ग की चर्चा अनेक बार की है, अन्यथा इस प्रकार के उनके समस्त प्रयोगों की व्यंजना प्रेमपरक रही ही है। सहजयान की साधना में मरण की चर्चा की गयी है, वहाँ इसका अर्थ है पशु-भाव का पूर्णतः लोप हो जाना, शरीर तथा मन से पाशविक प्रवृत्तियों से मुक्त होकर शुद्ध स्वरूप हो जाना। जायसी ने अनेक बार 'मरजिया' का इसी भाव में प्रयोग किया है, 'मरै सो जान होइ तन सूना।' यहाँ यह 'सूना' सर्वशून्य अवस्था का सूचक है, जिसमें विशुद्ध चित् वज्रमय हो जाता है, यही शून्य-भाव की स्थिति भी है। कहा जा सकता है कि महासुख चक्र अथवा सुखबास की स्थिति में मृत्यु का स्पर्श नहीं है। जायसी का वर्णन है, 'तिन्ह पावा उत्तिम कबिलासू। जहाँ न मीचु सदा सुख बासू।' यहाँ आगे कवि स्पष्ट करता है कि इस कबिलास तक प्रेम-पन्थ में आगे

बढ़ते चलने पर पहुँचा जा सकता है और फिर पुनः वहाँ से नश्वर संसार में आना नहीं होता। जायसी को इस सुखबास की कल्पना इसलिए प्रिय है कि उनकी प्रेम की मिलन भूमिका की सघन व्यंजना सहज-सुन्दरी और योगी के मिलन से हो सकी है। पद्मावती रत्नसेन से जन्म पर्यन्त अलग न होने की प्रतिज्ञा लेती हुई इस सुखबास में प्रेम-भाव से सदा निवास करने की बात कहती है और रत्नसेन इस प्रेम-भाव से जन्म भर अलग न होने का विश्वास दिलाता है। आगे मर कर भी उसका सान्निध्य न त्यागने की बात कह कर पुनः सिद्धावस्था का संकेत दिया गया है। यहाँ रत्नसेन कहता है, 'गरि गुरि आपु हेराइ' अर्थात् अपने आप को खो कर ही सर्वशून्य स्थिति में बना रहना सम्भव है। इस अवस्था में स्पष्टतः सहज-सुन्दरी योगी से एक रूप हो जाती है, बीच का पट हट जाता है। इस प्रतीक कल्पना को अपने प्रेम प्रसंग में पद्मावती भिन्न अर्थ सन्दर्भ प्रदान करती है। वह कहती है, 'यह कौन-सा आकर्षण है, जो तुम्हारी व्यथा मुझमें समा गयी। जल के बिना मछली के समान मेरा मन तड़पता है, चातक होकर 'पिउ-पिउ' रटने लगा। तुम्हारा मार्ग स्वाति के लिए सीप के समान जोहती हूँ। डाल-डाल पर उड़नेवाली कोयल की भाँति व्याकुल हूँ। मेरे प्रेम से तुम्हारे मन में भी प्रेम उत्पन्न हो गया, जो सोना आग में तपाया जाता है वह स्वतः लाल हो जाता है। ऐसे प्रियतम पति से अन्तर्पट क्या? तन, मन, यौवन और प्राण देकर मैं तुम पर न्योछावर हो गयी हूँ। यह सारी प्रेम की मार्मिक अभिव्यक्ति है, और वस्तुतः जायसी की मूल दृष्टि साधना के इसी पक्ष पर है। यहाँ महासुख, कमल, सुखबास, शून्य भाव आदि प्रतीकों का परम्परित प्रयोग इस केन्द्रीय भाव के व्यापक सन्दर्भ तथा सघन अभिव्यक्ति की दृष्टि से है। इसी प्रकार कई स्थलों पर सामान्य प्रेम-संकेतों के प्रयोग से साधना की मार्मिकता को व्यक्त करने का प्रयत्न किया गया है। पद्मावती रत्नसेन के इस कथन पर प्रश्न करती है कि 'मैं तुम्हारे रंग में रंग गया हूँ। वह कहती है कि कपड़े रंगने से रंग नहीं आता, प्रेम का रंग हृदय के औटने से चढ़ता है। तब रत्नसेन स्वीकार करते हुए कहता है, जिसमें विरह उत्पन्न होता है वह इस व्यथा में औट कर मृत्यु को प्राप्त हो जाता है और फिर प्रियतम से जन्म भर बिछोह नहीं होता।' तब अन्त में पद्मावती हँस कर स्वीकार करती है कि तुम्हारा वचन सत्य है और तुम निश्चय ही मेरे रंग में अनुरक्त हो चुके हो।

(5 : 7) प्रेम के आध्यात्मिक स्तर को अभिव्यक्त करने के लिए जायसी ने साधकों की पिछली परम्परा से अनेक प्रतीकों को ग्रहण किया है। इनमें चौपड़ पासे के खेल का रूपक महत्त्वपूर्ण है। प्रेमी-प्रेमिका के मिलन की भावाभिव्यक्ति का मध्य-युग में यह सरस और सार्थक प्रतीक माना गया है। जायसी ने इस खेल का चित्रमय वर्णन किया है और इसके माध्यम से एक ओर इड़ा-पिंगला की साधना-प्रक्रिया का और दूसरी ओर प्रेम के मिलन का भाव व्यंजित किया है। श्लेषार्थ से तीन स्तरों पर अर्थ को अभिव्यक्त करते हुए कवि ने साधना के क्षेत्र में प्रेम की गहरी आसक्ति और मिलन का तन्मय भाव व्यंजित किया है। कवि कहता है 'खेलु सारि पाँसा तो जानु' और इस प्रकार पद्मावती की साधना के मार्ग में रत्नसेन इस प्रेम के एकमेक भाव में स्थिर होने की चर्चा करता है और कहता है कि उसने अपना सिर देकर, अपने प्राणों की बाजी लगाकर इस मार्ग को तय किया है। मिलन के इस प्रकरण में कवि ने तत्कालीन काव्य अभिप्रायों के माध्यम से प्रेमी-प्रेमिका की विलास-क्रीड़ा का वर्णन किया

है। इस वर्णन का पूरा वातावरण सूफ़ी प्रेमाभिव्यक्ति से अधिक सहजयानियों की योगपरक महाकेलि के निकट है। रत्नसेन के साथ पद्मावती की प्रेम-केलि का जैसा उल्लेख किया गया है, वह योग-प्रक्रिया में सहज सुन्दरी का क्रीड़ा-भाव है। इस वर्णन में प्रेमी-प्रेमिका का अन्तराल मिट जाने से आनन्द का एक स्तर क्रीड़ा के रस-रंग में व्यंजित होता है। वस्तुतः प्रेम-साधना में प्रेमिका प्रतीक मात्र है और साधना पद्धति में वासना की भूमिका का अतिक्रमण अनिवार्य है। यहाँ इसकी प्रक्रिया प्रेम तत्त्व की तन्मय, एकरूप तथा अभिन्न स्थिति में है। इस मिलन भूमि पर आनन्द के अनुभव को देश-काल आच्छादित नहीं कर सकते। जब मनुष्य के अन्दर की समस्त लौकिक प्रेरणाएँ इस साधना के केन्द्र के प्रति अर्पित हो जाती हैं, प्रेम का यह मिलन पूरे प्रतीक रूप में व्यंजित होता है। प्रेमी और प्रेमिका के बीच अन्तराल के मिट जाने पर आत्मा का स्वयंवर होता है, जिसे आत्मसाक्षात्कार कहेंगे। इस प्रेम-साधना में न बाहरी प्रतिबन्ध बाधक होता है और न किसी प्रकार के नियन्त्रण की अपेक्षा है। इस प्रेम-मार्ग पर साधक का मन अध्यात्म तत्त्व की ओर सहज ही उमंगित होता है। जायसी ने इस प्रेम के विह्वल भाव में प्रेमी को 'बाउर' कहा है, 'राजा बाउर बिरह बियोगी।' इस स्तर पर प्रेम का साधक सांसारिक आसक्तियों से मुक्त होकर प्रेम के पथ पर अग्रसर होता है। वह इस मार्ग पर भय और लज्जा का अनुभव नहीं करता, आग और पानी की चिन्ता नहीं करता। जिस साधक में प्रेम की चिंगारी उत्पन्न होती है उसे सांसारिक विषय-वासनाओं की ज्वाला से मुक्ति मिलती है और वह शान्ति-भाव में स्थिर होता है। ध्यान देने की बात है कि जायसी ने इस प्रेम-मार्ग पर ज्वालाओं के बीच अग्रसर होते हुए अन्ततः शीतल प्रेम प्राप्त करने की बात कही है। रत्नसेन-पद्मावती मिलन के प्रसंग में शृंगार का जो सघन रूप प्रस्तुत किया गया है, उसे काव्य के सन्दर्भ में रसानुभूति का पक्ष कहा जा सकता है। परन्तु साधना के क्षेत्र में इस सारी काव्याभिव्यक्ति से आध्यात्मिक व्यंजनाओं को स्वीकार किया जाना अपेक्षित है। रत्नसेन साधक रूप में विश्व-ज्योति अर्थात् परम तत्त्व का साक्षात्कार करने के लिए साधना मार्ग में अग्रसर है। वह अव्यक्त ज्योति है, जैसा हम देखेंगे कवि ने इस महाज्योति का रूप प्रकृति में प्रतिबिम्बित तथा अभिव्यक्त देखा है। इस रूप-सौन्दर्य का आकर्षण अव्यक्त अचिन्त्य प्रतिरूप में कल्पित है और यही उसके अनुभव का सन्दर्भ है। जायसी ने पद्मावती तथा रत्नसेन के प्रेम को इस प्रतीक योजना के माध्यम से विविध रूपों में अभिव्यक्त किया है।

(5 : 8) समस्त योगपरक साधना की प्रक्रियाओं का उपयोग करते हुए तथा उनके प्रतीकों की शैली में जायसी केन्द्रीय रूप से प्रेम-साधना को उसके व्यापक स्तर पर अभिव्यक्त करना चाहते हैं, यह सूफ़ी साधना का मूल रूप है। चन्द्र तथा सूर्य के प्रतीकों का उपयोग कवि ने योगपरक साधना के सन्दर्भों से ग्रहण किया है, पर साथ ही पद्मावती तथा रत्नसेन के लिए प्रेम-साधना की दृष्टि से भी उनका मार्मिक उपयोग हुआ है। जिस प्रकार चन्द्र तथा सूर्य अनन्त काल से आकाश में एक-दूसरे के प्रति आकृष्ट भाव से प्रेम-लीला का अभिनय कर रहे हैं, उसी प्रकार जीवात्मा अपने परमात्मा रूपी केन्द्र से मिलने के लिए इस लीला का भागी बनता है और इस आध्यात्मिक स्तर पर नारी के सौन्दर्य तथा माधुर्य से ओत-प्रोत परम तत्त्व प्रेमिका रूप में प्रेमी के मिलन की व्यग्र प्रतीक्षा में है। यही इस साधना का शृंगारपरक

आधार है। सारी सृष्टि में नारी रूप में व्यापक सौन्दर्य एक केन्द्र पर अभिव्यक्त हो रहा है। यह आत्मा की समग्र प्रक्रिया के रूप में शृंगारपरक आधार है। इसी अनुभव की भूमिका को जायसी ने विश्व में व्याप्त परम तत्त्व तथा चैतन्य के प्रकाश रूप में व्यंजित किया है, जो मानव हृदय के केन्द्र से अभिव्यक्त होता है। इस साधना का लक्ष्य वस्तुतः आत्मा तथा परमात्मा के एकमेक भाव में है, जिसमें स्वयं का साक्षात्कार निहित है। रत्नसेन की ओर से आकर्षण का प्रारम्भ जीव की परमात्मा के प्रति उन्मुखता है। साधना का क्रम उससे प्रारम्भ होता है, पर उसकी विरह व्यथा की प्रतिक्रिया में पद्मावती (परम तत्त्व) उसकी ओर उन्मुख होती है। इस प्रसंग में कहा गया है, राजा की सूली की आज्ञा का ज्ञान जब पद्मावती को अगम से होता है, उसके हर्ष का सरोवर सूख जाता है, जिस प्रकार सूर्य को राहु का ग्रहण लगने पर कमल का मन जान जाता है। यह रूपान्तर जायसी की शैली का अंग रहा है और इस प्रकार प्रेम की अभिव्यक्ति को अधिक सघन तथा बहुस्तरीय बनाया जा सका है। जायसी की प्रबन्ध-योजना में निरन्तर मानवीय प्रेम की अभिव्यक्ति व्यापक, सघन तथा आन्तरिक रूप में हुई है। प्रेम की लौकिक स्तर से अलौकिक भूमिका को संयोग तथा वियोग दोनों पक्षों में अभिव्यक्ति मिली है। सृष्टि के समस्त रूपों, व्यापारों तथा दृश्यविधानों में इस अलौकिक प्रेम की छाया व्यंजित होती है। इस प्रेम-साधना के मार्ग का निर्देशक सद्गुरु सुआ है। यहाँ यह स्पष्ट करना अपेक्षित है कि इस प्रबन्ध काव्य के अन्त में अन्योक्ति अथवा समासोक्ति में निहित पात्र-प्रतीकों का जो वर्णन है, उसे प्रक्षिप्त माना गया है। पूरे 'पद्मावत' में जिस प्रकार कथा-क्रम को प्रस्तुत किया गया है, स्पष्टतः उसे इस प्रकार का सांगोपांग प्रयोग स्वीकार नहीं किया जा सकता। जैसा संकेत किया गया है, जायसी की रचना-दृष्टि व्यापक रूप से मानवीय प्रेम के विविध आयामों को अभिव्यक्त करने की रही है। यह स्वीकार किया जा सकता है कि कवि के मन में सूफ़ी प्रेम-साधना की रूपरेखा रही है और उसने इस प्रेम-भावना की अनेक स्तर पर और सन्दर्भों में गहरी व्यंजना की है। पर जैसा अभी कहा जा चुका है, जायसी ने प्रेम के विविध पक्षों तथा स्तरों को अभिव्यक्त करने के लिए अन्य साधन-पद्धतियों के प्रतीकों तथा रूपकों का अपनी भाव-व्यंजना में उपयोग किया है। साथ ही अपने कथानक के पात्रों को सदा निश्चित प्रतीक रूप में ग्रहण न कर, प्रसंगों के अनुसार भावाभिव्यक्ति की दृष्टि से भिन्न भूमिकाओं पर प्रस्तुत किया है।

(5 : 9) जायसी ने प्रकृति-वर्णनों में बहुत बार प्रत्यक्षतः अतिशयोक्ति से काम लिया है और अनेक प्रसंगों में उसको अलौकिक सौन्दर्य रूप में प्रस्तुत किया है। परन्तु इन सभी दृश्य-रूपों की भाव-व्यंजना में आध्यात्मिक संकेत निहित है। सिंहल द्वीप का वर्णन उसके प्राकृतिक परिवेश में किया गया है। इस सारे वर्णन-प्रसंग में ऐसे अनेकानेक संकेत मिलते हैं, जिनसे पूरी कथा-वस्तु को अलौकिक व्यंजनाओं से प्रारम्भ किया जान पड़ता है। कवि वर्णन करता है, 'उस द्वीप के समीप आते जान पड़ता है कि स्वर्ग निकट आ गया है। चारों ओर की घनी अमराइयाँ धरती से उठती हुई आकाश का स्पर्श करती हैं। मलयगिरि से लाये गये वृक्षों की छाया जग में रात बन कर छायी हुई है और उसमें मलय-पवन प्रवाहित है।' सामान्यतः यह वर्णन प्रकृति के आदर्श रूप का है, परन्तु जब कवि कहता है, यह अनुपम छाँह जिस पथिक को मिलती है वह विश्राम का सुख पा कर सारे दुःख भूल जाता है और

वापस आकर फिर कभी धूप नहीं सहता, तब यह संकेत पूरे प्रकृति के परिवेश पर लोकोत्तर प्रकाश डालता है। इसी प्रकार आगे विविध प्रकार के पक्षियों के वर्णन में ऐसे संकेत निहित हैं। 'वहाँ के पक्षी के अनेक प्रकार के शब्द करते हुए शाखाओं को देख कर आनन्दित हैं। पण्डुक 'एकै तुही' उच्चारण करती है। मैना तथा तोते आनन्द-मग्न हैं। कपोत आकाश में ऊपर-नीचे उड़ते हैं। पपीहा पिहु-पिहु कहना आरम्भ करता है, गुडुरु पक्षी 'तुही-तुही' कह कर खीझती है।' यहाँ पक्षियों के कोलाहल चित्र में उनकी ध्वनियों से इस प्रकार का संकेत कवि देता है और वह अन्ततः दोहे में यह उल्लेख भी करता है कि मानों इस प्रकार सभी पक्षी प्रभु का नाम ले रहे हैं (पद : 29)। इस वर्णन-क्रम में कवि सिंहल के मानसरोवर का वर्णन इसी व्यंजना के साथ करता है, 'सागर के समान अति अगाध मानसरोवर का जल मोती जैसा निर्मल, कपूर की सुगन्धिवाला अमृत तुल्य सुन्दर दिखायी देता है। सहस्र-सहस्र दलों के छत्रवाला रक्तवर्ण कमल खिला हुआ है। सीपों के जल में उलटने से मोती ऊपर उतराने लगे हैं और हंस उन्हें चुगते हुए जल-क्रीड़ा में मग्न हैं। सोने से सुन्दर चित्रित लगनेवाले सुनहरे पक्षी जल में तैर रहे हैं। इस प्रकृति के सौन्दर्य की आदर्श कल्पना के साथ कवि वहाँ के वृक्षों के फल को अमृत तुल्य कह कर और सरोवर की शोभा से भूख-प्यास मिटने का उल्लेख कर विशेष सन्दर्भ दे सका है। कवि एक ओर ऐसी आदर्श कल्पनाओं से प्रकृति के सहज वातावरण को उद्दीप्त करता है और साथ ही अनेक संकेतों से साधना की भूमिका भी प्रस्तुत करता है। एक ओर सहज प्रकृति का सौन्दर्य अंकित है, 'ताल-तलैयों का वर्णन सम्भव नहीं हो पा रहा है, उनका पारावार दृष्टि में नहीं आता, जल पर श्वेत कुमद-केत फूले हैं, मानो आकाश में तारे उदित हुए हैं। जल-तल पर मेघ उतरते हैं और पानी लेकर ऊपर चढ़ते हैं। जल-तरंगों में उछलती हुई मछलियाँ बिजली-सी चमकती हैं।' इस सहज प्रकृति-सौन्दर्य के वर्णन-क्रम में जब कवि सारस युग्म के स्तरों में दो प्रेमियों के एक साथ प्राण त्यागने की बात कहता है अथवा यह संकेत देता है कि 'उन सरोवरों में अमूल्य नग दिन में दीपक की भाँति जलते हैं और जो उनमें डुबकी लगाये वह अमूल्य मुक्ताओं की सीपी पायेगा', तब यहाँ आध्यात्मिक साधना का संकेत व्यंजित हो जाता है। इसी प्रकार गढ़ की नीर तथा खीर नामक नदियों के वर्णन के साथ एक स्वर्ण वृक्ष की चर्चा है, जिसके माध्यम से प्रेम-तत्त्व की अलौकिकता का संकेत दिया गया है। 'स्वर्ग के कल्प वृक्ष जैसा सोने का एक वृक्ष है, जिसकी जड़ें पाताल में और शाखाएँ स्वर्ग में हैं। उस पर फैली अमरबेल को कौन पा सकता है और कौन चख सकता है? चन्द्रमा उस वृक्ष के पत्ते हैं और तारे फूल हैं, नगर में सर्वत्र उसका प्रकाश है।' इस चमत्कारी वर्णन के साथ जब कवि यह सन्दर्भ देता है कि उसके फल तपस्या से प्राप्त होते हैं और उनको खा कर नवयौवन प्राप्त होता है तथा सभी अमर होने के लिए उसकी याचना करते हैं, तो इस कथन से रहस्यमयी व्यंजना सहज हो जाती है।

(5 : 10) षटऋतु प्रसंग में प्रकृति के साथ संयोग शृंगार का वर्णन है। इस सारे वर्णन में प्रकृति के अन्तर्गत संयोग-सुख के सारे व्यापारों को समाहित किया गया है। संयोग के उल्लास और मिलन-सुख के साथ प्रकृति समरस हो सकी है, परन्तु साधना के संकेत उतने स्पष्ट नहीं हैं। यत्र-तत्र हलके संकेत ग्रहण किये जा सकते हैं। कवि वर्णन करता है, 'रात होते ही वह बाला चन्द्रमा-सी चमकने लगी और राजा ने देखा पथ्वी फिर पहले-सी बस रही

है। कार्तिक की पूर्णिमा आ गयी है, शरत्-चन्द्र उदित हुआ और जैसे आकाश के सूर्य को छूना चाहता है।' यह उद्दीपन रूप प्रकृति का वर्णन है। पद्मावती का कथन है, 'मैंने शृंगार का सैन्यदल सजाया है, हाथी जैसी मेरी चाल है, मेरे अंचल ध्वजा के समान फहरा रहे हैं, मेरे नेत्रों में सागर की हिलोर है, खड्ग-रूप मेरी नासिका है, युद्ध में मेरे समक्ष कौन टिकेगा।' सामान्यतः यह युक्ति शृंगार-भाव से सम्बद्ध है परन्तु इसमें एक संकेत प्रेम के संयोगपरक साधना पक्ष का ग्रहण किया जा सकता है। इस सारे प्रसंग में प्रकृति के उद्दीपन रूप के साथ संयोग शृंगार का वर्णन है तथा जो प्रिय और प्रिया के मिलन सुख का वर्णन है, उसमें भी अलौकिक प्रेम की अपेक्षा लौकिक प्रेम का वातावरण ही अधिक सघन है। इस वर्णन में प्रकृति और मानवीय जीवन का सामंजस्य सुन्दर तथा आकर्षक बन पड़ा है। उदाहरण के लिए 'कन्त के साथ विलास करती हुई प्रिया को सावन-भादों मास की पावस ऋतु सुहावनी लगती है। कोयल का बोल सुनायी पड़ता है, बगुलियों की पंक्तियाँ मेघों के बीच बिखर जाती हैं। बिजली कौंध कर जैसे संसार में सोना बरसाती है।' यह वर्णन-क्रम इसी प्रकार चलता है और इसके बीच चमक के साथ मेघों की गर्जन से चौंक कर प्रिय-प्रिया कण्ठालिंगन करते हैं। 'सुखबासी में मलय-समीर की सुगन्ध आ रही है। पुष्पित बेलों के फूलों से सुख सेज सँवारी गयी है, और भूमि पर हरियाली के छाने के साथ प्रिया ने कुसुम्भी चोला पहन प्रिय के साथ हिण्डोला सजाया।' यह सारा-का-सारा वर्णन संयोग पक्ष के प्रकृति परिवेश में किया गया है और इसमें साधना का कोई सन्दर्भ व्यंजित नहीं है, हो सकता है कि सन्दर्भ से प्रिय और प्रिया के आनन्दोत्सव भाव में उस संकेत को ग्रहण किया जाय। जैसा स्वीकार किया जाता है, प्रेम-साधना के अन्तर्गत संयोग पक्ष की अपेक्षा वियोग पक्ष में यह व्यंजना अधिक गहरी तथा मार्मिक होती है, जायसी के काव्य में 'नागमती वियोग' के वर्णन प्रसंग में अभिव्यक्ति के इस स्तर को लक्षित किया जा सकता है। सामान्य स्तर पर नागमती साधना की दृष्टि से कोई स्पष्ट प्रतीक नहीं है। परन्तु उसके वियोग की अभिव्यक्ति में जिस स्तर की मार्मिक सघनता तथा व्यापक विस्तार पाया जाता है, उसमें आध्यात्मिक प्रेम की अभिव्यक्ति को सहज ही देखा जा सकता है। यहाँ यह भी जायसी के काव्य-कौशल का एक प्रमाण है कि इस विरह-वर्णन में एक ओर सहज मानवीय जीवन की मार्मिक व्यंजना हुई है, तो साथ ही उसमें निरन्तर प्रेम-साधना की उच्च भूमिका का संकेत निहित है। नागमती प्रारम्भ में ही सुआ का उल्लेख करती है, जिसे वह अपने वियोग का मूल कारण मानती है, प्राण के समान उसके प्रिय को वही ले गया है। अपनी विरह-व्यथा की पीड़ा में वह सूख कर पंजर हो गयी और मरण की कामना करती है। प्रिय के वियोग में उसका मन बावला हो गया है, वह पपीहे की तरह 'पिहु-पिहु' रटने लगी है। उसके विरह की अतिशयोक्ति में कवि ने प्रेम-साधना के मार्ग की कठिनाई को व्यक्त किया है। इस दशा में पंख झड़ जाने से पक्षी जिस प्रकार उड़ने में असमर्थ हो जाता है, उसी प्रकार विरहाग्नि से शरीर में स्थित जीव रूपी हंस विवश हो गया है और वह शरीर त्याग कर उड़ भी नहीं सकता। इसी प्रकार सभी मासों के वर्णन के अन्तर्गत प्रकृति का रूप-विधान है और उसमें विरहिणी की उद्दीप्त भावनाओं को अभिव्यक्ति मिली है। इन मासों में परिवर्तित होते प्रकृति के दृश्य-रूपों के साथ नागमती के विरह की मार्मिक व्यंजना की गयी है और प्रिय मिलन की उत्कट आकांक्षा व्यक्त हुई है। आषाढ़ मास में

आकाश में मेघों के गरजने, बिजली के चमकने, मेघों से घनघोर वर्षा होने के चित्र के बीच विरहिणी अपने प्रिय के लिए आकुल-व्याकुल हो उठती है। इसी प्रकार हर मास की प्रकृति के दृश्य रूपों का आश्रय लेकर कवि विरह-व्यथा का जो चित्र प्रस्तुत करता है, उसमें प्रेम की अभिव्यक्ति अपने सहज मार्मिक तथा सघन रूप में लोकोत्तर हो गयी है। जब शीतकाल में नागमती कहती है, 'मैं कम्पायमान् हूँ, प्रिय कहाँ है जो मैं उनके हृदय से लगूँ। चकवी तो रात में बिछुड़ कर दिन में मिलन-सुख पाती है, पर मैं रात-दिन विरह में कोयल-सी कूकती हूँ। मैं कैसे जिऊँ? मेरी जोड़ी का पक्षी बिछुड़ गया।' इस वर्णन के साथ कवि अपनी टिप्पणी में विरह की अतिशयता के निष्कर्ष रूप में प्रेम-साधना के पूर्ण समर्पण-भाव को व्यंजित करता है, 'विरह में उसका रक्त आँसू बन ढल गया, मांस गल गया, हड्डियाँ सूख कर राख हो गयीं। यह बाला सारस की जोड़ी की भाँति रटती हुई मर गयी है, हे प्रिय अब आकर उसके (बाला के) पंख समेट लो'।

(5 : 11) जायसी के प्रसंग में यह उल्लेख किया गया है कि उनकी दृष्टि निरन्तर व्यापक मानव जीवन के आधार पर अपनी रचना को संयोजित तथा विकसित करने की रही है। जीवन के इस वैविध्यपूर्ण और विस्तृत फलक पर उन्होंने आध्यात्मिक संकेत तथा सन्दर्भ व्यंजित किये हैं। हमने देखा है कि अपनी दार्शनिक दृष्टि के समान साधना के क्षेत्र में भी वह कवि रूप में अनेक सूत्रों तथा मतों का प्रयोग करते हैं। उनकी केन्द्रीय दृष्टि मानवीय प्रेम के विविध आयामों को ग्रहण कर विकसित हुई है और सूफ़ी प्रेम-साधना का स्वरूप उसमें आभासित-व्यंजित होता रहता है। हम देखते हैं कि प्रेम-साधना के ये सूत्र व्यापक जीवन-क्रम में यत्र-तत्र बिखरे हैं और कवि परिस्थितियों तथा पात्रों के माध्यम से अपनी रचना-प्रक्रिया में उन्हें संयोजित करता है। पद्मावती हीरामन से अपने प्रेम-सम्बन्ध को व्यक्त करते हुए इस प्रकार का संकेत देती है। वह कहती है, 'हे हीरामन, तू मेरा प्राण है। सेवा से बिछुड़ने के लिए तुझे मैं कभी नहीं कह सकती। मैं तुझे अपने हृदय के पिंजड़े में सुरक्षित रखूँगी। हम दोनों में धर्म का प्रेम है, हमको कौन मार सकता है? प्रीति कैसी जो शरीर के साथ विदा हो जाय, सच्ची प्रीति प्राणों के साथ जाती है।' यहाँ प्रेम की इस सामान्य भाव-व्यंजना में एक ऐसा संकेत छिपा हुआ है जो उसकी अलौकिकता को निर्दिष्ट करता है। इसी प्रकार 'मानसरोदक खण्ड' में जल-केलि-प्रसंग में सरोवर के केलिनिपुण हंस के माध्यम से आत्म-तत्त्व का संकेत देकर कवि खेल को प्रेम-साधना के प्रतीक में ग्रहण करता है। कवि कहता है, 'आज ही खेल है, फिर कहाँ होगा? खेल समाप्त होने पर फिर कौन खेलता है? खेल वही धन्य है जो प्रेमरस से खेला जाय। प्रेम सरोवर में मन-भावना खेल खेलो। फुलेल तेल तिल और फूलों के साथ बसाने से बनता है; किसी की सुगन्ध और किसी के स्नेह मिलन से प्रेम सुगन्धित होता है।' यहाँ इस सन्दर्भ में प्रेम की आध्यात्मिक साधना के रूप में खेल तथा फुलेल तेल के प्रतीकों का उपयोग सार्थक बन पड़ा है। खेल के इस रूपक को आगे कवि ने हार खो जाने के प्रसंग में विकसित भी किया है। यह व्यंजना हार को स्वयं खोजने, दूसरों से खोजवाने तथा जल में डुबकी लगा कर ढूँढ़ने की प्रक्रिया में व्यंजित की गयी है, क्योंकि जल से कोई मोती लेकर ऊपर आता है और किसी के हाथ घोंघा मात्र लगता है। इसी प्रकार पद्मावती के सम्पर्क में आने पर मानसरोवर का अनुभव इसी संकेत को व्यक्त करता है। वह कहता

है, 'मैंने जिसे चाहा उसे पा लिया। रूप का पारस वह मेरे समीप स्वयं आ गयी। उसके चरण छूकर मैं निर्मल हुआ, उसके रूप का दर्शन पाकर रूपवान् हुआ, उसके शरीर की मलयानल की सुगन्ध से मैं शीतल हुआ और मेरी सारी ज्वाला शान्त हो गयी।' निश्चिय ही इस प्रकार का वातावरण एक ओर कथा-वस्तु के रचना-विधान का सुन्दर अंग है, तो दूसरी ओर कवि साधना के वातावरण को प्रस्तुत करता है। इसी प्रसंग में कवि जब वर्णन करता है कि पद्मावती के नेत्रों को देखनेवाले कमल में रूपायित हो गये, उसकी शरीर की छाया से सरोवर का जल निर्मल हो गया, उसके हास्य से लोग हंस हो गये और दाँतों की ज्योति हीरा यथा नगों में काशित हुई, तब यह अर्थ-सन्दर्भ स्पष्ट हो जाता है। कथा के विकास में हीरामन सुआ का हत्त्वपूर्ण योग रहा है। परन्तु उससे सम्बन्धित प्रसंगों में कवि निरन्तर उसके आध्यात्मिक हत्त्व को निर्दिष्ट करता चलता है। वह साधना के क्षेत्र में गुरु के स्थान पर है और इस ष्टि से उसके महत्त्व को रेखांकित किया गया है। कवि ने कहा है कि 'हीरामन जब बोलता , तब लाल और मूँगे झड़ते हैं, अन्यथा वह मौन रहता है। सुब सुआ बोलता, तो राजा मुँह ोहने लगता, मानों उन वचनों के मोतियों का हार अपने हृदय पर धारण करने के लिए गूँथता ।' यहाँ स्पष्टतः कवि उल्लेख करता है कि सुआ के वचनों से राजा के हृदय में प्रेम की नुभूति जाग्रत हो गयी। 'नागमती सुआ खण्ड' के अन्तर्गत प्रेम के सामान्य कथनों में इस केत को लक्षित किया जा सकता है। धाय नागमती से कहती है कि प्रियतम और सौभाग्य (प्रेम) इन दोनों को वही पाता है, जो अपने कन्त से एकान्त भाव से प्रेम करता है। इसी क्रम में नागमती पति से अलग होकर अपने मन में यह भाव लाती है कि 'मैंने समझा था तुम मेरे ही भीतर हो, पर अब विचार कर देखती हूँ कि तुम सब के पास (व्याप्त) हो, वह रानी हो या चेरी, जिस पर तुम्हारी कृपा हो।' 'राजा और सुआ' के संवाद प्रसंग में कई इस प्रकार के संकेत हैं, जिनके माध्यम से कवि इस साधना की भूमिका को व्यंजित करता है। सत्य से मुख लाल होने की बात कह कर मानव जीवन का उसे सार कहा गया है। सत्य को धर्म का साथी मान कर सारी सृष्टि को उसमें स्थित कहा गया है। इसी प्रकार हीरामन के द्वारा पद्मावती की सेवा की चर्चा है, उसके अनुसार सेवा मार्ग से ही उसके गले में कण्ठा फूटा, मनुष्य की वाणी मिली अर्थात् उसे ज्ञान का मार्ग प्राप्त हुआ।

(5 : 12) रत्नसेन सुआ से पद्मावती के रूप-सौन्दर्य का वर्णन सुन कर उस पर मोहित हो गया और इस प्रसंग में उसकी जिस वृत्ति का उल्लेख किया गया है, वह परम-प्रेम को व्यक्त करती है। राजा कहता है, 'हे उज्ज्वल मनवाले ज्ञानवान् पक्षी, तुमने उस दीपक का वर्णन किया है जो पतिंगा बना कर मारता है। सागर तुल्य पद्मावती का वर्णन सुन कर मेरे नेत्र किलकिला समुद्र की भाँति क्षुब्ध हो उठे हैं और अब भौंरा बन कर कमल से मिलना चाहता हूँ।' कवि की युक्ति है 'सुनि रबि नाउँ रतन भा राता' यहाँ अर्थ-व्यंजना नाम-रूप परम तत्त्व के स्मरण से रत्न जीवात्मा के प्रेम-भाव से युक्त होने की है। राजा कहता है कि यह सुन्दर मूर्ति उसके चित्त में स्थायी रूप से अंकित हो गयी है। और शरीर में व्याप्त हो कर सूर्य के समान हृदय को प्रकाशित कर रही है। इस कथन में आध्यात्मिक प्रेम के अंकुरित होने का भाव है, क्योंकि इस मानसिकता में रत्नसेन अनुभव करता है कि पद्मावती के सौन्दर्य की सहस्रों किरणों में उसका मन इस प्रकार अभिभूत है कि उसमें सर्वत्र कमल पुष्पित दिखायी

देते हैं। इस क्रम में सुआ आध्यात्मिक प्रेम की व्यंजना प्रेम की कठिनाई के साथ करता है। इस प्रेम मार्ग पर सिर देनेवाला ही शोभित होता है। इस प्रेम की पीड़ा को मोर जानता है, जिसके रोम-रोम में प्रेम की नागफाँसी के फन्दे पड़े हैं और जिस कारण वह वनवासी हुआ है। पण्डुक और सुआ के कण्ठ में प्रेम की व्यथा के रूप में वही फन्दा हुआ है। जिसके गले में यह फन्दा पड़ता है, वह प्राणों का उत्सर्ग कर देना चाहता है। 'नख-शिख-खण्ड' के अन्तर्गत पद्मावती के सौन्दर्य का जो वर्णन किया गया है उसमें इस प्रकार के संकेत निरन्तर मिलते हैं। यहाँ विभिन्न अंगों के सौन्दर्य-वर्णन के लिए जिन उपमानों को संयोजित किया गया है, उनके माध्यम से यत्र-तत्र उस अनुभव का संकेत दिया गया है, जो आध्यात्मिक प्रेम का स्पर्श करता है। उदाहरण के लिए पद्मावती के अधरों के अमृत रस की सुगन्ध से सुआ को नासिका रूप में उसके समीप रंग गया, कहा गया है। उसकी रचना के अमृत वचनों के प्रभाव से मन के अनुरक्त हो जाने का कथन है। वह वीणा और वंशी के स्वरों से अलौकिक अमृत भरे वचन बोलती है। इसी प्रकार उसके नाभि-कुण्ड में प्रवाहित मलयगन्ध पवन सारे संसार को बेध रही है। इन कतिपय संकेतों के आधार पर कहा जा सकता है कि पद्मावती के विश्वव्यापी सौन्दर्य के साथ साधना की भूमिका को कवि ने निर्दिष्ट किया है। इसी के प्रभाव को आगे रत्नसेन में वर्णित किया गया है, वह प्रेम के अपार सागर में जैसे डूब रहा हो और लहर-पर-लहर आने से विरह में बेसुध हो गया हो। इस प्रेम-साधना की कठिनाई का वर्णन करते हुए राजा को समझाया गया कि इसके मार्ग में बहुत घुमाव हैं। आकाश की ओर दृष्टि रखने से सुमेरू पर पहुँचा जा सकता है, परन्तु दृष्टि-पथ में न आनेवाले आकाश से भी ऊँचे प्रेम-मार्ग पर चढ़ना सम्भव नहीं है, उसका ध्रुव आकाश के ध्रुव से भी ऊँचा है। इस 'प्रेमखण्ड' में प्रेम-साधना की ओर रत्नसेन के उन्मुख होने का वर्णन करते हुए कवि ने कहा है, 'प्रेम-भाव के उत्पन्न होने से राजा अपलक था, नेत्रों से मोती और मूँगे झड़ रहे थे। इस अनुभव को गूँगे के गुड़ खाने के समान व्यक्त नहीं कर पा रहा था। हृदय के प्रकाश में वह दीप (परम तत्त्व) गोचर हो गया, मन माया से विरत हो गया (पदः 125)। आगे के 'जोग खण्ड' में जब रत्नसेन प्रेम के पथ पर आगे बढ़ने के लिए तत्पर हो गया है, वहाँ निरन्तर इस भूमिका का उल्लेख मिला है। जब राजा को मार्ग से विमुख करने के लिए अनेक लोग समझते हैं, वह अपने संकल्प से विचलित नहीं होता। वह कहता है, 'प्रेम का पथिक दिन-घड़ी नहीं देखता, जिसके शरीर में प्रेम है उसमें मांस कहाँ? प्रेम में बावली सती चिता पर चढ़ने के लिए मुहूर्त्त नहीं पूछती। मैं पंखवाला पक्षी हूँ, जिस वन में मुझे रहना है उसको पाने के लिए मैं तत्पर हो गया हूँ। यह साधना के लिए संसार से विरक्ति का भाव यहाँ निरन्तर व्यंजित होता है और हृदय में जाग्रत प्रेम को भी व्यंजित देखा जा सकता है।

(5 : 13) जायसी ने रत्नसेन के माध्यम से यह बताया है कि साधना-मार्ग पर आगे बढ़नेवाले के लिए सांसारिक माया-मोह का त्याग अनिवार्य है। उसे परिवार और घर को छोड़ना पड़ता है। इस मार्ग पर सुख-दुःख दोनों से परे उसे जाना होता है। इस मार्ग का प्रदर्शक वही हो सकता है जो उस मार्ग को स्वयं जानता हो, जिसके पंख नहीं वह उड़ नहीं सकता। साधक के हृदय में जब प्रेम-भाव जाग्रत होता है, उसके लिए भूख-नींद का आराम कहाँ? उसके नेत्र उस मार्ग पर रहते हैं जिससे उसका लक्ष्य सिद्ध होता है, जिस प्रकार वन में चातक और

जल में सीपी के ध्यान में स्वाति रहता है। कवि इन संकेतों को इस प्रकार अपने कथा-प्रवाह में देता चलता है कि उसकी सहजता बनी रहती है और एक स्तर पर प्रेम की यह भूमिका व्यंजित होती चलती है। इस प्रेम के सम्बन्ध में रत्नसेन का यह कथन महत्त्वपूर्ण है, 'हे गजपति, यह मन शक्ति की सीमा है (इस मन में ही शक्ति-शिव का मिलन होता है)। जिसमें प्रेम जाग्रत होता है उसमें जीव कहाँ? इस मार्ग पर पग बढ़ानेवाला पहले ही (भौतिक अर्थ में) मरा है, मृत्यु उसका कुछ बिगाड़ नहीं सकती। भौंरा ही उस कमल के साथ की प्रीति जानता है, जिसमें बन्द होकर उस पर प्रेम की व्यथा बीतती है। परन्तु प्रेम का समुद्र जिसने देखा है, वह समुद्र को बूँद की तरह समझता है।' प्रेम का यह समुद्र अगाध है, उसका न आर-पार है न थाह ही। ऐसे प्रेम के पथिक के लिए कवि सांसारिक समुद्रों के मार्ग को नगण्य बताता है। रत्नसेन इन अगाध समुद्रों को हंस बन कर पार करने की बात कहता है। यहाँ कवि हंस के प्रयोग में आत्मतत्त्व की व्यंजना से प्रेम के समुद्र को आध्यात्मिक अर्थ देता है। अपने प्रेम-मार्ग पर आगे बढ़ते हुए रत्नसेन केवल एक भावना से प्रेरित है कि वह इस सत्य का संकल्प लेकर पिछड़ न सके। उसके हृदय में सत् है जो नेत्रों में दीपक का प्रकाश करता है और उसके बल पर वह समुद्र से नहीं डरता। वह मरजिया बन कर समुद्र में डुबकी लगाता है और उसका संकल्प है कि जब तक रत्न का (उसका) पदार्थ (पद्मावती) से मिलन नहीं होता, वह निरन्तर समुद्र में खोजता रहेगा। अब जब उसके हृदय में प्रेम है तो उसके लिए आग भी चन्दन की भाँति शीतल है। उसे विश्वास है कि प्रेम की ज्वाला को झेलने का दुःख व्यर्थ नहीं जाता। सत्य के साक्षात्कार के लिए अपने को जलाना पड़ता ही है। प्रेम में सँभार कहाँ? सिंहल द्वीप जब सामने आ जाता है, राजा के सामने प्रकृति का एक अद्भुत रूप उजागर हो जाता है। वह अपने गुरु से उसका जिस प्रकार वर्णन करता है, उसमें प्रकृति का आदर्श-चित्र उपस्थित हुआ है। इस अद्भुत सौन्दर्य को सामने उपस्थित देख कर राजा सुआ से उसके बारे में प्रश्न करता है, 'न जाने सामने यह कौन स्थान है? शीतल पवन सुगन्ध से तप्त शरीर में चन्दन का लेप कर रहा है। सूर्य-किरणों की निकलती हुई रेखाओं से अन्धकार का नाश हो रहा है और सारा दृश्य-जगत् निर्मल दिखायी देता है। सामने मेघ उठता हुआ जान पड़ता है तथा आकाश में बिजली कौंधती दीख पड़ती है। उस पर चन्द्रमा का प्रकाश फैल गया है, जो कृत्तिका नक्षत्र से ग्रसित जान पड़ता है। फिर चारों ओर दीपक जैसे उज्ज्वल नक्षत्र जगमगा उठे हैं। पास ही दक्षिण दिशा में सोने का पर्वत दृष्टिगत हो रहा है और चारों ओर सुगन्ध छा गयी है'। आगे जैसे सुआ ने बताया वस्तुतः यह सिंहल द्वीप का दृश्य है, परन्तु इसके इस चित्रमय वर्णन के माध्यम से कवि ने अलौकिक सन्दर्भ को रेखांकित किया है। शिव जी के मण्डप में रत्नसेन पद्मावती के दर्शन की आशा से जब स्तुति करता है, उसे एक दिव्य स्वर सुनायी देता है, 'मनुष्य प्रेम से स्वर्ग के योग्य बना है, अन्यथा उसमें है ही क्या? एक मुट्ठी राख मात्र। प्रेम में विरह तथा रस दोनों हैं, जैसे मोम के छत्ते में शहद का अमृत और बर्र दोनों रहते हैं। सत्य के बिना सारा श्रम निरर्थक है, सत्य से सब-कुछ मिलता है और यह मार्ग सेवा का है।' इस देव-वाणी में प्रेम-साधना को ही सहज भाव से स्वीकार किया गया है।

(5 : 14) पद्मावती को धाय समझाती हुई कहती है, 'हे बुद्धिमती पद्मावती, तू सयानी

है, तेरी समता समुद्र नहीं कर सकता। सरिताएँ समुद्र में प्रवाहित होती हैं, पर समुद्र अपनी मर्यादा त्याग कर किसमें समायेगा?' यहाँ पद्मावती के सहज-सामान्य प्रेम में व्यापकता के स्तर पर आध्यात्मिक संकेत ग्रहण किया जा सकता है, परन्तु कवि ने प्रतीकों के यथावत् निर्वाह का उपक्रम नहीं किया है। यहाँ प्रियतम से मिलन होने तक पद्मावती की ही प्रेम-व्यथा सहने की बात कही गयी है, जिस प्रकार समुद्र के जल में सीपी स्वाति के लिए तपती है। जैसा प्रारम्भ में ही कहा गया है कि जायसी ने निरन्तर किसी रूपक-विधान को दृष्टि में नहीं रखा है। इस प्रेम की स्थिति को सुआ स्पष्ट करते हुए रानी को चन्द्रमा और रत्नसेन को निर्मल सूर्य कहता है और उसमें विरह की वज्राग्नि का उल्लेख करता है। इस अग्नि के ताप को रात-दिन प्रज्वलित मान कर सूर्य को उससे नगण्य माना गया है। निश्चय ही इस प्रसंग में प्रेम की अतिशयता को इस प्रकार अभिव्यक्ति मिली है। पद्मावती तथा रत्नसेन के मिलन के अवसर पर कवि ने जिस विशिष्ट स्तर पर प्रेम को व्यंजित किया है, उसमें ऐसे ही संकेत निहित हैं, पद्मावती तथा योगी की दृष्टियों के मिलन में यह भाव देखा जा सकता है। योगी की दृष्टि ने उसकी दृष्टि के मद को ग्रहण किया, इस प्रकार प्रेमिका के नेत्रों पर साधक ने नेत्रों के माध्यम से प्राणों का उत्सर्ग किया। यहाँ जो मधु (आनन्द) का स्वाद वह लेना चाहता था, आज उसी के वश में है। हम देख सकते हैं कि जायसी योग के सारे विधान के बावजूद प्रेम-बन्धन के माध्यम से इस साधना को स्वीकार करते हैं। कवि ने प्रेम के ऐसे अनेकानेक संकेत अपनी काव्याभिव्यक्ति में निहित किये हैं, जिनसे साधना की भूमिका का संकेत मिलता रहता है। राजा मिलन-जल से खींच कर विरह की अग्नि में डाल दिया गया है, जैसे जल से बिछुड़ कर मछली घोर दुःख पाती है। अन्यत्र कवि काम की चिंगारी से धरती तथा आकाश के भयभीत होने का उल्लेख करता है और हृदय में समाहित रखनेवाले विरही साधक को धन्य कहता है। रत्नसेन के निराश हो कर विलाप करने में जिस अतिरंजना से काम लिया गया है, उसका उपयोग इस दृष्टि से सुन्दर बन पड़ा है। कहा गया है कि 'रत्नसेन ऐसा रोया कि उसके नेत्रों से माणिक जैसे रक्त के आँसू टपकने लगे। लगा जैसे आकाश से मेघ घनघोर वर्षा करते हैं और धरती को भर कर जल-मग्न कर रहे हैं। इस प्रलय वर्षा से सागर ने मर्यादा त्याग दी है, पर्वत का शिखर जल-मग्न हो गया है, पानी उबलने लगा और चट्टानों का हृदय फटने लगा।' इस समस्त वर्णन में अतिरंजना की व्याप्ति से कवि लोकोत्तर अनुभव को अभिव्यक्ति दे सका है। अन्यत्र सुआ पद्मावती के दर्शन का प्रभाव रत्नसेन पर इसी स्तर पर व्यंजित करता है। उसके कटाक्ष मात्र से रत्नसेन उसका नाम लेकर मूक हो जाता है। उस पर पड़े हुए प्रभाव में इस आध्यात्मिक व्याप्ति को देखा जा सकता है, 'उसके रोम-रोम में वे बाण बिंध गये, प्रत्येक रोम कूप से जैसे रुधिर पसीना बन कर निकल रहा हो। नेत्रों से रक्त-धार प्रवाहित हुई, जिससे भीग कर कथरी लाल हो गयी। उसमें डूब कर प्रातःकाल सूर्य लाल निकला। उसी से वन के मंजीठ तथा टेसू रक्तवर्ण हुए। उस रक्त-धार से जितनी पृथ्वी भीगी गेरू हो गयी।' इस प्रकार व्यापक स्तर पर प्रकृति में इस प्रभाव को अभिव्यक्त किया गया है और इसका सौन्दर्य इसकी आध्यात्मिक व्यंजना में ही निहित है।

(5 : 15) सुआ जब रत्नसेन की पत्रिका पद्मावती के पास लाया है, उस समय सारी परिस्थिति को जिस चमत्कार के साथ प्रस्तुत किया गया है, उसमें प्रेम की अलौकिकता का

दर्शन होता है। इस प्रेम की पत्रिका को अग्नि के गोले के समान 'दिव्य परीक्षा' से जोड़ा गया है। सुआ की ग्रीवा में बँधे हुए सुनहले डोरों को जल कर लाल तथा काले कण्ठ के चिह्न होने की बात इस वैचित्र्य को व्यक्त करती है। उसकी साँसों के साथ अग्नि की जलती हुई लपटें निकल कर अपनी झार से वृक्षों को जला रही है। पत्रिका के सम्पर्क से सुआ की हड्डियाँ जल कर चूना हो गयीं, उस अग्नि में रक्तविहीन मांस का कहना क्या? इस सारे अतिशयोक्तिपूर्ण वर्णन की संगति इस संकेत से ही बनती है (पद : 230)। रोचक तथ्य यह है कि जायसी की कवि-कल्पना में रत्नसेन और पद्मावती अपनी भूमिकाओं को बदल सकते हैं। कथा के अगले क्रम में पद्मावती के प्रेम-विरह का वर्णन इसी सघन मार्मिकता के साथ अतिरंजना की लोकोत्तर व्यंजनाओं में किया गया है। इस बात का पहले योग-साधना की प्रतीक-योजना के अन्तर्गत उल्लेख किया गया है। सुआ के आशीष वचन सुन कर पद्मावती ने नेत्र खोले और कोयल के समान विरह-वचन कहे, 'दिन में ही सूर्य (रत्नसेन) को ग्रहण लगना था तो कमल के हृदय में प्रेम का अंकुर उत्पन्न हुआ ही क्यों?' उसके विरह-वर्णन में इस अलौकिकता का संकेत निहित है, 'उस अपार दाह की भयंकर लपटों को जो सुनता वह भी जलने लगता। शरीर में मानो कोई हनुमान् लंका-दाह सा कर रहा है। लंका की वह अग्नि बुझ गयी, पर इस शरीर की वज्राग्नि बुझती ही नहीं। उठते हुए आग के पहाड़ सारे अंगों में अंगारे बन गये। मलयगिरि पर्वत का सारा चन्दन और समुद्रों का सारा पानी उस आग को बुझा कर शरीर की ज्वाला शान्त नहीं कर सकता' साधारण वर्णन की दृष्टि से यह केवल कौतुक जैसा है, परन्तु प्रेम की अभिव्यक्ति के जिस स्तर का कवि अर्थ-ग्रहण कराना चाहता है, वह इससे सिद्ध होता है। इसी क्रम में हीरामन इस प्रीति की बेल में उलझने से मर कर भी छुटकारा न पाने की बात कह कर उसका समर्थन करता है। पद्मावती के विरह की व्यग्रता में भी सहज भाव-व्यंजना के साथ यह संकेत मिलता-चलता है। यहाँ योगपरक साधना के प्रतीक यत्र-तत्र प्रयुक्त होकर सहायक होते हैं, जिनकी चर्चा की गयी है। संयोग पक्ष में कवि का वर्णन अपनी शृंगारिकता में अधिक लौकिक रहा है। यह अवश्य है उसकी उद्दाम विलासक्रीड़ा में कई ऐसे स्थल आते हैं जिनमें इन प्रतीकों से अर्थ-व्यंजना की गयी है। इसी प्रकार ऐसे संकेत भी निरन्तर संयोजित किये गये हैं जिनमें साधना का यह स्तर और प्रतीकों का यह अर्थ व्यंजित होता है। रत्नसेन पद्मावती से कहता है, 'ज्योतिमान् नग प्रत्येक स्थान पर नहीं होता, हर जल की सीप में मोती उत्पन्न नहीं होता, प्रत्येक वन में चन्दन का वृक्ष नहीं होता और न हर शरीर में एक-सा विरह उत्पन्न होता है। जिसमें 'वह' विरह उत्पन्न होकर व्याप्त होता है, जीवन पर्यन्त कभी अलग नहीं होता। जल में कमल और आकाश में सूर्य है, दोनों में प्रीति है और दोनों ही एक साथ हैं'। इस प्रेम की स्थिति से यहाँ साधना-प्रक्रिया का स्पर्श भी किया जा रहा है।

(5 : 16) प्रेम की अभिव्यक्ति के इस क्रम में यत्र-तत्र संकेतों के साथ षट-ऋतु वर्णन में प्रेम के संयोग पक्ष के सुन्दर और भावपूर्ण चित्र मिलते हैं। काव्य के अन्तर्गत विरह के माध्यम से प्रेम की अभिव्यक्ति अधिक सघन, मार्मिक और व्यंजक होती है। जायसी ने 'नागमती वियोग' का वर्णन इस दृष्टि से अत्यन्त भावपूर्ण किया है। उसकी अभिव्यक्ति में प्रेम की इतनी सूक्ष्म व्यंजनाएँ व्यापक प्रकृति के परिवेश के माध्यम से की गयी है कि सहज

ही उसमें एक अलौकिक स्तर लक्षित होता है। इस वर्णन-क्रम में एक ओर लोक-जीवन के स्तर की सहज भावाभिव्यक्ति है, तो दूसरी ओर वेदना और पीड़ा के ऐसे अत्युक्तिपूर्ण चित्र उपस्थित हुए हैं, जिनके माध्यम से सारा वातावरण लोकोत्तर जान पड़ता है। नागमती अपनी वेदना से उद्वेलित होकर सम्बोधित करती है, 'हे भौंरा, हे काग, प्रिय से जाकर यह सन्देश कह देना—वह बाला विरह में जल गयी, उसका धुआँ हमें लग गया है।' यह लोक-जीवन के स्तर का प्रयोग मार्मिक है। इसी प्रकार विरह में रक्त का आँसू बन कर ढलना, मांस का गल जाना, हड्डियों का सूख कर शंख होना इस विरह की अतिरंजना का चित्र प्रस्तुत करते हैं। परन्तु जब वह कहती है, 'बाला युग्म से बिछुड़ी हुई सारस की भाँति रटती हुई मर गयी। हे प्रिय, अब आकर उसके पंख समेट लो, 'तब प्रेम की व्यंजना अपनी मार्मिकता में गहरी और सघन हो उठती है। सारे प्रकृति के वातावरण में एक रस होकर इसी भाव-स्तर पर विरहिणी कहती है, 'मन में आता है इस शरीर को जला कर रख कर दूँ और कहूँ—हे पवन, इसे उड़ा ले जा, शायद उस मार्ग में जाकर वह पड़े जहाँ प्रियतम कभी पाँव रखें।' नागमती इस विरह में रो-रो कर तिल-तिल का समय बरस-बरस के रूप में बिताती है। इस सारी विरह-वेदना में वह अपने भौतिक अस्तित्व से ऊपर उठ कर वायवी व्यक्तित्व में रूपान्तरित हो जाती है। इस स्तर पर उसकी विरह-व्यथा अपने आप लोकोत्तर जान पड़ती है। वह अपना सन्देश ले जाने के लिए जिस पक्षी को सम्बोधित करती है, वह उसके ताप से जल जाता है और कवि इस सारे वातावरण को इस अलौकिक प्रकाश में उजागर कर देता है। ऐसा लगता है, इस वायवी नागमती के प्रभाव से सारी प्रकृति उद्वेलित है। सर्वत्र उसका ऐसा व्यापक प्रभाव है कि 'उस देश में न पावस है, न हेमन्त है, न वसन्त है। न कोकिल है और न पपीहा ही। उसके रक्त के आँसुओं से वन में घुँघचियाँ बिखरी हुई हैं, प्रत्येक कुंज में पिउ-पिउ की गूँज उठ रही है, उसकी वेदना से पलाश पत्र-विहीन हो गया है और रक्तवर्ण (लोहू) फूलों में चमक उठा है।' निश्चय ही यह विरह-वर्णन अपने आप में अप्रतिम है, इसमें कवि ने सहज मानवीय स्तर के साथ वर्णन सौन्दर्य में ही अलौकिक भूमिका को अन्तर्भूत कर लिया है।

सन्दर्भ

प्रकरण पंचम : प्रेम-साधना की व्यापक भूमिका

अनु. 3 : पद्मावत 20 : वसन्त खण्ड, 190। 9 : राजा सुआ संवाद खं. : 'जनु होइ सुरुज आइ मन बसी। सब घट पूरि हिएँ परगसी।। अब हौं सुरुज चाँद वह छाया। जल बिनु मीन रकत बिनु काया'।।96।।; 36 : नाग. पद्मावती विवाद : खं. 'तुम्ह गंगा जमुना दुइ नारी लिखा मुहम्मद जोग। सेव करहु मिलि दूनहुँ औ मानहु सुख भोग'।।445।।

अनु. 4 : पद्मावत : 3. जन्म : 50। 8. नाग. सुआ खं. : 'परा प्रीति कंचन महँ सीसा। बिथरि न मिलै स्याम पै दीसा। कहाँ सोनार पास जेहि जाऊँ। देइ सोहाग करै एक ठाऊँ।।89।। 27. पद्मावती रत्नसेन भेंट खं. : अभरक कै तन एँगुर कीन्हा। सो तुम्ह फेरि अगिनि महँ दीन्हा।।294।। 10. नख-शिख खं. : सेवा करहिं नखत औ तरई उअ गगन निसि गाँग।।100।। 22. पार्वती महेश खं. : 215, 216। 2. सिंहल. वर्णन खं. : 41।

अनु. 5 : पद्मावत 11. प्रेम खं. : उलटि दिस्टि माया सौं रूठी। पलटि न फिरी जानि कै झूठी।।125।। 23. राजा गढ़ छेका खं. : 217। 27. पद्मावती रत्नसेन भेंट खं. : 291, 293 : नैन कौड़िया हिय समुँद गुरु सो तेहि महँ जोति। मन मरजिया न होइ परै हाथ न आवै मोंति।।

अनु. 6 : पद्मावत 14. बोहित खं. : 146। 27. पद्मावती रत्नसेन भेंट खं. 310, 311, 308 और 315 : तासों कवन अँतरपट जो अस प्रीतम पीउ। नेवछावरि गइ आप हौं तन मन जोबन जीउ।।

अनु. 7 : पद्मावत : 27. पद्मावती रत्नसेन भेंट खं. 313। 17. मण्डप गमन खं. : किंगरी गहे बजावै झूरै। भोर साँझ सिंगी निति पूरै।। कंथा जरै आगि जनु लाई। बिरह धँधार जरत न बुझाई।।167।। 13. राजा गजपति सं. खं.—आग देखि ओहि आगिअ भावा। पानी देखि कै सौंहे धावा।। जस बाउर न बुझाए बूझा। जौनिहिं भाँति जाइ का सूझा।।144।। 152. सात समुद्र खं. : पेम कि आगि जरै जौं कोई। ताकर दुख न अँबिरथा होई।। जो जानैं सत आपुहि जारै। निसत हिएँ सत करै न पारै।।152।।

अनु. 8 : 24. गन्ध. मन्त्री खं. जबहिं सुरुज कहँ लागेउ राहू। तबहिं कँवल मन भएउ अगाहू। बिरह अगस्ती बिसमौ भएऊ। सरवर हरख सूखि सब गएऊ।।247।

अनु. 9 : पद्मावत 2. सिंहल द्वी. खं. : 27; 29; 31; 33 : नग अमोल तेन्ह तालन्ह दिनहिं बरहिं जनु दीप। जो मरजिआ होइ तहँ सो पावइ वह सीप।। और 43 : मूल पतार सरग ओहि साखा। अमर बेलि को पाव को चाखा।।

अनु. 10 : पद्मावत 29. षट. वर्णन खं. : 33; 37 : मलै समीर बास सुख बासी। बेइलि फूल सेज सुख डासी।। हरियर भुम्मि कुसुम्भी चोला। औ पिय संगम रचा हिण्डोला।। 30, ना. वि. खं. : 341 : सारस जोरी किमि हरी मारि गएउ किन खग्गि। झुरि झुरि पाँजरि धनि भई बिरह कै लागी अग्गि।। 342—आह जो मारी बिरह की आगि उठी तेहिं हाँक। हंस जो रहा सरीर महँ पाँख जरे तन थाक।। 350—रकत ढरा आँसू गरा हाड़ भए सब संख। धनि सारस होइ ररि मुई आइ समेटहु पंख।

अनु. 11 : पद्मावत 3. जन्म खं. : 58। 4. मान. खं. : 63—आजुहि खेल बहुरि कित होई। खेल गएँ कत खेलै कोई।। घनि सो खेल खेलहिं रस पेमा। रौताई औ कूसल खेमा।। वही : 65 और इसी में प्रकृति के परम पुरुष के रूपान्तरण का चित्रण है—नैन जो देखे कँवल भए निरमर नीर सरीर। हँसत जो देखे हंस भए दसन जोति नग हीर।। 7. बनिजारा खं. : 82। 8. नाग. सुआ खं. 91। 9. राजा सुआ सं. खं. : 92; 93—जौ लहि जिऔं रात दिन सुमिरौं मरौं तो ओहि लै नाउँ। मुख राता तन हरिअर कीन्हे ओहूँ जगत लै जाऊँ।।

अनु. 12 : पद्मावत 9. राजा सुआ सं. खं. : 94; 96—सहसहुँ कराँ रूप मन भूला। जहँ जहँ दिस्टि कँवल जनु फूला।।, 97। 10. नख शिख खं. : 105, 108, 117—बेधि रहा जग बासना परिमल मेद सुगंध 11. प्रेम खं. 119, 122—अहुठ हाथ तन जैस सुमेरू। पहुँचि न जाइ परा तस फेरू।। गँगन दिस्टि सौं जाइ पहूँचा। पेम अदिस्ट गँगन सौं ऊँचा।।, 125—हिएँ की जोति दीप वह सूझा। यह जो दीप अँधिअर भा बूझा।। उलटि दिस्टि माया सौं रूठी। पलटि न फिरी जानि कै झूठी।।, 12. जोगी खं. 127।

अनु. 13 : पद्मावत : 12. जोगी खं. : 134, 138 और 139–नैन लागु तेहि मारग पदुमावति जेहि दीप। जैस सेवाती सेवहिं बन चातक जल सीप।। : 13. राजा गज. सं. खं.; 142, 143–पेम समुँद अैस अवगाहा। जहाँ न वार पार नहिं थाहा। जौं वह समुँद काह एहि परें। जौं अवगाह हंस होइ तिरें।।; 14. बोहित खं. 149–जौं सत हिएँ तो नैनन्ह दिया। समुँद न डरै पैठि मरजिया।।; 15. संत समुद्र खं. : 152; 16. सिंहल द्वीप खं. : 159; 17. मण्डप गमन खं. : 166।

अनु. 14 : पद्मावत : 18. पद्मावती वि. खं. : 171; 19. पद्मावती सुआ भेंट खं. 180; 20. बसन्त खं. : 194; 21. राजा रत्नसेन सती खं. : 200, 205–मुहमद चिनगी अनँग की सुनि महि गँगन डेराइ। धनि बिरही औ धनि हिया जेहि सब आगि समाइ।।; 22. पार्वती महेश खं. : 228।

अनु. 15 : पद्मावत 23 राजा गढ़ छेका खं. : 230; 24 गन्धर्व सेन मन्त्री खण्ड : 253; 270 पद्मावती रत्नसेन भेंट खण्ड : 311–चंपा प्रीति जो बेलि है दिन दिन आगरि बास। गरि गुरि आपु हेराइ जौं मुएहु न छाँड़ै पास।।

अनु. 16 : पद्मावत : 30. नाग. वियोग खं. 349, 350–रकत ढरा माँसू गरा हाड़ भए सब संख। धनि सारस होइ ररि मुई आइ समेटहु पंख।।, 352, 359–ना पावस ओहि देसरें ना हेवंत बसंत। ना कोकिल न पपीहरा केहि सुनि आवहिं कंत।।

———

प्रकरण षष्ठ

मूल्यों का मानवीय सन्दर्भ

(6 : 1) जायसी के काव्य 'पद्मावत' को अन्योक्ति अथवा समासोक्ति कहा गया है। परन्तु साही के अनुसार इस काव्य में प्रस्तुत अर्थ ही प्रमुख है। उनके अनुसार 'वाच्यार्थ अथवा प्रस्तुत प्रसंग की प्रमुखता बराबर बनी रही है और दूसरा, अर्थात् अप्रस्तुत या व्यंजित अर्थ थोड़ी देर के लिए अतिरिक्त झलक दिखा कर पहले अर्थ में विलीन हो जाता है' और 'जायसी की शैली में दोहरे अर्थों का परस्पर व्यापार इस प्रकार का है कि अप्रस्तुत अर्थ के समाहित हो जाने से प्रसंगगत अर्थ में तीव्रता, वैचारिक तरंगाकुलता और भावों के संश्लेष का समायोजन होता है।' यहाँ हम देख सकते हैं कि जायसी ने शुद्ध काव्य की भावव्यंजना के माध्यम से जीवन के मूल्यों को अभिव्यक्त किया है। कवि ने अपनी ओर से किसी मूल्य की भूमिका नहीं प्रस्तुत की अथवा नैतिक आदर्शों की अभिव्यक्ति नहीं की है। जीवन के व्यापक विस्तार में अनुभवों को जिस सघनता के साथ और मार्मिक रूप में अभिव्यक्त किया गया है, उसमें व्यापक मानवीय मूल्यों की अनुगूँज निरन्तर होती रही है। स्वतः कथा के उपसंहार में कवि ने पृथ्वी-विजय की असारता को दो मुट्ठी राख के समान झूठा कहा है। और कथन की इस कारुणिक व्यंजना में सघन-विषाद की जो अनुभूति व्यंजित हुई है, उसमें समस्त मानवीय जीवन की असारता के बीच मूल्य-दृष्टि को निहित देखा जा सकता है। इस करुणा में मानवीय प्रेम की सघनता को लक्षित किया जा सकता है। पिछले विवेचन में हमने देखा है कि जायसी की रचना की मूल-दृष्टि ईश्वर अथवा अध्यात्म नहीं है, उनकी भावाभिव्यक्ति के केन्द्र में मनुष्य रहा है। और यह मनुष्य सामान्य जीवन बितानेवाला व्यक्ति है। उनकी दृष्टि में इस मनुष्य का सामान्य जीवन-क्रम रहा है, जिसके अन्तर्गत उसके चरित्र के सभी पक्ष, अच्छे-बुरे, आ जाते हैं। अपने इस जीवन-क्रम में मनुष्य सारी मानवीय करुणा के बीच अपने मूल्यों को व्यंजित करता है। जिस प्रकार भवभूति ने करुण-रस को काव्य के रसों में व्याप्त सर्वोपरि रस माना है, उसी प्रकार जायसी ने इस मानवीय करुणा को व्यापक धर्म स्वीकार किया है, जिसकी व्याप्ति में वस्तुतः मानव-प्रेम के विविध आयाम व्यंजित होते हैं। जायसी ने इस क्रम में मनुष्य के मूल्यों को व्यंजित करने की जो दृष्टि अपनायी है, वह शुद्ध रचना की है। इसी कारण वह जीवन के सभी पक्षों के स्वीकार के बीच हमको ऐसी निर्मल दृष्टि देते हैं, जिससे हम सारे घटना क्रम को मानवीय संवेदना के साथ ग्रहण करते हैं। वस्तुतः काव्य-रचना के स्तर पर यह दृष्टि ही हमको मूल्यों के अनुभव को ग्रहण करने के योग्य बनाती है। इस स्तर पर मूल्यों का स्वीकार केवल ऐसे चरित्रों की ओर परिस्थितियों की अवतारणा में नहीं होती, जो निष्कलंक तथा मूल्यवान् है। कवि सम्पूर्ण जीवन को ग्रहण करता है, उसकी रचना में अच्छा-बुरा, गुण-दोष सभी कुछ अपनी विविधता के साथ प्रस्तुत

होता है। और इस सारे दृश्य-विधान को रचना में आत्मसात् कर लेने पर ही वह विवेक दृष्टि व्यंजित होती है, जो मनुष्य को मनुष्य से मिलाती है और जिसे 'प्रेम की पीर' कहा गया है। जायसी ने अपने युग के पूरे परिवेश को दो स्तरों पर ग्रहण किया है। एक ओर इतिहास का यथार्थ अपनी समस्त विडम्बनाओं और मूल्यहीनताओं के साथ प्रस्तुत है, तो दूसरी ओर कवि ने एक ऐसे कल्पना-लोक का सर्जन किया है, जिसके छाया-प्रकाश में जीवन के व्यापक मूल्याभासित होते हैं। यह कवि की रचना-दृष्टि है, जो अपनी व्यापक भाव-भूमि में इतिहास और इतिहासातीत को एक साथ ग्रहण करती है।

(6 : 2) अपने युग के अन्य प्रमुख कवियों में जायसी की यह रचना-दृष्टि धर्म और मूल्य की अवधारणा के सम्बन्ध में विशिष्ट है, और अधिक रचनापरक भी। जैसा हमने देखा है, कबीर की रचना-दृष्टि प्रखर है और वह मूल्यों की अभिव्यक्ति में स्पष्टतः सत् और असत् के अलगाव को मान कर चलती है। वस्तुतः कबीर ने अपने काव्य में जीवन के यथार्थ को उसकी सम्पूर्णता में ग्रहण नहीं किया। उनका व्यक्तित्व केवल कवि का नहीं रहा है, और इस कारण उन्होंने रचना के स्तर पर सम्पूर्ण जीवन को अभिव्यक्ति करने का प्रयत्न भी नहीं किया। यह बात भिन्न सन्दर्भ में सूरदास के बारे में भी सही है, उनकी दृष्टि मानवीय जीवन में विशेष मूल्यों के अन्वेषण की रही है, जो व्यापक मानवीय अनुभव के बीच अभिव्यक्ति ग्रहण करती है। तुलसीदास ने जैसा हम देखेंगे एक ओर समाज की व्यवस्था के अन्तर्गत मूल्यों को निरूपित किया है और दूसरी ओर व्यापक मानवीय परिस्थितियों तथा पात्रों के माध्यम से भी धर्म-दृष्टि को और उसमें निहित मूल्यों को अभिव्यक्ति करने का प्रयत्न किया है। इस सन्दर्भ में जायसी की स्थिति किंचित् भिन्न है, वह सूफ़ी सम्प्रदाय तथा उसकी धर्म-दृष्टि को व्यापक रूप में स्वीकार करते हैं। जैसा हम देखते हैं, वह अपने रचना-क्रम में निरन्तर युगीन परिस्थिति और व्यापक मानवीय सन्दर्भों के यथार्थ की अभिव्यक्ति से ही मानव-धर्म को व्यंजित करते हैं। अध्ययन के क्रम में यह प्रतिपादित करने का प्रयत्न किया गया है कि भक्ति-युग के कवि सुधारक, दार्शनिक, साधक होने की अपेक्षा मुख्यतः कवि हैं। यह बात जायसी के सन्दर्भ में सबसे अधिक ठीक मानी जा सकती और यही कारण है कि अन्य कवियों ने धार्मिक मूल्यपरक भूमिकाओं को निर्मित करने में अपने समकालीन जीवन तथा युगीन परिस्थितियों की अपेक्षा पौराणिक तथा मिथकीय कल्पनाओं का अधिक उपयोग किया है। जबकि जायसी ने अपनी मूल-दृष्टि अपने युग के यथार्थ जीवन की ट्रैजडी से ग्रहण की है। एक श्रेष्ठ रचनाकार के रूप में जायसी का उद्देश्य न पाठकों के मनोरंजन का है और न आध्यात्मिक सन्देश देने का। इन दोनों स्थितियों से स्वतन्त्र रह कर जायसी रचना के स्तर पर अपने अनुभव को ऐसा अर्थ प्रदान करते हैं जो मनुष्य के जीवन में मानवीय मूल्यों का आभास देता है। वस्तुतः काव्य के स्तर पर कोई विचार, दार्शनिक मत अथवा दृष्टि पूरे अनुभव सन्दर्भों में ही व्यंजित होती है। और इस प्रकार के आन्तरिक चिन्तनक्रम को श्रेष्ठ साहित्य में लक्षित किया जा सकता है और इस चिन्तन की सघनता को जायसी में हम निरन्तर व्यंजित पाते हैं, जो सामान्य मतवाद, दार्शनिक दृष्टि अथवा विचारधारा से नितान्त भिन्न है। जायसी के काव्य में उनके युग के सभी मतवाद, साधना पद्धतियाँ और मान्यताएँ अपने विस्तार तथा जटिलताओं में प्रस्तुत हुई हैं। रचनाकार के रूप में वह मुक्त ढंग से सबको

ग्रहण करते हैं और इस प्रकार अपनी कथा को नानाविध सन्दर्भों में संयोजित करते हैं। परन्तु यह उनकी मान्यता का स्तर या स्वरूप नहीं है, यह योजना केवल अनुभव को अधिक सजग, संवेदनशील तथा सघन बनाने के लिए है। और इन सबकी अभिव्यक्ति से कवि केवल मानवीय संवेदना को मूल्यों के प्रति जागरूक बनाता है।

(6 : 3) साहित्य में पूरा युग अपनी जीवन्त-प्रक्रिया में अभिव्यक्ति ग्रहण करता है। उसमें अनेक मत, सिद्धान्त तथा मूल्यदृष्टियाँ समाहित रहती हैं। यहाँ यह भी समझना अपेक्षित है कि युग-विशेष के विचारकों, चिन्तकों, दार्शनिकों तथा धर्म के व्याख्याकारों के द्वारा प्रतिपादित और विवेचित मतों तथा सिद्धान्तों की स्थिति अलग है। यह पहले निर्दिष्ट किया गया है कि युग-विशेष के कवि और रचनाकार इन समस्त चिन्तन प्रक्रियाओं से युग-जीवन के स्तर पर जुड़ते हैं और उन सबकी अभिव्यक्ति उसकी समग्र चिन्तन प्रक्रिया में उलझी हुई संवेदनाओं को आत्मसात् करती है। इस कारण मूल्यों की समस्त परिस्थिति काव्यों में अनुभव की सघनता तथा बौद्धिक मार्मिकता के रूप में व्यंजित होती है। इस स्थिति को जायसी की मूल्य-दृष्टि को समझने के लिए स्पष्ट करना अपेक्षित रहा है। इस बात का उल्लेख किया गया है कि जायसी ने 'पद्मावत' में अपने युग के समस्त मतों, विश्वासों, मान्यताओं, रूढ़ियों तथा अन्धविश्वासों को ग्रहण किया है। परन्तु रचनाकार के रूप में उन्होंने इन सबकी अभिव्यक्ति में निरन्तर तटस्थ-भाव भी रखा है। इस प्रकार उनकी रचना-दृष्टि कथानक के विभिन्न सांस्कृतिक सन्दर्भों को अधिक सजीव, संवेदनशील तथा सघन रूप में प्रस्तुत करती है। जिस प्रकार सूफ़ी मत के व्यापक स्वीकार के बावजूद रचना के स्तर पर उसकी सैद्धान्तिक सीमाओं के वह बाहर रह सके हैं, उसी प्रकार उनकी रचना में किसी मतवाद अथवा विचारधारा के प्रतिबन्ध का स्वीकार नहीं रहा है। अनेक मतों अथवा वादों के रूप कथा के क्रम से जुड़ कर उसके अनुभव की समग्रता को तथा संश्लिष्ट प्रभाव को अधिक तीव्र तथा मार्मिक बनाते हैं। हम कह चुके हैं कि उनकी रचना में मानवीय परिस्थिति का यथार्थ आधार निरन्तर बना रहा है। चिन्तनपरक आग्रह से रचना की अभिव्यक्ति अत्युक्ति अथवा समासोक्ति रूप नहीं होती, क्योंकि इन अलंकृत प्रयोगों में प्रस्तुत की अपेक्षा अप्रस्तुत की व्यंजना प्रमुख हो जाती है। वस्तुतः इस प्रकार की अप्रस्तुत व्यंजना जीवन की यथार्थ परिस्थिति से एकरस हो जाती है और तब समस्त परिस्थितियों तथा घटनाओं की तरंगें उठती-गिरती और फैलती-मिटती व्यापक मानवीय मूल्यों के संगीत की सृष्टि करती हैं। इस समस्त कथा के विस्तार में व्यंजित कारुणिक अनुभव अपनी अभिव्यक्ति में ऐसा संवेदन प्रस्तुत करता है जिसकी मार्मिक व्यथा प्रेरक है, जिसकी विरक्ति में भी संसक्ति है और रचनात्मक तटस्थता के साथ इस अनुभव में मूल्यगत विवेक भी है। जायसी ने अपने उपसंहार में इसी को फूल की सुगन्ध कहा है, जो फूल के नष्ट होने पर भी बनी रहती है। जिस रचनात्मक तटस्थता को साहित्य में निरन्तर महत्त्व दिया गया है, वह जायसी की मूल्य-दृष्टि रही है। इस तटस्थता के साथ उनकी रचना में निरन्तर उदार-भाव बना रहा है। उन्होंने इस भाव-स्तर पर अपनी कथा के संयोजन-विस्तार में सभी प्रकार के मतों-विचारों को समाहित किया है। यह उनकी रचना में निरन्तर लक्षित है कि बिना स्वीकार या प्रतिबद्धता के वह सब-कुछ ग्रहण कर सके हैं। यहाँ इन समस्त मतों और साधनाओं को जायसी का स्वीकार मिला हो, यह असंगत है। वस्तुतः उनकी रचनात्मक आन्तरिक संवेदना में यह सब तिरोहित होकर व्यापक मूल्य-दृष्टि व्यंजित करते हैं।

(6 : 4) जायसी ने प्रेम की व्यापक और संघन व्यंजनाओं में क्रमशः करुणा की व्याप्ति का अनुसन्धान किया है। परन्तु यह स्मरणीय है कि उनकी रचना में सूफ़ी मत के अनुसार प्रेम की गरिमा को स्थापित करना नहीं रहा है। जैसा कहा गया है, जायसी का मूल प्रयोजन 'पद्मावती' की कथा का रचना-विधान है। इसके अन्तर्गत पूरे युग-जीवन के विस्तार के साथ सिंहल के कल्पना-लोक की कथा भी है। इस काल्पनिक स्वप्न लोक के साथ चित्तौड़ तथा दिल्ली का यथार्थलोक भी है, और ये दोनों लोक-रचना की संश्लिष्टता में एक साथ प्रस्तुत हैं। इस कारण प्रस्तुत रचना में इतिहास तथा मिथ-कल्पना और यथार्थ तथा स्वप्न एक साथ प्रस्तुत हुए हैं। इसमें प्रेम और युद्ध समान महत्त्व के साथ अभिव्यक्ति ग्रहण करते हैं। निरन्तर गतिशील निर्मम इतिहास के साथ मिथ-कल्पना का भावात्मक स्वप्न-जगत् अनुभूत हुआ है। अनेक इतिहास तथा कल्पना के पात्र, यथार्थ घटनाएँ और स्वप्न-लोक का कल्पना-जगत् यहाँ प्रत्यक्ष होकर अदृश्य हो जाते हैं, घटित होने के क्रम में विलीन हो जाते हैं और रचना के अनुभव में न कोई मत व्यंजित होता है और न कोई निष्कर्ष ही। यहाँ पाठक व्यापक मानवता के नैतिक मूल्य का सूक्ष्म स्तर पर आस्वाद करता है। कवि के अनुसार विषाद की करुण अनुभूति को प्रेम की सुगन्ध स्वीकार किया जा सकता है। हम देखेंगे कि जायसी ने मानवीय जीवन के क्रम में ऐसे अनेक मार्मिक कथन समाहित किये हैं, जिनसे हमारा यह अनुभव संघटित तथा सघन होता जाता है। कवि मानवीय जीवन में मृत्यु का उल्लेख करता है और आत्मा के शरीर से मुक्त होने की बात कहता है। और यह पिंजरे से तोते के उड़ जाने के बाद का कथन है। सखियाँ कहती हैं कि 'तोते ने जिसका पिंजरा था उसे सौंप दिया। इस पिंजरे में दस द्वार हैं, फिर इसमें रहनेवाला बिल्ली के आक्रमण से कैसे बच सकता है।' इन सहज उक्तियों में सघन स्तर पर जीवन की असारता की व्यंजना है। आगे इस क्रम में जीवन की नश्वरता के साथ साधना की परम मूल्य-दृष्टि भी व्यंजित होती है, 'वहाँ न रात है, न दिन है; जहाँ न पवन की गति है और न गन्ध का प्रसार, ऐसे वन में तोता ने निवास किया है।' जायसी की इस व्यापक रचनापरक दृष्टि को विभिन्न क्षेत्रों से ग्रहण किये गये पारिभाषिक शब्दों के प्रयोग में देखा जा सकता है। उन्होंने अपने समय के प्रचलित सभी सिद्धान्तों तथा मतों से व्यापक रूप में शब्द ग्रहण किये हैं। परन्तु इन सारे शब्दों को रचनात्मक स्तर पर ग्रहण करने के साथ कवि उनको उनके निश्चित सन्दर्भों से अलग ग्रहण करता है। इस प्रकार इन शब्दों के प्रयोग से हमारे सामने कोई विशिष्ट मत या सिद्धान्त का स्वरूप नहीं निर्मित होता। इसके विपरीत उन्होंने इनके प्रयोग से व्यापक मानवीय परिस्थिति का बोध कराया है, जिससे निरन्तर मानवीय मूल्य-दृष्टि ग्रहण की जाती है।

(6 : 5) जायसी अपने युग में दो समानान्तर सामन्ती समाजों के बीच युग-जीवन को विघटित-विशृंखलित रूप में देख रहे थे। उनके इस इतिहासलोक में मानव-मूल्यों का आधार तिरोहित होता गया था। सामाजिक जीवन में नैतिकता का मान-दण्ड मात्र निरंकुश सत्ता थी। यहाँ इस प्रचण्ड तथा कोमल, पाशविक तथा मानवीय, सौन्दर्य तथा कुरूपता और घोर स्वार्थपरता तथा उदारभाव जैसे द्वन्द्वों की सीमा-रेखा भी ओझल होते देखते हैं। यह एक ऐसा ऐतिहासिक युग प्रस्तुत होता है जिसमें आन्तरिक मूलभूत गुण-अवगुण की दृष्टि ही ओझल

हो जाती है। परन्तु जायसी ने अपनी कथा के रचनात्मक संयोजन में इतिहास के साथ सिंहल-लोक की कथा का संयोजन कर चरित्रों तथा परिस्थितियों के माध्यम से मानवीय करुणा की दृष्टि को प्रतिफलित किया है। हम देखते हैं, कथा के पूर्वार्द्ध में घटना तथा परिस्थिति की फैलती-बिखरती तरंगों की व्यापक नैतिक भाव-व्यंजना में मनुष्य तथा प्रकृति एक ही संगीत में संवेदित हैं। पद्मावती इस अरूप संगीत को रूप देती है। इसी स्तर पर सिंहल-लोक में मानवीय और प्रकृति की चेतना में एकरसता आ जाती है। यहाँ मानवीय जीवन तथा प्रकृति, आन्तरिक भाव-जगत् तथा बाह्य भौतिक जगत्, नैतिक-मूल्य तथा प्राकृतिक घटनाक्रम के बीच अन्तराल नहीं रह जाता। इस सिंहल-लोक का घटना-क्रम और उसमें निहित काल-प्रवाह अपनी विविधता में इतिहास लोक के घटना-क्रम तथा काल-प्रवाह के समान नहीं है। यह समस्त देश-काल का प्रवाह मानवीय मूल्य से सम्बद्ध है और जो मनुष्य मात्र की आन्तरिकता है। यहाँ इस मूल्य-दृष्टि में वस्तु और चेतना, बाह्य तथा आन्तरिक का सघन सामंजस्य लक्षित किया जा सकता है। इसके पूरे परिवेश की कथाओं, सन्दर्भों तथा अभिप्रायों से गहरी मूल्यवत्ता व्यंजित होती है। इसको ही जायसी ने प्रेम तत्त्व माना है।

(6 : 6) जायसी ने अपने महाकाव्य के प्रारम्भ में परम्परा के अन्तर्गत अपने पैगम्बर और इस्लाम धर्म का स्मरण किया है। यहाँ उन्होंने अपने धर्म-मत की प्रशंसा करते हुए उल्लेख किया है कि ईश्वर के बसीठ के अनुयायियों को उनका अवलम्ब है, क्योंकि प्रलय के दिन जीव के कर्मों का लेखा-जोखा और उसके पाप-पुण्य का निर्णय उनके माध्यम से लिया जायेगा। इसी प्रकार इस स्तुति के क्रम में उन्होंने चार प्रमुख खलीफ़ाओं की प्रशंसा की है, उनमें प्रथम अबूबकर को सत्य की तथा उमर को न्याय की प्रतिष्ठा करनेवाला कहा है। इस प्रकार प्रारम्भिक स्तुतिपरक उल्लेख की अपनी अपेक्षा रही है और उसमें भी कवि ने व्यापक धर्म-दृष्टि को केन्द्र में रखा है। इस प्रकार स्तुति के क्रम में शाहेवक्त शेरशाह की प्रशंसा की गयी है। इसमें भी कवि ने शेरशाह के न्याय को ही अधिक रेखांकित किया है, कल्पना के साथ इस वर्णन में शेरशाह के न्याय को व्यापक स्तर पर स्वीकार किया गया है। कवि का कहना है 'पृथ्वी भर (राज्य भर) में नाक का नथ मार्ग में गिर जाय तो कोई छू नहीं सकता, मार्ग में लोग सोना उछालते चलते हैं। मार्ग पर गाय और सिंह एक साथ धीरे-धीरे चलते हैं और एक घाट पर पानी पीते हैं। अपने दरबार में वह नीर-छीर को छान कर अलग कर देता है। वह धर्म से न्याय करता है, सत्य बोलता है, दुर्बल और बली की एक समान रक्षा करता है।' स्पष्टतः शेरशाह के माध्यम से कवि ने प्रस्तुत प्रसंग में राज्य की मूल दृष्टि को रेखांकित किया है। सम्पूर्ण रचना में स्थान-स्थान पर सांसारिक जीवन में मनुष्य की मूल्यपरक स्थिति के सन्दर्भ आते हैं। और इनके माध्यम से जीवन के यथार्थ को प्रस्तुत किया गया है। सुआ के प्रसंग में कवि ने सांसारिक जीवन के ऐसे अनेक प्रसंग प्रस्तुत किये हैं। जब सुआ पद्मावती के पास से उड़ जाता है, कवि उसके सन्दर्भ से सांसारिक जीवन के अनेक पक्षों को उद्‌घाटित करता है। कहा गया कि 'गुसाईं तो ऐसा विधान करनेवाला है कि जितने जीव हैं सबको भोजन देता है। पत्थर के भीतर बैठे हुए कीड़े को भी तू नहीं भूलता—पण्डित सुआ मन में भूल कर वहीं (उसी जंगल में) रह गया और लासे में फँस गया।' उसका मन माया में भूल गया और चारे के लोभ से बहेलिया के लासे में फँस गया।' इस घटना और परिस्थिति के माध्यम से

कवि वस्तुतः मनुष्य की सांसारिक स्थिति की व्यंजना करता है और निष्कर्ष रूप में इस जीवन के यथार्थ में निहित सत्य को व्यंजित करता है। 'गर्व से फूलने का यही परिणाम है, इसका व्यक्ति को ऐसा ही फल मिलता है। भूले हुए मन के बुद्धिपरक अन्धकार को दूर करने के लिए यदि प्रकाश भरा जा सकता, तो बुद्धिमान् सुआ को बिल्ली कैसे पकड़ती? वस्तुतः लोभ का चारा डाल तृष्णा से व्यक्ति को फँसाया जाता है।' कवि के द्वारा इस प्रसंग को सहज परिस्थिति में अंकित किया गया है, परन्तु जैसा स्पष्ट है कि इसमें व्यापक जीवन की व्यंजनाएँ हैं।

(6 : 7) सम्पूर्ण कथा के विस्तार में इस प्रकार के जीवन की स्थिति पर यथार्थपरक अनेक टिप्पणियाँ निरन्तर मिलती हैं। ब्राह्मण जब सुआ को लेकर राजा के सामने प्रस्तुत होता है, वह 'पेट पाप का मूल है' कह कर एक व्यापक भाव व्यक्त करता है। इसी प्रकार धाय नागमती से कहती है, 'क्रोध में विचार नहीं सम्भव है' और आगे इसी प्रकार सामान्य उल्लेख करती है कि 'पत्नी के लिए पति-प्रेम के समान उसकी आज्ञा मानना अपेक्षित है।' गन्धर्वसेन से उसका भाट ऐसे ही व्यवहार का सुझाव देता है कि 'गर्व शोभा नहीं देता, गर्व करनेवाला नष्ट होता है, जैसे रावण। निर्बल जान कर गर्व करना उचित नहीं, उसकी पाली में दैव रहता है।' रत्नसेन पद्मावती को लेकर वापस जा रहा है, उसे दहेज में अपार सम्पदा मिली है। समुद्र ब्राह्मण के रूप में प्रस्तुत होकर उसे समझाता है कि 'धन का घमण्ड अनुचित है। दान और सत्य भाई हैं, लोभ और पाप संगी हैं। सिद्धों ने धन को भोग कर त्याग दिया, कोई उसमें जलता है और कोई उसे जला कर तापता है।' यहाँ ब्राह्मण के रूप में समुद्र धन के त्याग और भोग की बात कहता है और कवि की कल्पना में वह किसी के लिए चन्द्र के समान अमृत है और किसी के लिए राहु के समान विष। इसी क्रम में आगे चल कर समुद्र ने हँस कर रत्नसेन से सांसारिक नश्वरता, असत्य, अस्थिरता और माया की बात कही है। रत्नसेन की सारी सम्पदा के पानी में डूबने पर समुद्र कहता है, 'पानी की माया पानी में चली गयी, जिसने दिया था ले लिया। जिसने यह शरीर और जीव दिया, उसे जब अच्छा लगता है ले भी लेता है।' इसी प्रकार की दूसरी टिप्पणी ब्राह्मण रूप में समुद्र रत्नसेन की मरण-कामना पर कहता है, तू मर चुका है तो खड़ा हुआ क्या रो रहा है! मर चुका फिर नहीं मरता, मरा माया छोड़ चुका है, फिर मरने जैसी करुणा मत कर!' इस प्रकार के व्यापक अनुभवपरक कथनों के माध्यम से कवि निरन्तर जीवन के यथार्थ को अभिव्यक्त करता है। इसी प्रसंग में यह भी कहा गया है कि पूँजी से स्वाधीनता मिलती है, बिना पूँजी निर्धन भूख की व्यथा सहता है। पतंग वृक्ष के समान निर्धन व्यक्ति बिना पत्तियों का ठाठ मात्र रह जाता है। पूँजी नेत्रों में ज्योति के समान है, परन्तु इसकी तरावट से व्यक्ति घमण्ड में फूल जाता है। यह भी समझना है कि अपना द्रव्य वही है जो गाँठ में हो। इस प्रकार के कथन जीवन के व्यवहार को व्यक्त करते हैं, परन्तु उनकी काव्यात्मक व्यंजनाओं में कवि ऐसे सत्य का संकेत देता है, जो मूल दृष्टि को प्रतिफलित करता है।

(6 : 8) जायसी मन को अमर कहते हैं, उनका भाव मानवीय इच्छा और कामनाओं का है। इस मन को किस तरह मारा जाय अर्थात् उसे नियन्त्रित किया जाय यह प्रश्न मनुष्य के सामने सदा रहा है। कवि की कल्पना है कि ज्ञान की शिला पर इसे इस प्रकार घिसा जाय

कि इस प्रक्रिया में वह विलीन हो जाय। अलाउद्दीन की चढ़ाई के अवसर पर युद्ध के लिए तत्पर रत्नसेन इस जीवन की असारता को व्यक्त करता है, 'देह में क्या कुछ लगाना, जिसको अन्त में मट्टी भरनी है' कवि ने भोज के प्रसंग में 'पानी' के आधार पर इस प्रकार की मानवीय जीवन के सन्दर्भों को व्यक्त करनेवाली अनेक स्थितियों को व्यंजित किया है, 'पानी की व्यापकता असीम है। पानी के घटने से प्राण नहीं रहते, पानी में ज्योति समायी है। उसमें माणिक-मोती मिलते हैं, उसकी निर्मलता को छू कर सब-कुछ निर्मल हो जाता है। पानी मन में गर्व नहीं करता, सिर झुका कर नीचे की ओर बहता है और गहरे जल में झुक कर समुद्र में मिल जाता है। जो भरे हैं, भारी होते हैं, जो रीते हैं, नगाड़े की तरह बजते हैं' यहाँ कवि पानी के माध्यम से कितनी कुछ जीवन के अनुभव की मूल्यपरक व्यंजनाओं को समाहित करता है। एक अन्य पर्यवेक्षण अलाउद्दीन तथा रत्नसेन के व्यवहार को लेकर कवि इस प्रकार करता है, 'अमृत के समान मीठे वचन और कृपा के रस में डूब कर कौन नहीं मारा गया। संसार रूपी समुद्र में अनेक नदियों का जल एकत्र होता है, कौन उसके पार जा सकता है? कौन डूब नहीं गया? आँख रखते भी उनसे नहीं दिखता, कौन अन्धा नहीं है? अपनी आँखों से देखनेवाला कौन चतुर नहीं होगा? इन समस्त कथनों में जितने कुछ सन्दर्भ अनुभव के स्तर पर संयोजित किये गये हैं, उनमें अनेक गहरी व्यंजनाएँ निहित हैं। जायसी ने स्थान-स्थान पर इस प्रकार के जीवन के यथार्थ को व्यंजित करनेवाले कथनों को अपनी रचना में गुम्फित किया है। कभी वह कहते हैं, वृद्ध झुक कर चलता है, अपना यौवन ढूँढ़ता है। इसी प्रकार वह यह टिप्पणी करते हैं कि विधाता ने जिन्हें गौरवयुक्त बनाया है, उन्हें फूँक क्या उड़ा सकती है। जिन पर्वतों के भार से पृथ्वी टिकी है वे हवा के झोंके से नहीं उड़ते। हम देखते हैं कि जायसी मानवीय जीवन के सत्य को उसकी समस्त यथार्थ परिस्थितियों के बीच व्यंजित करते हैं और इस रचना-क्रम में मानवीय मूल्य-दृष्टि निरन्तर लक्षित की जा सकती है।

(6 : 9) जैसा देखा गया है, जायसी अपनी समग्र रचना-दृष्टि को पूरे युग के यथार्थ में विकसित करते हैं। इन जीवन की परिस्थितियों में कवि ऐसी अनेक उक्तियों तथा कथनों को अनुस्यूत करता चलता है, जिनके माध्यम से मूल्यों के सन्दर्भ प्रस्तुत होते हैं और नैतिक दृष्टि मिलती है। इसके साथ ही कवि नैतिक मूल्य-दृष्टि को अनेक स्तरों पर व्यंजित करता चलता है। कवि 'बनजारा' प्रसंग में व्यापार की नैतिकता के प्रश्न को उठाता है, अहिंसा की चर्चा करता है और इस विवेक-दृष्टि को समाहित करता है कि स्वतन्त्र होने पर ही व्यक्ति को ज्ञान प्राप्त होता है अर्थात् व्यक्ति का विवेकपूर्ण ज्ञान स्वतन्त्र स्थिति में ही सम्भव है। इस क्रम में राजा सुआ से सत्य की महत्ता को प्रतिपादित करता है और कहता है कि 'बिना सत्य के मनुष्य निस्सार है जैसे सेमल का भुआ, सृष्टि सत्य से बँधी है और सत्यवादी भगवान् को प्रिय है।' इसी सत्य का आग्रह राजा के इस कथन में निहित है कि सत्य ने सातों समुद्रों को सँभाला है। अन्ततः गजपति ने भी अनुभव किया कि राजा सत्य से विचलित होनेवाला नहीं है, उसका प्रेम सत्य-दान की शक्ति से युक्त है। जैसा हम देखते हैं, इन सन्दर्भों में मानव धर्म के सत्य का व्यापक आधार इस प्रकार कवि ने निर्ष्टि किया है। 'बोहित-खण्ड' में सत्य के साथ कवि ने कर्म की पवित्रता, सत्य की निष्ठा तथा नियम के अनुशासन को भी मानव धर्म के मूल्य रूप में स्वीकार किया है। सिंहल द्वीप में पहुँच कर राजा पद्मावती के दर्शन पाने

की उत्सुकतावश पहाड़ क्या आकाश तक दौड़ने को कहता है। इस सन्दर्भ में कवि ने ऊँची संगति, ऊँचे विचार, ऊँचे (श्रेष्ठ) की ड्योढ़ी का सेवन तथा ऊँची वस्तु के पाने के उत्साह को आदर्शों के रूप में प्रतिपादित किया है। राजा की स्तुति के उपरान्त मण्डप में सुनायी देनेवाली दिव्य वाणी इस सत्यपरक मूल्य-दृष्टि को घोषित करती है, 'सत्यहीन की दौड़-धूप निरर्थक है, सत्याचरण करनेवाले को आत्म-लाभ होता है, जिस व्यक्ति (राजा) ने शरीर को मिट्टी के समान तुच्छ माना उसकी मिट्टी भी अनमोल है'। मार्ग में याचक रूप में समुद्र ने राजा के सत्य की परीक्षा ली और दया की भिक्षा माँगी। उसने कहा 'मनुष्य को लोभ नहीं दान करना चाहिए, उससे पुण्य और कल्याण होता है।' कवि इस धर्म-दृष्टि को अनेक सन्दर्भों में विकसित और व्यंजित करता चलता है। राघव चेतन जैसे पात्र के माध्यम से भी इस दृष्टि को व्यक्त करने में वह हिचकता नहीं, 'कान वही जो वेद-माद और श्रेष्ठ काव्य सुनते हैं। सफल दृष्टि वही जिससे धर्म-मार्ग दिखायी दे। सच्चा ज्ञान वही है जिसे परमार्थ दिखायी दे'। जायसी ने नैतिक आदर्शों तथा मूल्यों का न कहीं विवेचन किया है और न स्थापित करने का प्रयत्न ही। इसी प्रकार जीवन की परिस्थितियों, घटना-क्रमों और पात्रों के व्यवहार के बीच उन्हें व्यंजित भर किया है। यह व्यंजना ही कवि-कर्म की सार्थकता है।

(6 : 10) जायसी ने व्यापक प्रेम की अभिव्यक्ति को निरन्तर दोहरे स्तर पर व्यंजित किया है। साधना के प्रसंग में हमने देखा है कि जायसी की मूल साधना की भूमिका पर प्रतिष्ठित है। उस प्रसंग में यह भी रेखांकित किया गया है कि जायसी की यह साधना-भूमि मानवीय भाव-स्तर को समाहित करती है, किसी सिद्धान्तपरक दृष्टि पर उसका बलाघात नहीं है। इस प्रकार कवि के लिए प्रेम मनुष्य का केन्द्रीय भाव-तत्त्व है, जिसमें कई स्तर लक्षित होते हैं और जो मानवीय मूल्यों के आयामों को समाहित करता है। यह प्रेम की साधना मूलतः सभी भक्त कवियों की मूल दृष्टि है और जैसा उनके विवेचन से लक्षित होता है, इन सभी कवियों की प्रेम-साधना में मानवीय आदर्शों तथा मूल्यों को व्यंजित किया गया है, परन्तु जायसी समग्रतः प्रेम को जीवन की गहरी मूल्य-दृष्टि के रूप में व्यंजित करते हैं। इस कारण साधना के साथ प्रेम मनुष्य के मूल्यों का व्यापक आधार यहाँ प्रस्तुत हुआ है। इस प्रकार के अनेक उद्धरण मिलते हैं, जिनमें प्रेम-तत्त्व मनुष्य के मूल्यों का मार्ग प्रशस्त करता है। कवि जायसी अपने को प्रेम का कवि मानता है। प्रेममय काव्य सुनकर करुण भाव जाग्रत होता है, जो हृदय के भण्डार में रत्न रूप है। कवि इस रत्न-पदार्थ (रत्न और पद्मा) के गीत गा रहा है, जिसमें अनमोल प्रेम का मधु भरा है। इस बोल (गीत-काव्य) में विरह का भाव है। निश्चय ही कवि प्रेम को परम-मूल्य के रूप में स्वीकार करता है, जिसमें अन्य मूल्य तथा मानवीय आदर्श समाहित हैं। पद्मावती हीरामन तोते से प्रेम को धर्म स्वीकार करती है और कहती है, 'यह धर्म प्रेम करनेवाला कौन मर सकता है? वह प्रीति कैसी जो शरीर के साथ विदा हो जाय। प्रीति वही सच्ची है जो प्राणों के साथ जाती है।' कवि मूलतः प्रेम के व्यापक मानवीय मूल्य को व्यंजित करता है, यह अवश्य है इस प्रकार की अभिव्यक्ति में साधनापरक प्रेम की अनुगूँज भी सुनायी पड़ती है। इसी प्रकार सुआ राजा से कहता है, 'प्रेम मार्ग कठिन है, मनसूर इस मार्ग में सूली पर चढ़ा। काम, क्रोध, तृष्णा, मद और मोह ये पाँच चोर शरीर को नहीं छोड़ते, इन्द्रियों की नौ सेन्धों से ये चोर लूट मचाते हैं। मनुष्य को इनसे बच कर

प्रेम मार्ग पर आगे बढ़ना है'। निश्चय ही कवि यहाँ दोहरे स्तर पर प्रेम की अभिव्यक्ति करता है। साधना के संकेत के साथ प्रेम का मूल्यपरक मानवीय स्तर भी यहाँ व्यंजित है। इसके आधार पर कवि ने जीवन की सार्थकता को स्वीकार किया है। आगे राजा-गजपती के वार्त्तालाप में मन में निहित शक्ति तथा शिव की परिकल्पना में प्रेमतत्त्व का स्वीकार है। जीव की सार्थकता इसी प्रेम की उपलब्धि में मानी गयी है, जिस प्रकार भौंरा प्रेम-व्यथा सह कर प्रीति का निर्वाह करता है।

(6 : 11) जायसी प्रेम के मार्ग का प्रतिपादन करते हैं, तो उसके व्यापक सन्दर्भों से यह व्यंजित होता है कि मानव जीवन के सभी मूल्यों तथा आदर्शों की दिशा यह प्रेम मार्ग ही है। कवि स्वीकार करता है कि मनुष्य प्रेम से स्वर्ग योग्य बना है, नहीं उसमें क्या है? प्रेम में विरह और रस दोनों हैं। इसी प्रकार पद्मावती ने लक्ष्मी से कहा है कि 'उसके हृदय में अपार प्रीति अडिग पहाड़ की तरह टिकी है। बिछोह की हवा आयी और पत्ता व्याकुल होकर वृक्ष से अलग हो गया। यदि वृक्ष ही उसे चूर कर फेंक दे तो वह किसकी डाल पर जा कर लगे'। आगे पुनः वह कहती है, 'शरीर रूपी समुद्र में प्रियतम मेरे पास है, (जिसे मैं ढूँढ़ती हूँ) वह रत्न मेरे हृदय में है और हृदय के दर्पण में प्रिय दर्शन दे रहा है'। यह सारे अनुभव की स्थिति वस्तुतः मूल्य के परम उत्कर्ष को व्यंजित करती है, जिसमें लौकिक भूमिका पर ही अलौकिक व्यंजना समाहित है। जैसा कहा गया है, कवि ने अपनी मूल्य-दृष्टि को व्यंजित करने के लिए यथार्थ की भूमिका स्वीकार की है। इसी कारण अलाउद्दीन जैसे पात्र के सन्दर्भ में प्रेम के आदर्श को व्यंजित किया गया है। 'प्रेम का रस वह जानता है जिसके हृदय में प्रेम अंकुरित है। चकोर के मन में चन्द्रमा बसा है, उसके नेत्रों में सूर्य नहीं समाता'। इसी प्रकार प्रेम की मूल्यपरक व्यंजनाएँ जायसी अनेक प्रसंगों तथा सन्दर्भों में करते हैं। योगिनी के आने पर सखियाँ पद्मावती को सतर्क करती हैं कि बाहरी वेष सच्चा नहीं होता। प्रेम मन को वश में रखकर गुप्त रूप से करना होता है, क्योंकि हृदय में बसे हुए प्रियतम से मिलने का यह मार्ग नहीं है। इस पर पद्मावती सारे संसार को प्रिय बिना सूना कहती है। कवि ने प्रेम की अभिव्यक्ति के लिए रत्नसेन और पद्मावती के मिलने के लिए कल्पना की है कि ग्रहण से छूट कर सूर्य का शशि से मिलन हुआ। इसी प्रकार कवि कहता है कि प्रेम मार्ग पर कमल सूर्य के प्रकाश से ही पुष्पित होता है, अन्यथा भरे सरोवर में वह सूख जाता है। कवि अन्ततः इस प्रेम को मानवीय मूल्यों को गहरे सन्दर्भ में व्यंजित करता है, 'जैसे फूल में सुगन्ध, दूध में घी, घड़े में निर्मल जल, काठ में अग्नि रहती है, उसी प्रकार घट में रहनेवाला मेरा प्रिय (पुरुष) मुझसे क्या कभी दूर हो सकता है?' यहाँ कवि ने मानवीय परममूल्य के रूप में प्रेम को अभिव्यक्त किया है और साथ ही उसमें आध्यात्मिक प्रेम भी ध्वनित है।

(6 : 12) प्रस्तुत प्रकरण में जायसी के काव्य में अभिव्यक्त धर्मपरक मानवीय मूल्यों की चर्चा की गयी है। पात्रों के चरित्र तथा घटना-परिस्थितियों के सन्दर्भ में इनका जो रूप-विधान और अनुक्रम व्यंजित हुआ है, उसे हम व्यापक मानव-धर्म के अर्थ में ग्रहण कर सकते हैं। जैसा कहा गया है, उनकी कवि दृष्टि ने सम्पूर्ण युग-यथार्थ के बीच विविध पात्रों एवं परिस्थितियों के बीच से उसे जाना-पहचाना है और उसी व्यापक भावभूमि पर अभिव्यक्त किया है। हमने देखा है, जायसी ने अपने युग की ट्रैजडी के बीच से अपनी दृष्टि ग्रहण की

है। सबसे महत्त्व की बात है वह अपनी ओर से कुछ नहीं कहते, विवेचित-व्याख्यायित करते हैं। उनकी मूल्य-दृष्टि काव्य में निहित अनुभूति की सघनता एवं मार्मिकता में व्यक्त होती रही है। उनके सारे रचना-विधान में मनुष्य और प्रकृति के बीच उठनेवाले संगीत से इस अनुभव की अभिव्यक्ति हुई है। उनके काव्य-विधान पर ध्यान देने पर यह समझना सहज है कि वस्तु-जगत् और चेतन व्यक्ति के बाह्य एवं आन्तरिक सामंजस्य से मूल्यों की सघन अभिव्यक्ति सम्भव हुई है। जायसी ने सूफ़ी साधना के प्रेम तत्त्व को अपनी रचना में केन्द्रीय भाव माना है। पर कवि ने उसे ऐसी व्यापक भूमिका पर ग्रहण किया है, जिस पर वह सम्पूर्ण मानव-धर्म को प्रतिष्ठित कर सका है। यह प्रेम समस्त मानवीय मूल्यों का स्रोत है। पूरे काव्य के रचना-विस्तार में प्रेम मूल्य-दृष्टि से सम्पृक्त है और उसके विविध रूपों की गहरी व्यंजना करता है। और यह भी अनुभव के स्तर पर व्यक्त होता है कि इस प्रेम भाव का उत्कर्ष करुण भाव में है जो इन मूल्यों की उपलब्धि रूप है। इस चरम उपलब्धि के आधार को प्रस्तुत करने में कवि ने मूल्यों का पूरा रचना-विधान तैयार किया है। मनुष्य का विवेक उसके ज्ञान की वह दृष्टि है, क्षमता है, जिससे सत्य का, गुण-दोष, अच्छाई-बुराई के निर्णय की क्षमता का बोध होता है। इस सत्य के आधार पर न्याय भी प्रतिष्ठित है, जिससे समाज तथा राज्य की व्यवस्था नियमित होती है। इस विवेक से मनुष्य धर्म-दृष्टि पाता है, मूल्यों के जीवन के मार्ग पर चलने में समर्थ होता है। वह विरोधी प्रकृति और प्रवृत्ति यों के बीच चुनाव कर पाता है, प्रचण्ड-कोमल, पाशविक-मानवीय, सुन्दर-कुरूप, स्वार्थपरता-उदारता के बीच। वह ऐसे भावों तथा उद्वेगों से बचने में समर्थ होता है, जो उसे सही मार्ग से विचलित करनेवाले हैं, उदाहरण के लिए लोभ-मोह-अहंकार (गर्व) क्रोध, मद आदि से। परन्तु जायसी ने स्वीकार किया है कि व्यक्ति यह विवेक-दृष्टि स्वतन्त्र होकर ही पाता है और यह स्वतन्त्रता उसे सांसारिक माया-जाल से पानी है। इस स्तर पर प्राणी सांसारिक आकर्षणों से मुक्त होता है, यह सांसारिक अर्थ में मरना निर्लिप्त होना है। सत्य मार्ग पर आगे बढ़ता हुआ मन की इच्छाओं-कामनाओं को मार कर अमर हो जाता है। शरीर को मिट्टी के रूप में असार मान कर प्राण तत्त्व की ज्योति में समाहित होता है। मणि-मोतियों को प्राप्त करता हुआ पानी (प्रतीक) के समान नीचे की ओर प्रवाहित होकर समुद्र (परम सत्ता) में मिल जाता है। प्रेम के व्यापक विस्तार में सत्य मार्ग पर दान, त्याग, अहिंसा, दया जैसे मूल्यों का अनुभव प्राप्त करना सहज ही सम्भव है। इस प्रकार जायसी आध्यात्मिक जीवन की भूमिका रूप में मूल्यों का समुचित आधार प्रस्तुत करते हैं, जिसके ऊपर उनके प्रबन्ध का पूरा रचना-विधान निर्मित हुआ है।

सन्दर्भ

प्रकरण षष्ठ : मूल्यों का मानवीय सन्दर्भ

अनु. 1. वि. दे. ना. साही; जायसी, पृ. 70

अनु. 3. पद्मावत 58 : 652।

अनु. 4. पद्मावत 5 : 68—'जहाँ न राति न देवस है जहाँ न पौन न घानि। तेहि बन होइ सुअटा बसा की रे मिलावे आनि।।'

अनु. 6. पद्मावत 1 : 11, 12, 15—'नीर खीर छानइ दरबारा। दूध पानि सो करइ निरारा। धरम निआउ चलइ सत भाषा। दूबर बरिअ दुनहुँ सम राखा।'' 5 : 69-72—'हमहिं लोभ ओइँ मेला चारा। हमहिं गरब वह चाहै मारा।।'

अनु. 7. पद्मावत 7 : 80—'पै यह पेट भएउ बिसवासी। जेहिं नाए सब तपा सँन्यासी।।'; 8 : 90—'रहै जो पिय के आएसु औ बरतै होइ खीन। सोइ चाँद अस निरमरि जरम न होइ मलीन।।'; 25 : 265, 266—'बोला भाँट नरेस सुनु गरब न छाजा जीवँ।...रावन गरब बिरोधा रामू।'...'ओछ जानि कै काहूँ जनि कोइ गरब करेइ। ओछे पारइ दैय है जीत पत्र जो देइ।।'; 32 : 386—'काहू चाँद काहू भा राहू। काहू अंब्रित बिख भा काहू।।'; 34 : 411—'जाकर दीन्ह कया जिउ लीन्ह चाह जब भाव। धन लछिमी सब ताकरि लेइ तौ का पछिताव।।'' 413—'जौं तूँ मुवा कस रोवसि खुरा। न मुवा मरै न रोवै मरा।। जौं मर भया औ छाँड़ेसि माया। बहुरि न करै मरन कै दावा।।'; 420 और 421। इस सहज कथन और उक्ति शैली में कवि सामान्य जीवन के स्तर पर सत्य के गहन अर्थ की व्यंजना कर सका है।

अनु. 8. पद्मावत 35 : 422—'मुहमद यह मन अमर है कहु किमि मारा जाइ। ग्यान सिला सौं जौं घेसे घँसतहि घँसत बिलाइ।।' इस अप्रस्तुत विधान में सांसारिक इच्छा-आकांक्षाओं, मोह-मोह में फँसे मन का वर्णन भाव-व्यंजना के साथ किया गया है।; 42 : 518; 46 : 551 में पानी के प्रतीक से जीवन के सत्य के विविध रूपों एवं पक्षों की मार्मिक व्यंजना हुई है—'मुहमद नीर गँभीर जो सो नै मिलै समुँद। भरे ते भारी होइ रहे छूँछे बाजहिं दुंद।।'; 47 : 574—'अमिअ बचन औ माया को न मुएउ रस भीजि। सतुरु मरै जौ अंब्रित कत ताकहँ बिख दीजि।।', 575—'एहि जग बहुत नदी जल जूड़ा। कौन पार भा को नहिं बूड़ा।। को न अंध भा आँखि न देखा। को न भएउ डिठियार सरेखा।।'; 49 : 586, 599—'मुहमद गरुए जो बिधि गढ़े का कोई तिन्ह फूँक। जिन्हके भार जगत थिर उड़हिं न पवन के झूँक।।'

अनु. 9. पद्मावत 7 : इस बनिजारा खण्ड में कवि ने कथा-प्रसंग के संयोजन में इस स्तर के मूल्यों के प्रश्न को अभिव्यक्ति दी है। सुआ बन्धन के भय से विभ्रमित होकर बुद्धि गँवाकर भटक जाने की बात कहता है—'धुंध जगत सब जानि कै भूलि रहा बुधि खोइ।।'77।। ब्राह्मण बहेलिया की निष्ठुरता के उल्लेख के साथ अहिंसा की बात कहता है—'कत रे निठुर जिउ बधसि परावा। हत्या केर न तोहि डरु आवा।' 78। आगे 9 : 92 में सत्य की प्रतिष्ठा है—राजै कहा सत्त कहु सुआ। बिनु सत कस जस भुआ।... 'दुइ जग तरा सत्त जेइँ राखा। औ पिआर दैअहि सत भाखा।'; 13 : 142; 14 : 146—'सत न डोल देखा गजपती। राजा दत्त सत्त दुहुँ सती।।', 148 में कर्म, धर्म, सत्य और नियम से पार उतरने की केवट की बात में मूल्य-दृष्टि निहित है—दस महँ एक जाइ कोइ करम धरम सत नेम। बोहित पार होइ जौं तौ कूसल औ खेम।।, यहाँ भव-सागर पार जाने की व्यंजना है। 16 : 163 में जीवन के मूल्यों को उच्चादर्शों के रूप में उपलब्ध करने की कामना व्यक्त हुई है—'दिन दिन ऊँच होइ सो जेहि ऊँचे पर चाउ।' इसी प्रकार की मूल्य-दृष्टि 166 में माँटी' के प्रयोग में व्यंजित हुई है—'माँटी मोल न किछु लहै औ माँटी सब मोल। दिस्टि जो माँटी सों करै माँटी होइ अमोल'; 33 : 387; 38 : 446—'कवि ओहि सुनत सीस पै धुना। स्रवन सों नाद बेद कबि सुना। दिस्टि सो धर्म पंथ जेहि सूझा। ग्यान सो परमारथ मन बूझा।।'

अनु. 10. पद्मावत 1 : 23—'हिअ भँडार नग आहि जो पूँजी। खोली जीभ तारा कै कूँजी। रतन पदारथ बोलइ बोला। सुरस पेम मधु भरिअ अमोला। जेहि के बोल बिरह के घाया। कहु तेहि भूख कहाँ तेहि छाया।।' जिस कुशलता से यह अप्रस्तुत—विधान कथा-वस्तु की मूल भावना को व्यंजित कर रहा है, वह जीवन के सहज अनुभव का ही साक्षात्कार रूप है।; 3 : 58—'धरम पिरीति तहाँ को मारा।। का सो प्रीति तन माहँ बिदाई। सोइ प्रीति जिअ साथ जो जाई।।'; 11 : 124—प्रेम के इस कठिन मार्ग पर अपनेपन को खोकर ही परम तत्त्व का पाना होता है—'जौं लहि आपु हेराइ न कोई। तौ लहि हेरत पाव न सोई।।'; 13 : 142—'भँवर जान पै कँवल पिरीती। जेहि महँ बिथा पेम कै बीती।।'

अनु. 11. पद्मावती 14 : 146—प्रेम-मार्ग पर दान और सत्य जैसे मूल्यों की शक्ति को स्वीकारा गया है।; 17 : 166—'मानुस पेम भएउ बैकुंठी। नाहिं त काह छार एक मूँठी।। पेमहि माहँ बिरह औ रसा। मैन के घर मधु अंब्रित बसा।।'; 34 : 399—वियोग की भाव-स्थिति के लिए चित्र प्रस्तुत है, 'आवा पौन बिछाउ का पात परा बेकरार। तरिवर तजै जो चूरि कै लागै केहि की डार।।', दूसरी ओर तन्मय भाव की व्यंजना हुई है, 401, 'जानु आहि दरपन मोर हिया। तेहि महँ दरस देखावै पिया।।'; 46 : 556—'सो पै जान पेम रस हिरदैं पेम अँकूर। चंदा जो बसै चकोर चित नैनन्ह आव न सूर।'; 50 : 603-5—'योगिनी के वेष में बादशाह की दूती के प्रेम-विरह के प्रदर्शन से सखियाँ सतर्क करती हैं, 'सखिन्ह कहा पदुमावति रानी करहु न परगट भेस। जोगी सोइ गुपुत मन जोगवै लै गुरु कर उपदेस।।'; 54 : 638, 640—'जौं सूरुज सिर ऊपर आवा तब सो कँवल सुख छात। नाहिं तौ भरे सरोवर सूखै पुरइनि पात।।', 644—'बास फूल घिउ छीर जस निरमल नीर मँठाहँ। तस कि घटै घट पूरुख ज्यों रे अगिनि कठाहँ।।'

———

प्रकरण सप्तम

वस्तु-योजना और चरित्र-विधान

(7 : 1) जायसी का प्रमुख काव्य-ग्रन्थ 'पद्मावत' प्रबन्ध-काव्य है। पर इसके रचना-विधान पर विचार करते समय इस काव्य-रूप को व्यापक अर्थ में ही स्वीकार किया जा सकता है। हिन्दी-साहित्य की चर्चाओं में प्रायः इस रूप को मसनवी कहा गया है, यह मानते हुए कि यह फ़ारसी साहित्य की एक प्रबन्ध शैली है। परन्तु फ़ारसी अथवा उर्दू में ऐसा कोई काव्य-रूप नहीं है। जैसा साही ने लिखा है, मसनवी का अर्थ परस्पर तुकों से जुड़े हुए दो-दो मिसरोंवाले छन्द की किसी भी कविता का है। ईश्वर-वन्दना, मुहम्मद साहब की स्तुति, खलीफाओं की प्रशंसा तथा शाहे-वक्त का गुणगान आदि का प्रचलन तो परम्परा के रूप में कई काव्य-रूपों में रहा है, उसे मसनवी की परिभाषा के अन्तर्गत विशेष रूप में नहीं माना जा सकता। वस्तुतः यह कथानक के घटना-क्रम को प्रस्तुत करनेवाले खण्डों में विभक्त है, जो स्वाभाविक रूप में दो भागों से संयोजित हैं। यह अन्तर प्रत्यक्ष रूप में देखा जा सकता है, पहला भाग कल्पना और दूसरा भाग इतिहास-तत्त्व से मुख्यतः निर्मित हुआ है। शुक्ल जी के अनुसार भी यह विभाजन स्वीकार किया गया है, पर इनकी आन्तरिक संगति-अन्विति के बारे में रचना के स्तर पर उनको पूरा सन्तोष नहीं है। परन्तु 'पद्मावत' की रचना में गहरे स्तर पर इन दोनों की इकाई को देखा-समझा जा सकता है। वस्तुतः इस प्रकार ही इस रचना के पूरे अनुभव-सन्दर्भ को ग्रहण करना सम्भव है। हम देख चुके हैं कि जायसी सजग कवि हैं, उन्हें अपने रचना-कर्म का बोध है, जिसकी अभिव्यक्ति उन्होंने अपने काव्य में की है। इसी प्रकार 'पद्मावत' के रचना-विधान के बारे में भी उन्होंने स्वयं संकेत दिये हैं। प्रारम्भ में स्थापना रूप में वह दोनों भागों के कथानक की आन्तरिक संरचना का संकेत देते हैं। फिर 'उपसंहार' में वह 'प्रेम और युद्ध' के बीच फैले हुए कथानक की सारी योजना को समेटते हुए जीवन के गहन सत्य की व्यंजना करते हैं। प्रारम्भ के कथा-सार में पूर्वार्द्ध के सिंहल द्वीप के कल्पना-लोक में फैली निजन्धरी कथा को एक अर्द्धाली मात्र में समेट लिया है, 'सिंघल दीप पदुमिनी रानी। रतनसेनि चितउर गढ़ आनी।'' जबकि उत्तरार्द्ध के कथा-विस्तार को डेढ़ चौपाई में दिया गया है। इसके अन्तर्गत दिल्ली के सुल्तान अलाउद्दीन का राघव चेतन द्वारा पद्मावती के सौन्दर्य का बखान सुन कर चित्तौड़ पर आक्रमण करना और हिन्दू तुर्कों की लड़ाई का उल्लेख किया गया है। इस प्रकार आदि से अन्त तक कथा की संयोजना कवि का संकल्प है। फिर 'उपसंहार' में कवि कथा के विस्तार सूत्रों का उल्लेख करते हुए उसकी मूल संवेदना की व्यंजना करता है और पूर्ण रचना में व्याप्त प्रेम की कारुणिक निष्पत्ति समाहार रूप में देता है—'धनि सो पुरुख जस कीरति जासू। फूल मरै पै मरै न बासू।' मानव-जीवन की सुगन्ध उसके मूल्यों की उपलब्धि के रूप में यश है, जो अमर है। जायसी के स्पष्ट उल्लेख

के बावजूद आलोचकों ने इन दोनों भागों को अलग समझा-माना है और इस प्रकार काव्य-रूप की समग्र इकाई को व्याख्यायित करने में चूके हैं। साही ने अपने अध्ययन 'जायसी' में विशेष रूप से हमारा ध्यान इस ओर आकर्षित किया है। जायसी ने अपनी प्रबन्ध-योजना का संकेत पद्मिनी पद्मावती को केन्द्र में रख कर दिया है, जिसे वृत्त रूप में एक ओर से रत्नसेन और हीरामन तोता और दूसरी ओर से अलाउद्दीन के साथ राघव चेतन घेरे हुए हैं। इस प्रकार वृत्त को पूरा करने में प्रेम के साथ युद्ध महत्त्वपूर्ण हो गया है। स्मरण रखने की बात है, युद्ध का यह सन्दर्भ अन्य प्रेमाख्यानों में नहीं है।

(7 : 2) रामचन्द्र शुक्ल ने स्वीकार किया है कि प्रबन्ध काव्य मानव जीवन का पूर्ण दृश्य होता है और उसमें घटना तथा प्रसंगों का संयोजन इस प्रकार किया जाता है कि नाना भावों के रसात्मक अनुभव से रचनात्मक अभिव्यक्ति मर्मस्पर्शी हो जाती है। 'पद्मावत' के रचना-विधान को इस स्तर पर स्वीकार करके भी इस दृष्टि से उसके उत्तरार्द्ध को महत्त्व प्रदान करते हैं, 'इनमें से पाँच स्थल तो बहुत अगाध और गम्भीर हैं—नागमती वियोग, गोरा बादल प्रतिज्ञा, कुँवर बादल का घर से निकल कर युद्ध के लिए प्रस्थान, दूती के निकट पद्मावती द्वारा सतीत्व गौरव की व्यंजना और सहगमन। ये पाँचों प्रसंग ग्रन्थ के उत्तरार्द्ध में हैं। पूर्वार्द्ध में तो प्रेम-ही-प्रेम है; मानव जीवन की और उदात्त वृत्तियों का जो समावेश है वह उत्तरार्द्ध में है।' इस प्रकार इस प्रबन्ध के रचना-विधान के उत्कर्ष को उसके संघटन की समग्रता में स्वीकार नहीं किया गया है। यह अवश्य है कि कथानक में घटनाओं और प्रसंगों के सम्बन्ध-निर्वाह में आधिकारिक तथा प्रासंगिक कथा-वस्तु के संयोजन को अच्छा माना है। वस्तुतः शुक्ल जी 'पद्मावत' की रचनात्मक योजना के महत्त्व को परख सके हैं, पर शास्त्रीय आधार पर विचार करने के कारण उसकी आन्तरिक अन्विति को और उसके मानव-जीवन के व्यापक फलक को उद्घाटित व्याख्यायित नहीं कर सके हैं। साही के विवेचन में यह दृष्टि केन्द्रीय है और इस कारण वह इस प्रबन्ध के पूर्वार्द्ध तथा उत्तरार्द्ध के संघटन के स्पष्ट लगनेवाले अन्तर के बीच कथानक की इस रचनात्मक अन्विति तथा समग्रता को देख परख सके हैं। उनके अनुसार जायसी कवि की दृष्टि से अपनी रचना की सम्पूर्ण योजना में अपने युग में चल रहे 'हिन्दू-तुर्क सत्ता-संघर्ष के नाम पर धार्मिक उन्माद के किलकिला समुद्र के बीच तलवार की धार की तरह सँवरे उस निर्मल भाव की खोज कर रहे थे जहाँ यह सारा संघर्ष अप्रासंगिक हो जाता है। उसी निर्मल भाव का नाम उन्होंने प्रेम दिया।' यह प्रेम प्रबन्ध की योजना के दोनों भागों में व्याप्त है, ध्वनित-प्रतिध्वनित है। साधना की विभिन्न भूमिकाओं पर व्यंजित होनेवाले प्रेम को कवि अपने युग के इतिहास के सन्दर्भ से सम्पृक्त करता है और इस परिदेश में उसकी अनुभूति से गहरे विषाद में एक ओर व्यक्ति (मनुष्य) बैकुण्ठी को जाता है तो दूसरी ओर उसकी परिणति एक मुट्ठी खाक में होती है। इस केन्द्रीय दृष्टि को बिना समझे 'पद्मावत' के रचना-विधान की संगति को देख पाना सम्भव नहीं है। इस मूल अर्थ-व्यंजना के आधार पर ही उसके कथानक की योजना को व्याख्यायित कर पाना सम्भव है। जायसी ने अपने युग के बीच से इतिहास की निर्मम गति को पहचाना है। अपनी रचनात्मक कल्पना में पात्रों और घटनाओं के यथार्थ को संयोजित किया है और इसी कौशल के साथ लोक से अलोक के विस्तार तक विभिन्न स्तरों में व्यंजित होनेवाले प्रेम का अन्तर्भाव समग्र कथानक में व्याप्त है। यहाँ हम सिंहल के 'मिथक लोक' और दिल्ली-चित्तौड़ के

'इतिहास लोक' में घटनाक्रम के संयोजन में रचनाकार की समग्र दृष्टि को व्यंजित पाते हैं, जिसे साही ने 'विषाद-दृष्टि' कहा है। जैसा कहा गया है, यह व्यापक करुणा इस प्रेम-भाव की रचनात्मक निष्पत्ति है, जिसमें सारे मानवीय मूल्यों का समाहार माना गया है।

(7 : 3) इतिहास के युग-विशेष की जो कल्पना 'पद्मावत' में की गयी है, वह कवि का यथार्थ है। कवि के सामने सामन्ती मध्य-युग था, इसमें सत्ता पाने, सुरक्षित रखने, विस्तार देने के लिए संघर्ष हो रहा था, युद्ध चल रहे थे। इस्लाम धर्म के साथ यह संघर्ष हिन्दू-मुस्लिम युद्धों के रूप में चल रहा था, विस्तार पा रहा था। एक ओर वीरों का व्यक्तिगत शौर्य और उत्सर्ग भाव था तो दूसरी ओर राजनीति और युद्ध के क्षेत्र में कूटनीति, छल-छद्म का विस्तृत प्रयोग चल रहा था। जायसी ने अपने प्रबन्ध की योजना का जो बाहरी ढाँचा निर्मित किया है, उसमें युग की परिस्थिति का पूरा उपयोग हुआ है। इस रूप में 'पद्मावत' में इस सबके उपयोग के साथ युग-यथार्थ के अनेक रूपों का संयोजन देखा जा सकता है, उदाहरण के लिए पराजित राजाओं की पत्नियों का हरम में रखना, बहन-बेटियों को जबरन छीनना, स्त्रियों का जौहर, सतीदाह आदि। कवि ने आन्तरिक संवेदना के साथ अपने युग की परिस्थिति को देखा-परखा है। अपनी सूफ़ी-प्रेम की वास्तविक मनःस्थिति में मुस्लिम सुल्तानों और शाहंशाहों की साम्राज्य-विस्तार की नीति और उसके लिए 'इस्लाम बनाम कुफ़्र' की नारेबाजी को सही परिप्रेक्ष्य में ग्रहण किया है। इस नारेबाजी का स्वार्थ-साधन के लिए इस्तेमाल करनेवाले मुल्लाओं, पुरोहितों, शासकों की उन्हें सही पहचान है। रचनाकार के रूप में जायसी अपने युग-परिवेश के मानवीय सत्य को निरपेक्ष भाव से ग्रहण करने में समर्थ हुए हैं, और यह तभी सम्भव हुआ है जब वह पूर्वग्रहों से मुक्त होकर अपनी कथा का संयोजन करते हैं, पात्रों के चरित्र का निर्माण करते हैं। कथा का यह उत्तरार्द्ध इतिहास की कल्पना में संयोजित कथानक अपने बाहरी परिवेश में नियोजित है, जबकि पूर्वार्द्ध अपनी भावमयी आन्तरिक योजना में प्रस्तुत हुआ है। परन्तु पूरी कथा-वस्तु की अभिव्यक्त संवेदना में ये दोनों भाग एकरस हो गये हैं। और उसके कथाविस्तार में नानाविध घटनाएँ, पात्र, परिस्थितियाँ, प्रसंग और दृश्य समाहित होते चले गये हैं और व्यापक मानवीय भाव-बोध में व्यंजित हुए हैं। जैसा साही ने कहा भी है, लेकिन इन व्यतिरेकों के बावजूद पद्मावत एक सुगठित और एकतान संरचना काव्य है। पूरा काव्य अन्ततः केन्द्रित, सम्पूर्ण और अखण्डित बौद्धिक सघनता का प्रभाव छोड़ता है जो ट्रैजडी जैसा होते हुए भी यूनानी अर्थ में ट्रैजडी नहीं है और जिसे मैंने जायसी की विषाद-दृष्टि कहा है।' कथा-वस्तु की इस योजना में सिंहल द्वीप पर घटित होनेवाला सारा दृश्य-विधान इस स्तर पर अर्थवान् हो उठा है। संसार के महान् काव्य-ग्रन्थों की कथा-वस्तु प्रेम और युद्ध के घटनाक्रमों और पात्रों से संयोजित है। और उनमें आदर्शों, मूल्यों, निष्पत्तियों की नानाविध व्यंजनाएँ भी हुई हैं। पर जायसी के प्रबन्ध काव्य में मानवीय मूल्यों के केन्द्र में वह करुण-भाव है, विषाद-दृष्टि है जो इन मूल्यों को गहरे एवं आन्तरिक स्तर पर व्यंजित करती है।

(7 : 4) सिंहल द्वीप की कल्पना में प्रेम और सौन्दर्य की जो अलौकिक अभिव्यक्ति हुई है, उसे परम्परा से जायसी ने ग्रहण किया है। रहस्यवादी कवियों, साधकों, सूफ़ियों, सिद्धों, भक्तों ने अपने इस अनुभव को साक्षात्कार किया है और अभिव्यक्त करने का उपक्रम भी।

परन्तु जायसी प्रेम-साधना की भूमिका की झलक भर देते हैं, उनके प्रबन्ध-काव्य में इसका आग्रह कहीं व्यक्त नहीं हुआ है। वरन् साधना के विविध मार्गों के प्रतीकों, बिम्बों, उपमानों, पारिभाषिक शब्दों का मुक्त प्रयोग करते हुए वह रचनात्मक स्तर पर आन्तरिक अनुभव की प्रामाणिकता की खोज में संलग्न रहे हैं। इस प्रक्रिया में सिंहल के कल्पनालोक से इतिहास के घटना-क्रम को संयोजित कर पाना सहज और अर्थवान् हो गया है। अपने युग के यथार्थ का जिस स्तर पर जायसी ने साक्षात्कार किया है, उस पर अन्य सूफ़ी कवि अपनी कथा-वस्तु का संयोजन करने में सक्षम नहीं हो सके। हिन्दी के भक्ति-युग के अन्य कबीर, सूर और तुलसी जैसे कवियों ने विभिन्न युगों के सन्दर्भ में मानव-मूल्यों की प्रतिष्ठा के लिए अपने युग-जीवन का अतिक्रमण किया है। परन्तु जायसी ने मानव-मूल्यों की प्रतिष्ठा पर दृष्टि रखते हुए भी अपने युग के यथार्थ को सामने से हटने नहीं दिया। प्रेमाख्यान काव्यों में स्त्री-पुरुष का आदर्श प्रेम केन्द्रीय रहता है, अन्य सारे सम्बन्ध उसी से विकसित होते हैं और युद्ध-सन्धि-विग्रह के बीच विकसित होनेवाला वीर-भाव उसी का पोषक होता है। सूफ़ी प्रेमाख्यान इस पक्ष का उपयोग सीमित रूप में करते हैं, क्योंकि उनमें प्रेम का प्रतीकात्मक उपयोग साधना की भूमिका पर किया जाता है। सामन्ती युग-जीवन पर आधारित वीर काव्य में कथा की योजना में सामन्ती सत्ता-संघर्ष केन्द्रीय होता है और युग का सारा परिवेश—उसकी संस्कृति, लोकाचार, पद्धतियाँ तथा नैतिकताएँ—अपनी प्रेम कथाओं के साथ उसकी रचनात्मक योजना का रूप-विधान प्रस्तुत करता है। कवि की दृष्टि यहाँ निरन्तर किसी नैतिक-स्रोत पर रहती है, जो इस सबके बीच हमको मूल्य-बोध के प्रति सहज रखती है। पर जायसी की प्रबन्ध-योजना इन दोनों काव्य-रूपों से अलग है। उन्होंने प्रेम और वीरता को सामन्ती समाज के यथार्थ जीवन के बीच जाना-समझा है और उसी के पात्रों के चरित्र के माध्यम से कथा-वस्तु में विविध भाव-स्थितियों, संचारी भावों की अभिव्यक्ति में इनकी रस-रूप में व्यंजना की है। 'सिंहल लोक' का कथा-विधान मुख्यतः प्रेम के विविध पक्षों से संयोजित है और अपने प्रकृति के दृश्य-विधान में अलौकिक सौन्दर्य का छायाभास है। पर उत्तरार्द्ध के इतिहास-लोक के कथा-क्रम के विकास के साथ यह छायालोक ऐतिहासिक घटना-क्रम के ताप में सिमटा विलीन होता चला गया है। यहाँ तक यह प्रेम का अलौकिक आभास इतिहास के सत्य के आलोक में सांसारिक असारता पर करुण भाव की व्यंजना भर रह जाता है।

(7 : 5) 'पद्मावत' का प्रारम्भ 'स्तुति खण्ड' से होता है। इसको प्रबन्ध-योजना का सामान्य रूप मानना अपेक्षित है, क्योंकि जैसा कहा गया है मसनवी कथा-काव्य का कोई विशेष रूप नहीं है। कथा के घटना-क्रम के परिवेश की योजना के रूप में सिंहल द्वीप का, और उसके अन्तर्गत प्राकृतिक वातावरण के साथ नगर तथा राज-भवन के ऐश्वर्य-वैभव का वर्णन किया गया है। प्रकृति के रूप-विधान में अलौकिक संकेत ग्रहण किये जा सकते हैं जो राज-वैभव सामन्ती जीवन को प्रस्तुत करता है। पद्मावती के जन्म के प्रसंग में संस्कारों का सन्दर्भ आया है और उसके बड़े होने के साथ हीरामन तोते का साथ होता है जो प्रस्तुत प्रबन्ध में महत्त्वपूर्ण भूमिका का निर्वाह करनेवाले पात्र के रूप में है। यहीं कथा में वह संकेत भी है जो कथा के विकास का दिशा निर्देश करता है। पद्मावती को सुग्गा की सीख से राजा कोप करता है, अन्ततः इस भय से तोता वन खण्ड में उड़ जाता है। इस बीच मानसरोवर

में सखियों के साथ पद्मावती की जल-क्रीड़ा का वर्णन है, जिसके प्राकृतिक सौन्दर्य के साथ लोकोत्तर जीवन के संकेत भी व्यंजित होते हैं। 'सुआ खण्ड' के माध्यम से कथा-क्रम विकसित होता है। तोता वन में व्याध के लासे में फँस कर बन्दी हो जाता है, यहाँ जीवन की आसक्ति में जीव के फँसने की व्यंजना निहित है। इस क्रम में रत्नसेन के जन्म का और सामुद्रिकों के द्वारा सिंहल की राजकुमारी से उसके विवाह की भविष्यवाणी की गयी है। कवि की रचनात्मक योजना में प्रबन्ध के दोनों अंशों-भागों का कलात्मक संयोजन हुआ है। 'बनिजारा खण्ड' में चित्तौड़ और सिंहल का सम्पर्क-सम्बन्ध बंजारों के व्यापार के माध्यम से स्थापित हुआ है। सिंहल द्वीप के बाज़ार में चित्तौड़ से बंजारों के साथ आये हुए निर्धन ब्राह्मण ने व्याध के हाथ पड़ जानेवाले गुणी तोते को ज्ञानी जानकर खरीद लिया और उसको लेकर चित्तौड़ वापस लौटा। रत्नसेन इस आशीर्वाद देनेवाले तोते को खरीद लेता है। इस कथा-क्रम में हम देखते हैं कि कवि की दृष्टि में अपने कथा-विधान के दोनों भाग हैं और वह उन्हें एक संरचना में संयोजित भी कर रहा है। इस योजना के विकास-क्रम में नागमती और सुआ का घटना-क्रम संयोजित हुआ है जिसमें पद्मावती के सौन्दर्य के प्रति नागमती की ईर्ष्या और राजा की कठोरता के सामने उसका समर्पण। यहाँ रचनाकार अपनी प्रबन्ध कल्पना में सुआ की महत्त्वपूर्ण भूमिका के माध्यम से कथा के दोनों भागों को संयोजित कर रहा है। राजा सुआ के द्वारा पद्मावती के रूप-सौन्दर्य का वर्णन सुनकर प्रेमासक्त होकर मूर्च्छा की अवस्था में आ जाता है। आगे कथा का विकास सिंहल लोक की ओर संयोजित है। सिंहल-यात्रा के लिए प्रस्तुत रत्नसेन न माता के अनुरोध से और न ही नागमती एवं रनिवास के विलाप-कलाप से रुकता है। सारी यात्रा का वर्णन मार्ग की कठिनाइयों एवं बाधाओं के सन्दर्भ में प्रस्तुत हुआ है। इन सबको पार करने की आवर्तियों-विवर्तियों के साथ सहायकों एवं मार्ग-दर्शकों के पथ-प्रदर्शन तथा सहयोग का चित्रमय वर्णन कथानक के संघटन का परिचायक है। हमको उसके समुचित संयोजन का अनुभव होता चलता है।

(7 : 6) कथानक का क्रमिक विकास होता है। समुद्र तट पर उड़ीसा के राजा गजपति समुद्र यात्रा की कठिनाइयों का उल्लेख करते हुए भी रत्नसेन के आग्रह के कारण जहाज देने की स्वीकृति देता है। यहाँ जायसी प्रसंग के अनुसार प्रेम की महिमा का प्रतिपादन करते हैं। कथानक के संयोजन में दृढ़तापूर्वक प्रेम की महिमा के आधार पर राजा का सिद्धि प्राप्त करने का संकल्प व्यंजित हुआ है और प्रेम के मार्ग पर सर्वस्व त्याग एवं दान के धर्म-भाव की महिमा का वर्णन साथ ही है। बोहितों पर समुद्र-मार्ग पर बढ़ते हुए राजा कठिनाइयों-बाधाओं के बीच यात्रा में आगे बढ़ते जाने का संकल्प व्यक्त करते हुए जीवन यात्रा में सत की महिमा का प्रतिपादन करते हैं। अन्ततः सातवें मानसर समुद्र को पार कर राजा के सामने सूर्य, मेघ, बिजली, चन्द्रमा और नक्षत्रों के रूप में प्रकाशमान सिंहल के राजमहल, रानियों के आवास प्रकट होते हैं। यहाँ कथानक के क्रम में मोड़ आता है। समुद्र पार होने के बाद भी अगम ऊँचाई के कारण सिंहलगढ़ पर पहुँचना आसान नहीं है। हम देखते हैं हीरामन की यहाँ महत्त्वपूर्ण भूमिका प्रस्तुत की गयी है। एक ओर वह राजा को वसन्त-पंचमी के दिन शिव-यात्रा के समय सिंहल प्रवेश की युक्ति बताता है और दूसरी ओर पद्मावती के पास सन्देश लेकर जाता है। कथा के विकास-क्रम के साथ पूरे परिवेश का संयोजन और घटनाओं का नियोजन

रचनात्मक स्तर पर कलात्मक एवं प्रभावी है। पहले राजा पर्वत-शिखर से शिवमण्डप के दर्शन करते हैं, फिर वहाँ पहुँच कर शिव के दर्शन के साथ उनकी परिक्रमा तथा स्तुति करते हैं। यहाँ आकाशवाणी के माध्यम से प्रेम-मार्ग पर आगे बढ़ने के लिए सत धारण करने की अपेक्षा को प्रतिपादित किया गया है। राजा की योग-समाधि के प्रभाव से पद्मावती प्रेम-विरह की मनोदशा के क्रम से गुज़रती है। हीरामन अपने प्रवास-वर्णन के साथ उसे रत्नसेन के प्रेम की सच्चाई का विश्वास दिलाता है। इस प्रकार दोनों के बीच प्रेम को विकसित करने का काम करता है। वह पद्मावती को रत्नसेन के प्रेम की विरह-भावना का परिचय देता है और वापस आकर राजा को पद्मावती का सन्देश देता है। आगे कवि प्रेमाख्यान की परम्परा के अनुसार पद्मावती का सखियों के साथ वाटिका के सुन्दर परिवेश में विश्वनाथ पूजन का वर्णन करता है। प्रकृति के सुन्दर वातावरण में पद्मावती देवपूजन करती है और योग्य वर की कामना करती है। इस बीच सखियाँ मण्डप के पूर्वी द्वार पर योगियों के उतरने की सूचना देती हैं। यहाँ प्रेमिका के दर्शन से प्रेमी का मूर्च्छित होना, प्रेमिका का उसके हृदय पर चन्दन का लेप करना और रात्रि में स्वप्न देख कर सखियों को बताना, जिसके आधार पर उनका विचार करना कि पश्चिम से आनेवाला कोई राजा उसे वरेगा, आदि सारा कथानक का क्रम प्रेम-कथाओं का है। दूसरी ओर इस योजना के क्रम में राजा मूर्च्छा से जाग कर विरह के आवेश में विलाप करता है और देवता को उपालम्भ देता है। देवता ने स्वीकार किया कि पद्मावती के दर्शन से वह स्वयं तेजहीन हो गया था। राजा अपने को दोषी मान कर काम को भस्म करने का संकल्प करते हैं। राजा की चिन्ता की ज्वाला से देवता व्याकुल होकर एकत्र होते हैं और उस पर्वत पर रहनेवाले हनुमान् अग्नि से उत्तप्त होकर शिव-पार्वती को सन्देश देते हैं। हनुमान् के साथ वेश बदल कर दोनों रत्नसेन के पास जाकर उसके वियोग का कारण पूछते हैं। पद्मावती को पाने के लिए प्रार्थना करने पर भी निराश होने पर वह ऐसा करने के लिए विवश हुआ है। उसके भाव को जान कर पार्वती अप्सरा का वेश धारण कर उसकी परीक्षा लेती है। अप्सरा के प्रेम को ठुकरा कर जब राजा ने अपने प्रेम में निष्ठा प्रकट की पार्वती ने शिव से रत्नसेन की आशा पूरा करने का अनुरोध किया। तब प्रसन्न होकर शिव ने उनको सिद्ध गुटिका दी और मार्ग भी बताया। यह सारा विधान यह सहज प्रेम-कथा का है, कुछ व्यंजनाएँ कवि देता चलता है, जिनसे हम आध्यात्मिक-भाव ग्रहण करते हैं।

(7 : 7) कथा के अगले क्रम में सिंहल का राजा गन्धर्वसेन गढ़ को घेरनेवाले योगियों को रोकने-समझाने के लिए रत्नसेन के पास दूत भेजता है। दूतों ने वापस आकर सन्देश दिया कि वह राजा की कन्या का वरण करना चाहता है, इस पर वह क्रोधित होता है, पर मन्त्रियों ने समझाया कि योगियों को मारना धर्मसम्मत नहीं है। इधर रत्नसेन और पद्मावती के बीच हीरामन तोता प्रेम का सन्देश पहुँचाने का कार्य करता है। इस प्रसंग में कवि ने प्रेम के विविध पक्षों तथा उसकी विभिन्न भाव-स्थितियों का मार्मिक तथा व्यंजक वर्णन किया है। साथ ही प्रेम के साधना-मार्ग के संकेत अन्तर्निहित किये हैं। रत्नसेन अपने साथियों के साथ शिव के बताये सुरंग-मार्ग पर गढ़ पर चढ़ने का उपक्रम करता है, पर सुबह हो जाने से सब पकड़े जाते हैं। राजा को न्यायमूर्तियों ने अपने निर्णय के अनुसार उनको शूली पर चढ़ाने की सलाह दी, पर मन्त्रियों की राय के अनुसार उनसे युद्ध करने के लिए सैनिक तैयारी की आज्ञा दी

गयी। रत्नसेन के साथी भी मर मिटने को तत्पर होते हैं, पर प्रेम मार्ग पर शान्त रहने के गुरु कथन को मान कर सब पकड़े जाते हैं। इस स्थिति में सब अभय हैं और रत्नसेन अपना गुरु पद्मावती को मान कर उसके प्रति पूरी आस्था व्यक्त करता है। यहाँ से प्रेम-कथा का वह आयाम शुरू होता है, जिसमें प्रेम के प्रति उत्सर्ग भाव की व्यंजना कथा के विविध पक्षों से व्यंजित हो रही है। वह पद्मावती को दीपक मान कर जब अपने को पतिंगा कहता है तो उससे उत्सर्ग भाव व्यंजित हुआ है जो साधना मार्ग का संकेत है। अपने साथियों के साथ रत्नसेन के पकड़े जाने की खबर पाकर पद्मावती विह्वल-विकल है और सखियाँ विरहाग्नि को शान्त करने का उपचार करती हैं। यहाँ पुनः हीरामन की महत्त्वपूर्ण भूमिका है। प्रीति के बेल में उलझी हुई पद्मावती उससे प्रिय समागम की प्रार्थना करती है और उससे रत्नसेन को सूली चढ़ाने की राजाज्ञा का समाचार पाकर उसके साथ स्वर्ग जाने का अपना निश्चय बताती है। कथानक का विस्तार इस प्रकार योजना के साथ आगे चलता है। यहाँ इस बात का सन्दर्भ भी दिया गया है कि सुआ पद्मावती को बताता है, वह गुरू है और रत्नसेन उसका चेला है। आध्यात्मिक अर्थ की व्यंजना के लिए पद्मावती उसे 'सिद्ध हुआ' मानती है। रत्नसेन के सूली के लिए प्रस्तुत किये जाने के अवसर पर भाट के प्रवेश से घटना-क्रम में परिवर्तन होता है। भाट गन्धर्वसेन को योगियों की ओर से सतर्क करता है और रत्नसेन का सही परिचय देता है। हीरामन के समर्थन करने पर सिंहल नरेश उसे पद्मावती देने का निश्चय करता है। आगे इस क्रम में रत्नसेन-पद्मावती के विवाह का पूरे विस्तार और विविध प्रसंगों के साथ चित्रमय वर्णन किया गया है। इस योजना के विस्तार में घटनाओं का संयोजन तथा प्रसंगों का वर्णन पूरे कवि-कौशल के साथ किया गया है।

(7 : 8) विवाह सम्पन्न होने के बाद रत्नसेन और पद्मावती के मिलन और शृंगार-क्रीड़ा का विशद वर्णन है। इस सारे प्रसंग को विस्तृत वर्णन के अन्तर्गत शयनकक्ष सुखबासी के साथ शय्या की सज्जा, विविध कार्य-कलाप तथा मनोभाव आते हैं। एक ओर कक्ष की सजावट का चित्रण है, तो दूसरी ओर वस्त्राभूषणों से पद्मावती के सोलह शृंगार का वर्णन है। साथ ही सखियों के विनोद के चित्र भी सामने आ जाते हैं। रति-प्रसंग में नायक-नायिका के हावभावों के सजीव चित्र प्रस्तुत हुए हैं। संयोग शृंगार के अनेक संचारी भावों की सटीक व्यंजना हुई है। उनके उत्तर-प्रति-उत्तर में उनके प्रेम के विकास की भावमयी अभिव्यक्ति हुई है। प्रातःकाल पद्मावती से मिलकर सखियाँ अनेक प्रकार का हास-परिहास करती हैं। स्पष्टतः इस वर्णन-क्रम में मानवीय भावनाओं की समुचित अभिव्यक्ति है, परन्तु आध्यात्मिक अर्थ दूरारूढ़ है। जायसी आध्यात्मिक भूमिका से सम्बद्ध रह कर भी कवि रूप में अधिक प्रस्तुत हुए हैं। रत्नसेन और पद्मावती के वैवाहिक जीवन के प्रेम-प्रसंगों की मार्मिक भाव-व्यंजना में कवि की अन्तर्दृष्टि निहित है। उसमें जीवन के यथार्थ चित्र अनेक रूपों तथा स्तरों पर अंकित हैं। सौन्दर्य का आकर्षण एवं प्रभाव अनेक भाव-व्यंजनाओं के साथ देखा जा सकता है। प्रेमी-प्रेमिका की बातचीत में व्यंग्य-विनोद का आन्तरिक भाव व्यक्त हुआ है और उनके उत्तर-प्रति-उत्तर से सारा केलि-प्रसंग प्रभावी हो गया है। कथानक के इस स्थल पर जायसी रत्नसेन के साथियों का उपयोग करते हैं, उनको योग छोड़ कर भोग की छूट मिलती है। फिर षट्ऋतु वर्णन के रूप में काव्य परिपाटी का पालन किया गया है, पर इसका उपयोग शृंगार के संयोग पक्ष

की अनेक भाव-स्थितियों तथा प्रेम-क्रीड़ाओं को प्रस्तुत करने के लिए किया गया है। यहाँ से कथानक का मोड़ आता है और घटना-क्रम पुनः चित्तौड़गढ़ में नागमती के वियोग के मर्मस्पर्शी वर्णन से शुरू हो जाता है। षट्ऋतु वर्णन के काव्य-विधान से हम बारहमास के लोकगीतों के वातावरण में पहुँच जाते हैं। यहाँ प्रकृत के व्यापक परिवेश में नागमती की भावमयी विरहाभिव्यक्ति लोक से लोकोत्तर होती गयी है। लोकगीतों के अभिप्राय पक्षी द्वारा विरहिणी का प्रिय को सन्देश भेजने का बहुत काव्यात्मक एवं मर्मस्पर्शी उपयोग यहाँ हुआ है। यहाँ कवि ने रत्नसेन की बूढ़ी माँ के पुत्र-वियोग में अन्धे होने और विलाप करने का वर्णन किया है और यह बहुत मानवीय भाव जो आत्मीय सम्बन्ध को व्यक्त करता है। पक्षी के द्वारा सन्देश भेजने का प्रयोग लोककथाओं के आधार पर हुआ है और पक्षी से सन्देश सुन कर रत्नसेन उदास होता है और वापस जाने का संकल्प करता है। यहाँ विरहाग्नि की झार से संसार के जल उठने की बात कथानक में प्रेम के लोकोत्तर स्तर की झलक देता है।

(7 : 9) नागमती के विरह-वर्णन से कथानक ने जो मोड़ लिया है वह चित्तौड़ लौटने तक चल कर फिर चित्तौड़ दिल्ली के बीच के घटना-क्रम में संयोजित होकर विस्तार पाता है। गन्धर्वसेन से अनुमति लेकर पद्मावती के रुक जाने के अनुरोध के बावजूद रत्नसेन वापस लौटने के लिए दृढ़ रहता है। पद्मावती दुःखी मन से सखियों से विदा होती है। सन्दर्भ के अनुसार जायसी लोक के प्रचलनों, मान्यताओं और विश्वासों का उपयोग करते हैं और लोक-कथाओं के अभिप्रायों के माध्यम से कथानक को विस्तार देते हैं, जैसे समुद्र का ब्राह्मण रूप में दान माँगना, समुद्र में आँधी का आना, राक्षस का छल करना, राज पंखी का झपट कर राक्षस को ले उड़ना और बोहितों का छिन्न-भिन्न हो जाना। यह समुद्र यात्रा का सारा प्रसंग इस प्रकार की लोक-कथाओं के अभिप्रायों के आधार पर संयोजित है। समुद्र की पुत्री लखिमिनी के घाट पर पद्मावती आ लगती है और होश में आने पर अपने पति के बारे मे पूछती है। उसका पिता समुद्र पद्मावती को पति से मिलाने का आश्वासन देता है। उधर रत्नसेन बह कर किसी पर्वत के घाट पर लगता है और पद्मावती की याद करके विलाप करता है। यह रोचक प्रसंग है कि जिस प्रकार सती होने के लिए तत्पर पद्मावती को लखिमिनी (लक्ष्मी) आश्वासन देकर बचाती है, उसी प्रकार आत्म-हत्या के लिए तत्पर राजा को ब्राह्मण रूप में समुद्र रोकता है। उसकी परीक्षा लेकर दोनों का मिलन कराया जाता है। यह सारा कथा-क्रम लोककथाओं के तत्त्वों के आधार पर विकसित हुआ है। इसके आगे चित्तौड़ आगमन के साथ कथा के दूसरे भाग का घटना-क्रम चलता है। कथानक की योजना में घटना-क्रम का कलात्मक विकास हुआ है। रत्नसेन पद्मावती के वैभव के साथ चित्तौड़ पहुँच रहे हैं और उधर नागमती को प्रिय के आगमन का आभास मिल जाता है। वह उल्लसित है और सखियाँ उसके आनन्द का कारण पूछती हैं, तभी भाट राजा के आगमन की सूचना देता है। सब आनन्दित होकर अगमानी के लिए जाते हैं। यहाँ कवि के ध्यान-केन्द्र में रत्नसेन की माता रही हैं और राजा सबसे पहले माता से मिलता है। पद्मावती के विमान को दूसरे-राज मन्दिर में उतारा गया है। रात में राजा का नागमती से मिलन होता है, वह रूठ कर मुँह फेर लेती है। राजा उसे प्रथम विवाहिता का सम्मान देकर मनाता है और प्रेमवार्त्ता में संलग्न होता है। कथानक का रोचक पक्ष उभरता है। प्रातःकाल होते ही राजा पद्मावती के पास जाने पर

उपालम्भ सुनकर उसे अपने प्रेम का विश्वास दिलाता है। नागमती और पद्मावती के बीच सहज ईर्ष्या भाव की अभिव्यक्त हुई है। यहाँ इस प्रसंग में नागमती और पद्मावती के बीच कटाक्ष तथा व्यंग्य का रोचक प्रयोग है। अन्ततः दोनों के संघर्ष को राजा बीच में पड़कर शान्त करता है। यहाँ से कथा दूसरे भाग में गति के साथ बढ़ती है रत्नसेन अपने कृपापात्र राघव चेतन को रुष्ट होकर देश निकाला देता है और वह आगे के घटना-क्रम में महत्त्वपूर्ण भूमिका निभाता है। पद्मावती उसे मनाने के लिए अपना कंगन दान देती है। परन्तु वह उसके रूप-सौन्दर्य की बात दिल्ली के बादशाह अलाउद्दीन तक पहुँचाता है और इस प्रकार आगे की ऐतिहासिक कथा के सूत्रों का नियोजन किया गया है।

(7 : 10) कंगन का उपयोग कथानक के विकास में किया गया है, राघव चेतन ने कंगन का दान ग्रहण करते समय पद्मावती के रूप-सौन्दर्य का दर्शन किया और उसके प्रसंग के माध्यम से शाह के सम्मुख उसका विशद वर्णन किया। विभिन्न जाति की, हस्तिनी, सिंहनी, चित्रिणी, पद्मिनी जैसी, स्त्रियों का वर्णन तथा पद्मावती के रूप-सौन्दर्य और सोलह शृंगार का वर्णन काव्य-रूढ़ियों के अनुसार हुआ है। परन्तु नखशिख के सौन्दर्य के रूप-विधान में निरन्तर हम अलौकिक सत्ता की व्याप्ति को अभिव्यक्त होते पाते हैं। प्रकृति के उपमानों से जो सौन्दर्य का चित्रमय रूप-विधान सामने प्रस्तुत होता है, उसमें परम सत्ता की विविध पक्षों में व्यंजना होती चलती है। कथानक के विकास मे इस रूप से आकर्षित-प्रभावित होकर बादशाह पद्मावती को पाने के लिए उत्सुक होता है। वह राघव का सम्मान करता है और सरजा के हाथ पद्मावती की माँग का पत्र चित्तौड़ भेजता है। रत्नसेन पत्र पाकर क्रोध से जल उठता है और सरजा के शान्त करने पर स्पष्ट उत्तर देता है कि वह शाह की अन्य सेवा के लिए तैयार है, पर पद्मावती के लिए भीषण युद्ध के लिए सन्नद्ध है। सरजा शाह के बल का बखान करके उसे समझाने का प्रयत्न करता है, पर वह शाह से युद्ध करने के लिए कृत-संकल्प है। शाह चारों-ओर से सेना-संग्रह करके चित्तौड़ पर आक्रमण करता है। यहाँ जायसी की कवि-दृष्टि का विशेष आयाम व्यक्त हुआ है। अलाउद्दीन के अधीन हिन्दू राजाओं को रत्नसेन की ओर से सहायता के लिए पत्र भेजा गया है, हिन्दू भावना से हिन्दू मात्र से यह सहायता की माँग की गयी है। और महत्त्व की बात है कि पत्नी पाकर इन राजाओं ने चित्तौड़ के युद्ध में अपने उत्सर्ग के लिए शाह की आज्ञा माँगी और शाह ने प्रदान भी की। पुनः काव्य-रूढ़ियों के अनुसार कवि ने सेना की तैयारी अस्त्र-शस्त्र के प्रदर्शन और सेनाओं के युद्ध का वर्णन हुआ है। परन्तु इस वर्णन के अन्तर्गत उस युग के सैनिक जीवन तथा युद्ध का विशद चित्र सामने अपने यथार्थ रूप में आया है। तोपों का खींच कर ले जाया जाना, इस सेना की साज-सामान के साथ यात्रा, सैनिक कूच से उठी धूल, राजा, राव और रानियों का गढ़ के ऊपर से शाह की सेना का देखना, रत्नसेन का सभा बुलाकर युद्ध की मन्त्रणा करना और युद्ध के निश्चय के साथ तैयारी करना, घोड़ा-हाथियों के वर्णन के साथ युद्ध-रचना आदि के विस्तार से जायसी उस युग के इतिहास का निर्माण करते जान पड़ते हैं। आगे दोनों पक्षों की सेनाओं का युद्ध प्रस्तुत हुआ है। दोनों ओर की सेनाएँ भिड़ रही हैं, हाथियों से हाथियों का, पैदल सेनाओं का, घुड़-सवारों का युद्ध चल रहा है। अन्ततः रत्नसेन दुर्ग के बाहर युद्ध करने में हित न देख कर दुर्ग के अन्दर आ जाता है और शाही सेना पहाड़ी घाटी में

फ़ैल कर दुर्ग को घेर लेती है। रात में दुर्ग के ही ऊपर से शाह की सेना पर भीषण अग्नि वर्षा होती है और दिन निकलते शाही सेना द्वारा निरन्तर बाण वर्षा। बारूद की सुरंग और तोपों के गोलों से गढ़ के कोट का टूटना। पर रात होते ही गढ़ की मरम्मत होती है और साथ ही ऊपर से पत्थर गोलों से शाही सेना और तोपों पर मार की जाती है। यह सारा वर्णन काव्य के स्तर पर सामन्ती परिवेश का निर्माण करता है और इसी के अन्तर्गत युद्ध के घेरे में यतुरी (नर्तकी) के नृत्य के लिए रंगमंच का आयोजन भी है, जिसे नीचे से बाण मार कर गिरा भी दिया जाता है।

(7 : 11) शाही सेना गढ़ को घेर कर दुबारा आक्रमण करती है और इस स्थिति में राजा अपनी मन्त्रणा सभा में जौहर का विस्तार रखता है। इसी बीच शाह के पास राज्य में उठ खड़े विप्लव का समाचार पहुँचा। वह सन्धि करने के विचार से सरजा को भेजता है, जो रत्नसेन को जौहर करने से विरत करके केवल पाँच रत्नों को देकर बादशाह से सन्धि करने के लिए समझाता है। राजा सरजा के साथ सन्धि प्रस्ताव लेकर दूत भेजता है और फिर बादशाह के भोज की तैयारी का वर्णन यथार्थ चित्रण के साथ काव्य-परिपाटी का परिचय देता है। चित्तौड़गढ़ के वर्णन के साथ कथा-क्रम आगे बढ़ता है। शाह वहाँ की दासियों के सौन्दर्य से चमत्कृत होकर राघव चेतन से पूछता है कि इनमें पद्मावती कौन है।' उसका कहना है कि उसके दर्शन के लिए शाह को दृष्टि नीची करनी होगी। जेवनार का क्रम चलता है, राजा सौ थाल रत्नों की भेंट करके शाह की सुदृष्टि की प्रार्थना करता है। इस बीच शाह निरन्तर पद्मावती को देखने के लिए आकुल है। उधर दासियाँ पद्मावती से शाह को देखने का अनुरोध करती हैं। इस प्रकार रात में झरोखे से नीचे देखती हुई पद्मावती का दर्पण में प्रतिबिम्ब देखकर शाह बेहोश हो जाता है। सुबह वह राघव चेतन से इस विचित्र दर्शन का वर्णन करता है और वह इसको पद्मावती का दर्शन स्वीकार करता है। शाह छल से राजा को गढ़ के नीचे लाकर बन्दी बना लेता है। इस समाचार से चित्तौड़ में क्रोध और खलबली व्याप जाती है और उधर शाह उसे बन्दी बना कर दिल्ली ले जाता है और कारागार में राजा को नाना प्रकार की यन्त्रणाएँ दी जाती हैं। रत्नसेन के बन्दी होने पर पद्मावती और नागमती दोनों रानियों के विलाप का वर्णन है। इस बीच कथानक में एक नया सन्दर्भ जुड़ता है, कुम्भलनेर का राव देवपाल पद्मावती को छलने के लिए दूती भेजता है, वह जादू-टोने के प्रयोग में कुशल है। उपहार की सामग्री के साथ वह प्रस्थान करती है, वह अपने को धाय बताती है जिससे पद्मावती का दुःख बढ़ जाता है। दूती सहानुभूति प्रकट करती है, पर रानी उसके पकवानों को छूकर भी नहीं देखती। दूती उसकी भोग-वृत्ति को जाग्रत करना चाहती है, पर रानी पति के बिना उसको निरर्थक मानती है। दूती के अस्थिर यौवन के भोग करने के आग्रह पर पद्मावती क्षुब्ध होकर पति के प्रति अपनी आस्था व्यक्त करती है। उसके यह कहने पर कि दूसरे प्रियतम के बिना यौवन का आनन्द नहीं पूरा होता, पद्मावती उसे फटकार कर निकालने की आज्ञा देती है। दूती के बाद बादशाह पद्मावती के धर्म-सत्र की कीर्ति सुनकर उसे बहकाने के लिए एक वेश्या को जोगिन के रूप में भेजता है। वह इस वेश में पद्मावती को रत्नसेन के बन्दीगृह में रहने की बात बताती है, जिससे वह उसकी चेला बनने को उत्सुक होती है। परन्तु सखियाँ उसे सीख देती हैं कि बाहर के स्वाँग को छोड़कर मन साधना ही श्रेयस्कर है।

(7 : 12) जायसी कथानक के विकास की दृष्टि से यहाँ घटना-क्रम को मोड़ देते हैं। सखियों की प्रेरणा से पद्मावती गोरा बादल के पास जाती है। वह पति को छुड़ाने का अपना निश्चय उनके सामने व्यक्त करती है, इससे द्रवित-प्रेरित होकर वे राजा को छुड़ा लाने की प्रतिज्ञा करते हैं। यहाँ वीरता तथा उत्सर्ग की भावना की मार्मिक अभिव्यक्ति बादल के चरित्र के माध्यम से हुई है। उसका गौना हुआ है और उसकी नववधू अपने प्रिय से घर रहने का आग्रह करती है, पर बादल राजा को बन्धन से मुक्त करने का निश्चय कर चुका है। नववधू के आकर्षण से वह अपने कर्त्तव्य पथ से विचलित नहीं होता। फिर गोरा और बादल राजा की मुक्ति का उपाय सोचते हैं। सोलह सौ चण्डोलों के साथ पद्मावती दिल्ली की यात्रा करती है और इस प्रकार राजा की मुक्ति का उपाय सोचा गया है। गोरा घूस देकर बन्दीगृह के अध्यक्ष को अनुकूल बनाता है और रखवाले शाह से निवेदन करते हैं कि पद्मावती चित्तौड़ की कुंजी राजा को सौंप कर शाह की सेवा में आना चाहती है। शाह प्रस्ताव स्वीकार कर लेता है। उसकी आज्ञा से सब राजा के पास पहुँच कर उसे बलपूर्वक छुड़ा ले जाते हैं। राजा के साथ रक्षा करने के लिए बादल को रवाना किया जाता है और गोरा ने शाही सेना के सामने डट कर उसे रोका। इस युद्ध में भयंकर युद्ध करते हुए गोरा अपने एक सहस्र योद्धाओं के साथ वीरगति को प्राप्त करता है। यहाँ इस अवसर पर गोरा और सरजा के युद्ध का चित्रमय वर्णन है। बन्धन मुक्त होकर राजा चित्तौड़ अपने सैनिकों के साथ पहुँचता है, वहाँ उसके स्वागत की तैयारी है। पद्मावती राजा की सम्मान के साथ पूजा करती है और बादल के प्रति कृतज्ञता के साथ आदर प्रकट करती है। मिलन के अवसर पर वह अपनी विरह-वेदना की बात कहती है और देवपाल की दूती की बात कहती है। इस पर रत्नसेन देवपाल को बन्दी बनाने के लिए कुम्भलनेर पर चढ़ाई करता है। देवपाल और रत्नसेन के द्वन्द्वयुद्ध में देवपाल की मृत्यु हो जाती है और रत्नसेन भी मरणासन्न हो जाता है। बाद में बादल को चित्तौड़गढ़ सौंप कर उसकी मृत्यु हो जाती है। पद्मावती पति के मरण पर सती वेष धारण करती है। राजा के विमान के साथ पद्मावती और नागमती सती यात्रा करती हैं और पति के साथ दोनों चिता में जल जाती हैं। इधर अलाउद्दीन सेना लेकर चित्तौड़ गढ़ पर आक्रमण करता है, पर वहाँ उसको केवल राख मिलती है। अन्त में युद्ध में बादल का भी अन्त होता है। कवि फिर उपसंहार में इस प्रेम कथा को काव्य रूप देकर आत्मसन्तोष का अनुभव करता है। इस प्रकार इतिहास के वातावरण के बीच युग-यथार्थ के साथ कल्पना-लोक की योजना करके कवि ने अपने इस प्रेमाख्यान की सृष्टि की है। यह दो प्रत्यक्ष रूप में भिन्न कथा के आयामों का रचनात्मक संयोजन एक-दूसरे में बिम्बित-प्रतिबिम्बित होता हुआ अन्त में जीवन के उस सत्य को व्यंजित करता है, जिसके माध्यम से यथार्थ तथा कल्पना में रूपायित होनेवाला सारा विधान एक रूप, एक रस हो जाता है। सिंहल का सारा काल्पनिक सौन्दर्य अपनी अलौकिक व्यंजनाओं में और चित्तौड़ से लेकर दिल्ली तक फैले घटना-क्रम के युग-यथार्थ की अपनी जीवनगत मानवीय व्यंजनाओं में अन्ततः एक ही सत्य ध्वनित हो रहा है—'छार उठाइ लीन्हि एक मूँठी। दीन्हि उड़ाइ पिरिथिमी झूठी।' इसके साथ संलग्न है हमारी मूल्यों की सारी अवधारणा।

(7 : 13) कथानक के घटना-क्रम के संयोजन में जायसी की रचनात्मक प्रतिभा का जिस प्रकार परिचय मिलता है, उसी प्रकार पात्रों के चरित्र-निर्माण में उनकी कल्पना की क्षमता को देखा जा सकता है। अपनी काव्य-कल्पना में उन्होंने इतिहास और मिथक दोनों लोकों को बिम्बित-प्रतिबिम्बित करते हुए प्रस्तुत किया है और इसी क्रम में हम देखते हैं कि दोनों लोकों के पात्रों का चरित्र दोनों भूमिकाओं पर विकसित हुआ है, अभिव्यक्त ग्रहण करता है। साही ने अपने विवेचन में स्पष्ट किया है कि इतिहास लोक की कथा का निर्माण जायसी ने कल्पना के स्तर पर विभिन्न सूत्रों के सहारे किया है। चित्तौड़ तथा दिल्ली से सम्बन्धित घटना-क्रम का आधार अमीर खुसरो, ज़ियाउद्दीन बरनी और इसाकी आदि फ़ारसी वृत्तान्त लेखकों का केवल इस सीमा तक माना जा सकता है कि उन्होंने चित्तौड़ पर अलाउद्दीन के आक्रमण तथा विजय का वर्णन किया। पूरी कथा की योजना जायसी ने कल्पना के स्तर पर कदाचित् विभिन्न सूत्रों के संयोजन के माध्यम से की है। यह तो जायसी के बाद अकबर के समय फ़रिश्ता ने पद्मिनी कथा के साथ अलाउद्दीन की कैद से गोरा बादल की कुशलता से रत्नसेन की मुक्ति का वृत्तान्त लिखा है 'पद्मावत' की रचना उसके पूर्व हो चुकी थी और साही के साथ यह भी माना जा सकता है कि जायसी की कल्पना में संयोजित यह कथा उसका आधार है। इतिहासकार कानूनो ने 'लीजेण्ड ऑफ पद्मिनी' नामक अपने लेख में यही प्रतिपादित किया है कि यह पूरी कथा जायसी की कवि-कल्पना में संघटित हुई है। परन्तु दशरथ शर्मा ने कुम्भलगढ़ के शिलालेख सन् 1460 के आधार पर अलाउद्दीन के आक्रमण के समय चित्तौड़ का शासक अमरसिंह के पुत्र रत्नसिंह माना है, और यह शिलालेख राणा कुम्भा का है, जो जायसी के पहले हुए हैं। इस शिलालेख में रत्नसिंह का उल्लेख अवश्य है, वह अलाउद्दीन के आक्रमण के समय चित्तौड़ का शासक भी है। पर शिलालेख के अनुसार आक्रमण समय दुर्ग की यथार्थ में रक्षा सिसोदिया सरदार लखमसी (लक्ष्मसिंह) ने की, रत्नसिंह दुर्ग छोड़ गया या मर गया। जायसी ने रत्नसिंह का चरित्र भिन्न रूप में परिकल्पित किया है। युद्ध में वीरता प्रदर्शित करने का तो उसका चरित्र यहाँ भी नहीं है। उसे कारागार से मुक्त करने का श्रेय गोरा बादल को है। कुम्भलनेर के देवपाल के साथ द्वन्द्व-युद्ध में वह मारा भी जाता है। पर वह कायर नहीं है, विभिन्न प्रसंगों में चरित्र की दृढ़ता का परिचय देता है। साधना के सन्दर्भ में पद्मावती को पाने का संकल्प करने के साथ वह कठिन मार्ग पर आगे बढ़ता जाता है, कठिनाइयों बाधाओं-विपत्तियों के सामने विचलित नहीं होता। 'पद्मावत' के रचना-विधान में उसके व्यक्तित्व का निर्माण कल्पना के स्तर पर यश के लिए सत का साका बाँधनेवाले, सब-कुछ दाँव पर लगा कर कीर्ति अर्जित करनेवाले के रूप में किया गया है। इस प्रकार शिलालेख में उल्लिखित रत्नसिंह का नाममात्र का आश्रय जायसी ने लिया हो, पर इस व्यक्तित्व के केन्द्र पर सारी कथा का विस्तार अपनी कल्पना से ही किया है। पद्मिनी और गोरा बादल का कथा प्रसंग 'छिताई वार्त्ता' में वर्णित है, दशरथ ओझा ने इसे जायसी के पूर्व का माना भी है। परन्तु यह प्रमाण-सिद्ध नहीं है कि अपने विस्तृत रूप में यह वार्त्ता जायसी के पहले लिखी जा चुकी थी। माताप्रसाद गुप्त द्वारा सम्पादित 'छिताई वार्त्ता' के भूमिका-लेखक रुद्रकाशिकेय ने सबल तर्कों से इसको जायसी के बाद की रचना माना है। यह मान भी लिया कि जायसी की कथा के कुछ सूत्र एवं सन्दर्भ इन स्रोतों तथा जनश्रुतियों से

ग्रहण किये गये हैं, तो भी इसका सम्पूर्ण रचना-विधान कवि की कल्पना में संयोजित हुआ है। यह मान कर चलना सहज स्वाभाविक है कि अपने युग-यथार्थ के बीच से अनेक तथ्यों, घटनाओं, परिस्थितियों, पात्रों के आधार पर जायसी अपनी रचनात्मक कल्पना में इस प्रबन्ध-काव्य को विकसित-संयोजित कर सके हैं। इसके बीच अपने युग के चरित्रों की अवधारणा, नैतिक मूल्यों की परिकल्पना और समाज के मान्य, आदर्शों की दृष्टि को व्यंजित करने की तटस्थ उपक्रम भी निरन्तर लक्षित होता है।

(7 : 14) प्रबन्ध-काव्य में पात्रों के चरित्र के विविध पक्ष एवं स्तर अभिव्यक्ति पाते चलते हैं और इसके माध्यम से उनके व्यक्तित्व की विशिष्टता भी रूपायित होती है। शुक्ल जी ने इस दृष्टि से जायसी की प्रबन्ध-योजना की सीमा का उल्लेख किया है, 'पद्मावत' में हम न तो किसी व्यक्ति के स्वभाव का ऐसा प्रदर्शन पाते हैं जिसमें कोई व्यक्तिगत विलक्षणता पूर्ण रूप से लक्षित होती हो, न किसी वर्ग या समुदाय की ही विशेषताओं का विस्तृत प्रत्यक्षीकरण हमें मिलता है। मनुष्य-प्रकृति के सूक्ष्म निरीक्षण का प्रमाण हमें जायसी के प्रबन्ध के भीतर नहीं मिलता।' वस्तुतः इसका कारण रचनाकार की सीमा नहीं है, इस प्रेमाख्यान का रूप-विधान है। जायसी ने अपने कथानक में युग-यथार्थ से पात्रों तथा घटनाओं के सन्दर्भ ज़रूर लिये हैं और जैसा कहा गया है सिंहल की मिथक-कथा का समायोजन उसके साथ किया है। पर कवि की मूल दृष्टि प्रेम की साधनापरक आध्यात्मिक भाव-व्यंजना पर रही है। इस सीमा के अन्तर्गत पात्रों के चरित्र की विशिष्टताओं के स्थान पर उनके व्यापक तथा सार्वभौम पक्षों के आधार पर भाव-व्यंजनाओं का आश्रय लिया गया है। प्रस्तुत प्रबन्ध के प्रधान पात्र—पद्मावती, रत्नसेन, नागमती; अलाउद्दीन, गन्धर्वसेन और राघव चेतन हैं। परन्तु इनमें प्रथम तीन प्रेमाख्यान के मुख्य पात्र हैं और अन्य कथानक के विस्तार की भूमिकाओं के पात्र हैं जिनके साथ गोरा बादल जैसे महत्त्वपूर्ण भूमिका के और रत्नसेन एवं बादल की माताओं जैसे भावशील पात्र भी आते हैं। इन आख्यानों में पशु-पक्षियों को कथानक के घटना-क्रम में पात्रों की भूमिकाओं में प्रस्तुत किया जाता है। जायसी ने सुआ के माध्यम से कथा-वस्तु की योजना को अग्रसर किया है, साथ ही विभिन्न चरित्रों के सम्बन्ध को स्थापित विकसित करने में उसका उपभोग किया है। इस प्रकार इस कथानक का वह महत्त्वपूर्ण पात्र है और उसकी भूमिका वस्तु-योजना तथा प्रेम की भाव-व्यंजना दोनों रूपों में देखी जा सकती है। यह तोता पद्मावती और रत्नसेन के मिलन में महत्त्वपूर्ण भूमिका निभाता है, ऐसा लगता है कि कवि ने इस पात्र का उपयोग कथा के इस भाग के पूरे रूप-विधान को संघटित करने के लिए किया है। सुआ के रंग मंच से तिरोहित होने के साथ कथानक भिन्न स्तर पर गतिशील हुआ है। इस प्रकार यह पात्र पद्मावती के कुमारी अन्तःपुर में स्वतन्त्र निवास का साथी है और कथानक के घटना-क्रम को उसके माध्यम से बढ़ाया गया है। जहाँ यह सुआ पण्डित तथा अपूर्व प्रतिभा सम्पन्न कहा गया है, वह राजकुमारी का शिक्षक है—'रहहिं एक सँग दोऊ पढ़हिं सास्तर वेद।' ब्ररम्हा सीस डोलावहिं सुनत लाग तस भेद।' वस्तुतः जैसा कथा-क्रम में स्पष्ट होता है, यह पात्र रत्नसेन और पद्मावती के मिलन का सूत्रधार है। ऐसा लगता है, जब तक कथा का प्रेमपरक साधना का सन्दर्भ बना रहता है और प्रेमी-प्रेमिका मिलन सम्भव हो पाता है सुआ कथा को अग्रसर करने में सहायक रहा है। कथानक के घटना-क्रम का [illegible]

राजा गन्धर्वसेन की सुआ को मारने की आज्ञा से होता है, उसके अनुसार वह राजकुमारी रूपी चाँद को सूरज की चर्चा सुनाता है। पद्मावती किसी प्रकार सेवकों को समझा कर वापस करती है कि यह अनजान पक्षी ज्ञान की बातें क्या जाने-समझे 'पंखि न कोई होइ सुजानू। जानै भुगुति कि जान उड़ानू।। सुआ जो पढ़ै पढ़ाए बैना। तेहि कत बुधि जेहि हिएँ न नैना।' इस सहज युक्ति के साथ वह उन्हें ढालती है कि इस पक्षी को माणिक-मोती की क्या पहचान है, वह तो उन्हें अनार-अंगूर जानकर तुरन्त चोंच में भर लेगा। इस प्रकार बचा लिये जाने पर भी सुआ भयभीत है और आश्वासन पाने के बावजूद पद्मावती के सरोवर स्नान के लिए जाने पर वन खण्ड को उड़ जाता है।

(7 : 15) कथानक के विकास-क्रम में सुआ की महत्त्वपूर्ण भूमिका यहाँ से शुरू होती है और हम देख चुके हैं कि यह पात्र अपनी कुशलता से राजा रत्नसेन को पद्मावती के रूप-सौन्दर्य के प्रति आकर्षित करता है। वस्तुतः सुआ ने जिस निर्भीकता से पद्मावती के सौन्दर्य के सामने नागमती के रूप को तुच्छ बताया उससे नागमती के माध्यम से कथा का विकास हुआ है, साथ उसके चरित्र को अभिव्यक्ति मिली है। धाय मूर्खता समझ कर तोते को मारने की उसकी आज्ञा पालन नहीं करती है और इस प्रकार स्थिति को बचा लेती है। आगे कथा-क्रम में सुआ सिंहल का वर्णन करता है और पद्मावती के सौन्दर्य की प्रशंसा करके रत्नसेन की उत्कण्ठा को जाग्रत करता है। फिर हीरामन द्वारा पद्मावती के नखशिख वर्णन से राजा उसके शृंगार से प्रभावित होकर मूर्च्छित हो जाता है। वह जब पद्मावती को पाने के लिए उत्सुक और व्यग्र होता है, सुआ प्रेम मार्ग की अर्थात् साधना के जीवन की कठिनाइयों का वर्णन करता है, 'पेम पहार कठिन बिधि गढ़ा। सो पै चढ़ै सीस सों चढ़ा।।' यहाँ वह साधना के कठिन मार्ग के साथ मानवीय जीवन की सीमाओं का वर्णन करता है, 'काम, क्रोध, मद, तृष्णा और माया, ये पाँचों चोर तेरे शरीर को नहीं छोड़ते। इस शरीर रूपी घर में नौ सेंधें हैं, जिनमें घुस कर ये साहसी चोर रात में उजाला करके चोरी करते हैं।' वस्तुतः इस प्रकार के प्रसंग में इस पात्र के माध्यम से कवि प्राणी को सांसारिकता में भटकने, ठगे जाने से सतर्क करता है, 'अबहुँ जागु अयाने होत आव निसु भोर। पुनि किछु हाथ न लागिहि मूसि जाहिं जब चोर।।' फिर राजा योगी होकर जब पद्मावती के लिए निकलता है, सुआ गुरु रूप में उसका मार्ग-दर्शन करता है। मार्ग-दर्शन के क्रम में वह किलकिला जैसे समुद्र की भयंकरता का वर्णन करता है और फिर विभिन्न गतियों में हुए पोतों का मार्ग-दर्शन भी करता है। सुआ सूर्य, मेघ, बिजली, चन्द्रमा और नक्षत्रों को एक साथ चमकते लगनेवाले सिंहल के राजमहल में रानियों के आवास का परिचय देता है। वह राजा को वसन्त पंचमी के दिन शिव-यात्रा के समय सिंहल-प्रवेश की मन्त्रणा देता है और इस प्रकार दोनों के मिलन का संयोग जुटाने में सहायक हुआ है। यहाँ कथाकार पद्मावती से हीरामन की भेंट करवा कर पूर्व-कथा का उसे परिचय देता है। इस प्रकार हम देखते हैं कथा के इस क्रम-विकास में इस पात्र की गुरु यथा मार्ग-निदेशक रूप में कल्पना की गयी है। वह प्रेम-कथा के रूप-विधान में प्रेमी-प्रेमिका के प्रेम-भाव को जाग्रत करने, विकसित करने और उनके मिलन में सहायक होने का कार्य सम्पन्न करता है और आध्यात्मिक प्रेम-साधना की व्यंजनाओं में मार्ग-दर्शक गुरु की भूमिका प्रस्तुत करता है। यह सुआ राजा को सिंहल-प्रवेश के लिए युक्ति बताता है। वसन्त

पंचमी के दिन शिव-मण्डप के दर्शन के समय पद्मावती से भेंट का अवसर बताता है। हीरामन पद्मावती से मिल कर सारे प्रसंग की चर्चा करता है और राजा के प्रेम तथा विरह की सच्चाई का प्रमाण देता है। फिर वह रत्नसेन के पास आकर पद्मावती का सन्देश सुनाता है। कथानक में हीरामन का व्यक्तित्व संयोग करानेवाले पात्र के रूप में विकसित हुआ है और इसलिए वह बीच-बीच में अवसर विशेष पर उपस्थित होता है। रत्नसेन और पद्मावती के प्रेम-प्रसंग के घटना-क्रम में गन्धर्वसेन जब स्वीकार करने के लिए तैयार नहीं है, सुआ पत्र और मौखिक सन्देश लेकर पद्मावती के पास आता है। सन्देश पाकर वह हीरामन को उपालम्भ देती है कि वह रत्नसेन के प्रेम में व्याकुल है और वह चिन्ता नहीं करता। वह बताता है कि राजा उसके दृष्टिबाण से घायल है, जबकि पद्मावती का रोआँ तक उसके लिए नहीं पसीजा। पुनः सुआ पद्मावती का सन्देश रत्नसेन के पास पहुँचाता है, जिससे उसे अपने साधना-मार्ग में अग्रसर होने का ढाढ़स होता है और उत्साह बढ़ता है। आगे रत्नसेन योगियों के साथ सुरंग के मार्ग पर सिंहल में प्रवेश करते समय पकड़ा जाता है और उसके कष्ट की प्रतिक्रिया में पद्मावती विरह में व्याकुल होती है। यहाँ पुनः हीरामन उसे धैर्य देता है। यहाँ वह यह भी घोषित करता है कि पद्मावती गुरु है, रत्नसेन मात्र उसका शिष्य है। सुआ अपना अन्तिम दायित्व गन्धर्वसेन को रत्नसेन का सच्चा परिचय देकर पूरा करता है, इसके कथानक में उसकी भूमिका समाप्त हो गयी है। जैसा हमने कथानक के संयोजन के प्रसंग में देखा है, एक दूसरा पक्षी नागमती का सन्देश सिंहल रत्नसेन के पास ले जाता है, जिससे प्रेरित होकर वह वापस आने का मन बनाता है। परन्तु हीरामन प्रेम-कथा के सन्देशवाहक से अधिक महत्त्वपूर्ण भूमिका का निर्वाह करनेवाला चरित्र हो। उसके माध्यम से प्रेम-साधनों के अनेक पक्षों एवं स्तरों की व्यंजना कवि ने की है।

(7 : 16) 'पद्मावत' के प्रमुख पात्र रत्नसेन, पद्मावती और नागमती हैं, जिनके चरित्र का विकास कथावस्तु के संयोजन में केन्द्रीय है और पूरे विस्तार में हुआ है। विचार किया गया है कि रचनाकार ने इन पात्रों को स्पष्ट आत्मा, परमात्मा और माया (प्रकृति) के प्रतीक रूप में नहीं स्वीकार किया है और ऐसा उसका रचना-विधान है। केवल कथानक के विकास-क्रम में आत्मा-परमात्मा के सम्बन्ध, माया की स्थिति और आध्यात्मिक आयाम की व्यंजनाएँ निहित हैं। कवि रूप में जायसी सजग हैं कि उनकी अभिव्यक्ति का स्तर रचनात्मक भावव्यंजना है, अतः वह आध्यात्मिक जीवन की सांकेतिक रूप में प्रस्तुत करते हैं। कथा-क्रम में मानवीय जीवन की नानाविध भाव-व्यंजनाओं के बीच में ये संकेत ग्रहण किये जा सकते हैं। कवि ने इसके लिए नानाविध रूपकों, प्रतीकों तथा मिथकों का माध्यम स्वीकार किया है। चरित्रों के संयोजन की दृष्टि से शुक्ल जी ने जायसी के बारे में महत्त्वपूर्ण बात कही है—'जायसी का ध्यान स्वभाव चित्रण की ओर वैसा न था। 'पद्मावत' में हम न तो किसी व्यक्ति के ही स्वभाव का ऐसा प्रदर्शन पाते हैं जिसमें कोई व्यक्तिगत विलक्षणता पूर्ण रूप से लक्षित होती है, और न किसी वर्ग या समुदाय की ही विशेषताओं का विस्तृत प्रत्यक्षीकरण हमें मिलता है।' पात्रों का चरित्र अपनी निजी विशेषता रखता है। वस्तुतः व्यक्ति के आचरण के दो स्तर होते हैं, एक पर वह अपने निजी चरित्र की विशिष्टता को व्यक्त करता है और दूसरे पर वह अपनी सामाजिक स्थिति के विविध सम्बन्धों के सन्दर्भ में सामान्य आचरण

करता है। इस दूसरे स्तर पर व्यक्ति का आचरण मानवीय भावों एवं मनःस्थितियों के सामान्य और व्यापक रूपों में अभिव्यक्त होता है और उनके अन्तर को इस अभिव्यक्ति की सघनता, मार्मिकता, आन्तरिकता आदि के आधार पर माना-समझा जाता है। और प्रचलित मूल्यों-मर्यादाओं के नैतिक मानदण्डों के सहारे इस प्रकार के चरित्र का मूल्यांकन भी किया जाता है। जबकि मूल्यांकन की दृष्टि भिन्न न रहने पर भी पहले स्तर के चरित्रों का आचरण विशिष्ट होता है, उनकी भाव-स्थितियों, मानसिक संवेदनाओं और प्रतिक्रियाओं में जटिलता होती है और इस कारण उनके आचरण में अधिक विविधता तथा विषमता होती है। वस्तुतः ऐसे चरित्रों का मूल्यांकन प्रायः मान्य एवं प्रचलित मानदण्डों से करना कठिन होता है। इस दृष्टि से शुक्ल जी का दृष्टिकोण 'पद्मावत' के पात्रों के बारे में सही है। वस्तुतः इन प्रेमाख्यान काव्य-रूपों का विधान इस दृष्टि से किया ही गया है, क्योंकि उनकी अभिव्यक्ति का लक्ष्य स्पष्ट है। उनमें प्रेम की चरम परिणति निर्दिष्ट है। इस प्रकार 'पद्मावत' में जिस सीमा तक प्रेमाख्यान की संरचना का स्वीकार है, जायसी ने रत्नसेन, पद्मावती और नागमती के चरित्र का संयोजन प्रेम के सन्दर्भ में एक स्तरीय किया है। ये तीनों पात्र प्रेम के केन्द्र पर अपने व्यक्तित्व संचालित-परिचालित कर रहे हैं और कवि उनके माध्यम से विशिष्ट चरित्रों की रचना के स्थान पर प्रेम के विविध भाव-सन्दर्भों एवं भाव-स्तरों को व्यंजित कर रहा है। परन्तु प्रेम-साधना को पूरी कथा-योजना में केन्द्रीय स्वीकार करके भी कवि मानव स्वभाव के विविध पक्षों तथा रूपों को अभिव्यक्त करता चला है। इसी प्रकार अपने पात्रों को ऐतिहासिक परिवेश में प्रस्तुत करते समय वह उनके चरित्र तथा स्वभाव के अन्य पक्षों को समायोजित करता चला है। जिस प्रकार कथानक के संयोजन में दो भिन्न स्तर के इतिहास एवं मिथक लोकों को एक साथ लिया गया है, उसी प्रकार चरित्रों में दो भिन्न स्तरों को लक्षित किया जा सकता है। इस प्रकार उनके पात्रों का चरित्र एक स्तरीय आदर्श अथवा उसका प्रतिरूप नहीं है और न सर्वगुण सम्पन्न अथवा पूर्णतः मानवीय दृष्टि से हीन ही चरित्र प्रस्तुत हुए हैं, जैसा कि हम आदर्श कवि तुलसी की रचनात्मक योजना में पाते हैं। इसका कारण है कि जायसी सिंहल के मिथक-लोक का उपयोग करते हुए अपने युग के यथार्थ से प्रेरित-संवेदित रहे हैं।

(7 : 17) रत्नसेन काव्यशास्त्रीय दृष्टि से नायक है और प्रेमाख्यान में नायक का केन्द्रीय आदर्श प्रेम है जिसके लिए वह सात समुद्र पार कर सब-कुछ सहने तथा संघर्ष करने में संलग्न रहा है। जहाँ तक उसके चरित्र के अन्य पक्ष हैं उनमें गुणों-दुर्गुणों का संयोजन है। अनेक भाव-स्थितियों की अभिव्यक्ति में उनको जीबन के यथार्थ को प्रस्तुत करते इस प्रकार देखा जाता है कि इसमें साधनापरक प्रेम का उत्कर्ष हो सका है। स्मरण रखना है कि इस आख्यान में प्रेम आध्यात्मिक सन्दर्भ रखता है। इस कारण साधारण दृष्टि से अपनी पत्नी नागमती के प्रेम की अवहेलना करना अनुचित माना जायगा, लेकिन यहाँ प्रेम के मार्ग पर आगे बढ़ने के लिए यह साधना की भूमिका है। इस मार्ग पर वह एक ओर साहस, विनम्रता, सहिष्णुता, सहनशीलता, कोमलता जैसे चरित्र के पक्षों को व्यक्त करता है, तो दूसरी ओर अधीरता, अदूरदर्शिता, दुराग्रह, व्यग्रता आदि चरित्र की कमजोरियों को भी प्रकट करता है। इस प्रकार कवि ने प्रेम को उत्कर्ष की ओर विकसित होते दिखाया है और साथ ही भाव-व्यंजना में जीवन

के यथार्थ को व्यक्त किया है। इस सहज स्तर पर उसमें लोभ, मोह और अविवेक जैसे दुर्गुण लक्षित होते हैं तो उत्साह, त्याग और वीरता के गुण भी व्यक्त हुए हैं। ये कुप्रवृत्तियाँ सामान्य हैं, प्रसंग के अनुसार व्यक्त हुई हैं और मूल स्वभाव के रूप में इन्हें नहीं माना जा सकता। चरित्र के ऐसे पक्ष भी अभिव्यक्त हुए हैं, जिन्हें व्यक्तिपरक और जातिगत माना जायगा। अलाउद्दीन के साथ गढ़ के बाहर पहुँचाने जाने में वह अदूरदर्शिता का परिचय देता है, यद्यपि गोरा बादल ने सतर्क किया है बादशाह पर छल का सन्देह न करके दूसरी ओर वह अपनी उदारता तथा सरलता का परिचय देता है। इसी प्रकार दिल्ली से मुक्त होकर चित्तौड़ पहुँचते ही देवपाल की नीचता का समाचार पाकर वह क्रोध से उत्तेजित होकर देवपाल को बन्दी बनाने की प्रतिज्ञा करता है और प्रातः होते-होते कुम्भलनेर पर आक्रमण बिना तैयारी कर देता है। हृदय की निश्छलता अगर व्यक्तिगत स्वभाव है तो यह प्रतिकार की प्रबल भावना जातिगत संस्कार है। रत्नसेन के साथ पद्मावती इस प्रबन्ध-काव्य की नायिका है और उसके व्यक्तित्व में आध्यात्मिक प्रेम के आलम्बन रूप परम तत्त्व से लेकर स्त्री जाति के गर्विता नायिका और सपत्नी के प्रति ईर्ष्या-भाव जैसे स्वभाव को लक्षित किया जा सकता। अपने प्रेम के लिए उत्सर्ग भाव है जो उसके सतीत्व के आदर्श में व्यंजित हुआ है। परन्तु जैसा प्रत्यक्ष है, जायसी अपने पात्रों के आदर्श चरित्र में निरन्तर जीवन के यथार्थ का संस्पर्श देते चलते हैं। कथानक के अन्तर्गत ऐसे सन्दर्भ मिलते रहते हैं जिससे पद्मावती कहीं कुशल गृहणी और कहीं प्रेम के गर्व से ईर्ष्या करनेवाली सपत्नी के रूप में प्रस्तुत हुई है। राघव चेतन के निकाले जाने पर वह अपनी दूरदर्शिता से उसे दान द्वारा सन्तुष्ट करना चाहती है और इसी प्रकार राजा के बन्दी होने पर वह अपने सच्चे हितैषी और साहसी वीर गोरा बादल के पास जाती है। सामान्यतः नागमती का चरित्र नारी जाति का प्रतिनिधि है, क्यों वह रूपगर्विता नायिका के रूप में चित्रित है। उसका ईर्ष्या भाव भी सामान्य स्वभाव के अन्तर्गत आता है, पर उसके चरित्र में कुटिलता अथवा प्रतिहिंसा का भाव व्यंजित नहीं हुआ। वह प्रेम की तन्मयता में सहज और सरल ही जान पड़ती है। जैसा पिछले विवेचन में उल्लेख किया गया है, उसके विरह-वर्णन में प्रकृति के परिवेश और भाव-व्यंजना के आन्तरिक संयोजन के माध्यम से प्रेम को जो व्यापक विस्तार और मार्मिक सघनता प्रदान की गयी है, वह प्रेम की उच्चतम भूमिका ही है जिस पर उसका आध्यात्मिक अर्थ व्यंजित हो सका है।

(7 : 18) प्रेमाख्यान काव्य की सामान्य वस्तु-योजना में प्रेम के उदय होने से लेकर तमाम विघ्न-बाधाओं तथा आपत्तियों का सामना करके तथा संघर्ष के उपरान्त मिलन तक कथा का विस्तार होता है। परन्तु जैसा कहा गया है, जायसी की दृष्टि व्यापक है और उनकी कथा-वस्तु में इतिहास का युग-परिवेश के साथ उपयोग तथा समावेश है। इस कारण उनके कथानक में पात्रों की विभिन्न भूमिकाएँ भी प्रस्तुत हुईं और उनके चरित्र प्रासंगिक मात्र नहीं हैं वरन् पूरे कथा विधान में महत्त्वपूर्ण हैं। यहाँ हम देखते हैं कि राघव चेतन जैसा पात्र अपने चरित्र और स्वभाव में पूरी तरह दुष्कर्मों एवं दुर्गुणों का प्रतिनिधित्व करता है। पर वह नायक-नायिका के मिलन के मार्ग में बाधक नहीं रहा है, वरन् प्रतिहिंसा द्वेष और अहंकार की भावना से अलाउद्दीन को पद्मावत के रूप-सौन्दर्य के प्रति आकृष्ट करके चित्तौड़ पर आक्रमण करने के लिए प्रेरित करता है। उस युग में शाक्तों, तान्त्रिकों और वामाचारियों की असामाजिक तथा

नैतिकताविहीन साधनों के प्रचलन के विरुद्ध भक्ति के कई मार्ग समाज को प्रबुद्ध कर रहे थे। जायसी ने इस चरित्र को उनके प्रतिनिधि के रूप में कल्पित किया है, वह भूत-प्रेत-यक्षिणी को सिद्ध करता है और कोमल भावनाओं से शून्य उग्र एवं क्रूर है। उसकी यक्षिणी-सिद्धि से असन्तुष्ट होकर राजा जब उसको देश निकाला देते हैं वह बदला लेने के लिए कृतसंकल्प हो जाता है। राज-भक्ति और देश-प्रेम से विरत होकर वह लोभ एवं प्रतिकार भावना से अलाउद्दीन को पद्मावती के सौन्दर्य से आकर्षित कर चित्तौड़ पर आक्रमण के लिए प्रेरित करता है। सामान्यतः उसके चरित्र को असत् के प्रतिनिधि के रूप में प्रस्तुत किया गया है। बदला की भावना से शत्रु को आमन्त्रित कर चित्तौड़ गढ़ न केवल ले आता है, वरन् बादशाह के साथ राजा को बन्दी बनाने में मदद भी करता है। फिर भी हम देखते हैं, जायसी की यथार्थ युग-दृष्टि ने राघव के पतन को दिखाना अपेक्षित नहीं माना। कवि की इस रचना-दृष्टि को हम अलाउद्दीन जैसे ऐतिहासिक पात्र के चरित्र की अवतारणा में देख सकते हैं। अपनी शक्ति, प्रताप और महानता को उसे अभिमान होना स्वाभाविक है। उस युग के अनुसार हर अद्वितीय तथा विलक्षण वस्तु का अपने को अधिकारी मानना भी सहज है। परन्तु ध्यान देने की बात है कि जायसी ने ऐसे चरित्र को प्रस्तुत करने में व्यक्तित्व को उभारा है। वीर होने के साथ उसके मन में वीरता के प्रति सम्मान भाव भी है, इसी कारण सरजा के राजपूतों को 'काग' कहने पर वह उसे 'धूर्त' और 'काग' कह कर फटकारता है और राजपूतों को वीर मानता है। हम देखते हैं रचना के स्तर जायसी में तटस्थ भाव निरन्तर बना रहता है। राघव चेतन जैसे पात्र के प्रतिकवि की उपेक्षा स्वाभाविक है। पर अलाउद्दीन के चरित्र को प्रस्तुत करने में यह संयम लक्षित किया जा सकता है। बादशाह होने के साथ अलाउद्दीन के बल और प्रताप को स्वीकार करना स्वाभाविक है, कवि पर की दृष्टि कहीं अतिरेक एवं पक्षपात की नहीं है। वह शाही सेना के साथ आठ वर्ष चित्तौड़गढ़ को घेरे रहा, पर तोड़ नहीं सका। राजपूतों की वीरता का मुक्त भाव से वर्णन है। और कवि अलाउद्दीन की दूसरी चढ़ाई में रत्नसेन के मारे जाने का वर्णन नहीं करता, जैसा इतिहास में प्रसिद्ध है। इस प्रकार उसके मान की रक्षा हुई है। यहाँ कथानक में इस चढ़ाई के पहले रत्नसेन एक राजपूत द्वारा मारा गया है।

(7 : 19) इन प्रमुख पात्रों के अतिरिक्त वस्तु की योजना में अनेक पात्रों को विभिन्न भूमिकाओं पर प्रस्तुत किया है और इस प्रकार कथानक को ऐतिहासिक युग के परिवेश में रचा जा सका है। ऐतिहासिक घटना-क्रम को अधिक विश्वसनीय तथा यथार्थ रूप देने में गोरा बादल जैसे पात्रों का उपयोग महत्त्वपूर्ण है। मध्य युग में नारियों की रक्षा करनेवाले वीर-पुरुषों का यशोगान किया गया है। ये दोनों वीर अपनी रानी की मान-मर्यादा की रक्षा के साथ स्वामिभक्ति का परिचय भी देते हैं। ये दोनों वीर आत्मसम्मानी और स्पष्टवादी तो हैं ही, साथ ही वे दूरदर्शिता का परिचय देते हैं। उन्होंने राजा को बादशाह के रंगढंग में छल का संकेत दिया है और राजा के ध्यान न देने पर वे रूठ कर घर भी बैठ जाते हैं फिर जब मन्त्रणा देने के बाद शस्त्रग्रहण के कर्त्तव्य का अवसर प्रस्तुत हुआ, वे रानी के करुण भाव से द्रवित होकर राजा को मुक्त करने की प्रतिज्ञा करते हैं। यहाँ कवि क्षात्र-धर्म का आदर्श पद्मिनी के मुख से कहलाता है, संसार का भार टालना, विपत्ति से उद्धार करना और अन्याय-अत्याचार

का दमन करना।' इन वीरों के सामने यही आदर्श रहा है। वे दोनों वीर, पिता-पुत्र, क्षात्र-धर्म के प्रतीक हैं। बादल को माता का स्नेह और नव-विवाहिता पत्नी का आकर्षण कर्त्तव्य मार्ग से विमुख नहीं कर सका। कथानक के घटना-क्रम में दोनों पात्रों के इस आदर्श चरित्र के साथ उनकी व्यक्तिगत नीति निपुणता और युक्ति कुशलता भी व्यंजित हुई है। पद्मावती के साथ सोलह सौ पालकियों में सैनिकों को दिल्ली ले जाने की योजना इन दोनों ने ही बनायी है। और इस प्रकार हम देखते हैं कि छूटे हुए राजा को छह सौ सरदारों के साथ बेटा बादल चित्तौड़ ले जाता है और इस बीच पिता गोरा एक हजार सैनिकों के साथ बादशाही सेना को रोके रहता है। इस युद्ध में उसे वीरगति भी प्राप्त होती है। कवि भाट के द्वारा इस प्रकार घायल साँग से निकली हुई आँतों को बाँध कर युद्ध करनेवाले गोरा का यशोगान कराता है। दूसरी ओर बादल अगले घटना क्रम में रत्नसेन की मृत्यु के उपरान्त चित्तौड़ गढ़ की रक्षा करते मारा गया है। स्पष्ट रूप से यह देखा जा सकता है कि जायसी कवि रूप में अपनी कथा में तटस्थ भाव से घटना, पात्र, परिस्थिति का अंकन करने में संलग्न है। उनमें किसी प्रकार का पक्षपात नहीं है, रचनाकार के रूप में उनकी प्रमुख प्रतिश्रुति मार्मिक संवेदना के साथ चरित्रों, भावों, मनःस्थितियों और परिस्थितियों की अभिव्यक्ति करने की है। इसकी विभिन्न स्तर की व्यंजनाएँ पाठक, सामाजिक के मानस को मानवता के स्तर पर आन्दोलित करती है।

(7 : 20) जायसी सामान्य पात्रों के चरित्र भी कुशल शिल्पी के रूप में प्रस्तुत करते हैं। शाह के द्वारा भेजी हुई जोगिन के रूप में पातुर कुशलता से अभिनय करती है। उसका वेश और आचरण यथार्थ और प्रभावी है; भभूत रमे जटाएँ बढ़ाये, कन्धे पर मृगछाला और कण्ठ में जयमाला पहने और कानों में मुद्राएँ धारण किये जोगिनी की पूरी साज-सज्जा में वह प्रस्तुत हुई है। पद्मावती अपनी मानसिकता में उसके प्रभाव में आकर वह स्वयं जोगिनी बनने को तत्पर होती है। यह जोगिनी रूपी शाह की दूती इस प्रकार रत्नसेन के बन्दीगृह में होने की सूचना देती है और उसको प्रभाव में लाकर वश में करना चाहती है। पर यहाँ उसकी सखियों ने चतुराई से काम लिया है और उसके मन को जोगिनी की ओर विरत करके उसके छल से रानी की रक्षा की। वे उसको गोरा बादल के पास जाने और आश्वासन प्राप्त करने की सलाह देती हैं। इसके बाद पद्मावती गोरा बादल के घर उनको मनाने के लिए जाती है, जैसा कहा गया वे राजा से बात न मानने के कारण रुष्ट हो गये थे। यहाँ अपनी रानी के आगमन पर कवि एक ओर उनके आदर भाव को गरिमा के साथ अभिव्यक्ति दे रहा है और दूसरी ओर रत्नसेन के शाह के बन्दी होने की परिस्थिति में पद्मावती की मानसिक वेदना और परिताप का मर्मस्पर्शी वर्णन कर रहा है। इस प्रकार उनके चरित्र का पक्ष सामने आया है। उनके राजा को छुड़ाने के संकल्प से रानी की कृतज्ञता का प्रकाशन भी प्रभावी है। वे 'राहु को बेध कर सूर्य को छुड़ाने का प्रण करते हैं और रानी उनको अंगद और हनुमान् कहकर प्रशंसा करती है। अन्य नारी पात्रों में रत्नसेन और बादल की माताएँ तथा बादल पत्नी आती हैं, जिनके चरित्र सामान्य नारी की भाव-स्त्रियों में अभिव्यक्त हुए हैं। राजा जोगी के रूप में जब पद्मावती को पाने के लिए प्रस्थान कर रहा है, उसकी माता साधारण माता के समान अपने पुत्र को रोकने का आग्रह करती है, समझाती है, इस मार्ग के कष्टों का उल्लेख कर

उससे विरत करना चाहती है और राजपाट के सुख-भोग के प्रति आकर्षित करना चाहती है। यह चरित्र का रूप सामान्य माता का है। इसी स्तर पर बादल की माता उसे युद्ध से विरत करने का प्रयत्न करती है। उसके बालक होने के कारण ऐसे भीषण युद्ध के लिए उसे योग्य नहीं मानती। फिर उसके गौने का उल्लेख भी करती है। परन्तु इस स्थल पर बादल अपनी माता को अपनी वीरता का आश्वासन देकर उत्साहित करते हुए उसे यशोदा और अपने को कृष्ण कहा है। इस बीच गौने में उसकी वधू भी वहाँ आ पहुँचती है। प्रारम्भ में वह अपने सौन्दर्य, श्रृंगार और मान से पति को रोकने का उपक्रम करती है, फिर विनय भी करती है। यहाँ पूरे प्रसंग को कवि भाव-व्यंजना के साथ प्रस्तुत कर रहा है। बादल अपने वीर-भाव से कर्त्तव्य के प्रति समर्पित है, उसे यहाँ श्रृंगार का, रति-क्रीड़ा का आकर्षण युद्ध से विमुख नहीं कर सका। जायसी ने इन पात्रों को सामान्य यथार्थ चरित्रों की भूमिका में प्रस्तुत किया है, जो इन पुरुष पात्रों के वीर-भाव और दायित्व के प्रति समर्पण भाव के सामने हलके जान पड़ते हैं।

सन्दर्भ

प्रकरण सप्तम : वस्तु-योजना और चरित्र-विधान

अनु. 1 : पद्मावत 1 : 24; 58 : पूरी प्रबन्ध-योजना का समाहार और मूल संवेदना का उल्लेख। वि. ना. साही : जायसी। रा. च. शुक्ल : जायसी ग्रन्थावली की भूमिका—पद्मावत की कथा। अपने प्रेम-काव्य की निष्पत्ति कवि करुण रस में स्वीकार करता है।

अनु. 2, 3 : वि. ना. साही : 'जायसी' से। कवि का रचनात्मक तटस्थ भाव रचना-प्रक्रिया में निरन्तर देखा जा सकता है। शाह अपनी विजय के उपरान्त चिता की राख उठा कर कहता है, छार उठाइ लीन्हि एक मूँठी। दीन्हि उड़ाइ पिरिथमी झूठी।' इसी प्रकार कवि अपनी प्रेम-कथा के करुण अन्त के बारे में कहता है, 'सुना जो पेम पीर गा पावा।' (57, 58 : 651, 652)।

अनु. 5 : स्तुति से प्रारम्भ वस्तु-योजना का परम्परित और मान्य विधान है। परन्तु सम्पूर्ण सृष्टि सर्जन में उस आराध्य की कल्पना करना और उसके सारे विधान के नियामक के रूप में उसका स्मरण करना कवि की अपनी दृष्टि है। जीवन के स्तर पर मूल्यपरक संकेत आध्यात्मिक व्यंजनाओं के साथ मिलते हैं, 'लागी सब मिलि हेरै बूड़ि बूड़ि एक साथ। कोई उठी मोंति लै घोंघा काहू हाथ।' 5 : 64। इसी प्रकार सुगा के उड़ जाने के बाद कवि आध्यात्मिक संकेत व्यंजित करता है, 'जहाँ न राति न देवस है जहाँ न पौन न घानि। तेहि बन होइ सुअटा बसा की रे मिलावे आनि। 5 : 68।

अनु. 6 : पद्मावत 14 : 149—अपने संकल्प में राजा की दृढ़ता और सत की महिमा को व्यक्त किया गया है, 'राजें कहा कीन्ह सो पेमा। जेहिं रे कहाँ कर कूसल खेमा।।...जौं सत हिएँ तो नैनन्ह दिया। समुँद न डरै पैठि मरजिया।।' हीरामन राजा का मार्ग दर्शन है और गुरु की महिमा प्रतिपादित करता है, 'एही समुँद आइ सत डोला।। एहि ठाउँ कहँ गुरु सँग कीजै। गुरु सँग होइ पार तो लीजै'।। 15:156। कवि देवता के इस कथन से पद्मावती के रूप-सौन्दर्य का आध्यात्मिक प्रभाव व्यंजित हुआ है, 'जैसे चाँद गोहने सब तारा। परेउँ भुलाइ देखि उँजियारा।। चमकै दसन बाजु की नाई। नैन चक्र जमकात भवाई।। हौं तेहि दीप पतँग होइ परा।'' 21 : 203।

अनु. 7 : पद्मावत 22 खण्ड में पार्वती-महेश के माध्यम से राजा की प्रेमसाधना की पद्धति और प्रक्रिया का वर्णन किया गया है। शिव बताते हैं, 'जस मरजिया समुँद धँसि मारै हाथ आव तब सीप। ढूँढ़ि लेहि ओहि सरग दुवारी, औ चढ़ु सिंघलदीप'। 215।। पद्मावती सुग्गा को प्रेम का भेद बताती है उसमें साधना के उत्सर्ग भाव की व्यंजना है, 'पै सो मरमु न जानै मोरा। जानै प्रीति जो मरि कै जोरा।' मर कर अर्थात् 'स्व' को विलय करके ही इस प्रेम की गाँठ जुड़ती है। इस क्रम में प्रेम के अलौकिक वातावरण की सृष्टि की गयी है, जिसमें मलयगिरि से उक्त सुवासित होने, सूर्य रूप में आकाश पर चढ़ने आदि की कल्पना समाहित है (23 : 231)। पद्मावती की विरह-व्यथा के सम्बन्ध में हीरामन प्रीति-बेल में उलझने के प्रतीक से वस्तुतः परम प्रेम की व्यंजना करता है, 'अरुझी पेम प्रीति की बेली।। प्रीति बेलि जनि अरुझे कोई। अरुझें मुएँ न छूटै सोई।।...प्रीति बेलि सँग बिरह अपारा। सरग-पतार जरै तेहि झारा'।। वस्तुतः साधना के स्तर पर यह प्रेम बेल अमर बेल है जो बोने के बाद निरन्तर बढ़ती है (24 : 254)।

अनु. 8. : 26 इस खण्ड में विवाह और 27 में संयोग शृंगार का वर्णन है, जिसमें संचारी भावों की अभिव्यक्ति हुई है...वैवाहिक जीवन के प्रेम-प्रसंगों तथा भावनाओं का समुचित वर्णन... आध्यात्मिक अर्थ की अपेक्षा जीवन की अन्तर्दृष्टि प्रमुख। 29 षट्ऋतु वर्णन-काव्य परिपाटी तथा प्रेम-क्रीड़ाओं का वर्णन। खण्ड 30 में 'बारहमासा' की परम्परा में नागमती के विरह का मार्मिक वर्णन लोक-गीतों की 'बारहमासा' शैली में, इसी स्तर पक्षी द्वारा सन्देश भेजा गया है। विरह की व्यापकता में प्रेम की अलौकिक अभिव्यक्ति हुई है, 'अस परजरा बिरह कर कठा। मेघ स्याम भै धुआँ जो उठा।। दाधे राहु केतु गा दाघा। सूरज जरा चाँद जरि आधा।' इस प्रकार विरह की ज्वाला सारी सृष्टि में व्याप्त हो गयी है (31 : 370)।

अनु. 9 : 32 इस रत्नसेन बिदाई खण्ड में सिंहल नरेश की रत्नसेन द्वारा जो स्तुति एवं प्रशंसा की गयी है, उसके काल्पनिक विधान में रावण की लंका पुरी के गौरव का आभास मिलता है। पर दिल्ली के सुल्तान के चित्तौड़ पर आक्रमण करने का ऐतिहासिक सन्दर्भ महत्त्वपूर्ण है, 'राज हमार जहाँ चलि आवा। लिखि पठएन्हि अब होइ परावा।। उहाँ नियर ढीली सुलितानू। होइहि भोर उठिहि जौं भानू।। 375। कवि ने लोक-प्रचलित विश्वासों शुभाशुभ विचारों, मान्यताओं, कर्मकाण्डों, परम्पराओं-रूढ़ियों का इस प्रसंग में विशेष रूप से वर्णन किया है; यात्रा के प्रसंग में (381-383)। यहाँ समुद्र की याचक रूप में कल्पना मानवीय जीवन में मूल्य-प्रक्रिया के रूप में की गयी है। रत्नसेन लंकापति से प्राप्त दहेज से अहंकार करता है और समुद्र इस रूप में उसकी परीक्षा लेता है–'दरब त गरब लोभ बिख मूरी। दत्त न रहै सत्त होइ दूरी।। जहाँ लोभ तहँ पाप सँघाती।' (32 : 386। आगे 38 खण्ड में राघव चेतन का उपयोग कथा-क्रम को विकसित करने में किया गया है और उसे बुद्धिमान् होकर भी अचेत माना गया है, 'घरी अचेत होइ जौं आई। चेतन कर पुनि चेत भुलाई।'

अनु. 10 : राघव चेतन की माया से क्रुद्ध होकर राजा उसे देश निकाला देता है। यहाँ उसके विचार में कवि उसके व्यक्तित्व के महत्त्वपूर्ण को व्यंजित करता है, 'कबि सो पेम तन्त कबिराजा। झूँठ साच जेहि कहत न साजा।' कवि को झूठ और सच में आसक्ति की अपेक्षा नहीं है। वस्तुतः यहाँ उसके विचारों का ऊहापोह जायसी प्रस्तुत कर रहे हैं। एक ओर वह सोचता है कि उसने खोटे रत्न (सेन) की सेवा की है, उससे उसका दारिद्र्य कैसे दूर हो।

साथ ही जायसी ने यहाँ व्यापक रूप से कविता के महत्त्व को मोतीवाले सीप के रूप में कहा है, 'कबिता चेला बिधि गुरु सीप सेवाती बुंद। तेहि मानुस कै आस का जो मरजिआ समुँद।' 38 : 449। परन्तु हम देखते हैं, यह व्यक्ति पद्मावती के रूप-सौन्दर्य का उपयोग दिल्ली के शाह अलाउद्दीन को चित्तौड़ पर आक्रमण करने के लिए करता है (खण्ड 39, 40, 41)।

अनु. 11 : शाह के पास जाकर राघव के पद्मावती के रूप-सौन्दर्य के वर्णन से लेकर बादशाह के द्वारा दूती और फिर वेश्या भेजने तक वर्णन खण्ड 39 से लेकर खण्ड 50 तक चलता है, इसमें कथानक के संयोजन में विकास-क्रम में चरित्रों की भूमिकाएँ आकर्षक ढंग से प्रस्तुत हुई हैं। यहाँ कथा के वर्णन की रूढ़ियों का उपयोग सुन्दरता के साथ हुआ है और ऐतिहासिक वस्तु एवं चरित्रों का संयोजन सही तथा रचनात्मक परिप्रेक्ष्य में हुआ है। देवपाल की दूती के सारे प्रलोभन निरर्थक गये, उस पर पद्मावती की गरिमा की अभिव्यक्ति इस प्रकार की गयी है, 'मुहमद गरुए जो बिधि गढ़े का कोई तिन्ह फूँक। जिन्हके भार जगत थिर उड़हिं न पवन के झूक'। 49 : 599। इसी प्रकार शाह के द्वारा भेजी जोगिनी के वेष में वेश्या के प्रलोभनों से सखियाँ सतर्क करती हैं, 'सखिन्ह कहा पदुमावति रानी करहु न परगट भेस। जोगी सोइ गुपुत मन जोगवै लै गुरु कर उपदेस।' 50 : 605।

अनु. 12 : युद्ध-यात्रा खण्ड में बादल की नववधू गौने में आयी हुई है और उस अवसर का वर्णन अपने यथार्थ चित्रों में मार्मिक बन पड़ा है, 'पायन्ह धरै लिलाट धनि बिनति सुनहु हो राय। अलक परी फँदवारि होइ कैसेहुँ तजै न पाय।' 52 : 617। इस प्रकार बादल अपने वीर भाव को आदर्श रूप में व्यक्त करता है, 'तूँ अबला धनि मुगुध बुधि जानै जाननिहार। जहँ पुरुखन्ह कहँ बीर रस भाव न तहाँ सिंगार।' 52 : 618। जायसी में परिस्थिति के अनुसार चरित्र के पक्षों को अभिव्यक्ति करने की रचनात्मक क्षमता है। अपने राजा को शाह के बन्दीघर से छुड़ाने के लिए बादल और गोरा सलाह करते हुए सोचते हैं, 'जस तुरुकन्ह राजहिं छर साजा। तस हम साजि छड़ावहिं राजा।।' यहाँ कवि फूल और काँटे के दृष्टान्त के अप्रस्तुत योजना से उनके तर्क का समर्थन रचना के स्तर पर ही करता है, पूरुख तहाँ करै छर जहँ बर कीन्हें न आँट। जहाँ फूल तहाँ फूल होइ जहाँ काँट तहाँ काँट।' 53 : 621। इस प्रयोग 'काँटे से काँटा निकालने' का भाव भी निहित है। फिर सारी योजना का ऐतिहासिक सन्दर्भ के साथ संयोजन हुआ है। रखवालों को घूस देकर पद्मावती के राजा (पति) से मिलने और कोष की कुंजी सौंपने की शाह की आज्ञा दिलवाने की योजना के वर्णन-क्रम में कवि हमारा ध्यान मानवीय मूल्यों की ओर भी निरन्तर ले जाता है। घूस के बारे में कवि की उक्ति है, 'लोभ पाप कै नदी अँकोरा। सत्तु न रहै हाथ जस बोरा।। जँह अँकोर तहँ नेगिन्ह राजू। ठाकुर केर बिनासहिं काजू।।' 53 : 624। आगे युद्ध का वर्णन परम्परित और अलंकृत है, फिर भी उसमें यथार्थ सन्दर्भ बना रहा है।

अनु. 13 : इतिहासकार कानूनगो : लीजेण्ड ऑफ़ पद्मिनी। दशरथ शर्मा : कुम्भलगढ़ का शिलालेख। सं. माताप्रसाद गुप्त : छिताई वार्त्ता (भूमिका लेखक कांशिकेय)

अनु. 14 : पद्मावत 3 : 54;56

अनु. 15 : खण्ड 9. राजा सुआ खण्ड में सुआ पद्मावती के सौन्दर्य की प्रशंसा करके रत्नसेन की प्रेम-उत्कण्ठा को जाग्रत करता है। अगले खण्ड 10 में 'नख-शिख' के परम्परित वर्णन उसके सौन्दर्य से राजा प्रभावित होता है। 11 : 124, इस 'प्रेम खण्ड' में मार्ग की

कठिनाइयों का विशद वर्णन है। फिर सुआ मार्ग-दर्शन करता है (जोगी खण्ड. 12)। रत्नसेन-पद्मावती का प्रथम मिलन वसन्त खण्ड (20) में हीरामन कराता है। पद्मावती को सुआ उपालम्भ देती है (23 : 228)—'तहाँ चकोर कोकिला तिन्ह हिय मया पईठि। नैन रकत भरि आए तुम्ह फिरि कीन्हि न डीठि'।। 25. रत्नसेन सूली खण्ड में यह परिचय सुआ देता है।

अनु. 16 : रा. च. शुक्ल : जायसी ग्रन्थावली, भूमिका, पृ. 89-99।

अनु. 17 : रत्नसेन शाह के दुर्ग के बाहर गया और बन्दी बना लिया गया, यहाँ उसकी अदूरदर्शिता व्यक्त होती है (47 : 575) राजा को शाह के छल करने का सन्देह नहीं और वह उसका स्वागत-सत्कार करता है। बादशाह भोज खण्ड (45) में तैयारी का वर्णन है और अगले 46 खण्ड में शाह का राजसी स्वागत किया गया है। देवपाल की दूती के प्रसंग को सुनकर रत्नसेन उसे पकड़ लाने की प्रतिज्ञा करना उसके वीर भाव को व्यक्त करता है, पर साथ ही शाह के पुनः गढ़ पर आक्रमण करने की स्थिति में अदूरदर्शिता का परिचायक है (55 : 645)।

अनु. 18 : खण्ड 38 में राघव चेतन के माध्यम से उस समय की तान्त्रिक सिद्धियों का उल्लेख हुआ है। सरजा का चरित्र छल-छद्म का है, 'सरजैं सपत कीन्ह छर बैनन्हि मीठै मीठ। राजा कर मन माना मानी तुरित बसीठि।।' 44 : 537।

अनु. 19 : गोरा बादल राजा को सीख देता है कि शत्रु के छल-कपट को जान कर उनसे मेल नहीं करना चाहिए, यहाँ कवि बलि-विष्णु का दृष्टान्त देकर इस भाव की व्यंजना करता है, 'इहौ किस्न बलि बार जस कीन्ह चाह छर बाँध।' 46 : 558। रानी व्यथा से गोरा बादल द्रवित हो गये और कहते हैं कि वे राजा से इसीलिए कुपित होकर इसी कारण चले गये थे कि उन्होंने उनकी बात नहीं मानी और शाह का विश्वास किया (51 : 610)। फिर उन्होंने रत्नसेन को छुड़ाने का बीड़ा उठाया (वही : 611)। खण्ड 53 में गोरा बादल की योजना का वर्णन है।

अनु. 20 : योगिनी के वेष में पातुर और सखियों का रानी का उससे सावधान करना (50 : 601, 605, 606)। गोरा बादल युद्ध खण्ड 53। पद्मावती का परिताप (48 : 777-780)। बादल का युद्ध से रोकनेवाली माता और नववधू को वीरोचित उत्तर (52 : 613-620)।

———

प्रकरण अष्टम

भावाभिव्यक्ति और अप्रस्तुत विधान

(8 : 1) भारतीय काव्यशास्त्रियों ने रचना के स्वर पर विशेष अनुभव को रस रूप में व्याख्यायित किया है। अनुभव के इस आयाम में रस के मूल अर्थ को हम समाहित पाते हैं, रसमय आस्वाद। पर यह काव्यास्वाद आनन्दमय अनुभव है। इस अनुभव की प्रक्रिया में रस के आदि आचार्य भरत ने ही विभाव, अनुभाव और व्यभिचारी भावों का संयोग स्वीकार किया है। आगे विभिन्न आचार्यों ने इस सूत्र की व्याख्या के अन्तर्गत रस के अनुभव में अखण्ड, स्वप्रकाश, चिन्मय, ब्रह्मानन्द सहोदर तथा लोकोत्तर आदि रूपों में प्रतिपादित किया है। रचना के स्तर पर यह अनुभव की अप्रतिम विशेषता को रेखांकित करने का प्रयत्न रहा है। आस्वाद रूप में एक होकर भी उपाधि-भेद से मूल स्थायी भावों के आधार पर आठ अथवा नौ रसों को माना गया है। आचार्यों ने भरत-सूत्र के 'निष्पत्ति' तथा 'संयोग' शब्दों की व्याख्या के आधार पर रसानुभव के वैशिष्ट्य को समझाने का प्रयत्न किया है। रस और भाव इस प्रक्रिया में अन्योन्याश्रित माने गये हैं, और विभाव, अनुभाव, संचारी आदि भाव स्थायी भाव की अनुकूलता पाकर रस-रूप में अनुभूत होते हैं, व्यंजित अथवा अभिव्यक्त होकर। 'निष्पति' के विभिन्न अर्थों में ग्रहण किये जाने के कारण आचार्यों ने रसानुभव को पुष्ट अथवा उत्पन्न, अनुमित अथवा कल्पित, भावित अथवा भुक्त और अभिव्यक्त अथवा व्यंजित आदि रूपों में व्याख्यायित किया है। रस की रचनात्मक अभिव्यक्ति भावों के विस्तार से सम्बन्धित है और मानव जीवन का सारा सामाजिक सम्बन्धों का परिवेश भावमय है। कवि रचनाकार व्यक्तिगत स्तर पर अथवा मानवीय सम्बन्धों का परिवेश भावभय है। कवि रचनाकार व्यक्तिगत स्तर पर अथवा मानवीय सम्बन्धों के बीच जब क्रियाशील होता है, वह अपने अनुभव को भावों में संयोजित तथा अभिव्यक्त करता है। परन्तु मुक्तक तथा गीति काव्य रूपों में अनुभव के भाव-खण्ड संक्षिप्त और स्वतन्त्र चित्रों के रूप में प्रस्तुत होते हैं। इनकी अपेक्षा खण्ड-काव्यों में पात्रों तथा घटनाओं को संयोजित करनेवाले भाव-चित्र अधिक संश्लिष्ट रूप में प्रस्तुत होते हैं। परन्तु महाकाव्य और प्रबन्धकाव्य में कथा का संयोजन करनेवाला घटना-क्रम और पात्रों के चरित्र का समुचित विकास अपेक्षित होता है। इस कारण उनमें रचनात्मक अनुभव के अन्तर्गत भाव-व्यंजना का विशद रूप विभिन्न स्थायी भावों के आधार पर रसों में अभिव्यक्ति ग्रहण करता है। पात्र और घटनाओं के साथ कथानक की योजना में वातावरण को प्रस्तुत करना अपेक्षित होता है विशेषकर जायसी के 'पद्मावत' जैसे प्रेमाख्यान काव्य की प्रबन्ध-योजना में परिवेश तथा वातावरण के निर्माण के लिए वस्तु-स्थितियों के वर्णन का बहुत अवसर रहता है। संस्कृत के महाकाव्यों में सुनियोजित रूप में अनेक वस्तु-स्थितियों के वर्णन की परम्परा रही है। एक ओर मनुष्य की बनायी वस्तुओं का वर्णन

है, तो दूसरी ओर प्रकृति के नानाविध रूपों को चित्रित किया गया है। आचार्य शुक्ल के अनुसार इस प्रकार के वर्णन प्रस्तुत करने में संस्कृत के कवि कुशल हैं, पर भाषा के कवि में ऐसी निपुणता नहीं पायी जाती है। वस्तुओं की संश्लिष्ट योजना की अपेक्षा इन कवियों में नाम गिनाने की प्रवृत्ति विशेष है, जिससे बिम्ब-ग्रहण द्वारा भाव-व्यंजना नहीं हो पाती। एक सीमा तक जायसी में यह प्रवृत्ति पायी जाती है, फिर भी उनके काव्य में अनेक स्थल हैं जिनमें बिम्बात्मक चित्रमयता के साथ भाव-व्यंजना भी हुई है। इन स्थलों पर अनेक वर्णन अगर उद्दीपन विभाव के अन्तर्गत आते हैं, तो ऐसे प्रसंग भी हैं जहाँ प्रकृति का सौन्दर्य स्वतः व्यापक प्रेम की व्यंजना करता है। सिंहल द्वीप के प्रसंग में कवि ने एक ओर नगर, बाज़ार, गढ़, महल, राजद्वार और घोड़ा-हाथी आदि का वर्णन वस्तु-स्थिति की दृष्टि से किया है, तो दूसरी ओर उपवनों, सरोवरों, कूंपों, बावलियों, पशु-पक्षियों का चित्रण वातावरण के परिवेश को प्रस्तुत करने के लिए किया है। कथानक की योजना में इनका महत्त्वपूर्ण स्थान है, एक ओर ये वर्णन कथावस्तु के नियोजन के अंग हैं और दूसरी ओर रस-व्यंजना में सहायक हैं। अनेक स्थलों पर यह वर्णन अपनी संश्लिष्ट चित्रमयता में उद्दीपन विभाव की उपेक्षा आलम्बन रूप में अधिक जान पड़ता है, विशेषकर आध्यात्मिक रहस्यमयी व्यंजनाओं में।

(8 : 2) सिंहल द्वीप के वर्णन में प्रकृति परिवेश का निर्माण करने के साथ अपने चित्रमय सौन्दर्य में रहस्य के संकेत देती है, 'द्वीप के चारों ओर घनी अमराइयाँ छायी हैं, जो धरती से उठकर आकाश का स्पर्श करता है। वहाँ के सभी वृक्ष मार्ग मानों मलयगिरि से लाये गये हैं, जग में छाया उनके कारण ही होती है और वे ही रात बन कर छा जाते हैं।' इस संश्लिष्ट वर्णन में एक ओर वनराजि का सुन्दर चित्र प्रस्तुत हुआ है, साथ ही सांसारिक जीवन के आतप को सहन करनेवाले पथिक प्राणी को इस अनुपम वन-छाया में जीवन-पथ की धूप से बचने की बात कह कर आध्यात्मिक संकेत दिया गया है,

'अस अँबराउँ सघन घन बरनि न पारौं अंत।
फूलै फरै छहूँ रितु जानहु सदा बसंत।।'

आगे कवि फुलसुँघनी, पण्डुक, मैना, तोता, कबूतर, पपीहा, गुडुरू, कोयल, सुजगा (भृंगराज), महरि (ग्वालिन), हरियल, मोर और कौवा जैसे अनेक पक्षियों की बोलियों और विभिन्न क्रीड़ाओं के माध्यम से वातावरण की सृष्टि करता है और अन्ततः,

'जावँत पंखि कहे सब बैठे भरि अँबराउँ।
आपनि आपनि भाषा लेहिं दइअ कर नाउँ।।'

कह कर उसमें रहस्य की व्यंजना निहित करता है। 'मानसरोदक खण्ड' में मानव और प्रकृति के एक रस सौन्दर्य और क्रीड़ा-भाव में प्रेम की सघन मार्मिक और व्यापक व्यंजना आलौकिक सन्दर्भों के साथ हुई है। सखियों के साथ पद्मावती मानसरोवर के तट पर तारों के साथ उदित चन्द्रमा के समान आती है, उसके सौन्दर्य के सामने सरोवर में कमल और कुमुदनियों की शोभा विलीन हो गयी है। चकवी की वियोग की पुकार इस प्रसंग को अधिक मार्मिक अभिव्यक्त कर रही है,

'चकई बिछुरि पुकौरै कहाँ मिलहु हो नाँह।
एक चाँद निसि सरग पर दिन दोसर जल माँह।।'

जायसी इस प्रकार के प्रसंगों में आध्यात्मिक प्रेम का संकेत देते चलते हैं। यहाँ हम एक विशेष प्रयोग देखते हैं, सारी प्रकृति आध्यात्मिक प्रेम के आलम्बन रूप पद्मावती के सौन्दर्य में रूपान्तरित हो रही है, 'उसके नेत्रों को जिसने देखा वे कमल हो गये, शरीर की छाया ही निर्मल जल हो गया, उसको हँसते देखकर हंस रूप हो गया और दाँतों की ज्योति हीरा नग हो गये।' उद्दीपन रूप में प्रकृति वर्णन की परम्परा रही है और जायसी ने विशेष रूप से षट्-ऋतु वर्णन' और 'नागमती वियोग' के प्रसंगों में प्रकृति का वर्णन इस रूप में किया है। 'षट-ऋतु' वर्णन संयोग शृंगार के अन्तर्गत प्रकृति के उद्दीपन रूप को प्रस्तुत करता है, रत्नसेन और पद्मावती मिलन के अवसर पर। यहाँ कवि प्रकृति का दृश्यमय चित्र प्रस्तुत करने की अपेक्षा केवल कतिपय उल्लेखों के सहारे शृंगार भाव के उत्तेजक वातावरण का निर्माण करता है। वसन्त जैसी ऋतु के वर्णन में केवल इतना संकेत देकर—'बसन्त-ऋतु आयी, चैत-बैशाख में यह अच्छी ऋतु सुहावनी लगती है' आगे मिलन प्रसंग और प्रेम-क्रीड़ा का प्रसंग लिया गया है। अगली ऋतुओं के वर्णन में यही क्रम चलता है, केवल कुछ स्थलों पर ऋतु का चित्र उभरता है। सावन-भादों की पावस ऋतु का वर्णन इस प्रकार का है,

'कोकिल बैन पाँति बग छूटी। धनि निसरी जेउँ बीर बहूटी।।
चमकै बिज्जु बरिस जग सोना। दादर मोर सबद सुठि लोना।।

और यह प्रकृति का चित्रमय स्वरूप भी प्रिय और प्रिया के प्रेम-रस से आन्दोलित है, 'वर्षा में पवन झर-झर चलने से हृदय में हर्ष हो रहा है। पवन शीतल लग रहा है। बाला जानती है कि उसके स्पर्श सुख का कारण वायु है, किन्तु पवन की उससे सुगन्ध (परिमल) पाने की स्वयं आशा है।' शृंगार रस के वातावरण में प्रिय और प्रिया शिशिर ऋतु में हंसों की जोड़ी के समान सरोवर में क्रीड़ा करते दिखायी देते हैं।

(8 : 3) इसी प्रकार 'नागमती वियोग' के प्रसंग में बारह-मासा के अन्तर्गत प्रकृति का उद्दीपन रूप है। यहाँ भी प्रायः प्रकृति के हर माह के परिवर्तन होते दृश्य-रूपों के संकेतों के आधार पर नागमती की विरहावस्था का वर्णन किया गया है। 'असाढ़ माह में मेघ आकाश में गरजते हैं, विरह ने युद्ध की तैयारी की है।' आगे प्रकृति में युद्ध के रूपक का विधान भी है। बिजली को तलवार रूप में और मेघ की बूँदों की बाणों की वर्षा के रूप में कल्पित किया गया है। प्रकृति आलोड़न-विलोड़न के बीच सावन माह में प्रिया अपने प्रिय के वियोग में आकुल-व्याकुल प्रस्तुत की गयी है,

'परबत समुँद अगम बिच बन बेहड़ घन ढंख।
किमि करि भेटौं कंत तोहि ना मोहि पाँव न पंख।।'

हम देखते हैं, इस बारह-मासा के वर्णन में प्रेम के विरह-पक्ष का वर्णन क्रमशः प्रकृति के दृश्यमय परिवेश से अधिकाधिक सूक्ष्म तथा मार्मिक अनुभूतियों की अभिव्यक्त में विकसित हुआ है—'भादों माह में बिजली चमकती है, मेघ गरजते हैं और मघा नक्षत्र झर-झर बरसता है। और उसके साथ विरहिणी के दोनों 'नेत्र ओलती से चू रहे हैं। अगहन माह के घटते हुए दिनों और बढ़ती हुई रातों में दुःख झेलती बाला विरह में दीपक की बत्ती की तरह जल रही है और आन्तरिक वेदना की अनुभूति उसके इस सन्देश में निहित है,

'पिय सौं कहेहु सँदेसरा ऐ भँवरा ऐ काग।
सो धनि बिरहें जरि गई तेहिक धुआँ हम लाग।।'

पूस माह के शीत के वर्णन में प्रिय से अलग होने की व्यथा को इस प्रकार के उपालम्भ में व्यक्त किया गया है। 'विरह में उसका रक्त आँसू बनकर ढल गया, मांस गल गया, हड्डियाँ सूखकर शंख हो गयीं। बाला सारस की जोड़ी की भाँति रटती हुई मर गयी। हे प्रिय, अब आकर उसके पंख समेट लो।' निश्चय ही इस प्रसंग में कवि ने गहरी अनुभूति से प्रकृति के साहचर्य में नारी की वेदना के विविध पक्षों एवं स्तरों का वर्णन किया है। फागुन माह की झकझोरती पवन अपने प्रवाह में शीत को चौगुना कर रही है, जिसमें शरीर पत्ते की तरह काँप रहा है। विरह पवन झकझोर कर इस पत्ते को टिकने नहीं देगा। कलियों में हुलसित होती वनस्पति विरहिणी के संसार को उदास कर रही है और वह अपने प्रियतम से मिलन-उत्कण्ठा में शरीर को जला कर राख करने की कामना करती हुई पवन से प्रार्थना कर रही है,

'मकु तेहि मारग होइ परौं कंत धरैं जहँ पाउ।'

कवि चैत में बसन्त की धमार के होने के साथ कोयल के पंचम राग में विरह के पिउ-पिउ को काम बाण कहता है। इन बाणों से बिध कर विरहिणी रक्त के आँसू सारे वन में बिखेरती है, जिनसे डूबकर वृक्षों के नये पत्ते ताम्रवर्ण हो गये हैं। एक ओर प्रकृति में बौरे हुए आम फल रहे हैं, वनस्पति सहस्रों रूपों में फूल रही है, भौंरे मालती का स्मरण कर लौट रहे हैं, परन्तु दूसरी ओर प्रिया को कन्त का स्मरण आ रहा है और वातावरण पीड़ादायक हो गया है। अगले वैसाख के महीना में ताप बढ़ता जा रहा है और नायिका का हृदय प्रतिदिन घटते हुए जल के सरोवर की तरह फट रहा है। सरोवर का कमल सूख रहा है, प्रिय के आगमन से ही उसकी बेल में नये पल्लव निकलेंगे। अन्ततः जेठ माह का आगमन होता है, जिसमें 'सारा संसार जलने लगा है, लू चलने लगी है, बवण्डर उठने लगे हैं और पहाड़ दहकने लगे हैं। चारों पवन झकझोरते हैं और अग्नि के ताप के साथ आँधी चल रही है। इस वातावरण के उत्ताप में विरहिणी जल रही है, उसके हृदय में तूफान चल रहा है और वेदना की हूलों से व्याकुल है।' यह सारा प्रकृति का रूप विधान उद्दीपन विभाव के अन्तर्गत आता है।

(8 : 4) जायसी ने अपने प्रबन्ध काव्य में अन्य प्रेमाख्यानों के समान प्रकृति का विभिन्न रूपों में मानवीकरण किया है। पात्रों के रूप में परिस्थितियों एवं घटनाओं के माध्यम से कथानक को विकसित करने और अर्थ देने में ये सहायक हुए हैं। सुआ की महत्त्वपूर्ण भूमिका का उल्लेख किया जा चुका है। उसकी सीख से पद्मावती के मन में प्रेम का विकास हुआ है, और उसे गुरु रूप में माना गया है, राजा ने उसके वक्ष की आज्ञा इसी कारण दी है, 'सूर सुनाव चाँद जहँ ऊआ।' पद्मावती उसे बचा लेती है, पर वह भय वश वन खण्ड में उड़ जाता है। कथा के विकास के साथ यह पक्षी व्याध से ब्राह्मण के पास पहुँच कर रत्नसेन द्वारा मोल लिया जाता है। घटना-क्रम में उससे पद्मावती के रूप-सौन्दर्य की विशेषता को सुनकर नागमती उसको मारने का उपक्रम करती है। परन्तु अन्ततः हार मान कर उसे सुआ राजा को सौंपना होता है। वह पद्मावती के रूप-सौन्दर्य का वर्णन राजा के सामने करता है और उससे राजा में प्रेम-भाव जाग्रत होता है। इस प्रकार वह 'नख-शिख' सौन्दर्य का चित्र प्रस्तुत कर रत्नसेन-पद्मावती के प्रेम-सम्बन्ध का माध्यम है, जो शृंगार-रस की व्यापक अभिव्यक्ति का आधार है। कमल के बखान से राजा भँवर के समान मोहित होकर उत्कण्ठित है, 'चहौं दीप वह देखा सुनत उठा तस चाउ।' यह उत्कण्ठा पद्मावती से मिलन की आकांक्षा-कामना में विकसित हुई है,

'तहाँ भँवर जेउँ कँवला गंधी। भै ससि राहु केरि रिनि बंधी।।
तीनि लोक चौदह खंड सबै परै मोहि सूझि।
पेम छाँड़ि किछु औरु न लोना जौं देखौं मन बूझि।।

यहाँ नायक प्रेम के आलम्बन के सौन्दर्य को सर्वत्र व्याप्त पा रहा है। नायिका को प्राप्त करने के लिए सुआ के मार्ग-निर्देशन में वह योगी बन कर यात्रा करता है दण्डकारण्य, मृगारण्य, विन्ध्य पर्वत आदि के कठिन मार्ग को पार करता हुआ वह गुरु रूप तोता के निर्देशन में समुद्र तक पहुँचता है और अन्ततः सिंहल पहुँच जाता है। वहाँ वह दोनों के मिलन की महत्त्वपूर्ण भूमिका निभाता है। हीरामन पद्मावती के पास पहुँचकर रत्नसेन के प्रेम का विश्वास दिलाता है, और उसके विरह की सच्चाई का प्रमाण देता है,

काह कहौं मैं ओहि कहँ जेइ दुख कीन्ह अमेंट।
तेहि दिन आगि करौं यह बाहर होइ जेही दिन भेंट।।

यह प्रेम की विरहाग्नि मिलन से ही शान्त हो सकेगी। अगले कथा-क्रम में सिंहल नरेश द्वारा रत्नसेन के विवाह-प्रस्ताव को अस्वीकार किये जाने पर सुआ फिर प्रेम-सन्देश लेकर पद्मावती के पास जाता है और उसके उपालम्भ के उत्तर में रत्नसेन की प्रेम-दशा का परिचय देता है। दोनों के बीच सन्देश-वाहक के रूप में कार्य करता हुआ हीरामन वस्तुतः प्रेम-साधना की व्यंजना में सहायक है। वह दूत के रूप में दोनों के बीच प्रेम-भाव के आदान-प्रदान और मिलन में सहायक है। भाट द्वारा गन्धर्वसेन को रत्नसेन के सही परिचय दिये जाने पर वह उसकी पुष्टि करके उनके समागम का मार्ग प्रशस्त करता है। जायसी ने हीरामन का उपयोग यहाँ तक करके उसे कथानक से हटा लिया है। वस्तुतः यह एक पक्षी पात्र का प्रेम के दोनों पक्षों में शृंगार रस की अवतारणा में विभिन्न भाव स्थितियों की अभिव्यक्ति की दृष्टि उपयोग है। कथानक की योजना में एक दूसरे वन-पक्षी का उपयोग नागमती के विरह-सन्देश को भेजने के लिए किया गया है। शृंगार के विरह-पक्ष की अभिव्यक्ति में इस बनपांखी की भूमिका है, जिस पर वह सन्देशवाहक के रूप में प्रेम की विरह-जन्य भावनाओं की अभिव्यक्ति में सहायक हुआ है। यह पक्षी नागमती की विरह-व्यथा को रत्नसेन तक पहुँचाने के लिए माध यम रूप में प्रस्तुत हुआ है। उसकी विरह-सन्देश की अतिरंजना में प्रेम के साधना-पक्ष की व्यंजना निहित है,

'हँ हूँ जरत तहँ निकसा समुँद बुझाएउँ आइ।
समुँदौ जरा खार भा पानी धूम रहा जग छाइ।।

यहाँ पक्षी अपने पंखों को सँभालता हुआ डाल-डाल पर फिरते हुए प्रिय को ढूँढ़नवाला वियोगी कहलाकर इसी आध्यात्मिक संकेत को दे रहा है।

(8 : 5) प्रकृति के मानवीकरण की प्रक्रिया अन्य सम्बन्धों की भावव्यंजना के लिए भी प्रयुक्त है। मानसर में सखियों के सहित पद्मावती स्नान करते समय अपना हार खो देती है। मानसरोवर व्यक्तित्व ग्रहण कर अपने इस परम अनुभव को प्रकट करता है, 'मैंने जो चाहा था पा लिया है। रूप का पारस वह मेरे समीप तक आ गयी है। उसके चरण-स्पर्श से मैं निर्मल हुआ और उसके रूप का दर्शन करके मैंने रूप पाया।' वस्तुतः मानसर के इस अनुभव

में परम तत्त्व का संस्पर्श व्यंजित है। उसके चरण-स्पर्श और रूप-दर्शन से आनन्दित होने से हार जल के ऊपर उतराने लगता है। आगे रत्नसेन की वापसी में समुद्र ब्राह्मण रूप में राजा से भिक्षा माँग कर सत की परीक्षा लेता है। और उसके लोभ करने पर समुद्र में उसे तूफान का सामना करना पड़ता है। इस दुर्घटना के विस्तार में कवि को अनेक भावों-विभावों की अभिव्यक्ति का अवसर मिला है। मोह, अहंकार, गर्व, लोभ, क्रोध, भय, विश्वास, चिन्ता आदि संचारी भावों के वर्णन का प्रसंग आया है। समुद्र राजा से कहता है,

कहा समुँद रे लोभी बैरी दरब न झाँपु।
भएउ न काहू आपन मूँदि पेटारे साँपु।।

वह आगे कहता है, 'धन का जो मोह करते हैं, वे मन में घमण्ड से फूले रहते हैं, उस बोझ को उठा कर ले जा, उसे जल में बहा कर यात्रा कर।' नायिका का नख-शिख का वर्णन आलम्बन के सौन्दर्य को प्रस्तुत करता है, परन्तु जायसी पद्मावती के रूप-सौन्दर्य के वर्णन में जब प्रकृति के उपमानों की योजना करते हैं तो इसके माध्यम से अलौकिक भाव-व्यंजना भी होती है। इन उपमानों से पद्मावती का सौन्दर्य सामने चित्र-रूप ग्रहण करता है और यहाँ प्रकृति आलम्बन की कल्पना को व्यापक आयाम प्रदान कर रही है। पद्मावती की वेणी अपने कस्तूरी जैसे श्याम वर्ण के केशों में नागराज वासुकी की कल्पना को प्रत्यक्ष कर रही है और उसके झाड़ते समय आकाश से पाताल तक अँधेरा छा जाता है।' वस्तुतः यहाँ नागों के रूप में केशों की कल्पना प्रेम की मूर्च्छानाओं के रूप में करके कवि सौन्दर्य के लोकोत्तर प्रभाव का संकेत दे रहा है। आगे माँग को रात को आकाश-गंगा कहकर माथे के टीके में जड़े नग की कल्पना की गयी है कि नक्षत्र और तारे उसकी सेवा में संलग्न हैं। इस क्रम में भौंहों को काल का धनुष, नेत्रों को जल से भरे समुद्र बरौनियों से सारा संसार विधा होना आदि कह कर इस प्रभाव की व्यापकता को व्यंजित किया गया है। काली भौहों की कल्पना ताने हुए धनुष के रूप में की गयी है, और उसके अलौकिक प्रभाव को व्यक्त करने के लिए उसे काल का व्यापक संहारक शस्त्र माना गया है। पौराणिक सन्दर्भों से जोड़कर इसकी व्यंजना अधिक सघन हो गयी है, 'यही धनुष कृष्ण के पास था, इस धनुष को सीता-स्वयंवर में राम ने उठाया था और इसी से रावण का संहार भी किया था, इसी से सहस्रबाहु मारा गया।' इस प्रकार का प्रभाव प्रकृति के व्यापक दृश्य-विधान से भी डाला गया है, 'नेत्र पवन के समान झकझोरते और हिलोरे देते हैं, आकाश तक ले जाकर फिर पृथ्वी पर पटक देते हैं। उनके चंचल होते ही सारा संसार विचलित हो जाता है।' इस प्रकार के संकेत पद्मावती के सौन्दर्य वर्णन में निरन्तर आते हैं, चाहे वह हीरामन के द्वारा किया गया हो अथवा राघव चेतन ने किया हो। राघव चेतन के वर्णन में इन संकेतों के अतिरिक्त रूप-सौन्दर्य का चित्रण प्रमुख है। वस्तुतः उसकी दृष्टि सीमित है, जबकि हीरामन प्रतीक रूप है। फिर भी राघव चेतन की दृष्टि में पद्मावती के सौन्दर्य का अपूर्व रूप व्यंजित होता है, 'उसके शरीर की आभा सूर्य-प्रभा जैसी निर्मल कला है। उसमें 'बारह बानी कुन्दन' जैसी शुद्ध चमक है, साथ ही कमल गन्ध भी।...उसकी हँसी मानों तारे बिखेरती है।...उसकी वेणी पीछे काले नाग के समान देखनेवाले को डसती है, उसके विष को उतारने का न कोई गारुड़ी और न कोई मन्त्र है।' इस पद्मावती के सौन्दर्य-वर्णन में बड़ी व्यापकता है और उसका प्रभाव भी बहुत गहरा और मार्मिक है। और प्रकृति के उपमानों के माध्यम से इस प्रकार के चित्र प्रस्तुत किये गये हैं।

(8 : 6) जायसी मुख्यतः शृंगार रस के कवि हैं, उनकी प्रेम-साधना और उनके प्रेमाख्यान का केन्द्रीय रस यही है। करुण और वीर रस की अवतारणा कथानक में प्रसंग के अनुसार की गयी है, इसके अवसर घटना-क्रम में आये हैं और इस कारण इनकी अभिव्यक्ति हो सकी है। समुद्र के विस्तृत वर्णन के अन्तर्गत भय का आतंक और युद्ध-भूमि के चित्रण में वीभत्स दृश्य प्रस्तुत हुए हैं। परन्तु घटनाक्रम में पात्रों के माध्यम से इन रसों की व्यंजना नहीं हुई है। अन्य स्थायी भावों की रस रूप में व्यापक अभिव्यक्ति जायसी के काव्य में नहीं मिलती। शुक्ल जी ने जैसा कहा है, 'जायसी की भाव-व्यंजना के सम्बन्ध में समझ रखना चाहिए कि उन्होंने जबरदस्ती विभाव, अनुभाव और संचारी ठूस कर रस की रस्म अदा करने की कोशिश नहीं की है।' कहा गया है, जायसी की दृष्टि अन्य प्रेमाख्यान के कवियों से अधिक व्यापक जीवन के फलक पर रही है। प्रेम के इस कथानक में कवि ने मध्य-युग के सामन्ती शक्ति-संघर्ष और राजपूती वीर-भाव का महत्त्वपूर्ण उपयोग किया है। उसके अन्तर्गत अन्य रसों की अभिव्यक्ति प्रसंग के अनुसार हुई। रत्नसेन योगी होकर जब पद्मावती को पाने के लिए प्रस्थान कर रहा है,, उसकी माता चिन्ता प्रकट करती है, वह मोहवश उसे राज्य छोड़कर भिखारी बनने से मना करती है। अपने पुत्र-प्रेम से वह शंकालु है, और चिन्तित भी, 'राज्य छोड़कर भिखारी मत बनो, नित्य चन्दन से चर्चित होनेवाली देह में भस्म लगी दिखायी दे रही है। सब दिन भोग करके अब योग तप कैसे साधोगे।...सर्वत्र अँधेरा करके मत चले जाओ।' इस प्रकार यहाँ विभिन्न भावों के संचरण में वात्सल्य रस की अवतारणा हुई है। पुनः गोरा बादल के युद्ध के लिए प्रस्थान करते समय बादल की माता शंकित है, उसके हृदय में पुत्र के गौना आने की बात भी है, 'बादिल राय मोर तूँ बारा। का जानसि कस होइ जुझारा।।' यहाँ माता के हृदय की शंका को व्यक्त करने में कवि के सामने क्षत्राणी माँ का चरित्र नहीं है, सहज माँ का व्यक्तित्व भर है। करुण रस की अवतारणा में शोक स्थायी भाव की व्यंजना कतिपय प्रसंगों में हुई है। रत्नसेन योगी होकर प्रस्थान के लिए तत्पर है। रनिवास में नागमती विलाप कर रही है और रोकने के लिए प्रार्थना करती है। रत्नसेन की मृत्यु पर मात्र करुण-दृश्य प्रस्तुत हुआ है, भावव्यंजना नहीं हुई है। पद्मावती का इस अवसर पर वर्णन इस रस की परिस्थिति का बोध करा रहा है,

सूरुज छपा रैनि होइ गई। पूनिवँ ससि सो अमावस भई।
छोरे केस मोंति लर छूटे। जानहुँ रैनि नखत सब टूटे।।'

पहले प्रसंग में प्रिय के साथ छूटने से उत्पन्न विषाद की व्यंजना है, पर दूसरे में मात्र कारुणिक दृश्य की योजना हुई है। क्रोध स्थायी के आधार पर रौद्र रस की अभिव्यक्ति का प्रसंग रत्नसेन को अलाउद्दीन की चिट्ठी मिलने का है। निश्चय ही यहाँ इस रस का समुचित विस्तार नहीं है; आवेश, उग्रता और अमर्ष जैसे संचारियों एवं फटकार, कठोर वचन तथा आत्मश्लाघा जैसे अनुभावों से रस की अवतारणा अवश्य हुई है। वीर रस की अभिव्यक्ति का अपेक्षाकृत अधिक अवसर रहा है। सरजा के द्वारा शाह का पत्र पाकर रत्नसेन अवश्य आक्रोश में उत्तेजित हो जाता है, 'पत्र का लिखा सुन-जानकर वह जल उठा, मानो तड़प कर घोर गर्जन किया हो।' चित्तौड़ गढ़ पर चढ़ाई के प्रसंग में सेना की तैयारी और सज्जा, आक्रमण का आतंक और उसकी हलचल में उत्साह की अभिव्यक्ति हुई है। साथ ही शाह के सेना के भय-आतंक का व्यापक प्रभाव भी वर्णित है,

'जावँत गढ़ गढ़पति सब काँपे औ डोले जस पात।
का कहँ बोलि सौहँ भा पातसाहि कर छात।।'

परन्तु यहाँ सारे प्रसंग में युद्धोत्साह और वीर-भाव किसी व्यक्ति विशेष में व्यंजित नहीं। इस भाव की संचारियों के माध्यम से अभिव्यक्ति भी इस स्थल पर नहीं है। करुण भाव से रुदन करती हुई पद्मावती गोरा बादल के सामने अपनी व्यथा जब वर्णन किया तो गोरा बादल दोनों द्रवित हो गये। और फिर उन्होंने वीर-दर्प से प्रतिज्ञा की, 'जब अगस्त्य नक्षत्र उगेगा, हस्ति नक्षत्र में घन गरजेंगे और पृथ्वी पर जल घट जायगा, राजा घर लौट आयेंगे। अगस्त्य की दृष्टि के सामने वर्षा कहाँ टिकती है? उस समय घोड़ों की पीठ पर पलान रखी जायगी। तब मैं राहु को वेध कर सूर्य को छुड़ाऊँगा। उससे तुम्हारे दुःख का मूल अंकुर मिट जायगा।' हास्य और वीभत्स रसों के स्थायी हास और जुगुप्ता हैं और इनकी अभिव्यक्ति में आलम्बन की प्रधानता रहती है। जायसी के काव्य में हास्य का अवसर नहीं रहा है और वीभत्स की व्यंजना के लिए वस्तु-वर्णन के रूप में आलम्बन के स्वरूप की प्रधानता रही है। युद्ध-वर्णन के प्रसंग स्थल की भयंकरता के साथ उसके वीभत्स रूप का वर्णन भी हुआ है, 'हाथी-हाथियों से भिड़ कर गरज रहे हैं, मानों पर्वत-से-पर्वत टकरा रहे हैं...उनके दाँत और सूँड़े कट कर धरती पर गिर रही हैं। कोई हाथी सवारों को अपनी सूँड़ से लपेट कर पैरों से कुचल रहे हैं...। कोई सवार सिंह की भाँति हाथियों को मारकर उनकी सूँड़ उखाड़ लेते हैं।...आकाश की वृष्टि की भाँति रक्त की धाराएँ छूट रही हैं। जैसे पानी की बहिया में कीचड़ बह आता है ऐसे सिर रुण्ड-मुण्ड (सिर-धड़) टुकड़े-टुकड़े होकर बह रहे हों।' परम्परित होने पर भी इस चित्रण में सहज प्रभाव उत्पन्न करने की भाव-व्यंजना हुई है।

(8 : 7) जायसी का प्रेमाख्यान फ़ारसी की परम्परा में माना गया है। परन्तु प्रेम कथाओं में प्रेमी-प्रेमिका ऐकान्तिक आदर्श प्रेम सम्बन्ध मुख्य आधार रहता है। उसमें जीवन के यथार्थ से अलग संसार रचा होता है। उसमें घटनाओं का संयोजन और चरित्रों का विकास प्रेम-मार्ग पर ही होता है। चरित्र के साहस, वीरता, दृढ़ता जैसे गुण और मन के आशा, निराशा, उत्सुकता, आवेश, आवेग, चिन्ता आदि सारे भाव प्रेम-प्रसंग में ही व्यंजित होते हैं, लोक-व्यवहार के रूप में नहीं। भारतीय महाकाव्यों में एक ओर रामायण, बुद्ध चरित, रघुवंश, कुमारसम्भव आदि की परम्परा है जिनमें प्रेम जीवन के व्यापक सन्दर्भ में कर्म के साथ अभिव्यक्ति पाता है और दूसरी ओर कृष्ण चरित, नैषधीय, माधवानल कामकन्दला प्रेम का ऐकान्तिक रूप विशेष है। 'पद्मावत' प्रेम को केन्द्रीय मान कर चला है, पर उसमें कथा के विस्तार में लोक-जीवन के यथार्थ का समाहार है। मुख्यतः मध्यकाल के ऐतिहासिक सन्दर्भ से विकसित करने में व्यापक सामाजिक मूल्यों, परिस्थितियों, घटनाओं और चरित्रों का आश्रय लिया गया है। कथानक में नागमती पत्नी है, राजा के माता-पिता हैं, राघव चेतन जैसा चरित्र है और अलाउद्दीन जैसे प्रतिद्वन्द्वी के साथ ही गोरा बादल जैसे वीर सहायक भी हैं। योगी होकर रत्नसेन के घर से निकलते समय माता-पिता का रो-रोकर उसे रोकना बड़ा सहज प्रयोग है। इसी राघव चेतन के निकाले जाने की कथा लोक-यथार्थ के प्रयोग का उदाहरण है। पद्मावती इस ब्राह्मण को अपना खास कंगन दान देकर सन्तुष्ट करना चाहती है और राज्य को अनिष्ट की आशंका से बचाने का उपक्रम करती है, यह सामान्य प्रेम-कथा से भिन्न प्रयोग

है। जायसी अपने प्रेमाख्यान में प्रेम की गरिमा और महत्ता के साथ जीवन के पारिवारिक एवं सामाजिक पक्षों से सम्पर्क निरन्तर बनाये रहे हैं। इस प्रकार प्रेमाख्यान होकर भी यह प्रबन्ध-काव्य जीवन के व्यापक परिवेश में विकसित हुआ है। कथानक के पूर्वार्द्ध में प्रेम-गाथा के रूप में तत्सम्बन्धी स्थितियों एवं मनोभावों का वर्णन है, पर उत्तरार्द्ध में जीवन के अन्य पक्षों तथा सम्बन्धों की वृत्तियों और मनःस्थितियों का समावेश हुआ। यह अवश्य है, अन्ततः कथाकार ने सम्पूर्ण कथानक का समाहार प्रेम के उत्सर्ग में दिखाया है। हीरामन ने कमल (पद्मावती) का बखान किया और उसे सुन कर राजा भौंरे की तरह मोहित हो जाता है। यह पूर्वराग की स्थिति मानी जा सकती है और 'अभिलाषा', 'उत्सुकता' जैसे संचारी भावों की अभिव्यक्ति इस मनोदशा में स्वाभाविक मानी जायगी। प्रारम्भिक राजा का उत्साहित (चाउ उठना) होना स्वाभाविक है। सौन्दर्य के आकर्षण से उत्कण्ठा अधिक होती जाती है। सुआ पूरे नख-शिख वर्णन में रूप-सौन्दर्य के विश्व-व्यापी प्रभाव को व्यक्त करता है। स्पष्टतः इस वर्णन क्रम में कुछ उक्ति-वैचित्र्य के प्रयोग हैं और कुछ में इस प्रभाव की प्रकृति के माध्यम से व्यंजना है। कवि ने इस सौन्दर्य के प्रभाव से राजा के मूर्च्छित होने और प्रेम के अपार समुद्र में गिर कर लहरों बीच डूबने-उतराने की बात कही है। सामान्य स्थिति में यह सहज नहीं लगेगा, पर आध्यात्मिक स्तर पर विस्तार पाकर प्रेम की यह अवस्था स्वाभाविक हो गयी है। सुआ गुरु रूप में राजा को सचेत करता है,

'सुऐं कहा मन समुझहु राजा। करत पिरीत कठिन है काजा।
तुम्ह अबहीं जेईं घर पोई। कँवल न बैठि बैठ हहु कोई।।

राजा तू कमल के धोखे कुमुदिनी पर आसक्त है! भौंरे के समान कुमुदिनी पर बैठा है, कमल पर नहीं। रूप, गुण, कर्म आदि के विवरण को सुनकर राजा का मन अकस्मात् उसके सौन्दर्य के प्रति आकर्षित हो जाता है। आध्यात्मिक भूमिका पर पद्मावती का यह अलौकिक सौन्दर्य रत्नसेन के आत्मोत्सर्ग एवं विरह-भाव को साधना की स्थिति में व्यंजित करता है। शिव-मन्दिर में पद्मावती की झलक पाकर रत्नसेन बेसुध हो जाता है और इस प्रेम के पुष्ट होने पर पार्वती के अप्सरा रूप पर ध्यान न देकर वह प्रेम के सही रूप की व्यंजना करता है। यह प्रेम प्रतिदान नहीं चाहता, परन्तु राजा यहाँ कहता है,

'ओहि न मोरि कछु आसा हौं ओहि आस करेउँ।
तेहि निरास प्रीतम कहँ जिउ न देउँ का देउँ।।

लेकिन यहाँ आशा से निरपेक्ष प्रिय की कल्पना परात्पर के रूप में की गयी है और अपनी आशा से प्रेम पाने की भावना व्यक्त हुई है।

(8 : 8) जायसी की मूल दृष्टि प्रेम-साधना की है, जिस मार्ग पर साधक अपने आराध्य को पाने की कामना अथवा मिलन की उत्कण्ठा को लेकर अग्रसर होता है। इस कारण अपने प्रिय से वियोग की अनुभूति ही यहाँ प्रधान होती है। मिलन के उपरान्त तो साधक लक्ष्य पर पहुँच चुकता है और मिलन की उमंग, उत्साह, उल्लास और आनन्द आदि की मनोभूमि में आत्मरत हो जाता है। वियोग की मनोभूमि तो प्रिय से मिलन की कामना से विस्तार पाती है और उसकी अभिव्यक्ति के कई पक्ष, स्तर एवं आयाम विकसित होते रहते हैं। इनमें भाव-व्यंजना का बहुत अवसर रहता है। फिर भी 'पद्मावत' की रचना के विस्तार में प्रेम के

संयोग पक्ष के अनेक अवसर आये हैं, जिन पर कवि संयोग शृंगार के चित्र प्रस्तुत करता है। चाँद (पद्मावती) ने सूरज (रत्नसेन) को सजा हुआ देखा उसके शरीर में मदन (काम) के आठों भाव जाग उठे और

'हुलसे नैन दरस मद माँते। हुलसे अधर रंग रस राते।'

यहाँ हम शृंगार के संचारी भावों-अनुभावों के माध्यम से संयोग के अनुभव की व्यंजना पाते हैं। उल्लास, आनन्द, उत्साह, उद्वेग जैसे भावों के साथ नेत्रों का खिलना, अधरों का फड़कना, वक्ष का उमँगना आदि अनुभावों के संयोग से यह व्यंजना की गयी है। इस अवसर पर कवि ने लोक-व्यवहार का यथार्थ एवं सजीव वर्णन किया है। पद्मावती और रत्नसेन के मिलन खण्ड (27) में सखियों की भूमिका और उनके हास-परिहास का भावमय प्रयोग हुआ है। रत्नसेन मिलन की उत्कण्ठा में विकल और क्षुब्ध है, 'जैसे योगी अप्सराओं के संग में पड़ कर छला गया। योग (मिलन) हाथ में आकर भी हाथ के बाहर हो गया! जैसे वे सयानी उसके गुरु को लेकर अदृश्य हो गयीं और उसका अनमोल मन्त्र भी छीन ले गयीं।' यहाँ जड़ी-बूटी खोकर हताश और विमूढ़ होने की भाव-व्यंजना हुई है। चौपड़ के खेल के रूपक के माध्यम से जायसी ने स्त्री-पुरुष के संयोग के वर्णन में आध्यात्मिक मिलन की व्यंजना की है। आगे प्रेम की उत्कण्ठा और व्यथा का वर्णन मछली की जल बिना तड़पन, स्वाति जल के लिए सीप की प्रतीक्षा, दीपक की बाती के जलने, चकोरी की चाँद की प्रतीक्षा आदि प्रकृति के उपमानों के माध्यम से किया गया है। प्रेम की सुरा के पान के अप्रस्तुत-विधान से संयोग सुख की मादकता उसके व्यापक प्रभाव का वर्णन हुआ है। खुमारी पैदा करनेवाला यह नशा मद रूप है। संयोग की क्रीड़ा के प्रभाव का वर्णन यथार्थ स्थिति का चित्र प्रस्तुत करता है, 'सूर्य रूपी पति प्रातःकाल सोकर उठा, उधर शशि (पद्मावती) के पास नक्षत्र और तारा रूपी सखियाँ आ गयीं। रात के मिलन से हार, वस्त्र, चूड़ियाँ चूर-चूर हो गयीं, चोली में चूना लग गया...प्रातः रातभर जागने के कारण उसका हृदय वश में नहीं था, बेचैन और निंदासी थी, उसके वक्ष पर केशों की लट नारंग फल में लिपटी हुई विषभरी सर्पिणी की भाँति पड़ी थी...।' यहाँ संयोग-सुख अलस भाव की व्यंजना में निहित है।

(8 : 9) काव्य-परम्परा में ऋतुओं का वर्णन संयोग और वियोग शृंगार के प्रसंगों के आधार पर किया जाता रहा है। जायसी ने 'बारहमासा' के वर्णन में विप्रलम्भ शृंगार और षट-ऋतु के प्रसंग में संयोग शृंगार के उद्दीपन रूप में प्रकृति का उपयोग किया है। पूरे वातावरण में आनन्दोल्लास व्याप्त है। पद्मावती के साथ सखियों की कल्पना कवि कर रहा है, 'मानो कमल के साथ कोकाबेली भी खिल गयीं, चाँद के साथ तराईं निकल आयीं।...चन्द्रमा कलंकी है, उसे राहु ग्रस लेता है, पर अद्वितीय पद्मावती निष्कलंक है।...कोई बीन बजा रही है, कोई मृदंग पर थाप दे रही है। दिन इस प्रकार आनन्दोल्लास तथा रहस-कौतुक में बीत गया।' इसी प्रकार प्रकृति के बीच काम-कौतुक का वर्णन चलता है और उसके उद्दीपन दृश्य-चित्रों में शृंगार का संयोग-सुख नानाविध क्रीड़ाओं के साथ व्यंजित हुआ है। वर्णन के क्रम में चाँद और सूरज के प्रतीकों का सन्दर्भ भी चलता रहता है, 'रात हुई बाला चाँद-सी प्रकाशित हुई और राजा को पृथ्वी ऐश्वर्यपूर्ण लगी। कार्तिक की पूर्णिमा का चाँद उदित होकर सूर्य को छूना चाहता है।...बाला की यौवन रूपी वाटिका में प्रिय का समागम हुआ, भौंरे फूलों

के साथ धमार खेल रहे हैं।...पावस ऋतु में विलास करते दम्पति को सावन-भादों मास अधिक सुहावन लगते हैं।...कोयल कूक रही है, बगुलियों की पंक्तियाँ मेघों में बिखर रही हैं। बिजली चमकती है, सोना बरस रहा है, दादुर-मोर का बोल मोह रहा है।...वर्षा में पवन के झर-झर बहने से हृदय हर्षोल्लसित है।' इसी प्रकार यह वर्णन-क्रम चलता है, हर ऋतु में प्रकृति के परिवेश में नायक-नायिका के संयोग की क्रीड़ाओं तथा भाव-अनुभावों के दृश्य घूमते जाते हैं। मिलन का एक अन्य अवसर आया है, जब गोरा बादल रत्नसेन को बन्धन से मुक्त करते हैं। गोरा रणभूमि में युद्ध करते वीरगति को प्राप्त होता और बादल राजा को रानी के पास ले आता है। 'पद्मावती का मुरझाया मन उल्लसित हो उठता है, समाचार पाकर उसका हृदय-सरोवर भर गया। पति आगमन से सौभाग्य और आदर पाकर वर्षारम्भ में आर्द्रा जैसा आनन्द मिला। जड़ से विहीन कमलिनी ने फिर अंकुर लिया, सूर्य उदय होने से कमल जी उठा।' इस प्रकार मिलन का उल्लास व्यंजित होता है। आगमन का आनन्द प्रकृति के उपमानों से संयोजित उत्प्रेक्षा, अप्रस्तुत प्रशंसा जैसी अलंकार-योजना से व्यंजित हुआ है। 'माँग में सिन्दूर भरे आरती उतारती बिहँसती चाँद-सी पद्मावती के साथ उसकी सखियाँ नक्षत्रों के समान हैं। ऐसा लग रहा है मानों फूलों से भरी वसन्त ऋतु चारों ओर फैल रही है।' मिलन के अवसर पर वह अपने वियोग की वेदना का सन्दर्भ देती है–

'जौं सूरुज सिर ऊपर आवा तब सो कँवल सुख छात।
नाहिं तौ भरे सरोवर सूखै पुरइनि पात।'

(8 : 10) जायसी के प्रेमाख्यान में लोक-जीवन के यथार्थ के विविध पक्षों और पात्रों के चरित्र का वर्णन मिलता है, परन्तु उसका केन्द्रीय तत्त्व प्रेम है, क्योंकि उसकी साधना के स्वरूप में व्यंजित करना उनका लक्ष्य है। और इसी कारण प्रेम का विरह पक्ष उनके काव्य-रूप में अधिक विस्तार पा सका है। काव्य में, विशेषकर शास्त्रीय दृष्टि से प्रस्तुत रीति काव्य में, वियोग शृंगार के वर्णन में अतिरंजना तथा उक्ति-चमत्कार की प्रवृत्ति देखी जाती है। जायसी ने भी विरह की भावाभिव्यक्ति के कुछ प्रसंगों में अत्युक्ति और ऊहा का उपयोग किया है, परन्तु अधिक विस्तार से उनमें अनुभव की तीव्रता और संवेदना की सघनता मिलती है। अनेक प्रसंगों में विरह की अतिरंजना अपनी अभिव्यक्ति में अलौकिक स्तर पर आध्यात्मिक अर्थ ग्रहण में सहायक हुई है। साथ ही संवेदना के स्वरूप की अत्युक्ति भाव-बोध और संवेदना की प्रेषणीयता में सहायक हुई है। उपमानों और अप्रस्तुतों के ऐसे प्रयोग अतिशयोक्ति और उत्प्रेक्षा जैसे अलंकारों में ऊहात्मक अथवा अत्युक्तिपूर्ण होकर भाव-व्यंजना में सहायक हुए हैं। शुक्ल जी ने इस तथ्य की ओर ध्यान आकर्षित करते हुए कहा है कि 'धूप ऐसी है कि रखते-रखते पानी खौल जाता है' यह कथन ऊहा द्वारा केवल मात्रा का आधिक्य सूचित कर रहा है। वस्तुतः जहाँ उक्ति के चमत्कार की प्रवृत्ति होती है, बिहारी के अधिकांश प्रयोगों के समान वैचित्र्यपरक होते हैं। परन्तु इसी का व्यंजक प्रयोग होगा कि 'धूप क्या है, मानो चारों ओर आग बरस रही है।' यहाँ संवेदना व्यंजित हो रही है जो हृदय का स्पर्श करती है। जायसी ने अपने काव्य में विरह-ताप की मात्रा की अपेक्षा उसके अनुभव एवं संवेदन को व्यंजित करने का उपक्रम किया है। इस प्रकार की उक्तियों तथा अतिरंजनाओं में संवेदना की सघनता, मार्मिकता तथा व्यापकता व्यंजित हुई। 'नागमती के मुँह से विरह का आह निकलने से जो

अग्नि उत्पन्न हुई उससे शरीर में स्थित हंस (जीव) के पंख जल गये और वह उड़ न सका, शरीर में ही रह गया।' इस काव्यमयी कल्पना से गहरी भावव्यंजना के साथ जीव की सांसारिक स्थिति का संकेत भी है। आगे फागुन माह के उत्तेजक वातावरण में नायिका प्रिय के लिए 'शरीर को जलाकर राख करना चाहती है जिससे पवन उसे उड़ा ले जाकर प्रिय के मार्ग में डाले और उस पर उसके पाँव पड़ें।' यह कामना प्रेमाधिक्य को व्यंजित कर रही है। इसी प्रकार बैसाख माह में विरह के ताप का अत्युक्तिपूर्ण वर्णन भाव-व्यंजन सघन और मर्मस्पर्शी बनाता है, 'सूर्य जलता हुआ हिमालय की ओर गमन करना चाहता है, पर विरह की वज्राग्नि में तपती हुई नायिका (नागमती) की ओर उसने रथ हाँक दिया। वह कहती है—हे प्रिय वज्राग्नि जल रही है, तुम छाँह बनो और अंगारों में मुझे बुझाओ।' इस प्रकार उक्तियों से विरह-व्यथा की सघन मार्मिक व्यंजना हो सकी है। विरह का इस प्रकार का वर्णन पद्मावती के प्रसंग में किया है, जो दोनों के मिलन-पूर्व का है। इस कारण नागमती के विरह की सहजता के स्थान पर कामना और उत्तेजना की मानसिकता अधिक अभिव्यक्त हुई है। कवि ने जिस प्रकार अप्रस्तुत-विधान से इस भाव-स्थिति का वर्णन किया है, उससे इस भाव-स्थिति का परिचय मिलता है। यौवन से उमँगते शरीर को रावण जैसा दुःखदायी माना गया है, विरह हनुमान् के रूप में जले को (रावण की लंका) जला रहा है, छोड़ता नहीं, भस्म कर रहा है। प्रकृति के व्यापक सौन्दर्य के सन्दर्भ में कवि इस विरह की अनुभूति को अधिक मार्मिक संवेदना में अभिव्यक्त करता है—

'कैसेहुँ बिरह न छाड़ै भा ससि गहन गरास।
नखत चहूँ दिसि रोवहिं अँधियर धरति अकास।।

(8 : 11) नागमती वियोग की सम्भावना से विलाप करती है और उसको भोग-सुख से वंचित करके योगी होकर वन जानेवाले प्रियतम के साथ जाने का आग्रह करती है अथवा स्वयं प्राण त्यागने की बात कहती है। इस अवसर पर माँ के हृदय की ममता की मार्मिक अभिव्यक्ति भी हुई,

'रोवै मता न बहुरै बारा। रतन चला जग भा अँधिआरा।।
बार मोर रजियाउर रता। सो लै चला सुवा परबता।।

पुत्र के बिछोह के समय की यह सहज भाव व्यंजना जायसी की दृष्टि की व्यापकता का परिचय देती है। रनिवास के अन्य रानियों के विलाप-कलाप का अवसर भी यहाँ रहा है। आगे राजा के योग के प्रभाव से पद्मावती प्रेम वश में होकर विरह का अनुभव करती है। यद्यपि यह वर्णन अत्युक्ति और अतिरंजना के रूप में प्रस्तुत हुआ है, पर इसके माध्यम से प्रेम की व्यापकता का अनुभव होता है। 'पद्मावती विरह की स्थिति में रात में सो नहीं पा रही है, नींद उचट चुकी है। बिस्तर और वस्त्र सभी कष्टदायक हो गये हैं, रात बिताना कठिन हो गया है, कल्प के समान हो गयी है।...वह विरह के जलते वन में गिर कर घिर चुकी है।' इस वर्णन में बहुत-कुछ काव्य-परम्परा के आधार पर है। वह विरह की व्याकुलता में कहती है, 'हे धाय, विरह की अग्नि यौवन और मन दोनों को जलाती है, इसमें घी नहीं होता, फिर भी धधकती है।...विरह भरे समुद्र की भाँति सँभाला नहीं जाता। वह मन को भँवर में डालकर लहरों से मारता है। विरह नाग बनकर सिर पर चढ़ कर मुझे डस रहा है और चन्दन के लेप

में विरह मानों आग होकर बस गया है। यौवन पक्षी के लिए विरह व्याध है और यौवन हिरनी को खानेवाला सिंह है।' यहाँ यह स्पष्ट रूप से देखा जा सकता है कि प्रस्तुत वर्णन में वस्तु-स्थितियों और प्रभाव की मात्राओं की अपेक्षा अनुभव की सघनता और विस्तार को व्यंजित किया है। इस प्रकार का वियोग वसन्तोत्सव मनाकर पद्मावती के वापस जाने के बाद रत्नसेन के सन्दर्भ में वर्णित है। रत्नसेन सोच रहा है, 'किसने मेरे बसते हुए वसन्त को उजाड़ दिया? वह चाँद चला गया तारों के साथ अस्त हो गया। उसके बिना यह जगत् मेरे लिये अँधेरा कुआँ हो गया है।' विरह की अनुभूति को यहाँ आन्तरिक भाव को व्यक्त करनेवाले प्रकृति उपमानों के माध्यम से व्यक्त किया गया है। मन की वेदना को प्रकृति-उपमानों के दृष्टान्त, प्रतिवस्तूपमा जैसे अप्रस्तुत-विधान के प्रयोग से अधिक संवेदनीय बनाया गया है। 'राजा को मिलन जल से खींच कर विरहाग्नि में डाले जाने की वेदना हो रही है, जैसे जल से बिछुड़ी हुई मछली घोर दुःख पाती है।' राजा के शरीर पर चन्दन के अंक अपनी ज्वाला वन खण्डों को जला रही है, उसमें रहनेवाले सिंहों-मृगों को उसने जलाकर दाग दिया है और श्याम बना दिया है।' आगे उसके रोने से टूटी हुई माला के बिखरते हुए माणिक्य की तरह रक्त (लाल) के आँसू टपक रहे हैं। वह विरह-विह्वल होकर विलाप करता है, 'वसन्त में आनेवाली उस कोयल की कूक कहाँ चली गयी? भौंरे के सदृश मेरे नेत्रों को बेधनेवाला वसन्त में विकसित होनेवाला वह (केतकी) कुसुम कहाँ है?' इस प्रकार के कथन में प्राकृतिक परिवेश के बीच विरह की व्यंजना हुई है। सुआ पत्री लेकर पद्मावती के पास पहुँचता है, उस समय उसकी विरह-दशा का वर्णन पुनः भाव-व्यंजना के स्तर पर हुआ, दशा की स्थिति के बोध के साथ—''भौंरे के पास ही उसका उल्लास चला गया...। तभी तक सुख रहता है, जब तक हृदय में प्रेम का अंकुर नहीं जमता; जहाँ प्रेम है, वहाँ विश्राम कैसा? अगर और चन्दन शरीर के ताप को बढ़ाते ही हैं शरीर के वस्त्र भी अग्नि हो गये हैं।' विरह का यह व्यापक प्रभाव है।

(8 : 12) पत्रिका पाकर पद्मावती सुआ के प्रति कृतज्ञ है और प्यास से मरते हुए को मेघ की छाया मिल जाय इस प्रकार उसे सहारा मिला। वियोग की मनःस्थिति की कवि यहाँ बहुत संवेदनशील व्यंजना कर रहा है। सुआ रत्नसेन की विरहावस्था का वर्णन करते अत्युक्ति और अतिशयोक्ति की शैली का प्रयोग करता है, परन्तु प्रभाव के रूप में वियोग की मनःस्थिति की प्रभावी व्यंजना हुई है। 'रोम-रोम में नैन-बाणों के बिध जाने से हर रोम-कूप से जैसे रुधिर ही पसीना बन कर बह निकला है, नेत्रों से रक्त-धार बहने से कथरी भीग कर लाल हो गयी है, सूर्य भी उसमें डूब कर प्रातः लाल निकलेगा।' यहाँ विरह के उद्वेग में रुदन और अश्रुपात का वर्णन व्यंजक है, उससे व्यथा की उद्वेग और आवेगपूर्ण भाव-स्थिति प्रेम की लालिमा के प्रतीकार्थ को सृष्टि के व्यापक विस्तार में ग्रहण करती है, सूर्य-पृथ्वी, वसन्त की वनस्पति, आकाश के मेघ सभी उसके प्रेम की लालिमा अनुरंजित जान पड़ते हैं। और प्रकृति की सहानुभूति को व्यंजित करने में कवि पहाड़ के भीग कर ईंगुर उत्पन्न करने और चकोर-कोयल के दयार्द्र होकर रक्त के आँसू बहाने का वर्णन करता है। आगे पद्मावती रत्नसेन के वियोग की स्थिति जान-सुन कर अपने मन की स्थिति का जिस प्रकार परिचय देती है,

उसमें उसका अपने प्रति आत्मविश्वास का भाव व्यक्त होता है और रत्नसेन की प्रेम-परीक्षा से गुजरने की बात है,

'अब जौं सूर गगन चढ़ि धावहु। राहु होहु तो ससि कहँ पावहु।।
बहुतन्ह अैस जीउ पर खेला। तूँ जोगी केहि माहँ अकेला।।'

वह विक्रम, सुदैवच्छ, मनोहर आदि प्रेमियों का दृष्टान्त देती है, जो स्वप्नावती, मुग्धावती, मधुमालती आदि अपनी प्रेमिकाओं को पाने के लिए अनेक बाधाओं को पार करते हैं और नानाविध कष्ट उठाते हैं। आगे वह अपने प्रेम की अनुरक्ति को बताती हुई यह अवश्य स्वीकार करती है कि प्रिय का पत्र पाकर वह मिलन-सुख पा सकी है। पर अपने को प्राप्त करने का दायित्व प्रेमी पर डाल कर वह साधक के साधना-मार्ग का संकेत दे रही है, 'भौंरा केतकी के काँटों को नहीं देखता। पतंग बनो और अपने ओठों से दीपक चाटो। जैसे बत्ती दीपक के रंग में रक्त रूप हो जाती है, मरजिया बनकर समुद्र में धँसो और प्राप्त करो। चातक बनो और प्यासे रहकर पुकारो। स्वाति के जल की आशा में रहो। सीप बनकर स्वाति की ओर नेत्र लगाओ। स्वाति के जल की आशा में रहो। अन्य पानी मत पियो। जोड़ी से बिछुड़े हुए सारस की भाँति प्राण दो।' रात में बिछुड़े हुए चकवा चकई की भाँति विरह सहो। चकोर बन कर चन्द्रमा पर दृष्टि लगाओ, सरोवर के कमल के लिए सूर्य बनो।' यहाँ साधना की प्रक्रिया को अभिव्यक्त करने के लिए प्रकृति के उपमानों की योजना दृष्टान्तों के रूप में की गयी है। परन्तु विरह के ताप को सहने-झेलने का दायित्व रत्नसेन पर रखा गया है और यह उसका साधक रूप में स्वीकार किया जाना है, 'मौन खोकर वह विमोहित हो गया...। बूँद समुद्र में मिल जाता है, वैसे ही वह (शून्य-समाधि में) खो गया, ढूँढ़ने पर भी नहीं मिलता। अपने आप को खोकर उसी के रंग का हो गया, जैसे किसी रंग में मिलकर पानी उसी रंग का हो जाता है।' प्रेम-विरह की इस अवस्था में राजा अपने आप को खोकर प्रेम-मग्न हो जाता है, जो मूर्च्छा जैसी स्थिति है और बीताने—

'मूरि सँजीवनि आनि कै औ मुख मेला नीर।
गरुर पंख जस झारै अंब्रित बरसा कीर।।

इस प्रकार आध्यात्मिक प्रेम को व्यंजित किया गया है। हम देखते हैं, इस विरह-वर्णन में प्रेमिका की भूमिका साधनापरक रही है। और पद्मावती के सन्देश को गुरु के अमृत-वचन कहा गया है। लेकिन सन्देश में अपनी भाव-भूमि की अभिव्यक्ति भी समाहित है, 'स्वामी, मेरे प्राणों में तुम्हारा नाम बसता है। नेत्रों में तुम्हारे लिये मार्ग है और हृदय के भीतर तुम्हारे लिये स्थान है।'

(8 : 13) पद्मावती के प्रसंग से नागमती के वियोग-वर्णन की स्थिति इस दृष्टि से भिन्न है। यहाँ विरहिणी की विरह-व्यथा की व्यंजना का अधिक विस्तार है, ऊहा और अत्युक्ति का उपयोग सीमित है और उसमें भी उसके ताप को व्यंजित करने का ही उपक्रम है। 'नागमती वियोग' के प्रसंग में बारहमासों के प्राकृतिक परिवेश में वेदना और व्यथा का नानाविध रूपों में मार्मिक चित्रण है। 'नागमती सन्देश' खण्ड में ऊहात्मक प्रयोग विशेष रूप से वियोगिनी की स्थिति तथा भावना को दूसरे तक पहुँचाने के लिए किया गया है। इन स्थलों पर भी अधिकार वस्तुस्थिति एवं मात्रा-बोध की अपेक्षा हार्दिक अनुभवपरक है। नागमती अपनी

विरह-व्यथा और उसके ताप की दशा का सन्देश पक्षी के माध्यम से प्रिय के पास भेज रही है और उसमें अपनी दशा का वर्णन अत्युक्ति के साथ करती है, लेकिन यह प्रस्तुत प्रसंग में उसकी वेदना के ताप को व्यंजित करता है,

'हाड़ भए झुरि किंगरी नसैं भईं सब ताँति।
रोवँ रोवँ तन धुनि उठै कहेसु बिथा एहि भाँति।।'

पक्षी सन्देश लेकर चला, साथ ही उससे अग्नि प्रज्वलित हो उठी और सिंहल नष्ट होने लगा। यहाँ सारे वातावरण में इस प्रभाव को फैलते पाते हैं, जो प्रेम के विरह-पक्ष की व्यापकता को व्यंजित करते हुए आध्यात्मिक भाव-भूमि का संकेत दे रहा है, 'विरह की वज्राग्नि को बीच में कौन रोक सकता है? उससे जो धुएँ के बवण्डर उठे उनसे बादल काले हो गये। उससे लूकें छूटी कि सारा आकाश भर गया। पक्षी के रुदन से समुद्र की मछलियाँ जल गयीं और समुद्र का पानी खारा हो गया। वन में वृक्ष और जल में सीप जल गये।' इस प्रकार के वर्णन में सत्य तथा स्वतः सम्भावी वस्तु के स्वरूप के आधार पर उसके हेतु की कुछ और ही प्रकार की कल्पना की गयी है। अपनी परोक्ष स्थिति में यह हेतु प्रभाव को सघन एवं मार्मिक बनाने में ही सहायक हुआ है। हेतुत्प्रेक्षा का प्रयोग यहाँ आन्तरिक भाव-जगत् के प्रतिबिम्ब रूप में बाह्य प्रकृति को प्रस्तुत करने के लिए किया गया है। 'नागमती कोयल के समान कुहक-कुहक कर रोई, रक्त के आँसुओं से मानों उसने घुँघुचियाँ बो दीं। उसका मुँह बुझ कर काला हो गया, पर नेत्र और शरीर लाल अंगारे की तरह दहकते हैं।' यहाँ प्रकृति में नागमती की व्यथा बिम्बित हुई है। यह पक्षी नागमती के विरह का वर्णन व्यापक प्रभाव के साथ करता है। एक ओर उसके व्यापक प्रभाव का वर्णन है, 'उसकी ज्वाला से धरती और स्वर्ग जल रहे हैं...। विरह के दुःख में जलाने से धुआँ उठा और मेघ काले हो गये। राहु के जलने पर केतु भी जल गया। सूर्य जल गया चाँद जल कर आधा रह गया और सारे नक्षत्र-तारे भी जल रहे हैं...। विरह की साँस से ज्वालाएँ निकल रही हैं कि ज्वालामुखी पहाड़ दहक-दहक कर अंगारे बने जा रहे हैं। भौंरे, पतिंगे और नाग जले, कोयल भुजंगे और कौवे उसी में जल कर काले हो गये।' यह प्रकृति का व्यापक परिवेश है जिसमें विरह के ताप की अत्युक्ति प्रेम-साधना के विशेष आयाम को व्यंजित कर रही है। कवि ने इस सन्देशवाहक पक्षी को वियोगी कहा है और उसके माध्यम से सांसारिक जीवन में प्राणी की स्थिति की व्यंजना की है,

फिरौं बियोगी डारहिं डारा। करौं चलै कहँ पंख सँवारा।।
'जियन की घरी घटत निति जाहीं। साँसहि जिउ है देवसन्ह नाहीं।।'

इस असार संसार की भावना को आगे इसी क्रम में व्यक्त किया है। और राजा के हृदय में दुचितापन आ गया है, उसका मन चित्तौड़ की ओर उन्मुख हो चुका है, नागमती के स्मरण से प्रेम भाव जाग चुका है। पद्मावती (कमल) को यह भास हो गया कि भौंरा को मालती (नागमती) का स्मरण आ गया है और अब उसके पास स्थिर होकर नहीं रहेगा।

(8 : 14) जायसी का 'नागमती वियोग' का वर्णन मानवीय भावव्यंजना का उत्कृष्ट काव्य है, जिसमें विरह की भाव-स्थिति के सघन और मार्मिक चित्र प्रस्तुत हुए हैं। काव्य की इस अभिव्यक्ति शैली में 'विभावानुभाव-संचारीभाव' रस सिद्धान्त की दृष्टि से अपने संयोग

में रसानुभव में अभिव्यक्त अथवा व्यंजित नहीं हुए हैं, वरन् यथार्थ जीवन की अनुभूतियों में रस रूप में आस्वाद्य हुए हैं। यही कारण है कि कवि आलम्बन की कल्पना मात्र नखशिख की रूप-योजना में नहीं करता, उसे पूरी परिस्थिति में अपने परिवेश तथा सम्बन्धों के साथ प्रस्तुत करता है। उद्दीपन विभाव के अन्तर्गत प्रस्तुत होनेवाली प्रकृति भाव-व्यंजना को अधिक प्रभावी एवं व्यापक बनाने में सहायक हुई है। साथ ही प्रतीक रूप में प्रकृति-उपमान प्रेम को आध्यात्मिक आयाम में व्यंजित कर रहे हैं। इसी प्रकार अनुभाव के रूप में स्थितियाँ, व्यवहारों और क्रिया-कलापों का संयोजन सहज और मुक्त रूप से हुआ है। जैसा कहा गया है, जायसी ने संचारी भावों का संयोजन पूरी भावात्मक परिस्थिति की उद्भावना के साथ किया है, जिससे उनका अलग अस्तित्व नहीं रह गया है, व्यापक भाव-प्रक्रिया में समाहित हो गये हैं। 'प्रिय के वियोग में नागमती का जी बावला-सा हो गया और वह पपीहे के समान 'पिउ-पिउ रटने लगी', इस संचारी भाव के अनुभाव से प्रेम की तन्मयता तथा निरन्तरता व्यंजित हो रही है। 'हिल डुल न सकना, पसीजने से चोली का भीगना, काँप-काँप जाना; निःश्वास लेना, विलाप करना जैसे अनुभावों का यह प्रयोग यहाँ सहज रूप में विरह की अवस्था का सजीव चित्र प्रस्तुत कर रहा है। इस विरह के अनुभव को अधिक व्यापक सन्दर्भ देने के लिए कवि अतिरंजना का सहारा लेता है,

'आह जो मारी बिरह की आगि उठी तेहि हाँक।
हंस जो रहा सरीर महँ पाँख जरे तन थाक।'

यहाँ हंस के रूप में आत्मा (जीव) के शरीर रूपी बन्धन की बात कही गयी है। उसके मुँह से निकली आह से विरह की अग्नि उत्पन्न कर हंस (जीव) के पंख जला दिये गये और वह उड़ न पाकर शरीर में ही रह गया। सखियाँ पट्ट महादेवी को समझाती हैं, यहाँ कवि पुनः कमल और मालती के माध्यम से सपत्नियों के बीच प्रेम की स्थिति की व्यंजना करता है और प्रकृति के अप्रस्तुत-विधान से प्रेम की दृढ़ता को व्यक्त करता है, 'धरती आकाश के मेघ से स्नेह करती है, तो वह भी लौट कर वर्षा ऋतु में उसे मेह से भर देता है। फिर नवेली वसन्त ऋतु आयेगी, उस समय वही रस, वही भौंरा, वही बेल होगी।' यह प्रकृति का रूप-विधान प्रेम-मिलन की प्रतीकात्मक व्यंजना करता है, मात्र उद्दीपन रूप नहीं है। नागमती के विरह प्रसंग में बारहमासा का लोक-गीतों में प्रचलित रूप-विधान प्रयोग में लाया गया है। लोक-गायक अपने विरह के गीत में प्रत्येक मास में प्रकृति के बदलते हुए दृश्यों—प्रकृति के रंग-रूप और पशु-पक्षियों के क्रियाकलापों के बीच अपनी प्रेयसी से अलग होने की वेदना को, पीड़ा को अनुभव की एकतानता के विविध स्तरों और रूपों में अभिव्यक्त करता है। इन गीतों में प्रकृति का यह वातावरण, यह दृश्य-रूप सांकेतिक होता है। और भावों की अभिव्यक्ति को मार्मिक एवं सघन बनाने में उद्दीपन विभाव के अन्तर्गत आयेगा। परन्तु जायसी ने इस प्रसंग प्रकृति के दृश्य-चित्रों से सम्पूर्ण वातावरण की सृष्टि की है। असाढ़ माह वियोगिनी के सामने अपने प्रकृति-परिवेश में फैल रहा है, 'मेघ आकाश में गरजने लगे हैं। धुमैले, काले, धौले बादल सैनिकों की तरह गगन में दौड़ रहे हैं। बगुलों की पंक्तियाँ श्वेत ध्वजा-सी फहरा रही हैं। बिजली चारों ओर तलवार-सी चमक रही है, मेघ बूँद रूपी बाणों की घनघोर वर्षा कर रहे हैं। यहाँ सेना और युद्ध के अप्रस्तुत-विधान से विरह की व्यंजना को

सघन बनाया गया है। विरहिणी को दादुर, मोर, कोयल और पपीहा के स्वर सहज ही पीड़ादायक लगते (बेध रहे) हैं। इसके साथ सावन में देशों की अनवरत बरसा के बीच प्रिय के बिना वह बावली हो रही है। भूमि पर बिखरी हुई रेंगती बीरबहूटियाँ उसके रक्त के आँसू जैसी बिखरी हैं। विरह में हिण्डोले के ऊपर-नीचे जाने के साथ उसका मन झकोले खा रहा है। बाट असूझ, अथाह और गहन है, उसमें विरहिणी का मन बावला हुआ भँभीरी की भाँति घूम रहा है।

(8 : 15) इस वर्णन-क्रम में विरह की मनःस्थिति के अनेक भाव-चित्र प्रेम के रति स्थायी भाव को विविध रूपों में प्रस्तुत करते हैं, जिनमें विविध संचारी भाव अनुभावों के संयोजन के साथ व्यंजित हुए हैं। असह्य वेदना को सहती हुई विरहिणी पट्टी पकड़े अकेले पड़ी है, नेत्र फैले हुए हैं, हृदय कट रहा है। नेत्रों से ओलली के समान पानी (आँसू) चू रहा है। वह वर्षा में चारों ओर पानी के बीच अर्क-जवास के समान सूख गयी है। वह उपालम्भ देती है, अनुनय-विनय करती है। उसे शरद की चाँदनी शीतल करने के बजाय जला रही है। अपनी कलाओं में चन्द्रमा प्रकाशित है और उसे धरती से आकाश तक जलता लग रहा है। सखियाँ दीवाली का पर्व मना रही हैं, अंग मोड़ कर नृत्य करती हुई झूमक गा रही हैं। और प्रिय के बिछोह में नागमती सूख रही है। जायसी की रचनात्मक क्षमता इस प्रकार व्यक्त हुई कि वह लोक-परम्परा और शास्त्र-परम्परा दोनों को स्वीकार कर अपना सहज भाव-व्यंजना का मार्ग स्वीकार करते हैं। अगहन मास में दिन छोटा और रात बड़ी हो गयी है, विरहिणी को दिन भी रात लगती है। उसकी रात की लम्बी व्याकुल प्रतीक्षा दिन में चलती रहती है और दीपक की बत्ती की तरह निरन्तर वेदना में जल रही है। शीत से हृदय काँप रहा है, ठण्डक आग बनकर हृदय जलाती है, उसका हृदय सुलग-सुलग कर जलने से राख हो गया है। इस वर्णन में कवि ने प्रकृति के साथ विरहिणी की भावना को एकरूप कर दिया है। इसी कारण भावों, अनुभावों और संचारियों को एक साथ व्यंजित होते हैं। माह के मौसमी प्रभाव को कवि विरह की मानसिक स्थिति के साथ अनुभावों के साथ व्यंजित करता है और इस प्रकार स्थिति को अधिक सहज बना सका है। पूरे माह के शीत में शरीर का काँपना स्वाभाविक है, फिर विरह में यह शीत अधिक दारुण होकर विरहिणी के कम्प को असह्य बना रहा है। और यहाँ प्रिय के हृदय लग कर शीत से बचने और विरह से त्राण पाने की कामना स्वाभाविक है। आगे माघ मास के प्रसंग में जाड़े-पाले में अंगों को रुई से ढकने के साथ हृदय के हहर-हहर कर काँपने को विरह के अनुभाव में परिणत कर दिया गया है, 'हे प्रिय, सूर्य की तरह तपो, उसके बिना यह माघ की शीत दूर नहीं होता।' इसी प्रकार फागुन माह में प्रकृति उसे उद्वेलित, विचलित, आकुल-व्याकुल कर रही है। साथ ही प्रकृति के साथ वह समान भाव-भूमि पर भी प्रस्तुत हुई है,

'फागुन पवन झँकोरै बहा। चौगुन सीउ जाइ किमि सहा।
तन जस पियर पात भा मोरा। बिरह न रहै पवन होइ झोरा।"

यहाँ वृक्षों के पत्तों का झरना, ढाक बन कर झड़ जाना आदि मानवीय सन्दर्भ ग्रहण मार्मिक भाव-व्यंजना करते हैं। यह व्यापक सहानुभूति के स्तर पर सम्भव हुआ है।

(8 : 16) इस वर्णन-क्रम में वेदना सरल और कोमल होने के साथ सघन तथा गम्भीर भी है। इतनी व्यापक सहानुभूति को व्यंजित करना प्रतिभा सम्पन्न कवि के द्वारा ही सम्भव है। पक्षियों के सम्बन्ध में यह आन्तरिक भाव प्रिय को सन्देश देने के उपक्रम में बहुत मार्मिक संवेदना के साथ अभिव्यक्त हुआ है। विरहिणी स्वयं मोरनी बन कर प्रिय के लिए वनवास लेने की बात कहती है। खस्बानक पक्षी के साथ कौवा के घर की मुड़ेर पर बैठने पर उसे प्रिय लगता, अपने प्रियतम के आने की सम्भावना होती है। हारिल सन्देश लेकर मार्ग में भटक गया। वह धौरी, पण्डुक, चितरोख, बया आदि पक्षियों को सन्देश भेजने के लिए स्मरण कर रही है। कतिपय पक्षियों के रूप में वह स्वयं प्रिय को पुकार रही है। और फिर विरह-व्यथा को व्यक्त करने के लिए उसके ताप के बारे में कवि अत्युक्ति का प्रयोग करता है जो इस प्रसंग में सहजभावाभिव्यक्ति ही है,

'जेहि पंखी कहँ अढ़वौं कहि सो बिरह कै बात।
सोई पंखि जाइ डहि तरिवर होइ निपात।।'

सन्देश जिससे कहा जाता है वह पक्षी जल जाता है और उस पेड़ के पत्ते भी झड़ जाते हैं। नागमती के विरह-रुदन का इसी शैली में प्रभावी वर्णन है, जो सारी प्रकृति के परिवेश में व्याप्त हो उठा है। कोयल के समान कुहक-कुहक रोती हुई विरहिणी के आँसू वन में घुँघुचियों के रूप में बिखर रहे हैं...प्रत्येक कुंज में 'पिउ पिउ' की गूँज उठ रही है। उसकी वेदना से जल कर पलाश के पत्ते झड़ गये, फिर उसके लोहू में डूब कर फूलों से लद कर चमक उठे हैं। उसके रक्त से बिम्बाफल लाल हो गये हैं, उसकी सहानुभूति में परवल पक कर पीला पड़ गया है और गेहूँ का हृदय फट गया है। उसकी इस मानसिक अवस्था में किसी मास या ऋतु का महत्त्व नहीं रह गया है,

'ना पावस ओहि देसरें ना हेवंत बसंत।
ना कोकिल न पपीहरा केहि सुनि आवहि कंत।।'

शुक्ल जी का कथन सटीक है कि कुछ स्थल विशेष पर जायसी ने परम्परा और रूढ़ियों का प्रयोग केवल उक्ति अथवा निर्वाह की दृष्टि से भले ही किया हो, पर अधिकतर अतिरंजना, उक्ति-वैचित्र्य तथा अत्युक्ति के प्रयोग भी उनके काव्य में भावों की मार्मिकता अथवा सघनता को व्यक्त करने की दृष्टि से किये गये हैं। अन्ततः वन में भटकती रोती नागमती को पक्षी विशेष मिलता है जो उससे हाल पूछता है कि उसे क्या दुःख है? घूम-घूम कर वन के सारे पक्षियों को उसने जला दिया है और रातभर आँख भी नहीं लगायी। इसके उत्तर में नागमती अपने मन की स्थिति को अत्यन्त विह्वल होकर व्यक्त कर रही है,

'चारिउ चक्र उजारि भे सकसि सँदेसा टेकु।
कहौं बिरह दुख आपन बैठि सुनहि डँड एकु।।'

और अन्त में नागमती सन्देश के रूप में अपनी अवस्था का वर्णन करती है, जो काव्यात्मक उत्कर्ष के साथ व्यंजक बन पड़ा है, 'हड्डियाँ सूखकर किंगरी बन गयी हैं। नसें सब ताँत हो गयी हैं। शरीर के रोम-रोम से उसकी धुन उठ रही है। हे विहंगम, इस प्रकार मेरी व्यथा कहना।'

(8 : 17) जायसी के अप्रस्तुत-विधान का क्षेत्र बहुत व्यापक है, जिसके अन्तर्गत प्रतीकों के माध्यम से जीवन और जगत् के सत्य और उसके अनुभव की अभिव्यक्ति तथा परात्पर के अनुभव की व्यंजना भी आती है। वस्तुओं, उनकी स्थितियों, घटनाओं, व्यक्तियों के रूप, चरित्र और कार्यों, अनुभव के विविध स्तरों की भावनाओं के चित्रण के लिए अलंकार-शैली का उपयोग किया गया है। जैसा हम जानते हैं, जायसी ने अपने प्रबन्ध की कल्पना सूफ़ी प्रेम-साधना को कथा की योजना में पात्रों के सम्बन्ध और भावों की अभिव्यक्ति करने के रूप में की है। अतः उसकी वस्तु के विकास में निरन्तर प्रतीकार्थ का प्रयोग चलता है। अलंकारशैली में अभिव्यक्ति के सौन्दर्य को व्यापक रूप में स्वीकार किया गया है, और उसमें अप्रस्तुत-विधान महत्त्वपूर्ण है। आचार्यों में दृष्टि-भेद वहीं लक्षित होता है, जबकि एक वर्ग उसे व्यापक सौन्दर्य मानकर काव्य का प्राणभूत तत्त्व मानता है और दूसरा उसे प्राणभूत रस, गुण आदि के उत्कर्षक धर्म के रूप में स्वीकार किया है। परन्तु हर स्थिति में यह अप्रस्तुत-विधान भावों को तीव्र तथा प्रभावी बनानेवाला होता है। उपमान-उपमेय के रूप में यह विधान उनके सम्बन्ध एवं उनकी स्थिति के अनुसार कई वर्गों में बाँटा भी गया है। परन्तु प्रतीक में भी दृश्य वस्तु के लिए अदृश्य वस्तु का प्रतिविधान उसके साथ अपने साहचर्य के आधार पर किया जाता है। यह भी कहा जा सकता है किसी स्तर की समानुरूप वस्तु द्वारा किसी अन्य स्तर के विषय का प्रतिनिधित्व करनेवाली वस्तु प्रतीक है। अप्रस्तुत-विधान के इस प्रयोग में मूर्त, दृश्य, श्रव्य, प्रस्तुत विषय या स्थिति द्वारा अमूर्त, अदृश्य, अश्रव्य, अप्रस्तुत विषय का प्रतीक विधान होता है। जायसी ने दोनों प्रयोग क्षेत्रों में सादृश्य का आधार अधिक लिया है, जिसमें रूप-बोध और भाव-व्यंजना दोनों का संयोग हुआ है। उन्होंने अदृश्य वस्तुओं-स्थितियों को गोचर रूप देने के लिए और भाव-व्यंजना को तीव्र बनाने के लिए इन अलंकारों का प्रायः प्रयोग किया है। यहाँ महत्त्वपूर्ण बात है कि अलंकारों के अप्रस्तुत-विधान के साथ जायसी जैसे कवियों के रहस्यानुभव के प्रतीकीकरण को जानना-समझना अपेक्षित है। साधना के स्तर पर अनुभव की अभिव्यक्ति में इसका प्रयोग महत्त्वपूर्ण ही नहीं अनिवार्य भी है। वैसे मनुष्य के जीवन में भाषिक अभिव्यक्ति का स्वरूप प्रतीकों पर आश्रित रहा है, पर धर्म और साधना में उसका रूप-विधान अधिकाधिक विकसित हुआ है। योरप का ईसाई धर्म हो या भारतीय धर्म हो सब में प्रतीकों का महत्त्व उनके विकास के साथ बढ़ा है। यह अलग बात है, धर्म और साधना के क्षेत्र की परम्परा में रूढ़ियों के साथ इन प्रतीकों की अर्थ-व्यंजना में स्थिरता एवं जड़ता आयी है। भारतीय रहस्यवाद में, जिसके अन्तर्गत सूफ़ी प्रेम-साधना भी सम्मिलित हो गयी है, प्रतीकों का व्यापक प्रयोग हुआ है। साध्य के साथ सम्बन्धों के आधार पर ग्रहण किया जानेवाला उनका अनुभव भाषा की अभिव्यक्ति में रूप-ग्रहण नहीं कर पाता, अतः उसकी अभिव्यक्ति के लिए उन्होंने प्रतीकों, रूपकों की भाषा का विधान किया है। इस रचना के स्तर पर जायसी जैसे सूफ़ी कवि को प्रतीकों का विधान सहायक हुआ है। साहित्य के विचारकों में यह बहस चली है कि जायसी ने अपने इस प्रबन्ध-काव्य में जीव-ब्रह्म-माया आदि के प्रतीक रूप में पात्रों का कथा में किस सीमा तक संयोजन किया है। जैसा हम देखते हैं कवि-दृष्टि व्यापक रूप में जीवन-जगत् के सत्य

को चरित्रों, परिस्थितियों तथा भावों को अभिव्यक्ति करने की रही है, पूरी कथा में उसके सांगोपांग निर्वाह की नहीं। सामान्य रूप में रत्नसेन साधक और पद्मावती परम सत्य (ब्रह्म) के रूप में चित्रित हैं, पर अनेक स्थलों पर पद्मावती के प्रेम में प्रिय से मिलन की कामना और वियोग की स्थिति में मार्मिक वेदना की अभिव्यक्ति हुई है। संयोग को उल्लास-आनन्द और क्रीड़ा-सुख में दोनों ओर आवेग और तन्मयता की मनोभूमि लक्षित हुई है। इसी प्रकार नागमती के प्रेम की ऊँची भूमिका है, वियोग की आन्तरिक भावाभिव्यक्ति में प्रेमिका का जो व्यक्तित्व उभरता है, वह साधना की भूमिका ही प्रस्तुत करता है। वह माया को मोहावरण नहीं लगती।

(8 : 18) 'पद्मावत' का वातावरण कवि द्वारा इस प्रकार निर्मित किया गया है, जिसमें आध्यात्मिक संकेत निरन्तर पाये जाते हैं। इस प्रेम के लोकोत्तर परिवेश में प्रकृति अलौकिक व्यंजना के साथ अंकित हुई है। इसी प्रकार प्रकृति पर इस परम सौन्दर्य के प्रभाव का कई रूपों तथा स्तरों पर वर्णन किया गया है। सिंहल द्वीप और मानसरोवर की कल्पना अलौकिक सौन्दर्य के रूप में की गयी है। पद्मावती के रूप-सौन्दर्य की व्याप्ति में रहस्य की व्यंजना निहित है, और रत्नसेन सिंहल द्वीप को पर्वत-शिखर से देखकर इस भावभूमि पर पहुँचता है, फिर दोनों के मिलन के वर्णन में आध्यात्मिक प्रेम की भूमिका का साक्षात्कार होता है। सिंहल द्वीप को स्वर्ग-रूप में प्रस्तुत करके उसका प्रतीक-विधान का संकेत दिया गया है। इस द्वीप के निकट पहुँचनेवाले व्यक्ति को स्वर्ग के निकट पहुँचने का अनुभव होता है। कवि ने सुन्दर प्रकृति-दृश्य को अंकित करने के साथ निरन्तर उसके अलौकिक होने की व्यंजना की है– 'उसके चारों ओर घनी अमराइयाँ हैं, धरती से आकाश का स्पर्श करते हुए वहाँ के वृक्ष मानों मलयगिरि से लाये गये हैं। जग में छाया उसके कारण ही होती है और वे ही रात के रूप में छा जाते हैं।...उसका अन्त नहीं पाया जा सकता, वह सब ऋतुओं में फूलता-फलता है, मानों सदा वसन्त ऋतु रहती है। यहाँ प्रकृति के सहज सौन्दर्य को अनश्वर तथा शाश्वत रूप में कल्पित करके सारे चित्र को प्रतीक-रूप में प्रस्तुत किया है। प्रकृति के इस सौन्दर्य के बीच आनन्द तथा विश्राम पानेवाला पथिक साधक ही है। पद्मावती को लोकोत्तर परम सत्य के रूप में व्यंजित करने के लिए प्रकृति के उपमानों का अप्रस्तुत-विधान अपने संयोजन में प्रतीकार्थ को व्यक्त करता है। कवि पद्मावती के जन्म को अवतरित होना कहता है, पद्मावती ने कन्या रूप में अवतार लिया। मानों वह सूर्य-किरणों से रची गयी है; सूर्य की कला घट कर है, वह उससे श्रेष्ठ है। जन्मते ही रात में दिन का प्रकाश हो गया और सारा कैलास उजाले से भर गया।...पद्मावती के गन्ध से बेधा हुआ संसार महक उठा, भौंरे और पतिंगे (प्रेमी और रूप-लोभी) चारों ओर मँडराने लगे।' यहाँ सम्भावना, विरोध, न्याय आदि के आधार पर अप्रस्तुतों के संयोजित से प्रतीकार्थ की व्यंजना की गयी है। कारण की सम्भावना, उपमान से उपमेय की श्रेष्ठता और अप्रस्तुतों (उपमानों) से व्यापक सत्य की व्यंजना यहाँ प्रतीकार्थ को पुष्ट कर रही है। आगे पद्मावती के प्रतीकार्थ को व्यंजित करने के लिए सरोवर के रूप में प्रकृति उल्लसित-उमंगित होकर उसके चरण छूने के लिए लहरों में हिलोर ले रही है,

'सरवर रूप बिमोहा हिएँ हिलोर करेइ।
पाय छुवै मकु पावौं तेहि मिसु लहरैं देइ।।'

इस प्रकार के वर्णनों में ज़ायसी की रचनात्मक दृष्टि निरन्तर लक्षित की जा सकती है। वह प्रकृति के वातावरण के बीच प्रकृति के प्रस्तुत रूपों, उपमेयों को प्रतीक रूप उपमानों में संयोजित कर रहस्यमयी व्यंजना करते हैं। पद्मावती को पाकर मानसर का अनुभव इसी स्तर का है। रूप की पारस उसके समीप आने पर चरण-स्पर्श करते ही सरोवर निर्मल हो गया, शीतल होकर शान्त हो गया। इस क्रम में प्रकृति के रूपान्तरण के साथ यह सौन्दर्य का विस्तार निरन्तर रहस्यमय आनन्द को व्यंजित कर रहा है। पद्मावती के परात्पर सौन्दर्य से सारी प्रकृति रूपान्तरित होती चित्रित हुई,

'नैन जो देखे कँवल भए निरमर नीर सरीर।
हँसत जो देखे हंस भए दसन जोति नग हीर।।'

हम देखते हैं, अपने प्रतीकों में एक ओर व्यापक आध्यात्मिक संकेत व्यंजित करता है और साथ ही सौन्दर्यपरक सादृश्य-विधान का उपयोग करता है।

(8 : 19) जायसी जीवन के सामान्य प्रवाह में अप्रस्तुत की व्यंजना में प्रतीकार्थ को निहित करते चलते हैं। इस विधान में सादृश्यमूलक अप्रस्तुत (उपमान) अनेक रूपों में संयोजित हैं। कभी उपमेय (प्रस्तुत) उपमान रूप प्रतीकार्थ को अपनी स्थिति में ही व्यंजित करता है, 'पक्षी पिंजड़े में बन्दी था, वह चला गया और अब कहाँ मिलेगा?...बन्धन से मुक्त होकर फिर बन्दी होकर कहाँ आ सकता है?...पिंजड़ा जिसका था उसे सौंप कर चला गया! जो जिसका था उसका हो गया।' यहाँ इस पिंजड़े से पक्षी के उड़ जाने का वर्णन जीव, ब्रह्म, माया आदि के प्रतीकार्थ को व्यंजित कर रहा है, बिना किसी इस प्रकार के कथन के। कहा गया है कि अनेक प्रसंगों में नागमती का प्रेम अपने प्रिय के सम्बन्ध में व्यापक भाव-भूमि पर आध्यात्मिक अर्थ-ग्रहण कर लेता है, 'तुम मिले हुए होने पर भी जैसे अलग हो।...मैंने समझा था तुम मेरे ही भीतर हो। अब विचारती हूँ तो तुम्हें सबके पास पाती हूँ—

तुम्ह सों कोइ न जीता हारे बररुचि भोज।
पहिलें आपु जो खोवै करै तुम्हारा खोज।।'

यहाँ ब्रह्म-तत्त्व के साक्षात्कार की स्पष्ट व्यंजना है। आगे सुग्गा राजा से पद्मावती के वर्णन करने में उसके प्रतीकार्थ की व्यापक रूप में व्यंजना करता है। साथ ही कमल गन्ध और चन्द्रमा के अंश से रची हुई पद्मावती को मलयगिरि की गन्धवाली स्वर्णाभ 'सुन्दरी' कहना तथा 'उसकी सेवा में अपने गले में कण्ठा फूटने अर्थात् कण्ठे के चिह्न पड़ने' की चर्चा करना जैसा वर्णन कथा-क्रम में सहज भी लगता है। इसी प्रकार के सहज अप्रस्तुत विधान से रत्नसेन उसके रूप-सौन्दर्य के अपने मन पर पड़नेवाले प्रभाव का वर्णन करता है। इसमें उपमानों की योजना सादृश्य, कार्य-कारण सम्बन्ध, क्रम-विन्यास, व्यतिक्रम, सम्भावना आदि के संश्लिष्ट रूप में की गयी है, और उसका प्रभाव व्यापक संवेदना के रूप में पड़ता है। वह सौन्दर्य-मूर्ति 'मानों सूर्य के समान मेरे मन बस कर सारी देह में व्यापती हुई हृदय को प्रकाश से भर रही है। सूर्य होकर भी उस चाँद की छाया हूँ। सूर्य की किरण और चन्द्रमा की कला में प्रेम का अंकुर उत्पन्न हो गया है। यदि वह चन्द्र आकाश में भी है तो मैं सूर्य के समान आकाश मार्ग से जाकर उससे मिलूँगा। अपनी सहस्रों किरणों से उस रूप पर मेरा मन मुग्ध है, विस्मृत होकर। जहाँ देखता हूँ वहाँ-वहाँ वही कमल मानों फूला है। कमल की

गन्ध से लुभानेवाले भौंरे की तरह मैं वहाँ मँडराता हूँ।' कवि ने प्रेमी-प्रेमिका प्रेम-सम्बन्ध को इस प्रतीक-विधान के माध्यम से आध्यात्मिक रहस्य भाव में व्यंजित किया है, जिसमें प्रकृति उपमान प्रतीकार्थ ग्रहण करते हैं। 'नखशिख' वर्णन के अन्तर्गत प्रकृति-उपमान रूप-सौन्दर्य के साथ इस प्रकार के संकेत देने में प्रतीकार्थ भी व्यंजित करते हैं। उदाहरण के लिए 'वेणी के खुलने पर केशों के फैलाने से आकाश से पाताल तक अँधेरा छा जाता है', 'माँग मानों मेघों में बिजली प्रकाशित हो। सूर्य की किरण नीले आकाश में सुशोभित है या यमुना की नील धारा में लाल (अग्नि रूप) सरस्वती की धारा दिखायी पड़ती है', ललाट की 'ज्योति द्वितीया के चन्द्रमा के समान है, पर यह ज्योति संसार में उतनी कहाँ है', काली भौहें तने हुए धनुष रूप में 'काल ने किसके लिए हथियार बनाया है, इस धनुष से रावण का संहार हुआ, कंस असुर का वध हुआ, सहस्रबाहु मारा गया, नेत्र 'पवन के समान झकझोरते और हिलोरें लेते हैं और आकाश तक ले जाकर पृथ्वी पर ला पटकते हैं, चंचल होकर संसार को विचिलित करते हैं और उनके फिरने से मानों आकाश डुबोया जा रहा है, मानों समुद्र के हिण्डोले पर झूम रहे हों' आदि चित्रों में रूप-सौन्दर्य की अलौकिक भाव-व्यंजना के संकेत निहित हैं। यह क्रम पूरे इस वर्णन में चलता है।

(8 : 20) जायसी के पूरे कथानक में जीवन के सहज-क्रम के साथ आध्यात्मिक स्तर पर जो संकेत अनुभव की व्यंजना में निहित हैं, उनसे उनकी प्रबन्ध योजना को आन्तरिक गहराई की गरिमा मिली है। रत्नसेन पद्मावती के सौन्दर्य के प्रभाव से मूर्च्छित होने के बाद जागता है तो उसके मन में वैराग्य जागता है और यहाँ सांसारिक विरक्ति की सामान्य चर्चा के बीच शरीर-सरोवर, हृदय-कमल जैसे प्रस्तुत-अप्रस्तुत के प्रयोग से साधना-प्रक्रिया के प्रतीक के संयोजन में रहस्यानुभूति की व्यंजना हुई है,

'अहुठ हाथ तन सरवर हिया कँवल तेहि माँह।
नैनन्हि जानहु निअरें कर पहुँचत अवगाह।।'

कवि प्रेम के इस रहस्यमय आयाम को इस क्रम में सांकेतिक रूप से निरूपित करता है, पर अनुभव की मार्मिक व्यंजना के साथ।–'प्रेम दृष्टि में नहीं आता, वह आकाश से भी ऊँचा है, आकाश से ऊँचा उसका ध्रुव है।...प्रेम के मार्ग पर लुटा हुआ भौंरा इसके मर्म को जानता है...। प्रेम के मार्ग पर सूलियों के अंकुर निकले हैं, मंसूर उस पर चढ़ा था।' यहाँ इस प्रेम-मार्ग पर उत्सर्ग-भावना को व्यक्त करने के लिए 'पतिंगे, भृंगी, भौंरा' जैसे अप्रस्तुतों का उपयोग किया है। उत्सर्ग करने के लिए 'केतुकी' को प्रेम का आलम्बन माना गया है। यह व्यापक प्रतीक-विधान का एक रूप है। सत्य मार्ग पर आगे बढ़ने के क्रम में यहाँ मानसर का प्रतीक रहस्य-लोक के सौन्दर्य और आनन्द को व्यक्त करने के लिए किया गया है। रत्नसेन मानसर समुद्र में पहुँचता है, 'सत्य के मार्ग पर साहसपूर्वक आगे बढ़ते रहने पर मानसर का सुन्दर रूप प्रकट होता है। हृदय आनन्दोल्लसित हुआ मानों कमल की बेल बन कर मानस पर छा गया। अँधेरा मिट गया और रात की कालिमा छूट गयी। प्रातःकाल हुआ और सूर्य की ज्योति प्रकाशित हो गयी।' यह प्रतीक-विधान प्रकृति के सहज परिवेश को चित्रित करने के क्रम में संयोजित हुआ है। इसमें प्रस्तुत-अप्रस्तुत की एक साथ व्यंजना अलौकिक भावबोध के स्तर पर घटित हुई है। हम देखते हैं, राजा रत्नसेन सिंहल द्वीप के निकट पहुँचने

के क्रम में जो अनुभव करने लगा है, वह आत्मसाक्षात्कार का ही प्रतीक रूप है, 'शीतल पवन सुगन्ध लेकर बह रही है, जो जलते हुए शरीर पर चन्दन लगा रही है। आग में जैसे मलयानिल आ मिला है। सूर्य की प्रकाश किरणों ने तम का नाश कर सारा जग निर्मल कर दिया है।' यहाँ सम्भावनाओं की कल्पना वस्तु, हेतु और फल के सन्दर्भ में किये गये अप्रस्तुत विधान के माध्यम से ऐसे वातावरण की सृष्टि कर रही है, जो एक स्तर पर प्रकृति के वातावरण का सहज रूप है और दूसरे स्तर पर आध्यात्मिक अनुभव की व्यंजना कर रहा है। प्रकृति के बीच से उपमेय-उपमान दोनों को संयोजित कर जायसी अपनी काव्य-प्रतिभा का परिचय देते हैं, क्योंकि इस प्रतीक-विधान में भाव-व्यंजना का सौन्दर्य अपूर्व है। आकाश-मानसर, चन्द्रमा-कमल, नक्षत्र-कुमुद के अप्रस्तुत-विधान में उपमान-उपमेय का बिम्ब-प्रतिबिम्ब भाव सूर्य के निकलने पर भौंरा के कमल-गन्ध लेकर आने की स्थिति में व्यंजक हो उठा है और इस प्रकार पद्मावती की गन्ध से राजा को मिलानेवाले पवन के प्रयोग के साथ प्रतीकार्थ संयोजित किया गया है,

'गँगन सरोवर ससि कँवल कुमुद तराईं पास।
तूँ रबि उवा जो भँवर होइ पवन मिला ल बास।।'

(8 : 21) पद्मावती और रत्नसेन के मिलन-प्रसंग में इस रहस्यानुभूति की अभिव्यक्ति का पुनः प्रतीकार्थी रूप-विधान है। प्रेमी-प्रेमिका के मिलन का प्रसंग चल रहा है और उसमें सहज पारिवारिक सम्बन्धों के आधार पर भावाभिव्यक्ति हुई है। सामान्य जीवन के सन्दर्भों तथा अनुभवों को व्यक्त करने के क्रम में ऐसे अप्रस्तुतों का प्रयोग किया गया जो अर्थ की व्यंजना दूसरे स्तर पर करते हुए प्रतीक-रूप हैं। पद्मावती के लिए 'चाँद' और रत्नसेन के लिए यहाँ निरन्तर 'सूर्य' का प्रयोग हुआ है। चाँद के रूप से सूर्य का मूर्च्छित होना प्रेम के प्रभाव को व्यक्त करता है। वह सूर्य की सहस्रों कलाओं को अपनी सोलह कलाओं में खींच लेता है। सूर्य अस्त हो गया और तारागण हँसने लगे। इसी प्रकार भौंरा और कमल के उपमान रत्नसेन और पद्मावती के प्रेम-सम्बन्ध को व्यक्त करने के लिए प्रयोग में आये हैं। विरह के ताप को व्यक्त करने के लिए 'सूर्य के सुबह-शाम विरह की आँच से लाल होने, औंह और पककर मजीठ के रंग के पक्का होने और दीपक की बाती के जल कर लाल होने के प्रतीकों का प्रयोग किया गया है। सुरा प्रेम का प्रचलित प्रतीक माना गया है। जायसी ने इसके प्रयोग में विभिन्न स्थितियों के माध्यम से प्रेम की भाव-व्यंजना की है, 'प्रेम की सुरा पीकर जीने-मरने का भय नहीं रहता। मादकता में होश कहाँ? पीनेवाला मतवाला होता है या खुमार की हालत में। पीनेवाला ही उसके अनुभव के रहस्य को जानता है। पीता हुआ अघाता नहीं, बार-बार बेसुध हो जाता है। मधु का लोभ होने पर उसके बिना वह रह नहीं पाता। वह रात दिन रस में डूबा रहता है एक बार भर देहु पियाला बार-बार को माँ—' यह रहस्यानुभव का प्रतीक रूप में वर्णन माना जायगा। जैसा कहा गया प्रसंग के अनुसार सूर्य और चाँद के प्रतीकों में परिवर्तन भी हुआ। प्रातःकाल रत्नसेन को सूर्य रूप में सोकर उठा कहा गया है। आगे सखियाँ रानी को जगा रही हैं, और सूर्य का नाम सुनते ही मानों कमल खिल गया है अर्थात् पद्मावती को कमल रूप माना गया है। पद्मावती सखियों से कहती है, 'सूर्य की दृष्टि से शीत छूट गया, उसके प्रकाश से कमल कली मन में खिल गयी।' इस प्रकार जायसी भाव-व्यंजना करने में स्वच्छन्द रूप में प्रतीकों का विधान करते हैं।

(8 : 22) जायसी ने अपने काव्य में अलंकारों का प्रयोग जिस रूप में तथा स्तर पर किया है, उस आधार पर उनकी कवि-दृष्टि में काव्य अलंकार रूप में ग्राह्य एवं सौन्दर्य है। काव्यशास्त्र के प्रारम्भिक आचार्यों में भामह ने अलंकार को अर्थ को विभामय करनेवाली समस्त विधा के रूप में वक्रोक्ति माना है। दण्डी भी काव्य के शोभाकार धर्म रूप में अलंकार को स्वीकार किया है। वामन ने स्पष्ट रूप में अलंकार को सौन्दर्य कहा है। आगे शास्त्र-चर्चा में अलंकार को सौन्दर्य शोभा के उपकारक और रसात्मकता के उत्कर्षक माना गया है। जायसी ने अलंकारों का विधान व्यापक स्तर पर किया है, परन्तु उनके काव्य में काव्याभिव्यक्ति के सौन्दर्य-रूप में और रस-व्यंजक दृष्टि से अप्रस्तुत-विधान हुआ है। महत्त्व की बात है कि अलंकारों के कुशल और कलात्मक प्रयोग में भी रूप अथवा भाव सौन्दर्य की अभिव्यक्ति ही हुई है। इस दृष्टि से सादृश्यपरक अप्रस्तुत-विधान का उपयोग जायसी के काव्य में अधिक हुआ है। प्रस्तुत और अप्रस्तुत का यह उपमेय के साथ उपमान के सादृश्य का आधार रूप, सम्बन्ध, स्थिति, विशेष्य-विशेष, कार्य-कारण, साध्य-साधन, वैपरीत्य, निषेध, सम-असम आदि के अनुभव-सौन्दर्य की अभिव्यक्ति में स्वीकार किया गया है। व्यापक रूप से कवि की दृष्टि निरन्तर रूप या भाव की सौन्दर्याभिव्यक्ति की रही है। हम देख चुके हैं कि जायसी की प्रबन्ध-योजना में आध्यात्मिक प्रेम के प्रतीकार्थ व्यंजना निरन्तर हुई है। इस स्तर के व्यंग्यार्थ की स्वीकृति के साथ इसका अप्रस्तुत-विधान दोनों दृष्टियों से चलता है। प्रत्यय़ रूप अगोचर बातों को प्रत्यक्ष स्वरूप में कल्पित किया गया है, साधना-मार्ग पर पर्वत-शिखर, औघट घाट, दुर्गम कन्दरा और नाले की कल्पना इसी रूप में की गयी है। इसी प्रकार काम-क्रोध, मद-मोह और अहंकार को जीवन में दिन-रात चोरी-डाका डालने की घात में लगे चित्रित किया गया है। जायसी की सादृश्यपरक अप्रस्तुत योजना काव्य-कौशल के साथ भावों की व्यंजना को रसानुभूति के रूप में अभिव्यक्त करती हैः यहाँ वस्तु, गुण या व्यापार सादृश्य रूप में इस व्यंजना में आलम्बन रूप हो जाते हैं। जायसी के द्वारा प्रयुक्त उपमान परम्परित हैं, कवि समय के अनुकूल है। पर ये प्रयोग अधिकतर रस-व्यंजना के अनुरूप हैं और भावानुभव को समृद्ध (पुष्ट) करते हैं। जैसा हम देखते हैं, इनमें कुछ चमत्कारी भी हैं। शुक्ल जी ने इस प्रकार के प्रयोगों की चर्चा करते हुए कहा है, 'इन परम्परित उपमानों में कुछ ऐसे हैं जो प्रसंग के अनुकूल भाव को पुष्ट करने में सहायक नहीं होते, जैसे हाथी की सूँड़, सिंहनी और भिंड की कमर। सुन्दरी नायिका की भावना करते समय सिंहनी, भिंड और हाथी सामने आ जाने से उस भावना की पुष्टि में सहायता के स्थान पर बाधा ही पहुँचाती है। ऐसे उपमानों को जायसी ने छोड़ा नहीं है। बल्कि यह कहिये कि सादृश्य का आरोप करने में फ़ारसी के ज़ोर पर वे एक-आध जगह और बढ़ गये हैं।' परन्तु जायसी के कवि-हृदय का पूरी प्रकृति के साथ सामंजस्य है और उनकी संवेदनशील रचनाशीलता में प्रकृति तथा मानव के बीच की गहरी एवं सघन अनुभूति को व्यंजित देखा जा सकता है। यह उनके अलंकारों के प्रयोग में प्रस्तुत-अप्रस्तुत के विविध सादृश्यपरक सम्बन्धों में अधिक दूर तक देखा जा सकता है। पर अन्य विरोध, शृंखला और न्याय के रूप में संघटित होनेवाले सम्बन्धों के आधार पर इस भाव-व्यंजना को लक्षित किया जा सकता है। इन अलंकारों में उपमा, रूपक, उत्प्रेक्षा, अतिशयोक्ति, अप्रस्तुत प्रशंसा जैसे अलंकारों का प्रयोग अधिक किया गया है। परन्तु इनके

साथ सन्देह, तद्गुण, निदर्शना, अर्थान्तरन्यास, विशेषोक्ति और विभावना जैसे अलंकारों का भाव-व्यंजक भी मिलता है।

(8 : 23) सिंहल द्वीप के वर्णन में जायसी प्रस्तुत-अप्रस्तुत में सम्भावना की दृष्टि से सादृश्य की कल्पना करते हैं। और कल्पना वस्तु, हेतु और फल के रूप में चित्र प्रस्तुत करती है, 'द्वीप के निकट आते जान पड़ता है मानों स्वर्ग निकट आ पहुँचा है। घनी अमराइयाँ धरती से उठ कर आकाश का स्पर्श कर रही हैं। वहाँ के सारे वृक्ष मानों मलयगिरि से लाये गये हैं, उनके ही कारण जग में छाया होती है और वे ही रात बन कर छा जाते हैं।' कवि इस प्रकार उत्प्रेक्षा जैसे अलंकार का उपयोग स्थिति और वातावरण की सौन्दर्यमयी भाव-व्यंजना के लिए करता है। सिंहल द्वीप की पनिहारिनों का वर्णन इसी प्रकार उपमा और रूपक जैसे अलंकारों से उनका शारीरिक सौन्दर्य-चित्र को प्रस्तुत करता है, 'उनकी कमर सिंहनी के समान नयन मृग नेत्रों, वे हंस गामिनी, कोकिल बैनी हैं, केश खुलकर सिर से पैर तक मेघमाला के समान लहराते हैं और दन्त-पंक्ति बिजली-सी कौंधती है।' सिंहल द्वीप के वर्णन में उसकी स्थिति के दृश्य-सौन्दर्य के साथ निरन्तर कवि उसके लोकोत्तर सन्दर्भ का संकेत भी देता चलता है 'कंचन केपरकोटे पर जड़े कंगूरे मानों नक्षत्रों से परे आकाश में बिजली चमकती है।... चन्द्र-सूर्य उस ऊँचे गढ़ को बचा कर चलते हैं, अन्यथा टकरा कर रथ चूर हो जाय।...उसमें खम्भे लगे हुए हैं, जिनमें मणि-माणिक्य जुड़े हैं, मानों दिन में दीपक जल रहे हों। धवल-ग्रह की उज्ज्वलता देख कर चाँद, सूर्य और तारे मानों छिप गये।' सादृश्य और सम्भावना के आधार पर उत्प्रेक्षा के अप्रस्तुत-विधान से यहाँ सहज ही व्यंजित किया गया है कि यह द्वीप लोकोत्तर भूमिका है। इसी दृष्टि से शिव लोक की मणि को माता के गर्भ में पद्मावती को दीपक रूप कहा गया है, जो दिन-दिन माता के हृदय में प्रकाशित होने लगा है। फिर सखियों के साथ-रस केलि करती, पद्मावती का चित्र है, विकसित होती कुमुदिनियाँ मानों कमल के पास हों। इसी प्रकार के सम्मान के आधार पर हीरामन के सौन्दर्य की कल्पना—'दैव ने उस पक्षी को ऐसी ज्योति दी थी कि उसके नेत्रों में रत्नों की कान्ति थी और मुख की मणिक-सी लाल चोंच थी, जिससे मोती से वचन निकलते थे।' उपमानों की सादृश्यता से आकर्षक और सांकेतिक सौन्दर्य-वर्णन करने के साथ कारण की सम्भावना के साथ कवि उत्प्रेक्षा करके सुआ के अलौकिक व्यक्तित्व को व्यक्त कर रहा है,

'कंचन बरन सुआ अति लोना। मानहु मिला सोहगहिं सोना।।

इस क्रम में पद्मावती के रूप-सौन्दर्य का प्रकृति के अप्रस्तुतों के माध्यम से वर्णन किया गया है। 'मानसरोदक' में स्नान के लिए सखियों के साथ पद्मावती के गमन का वर्णन। फुलवाड़ी के सांग रूपक में सखियाँ विविध फूलों के रूप में कल्पित की गयी हैं। अन्ततः,

'चलीं सबै मालति सँग फूले कँवल कमोद।'

की कल्पना में उत्प्रेक्षा के साथ चित्र उभरता है और उसको अधिक सजीव रंग में उभार देती है यह कल्पना, 'उनके सुन्दर सौरभ से आनन्दित आकर्षित गन्धर्व-गण वहाँ जुट आये हैं।' जायसी रूप-सौन्दर्य वर्णन में उपमा, रूपक, उत्प्रेक्षा, अप्रस्तुत प्रशंसा जैसे अलंकारों के अप्रस्तुत-विधान का निरन्तर प्रयोग करते हैं। परन्तु प्रकृति रूप, दृश्य, क्रिया आदि के ऐसे उपमानों का संयोजन करते हैं और इस प्रकार करते हैं कि सारा वर्णन सहज-स्वाभाविक

अनुभव रूप जान पड़ता है। पद्मावती के साथ सरोवर पर सखियाँ इन उपमानों में सजीव चित्रों में व्यक्त हो उठी है, 'रानी पद्मावती का मुख चन्द्र और देह मलयगिरि है। नागों (केशों) ने सुगन्धि से आकर्षित होकर उसे (अंग) ढक लिया है। (केश) मेघों के छा जाने से जग में छाँह हो गयी है। मानों राहु ने शशि की शरण ली है, दिन में ही सूर्य का प्रकाश छिप गया, रात में नक्षत्रों को लेकर चाँद प्रकाशित हुआ है। बिभ्रम में चकोर उधर देखने लगा मानों मेघ घटाओं के बीच चाँद दिखायी पड़ गया हो।' चन्द्रमा और मलयगिरि (सुगन्धित) के रूपक-विधान से कवि प्रारम्भ में पद्मावती के सौन्दर्य रूप की कल्पना करता है। फिर जूड़ा को खोल कर जब वह बालों को बिथुरा देती हैं, कवि उत्प्रेक्षाओं के प्रयोग से प्रकृति दृश्यों के उपमानों की नानाविध सम्भावनाओं की योजना करता है और इस कल्पना से रूप-सौन्दर्य के विविध पक्ष व्यंजित हुए हैं।

(8 : 24) उपमा और रूपक अलंकार का प्रयोग तो सहज रूप में निरन्तर किया गया है, और इन प्रयोगों में कतिपय को छोड़कर अधिकांश सौन्दर्य के किसी रूप को व्यंजित करते हैं। परम्परित उपमान होने पर भी प्रयोग सन्दर्भ में उपयुक्त और भावाभिव्यक्ति में सहायक हैं। इस दृष्टि से अधिकतर सादृश्य मूलक अलंकारों का प्रयोग तो किया ही गया है, अन्य कोटि के अलंकारों के प्रयोग के आधार में प्रायः प्रकृति से उपमान लिये गये हैं और सादृश्य का व्यापक आधार भी रहा है। नेत्रों को क्रीड़ा करते हुए दो खंजन और कुच को रसपान करते हुए भौंरोंवाली नारंगियाँ कह कर नायिका के सौन्दर्य का एक दृश्य उभारते ही कारण की कल्पना से उसे विस्तार दे दिया है,

'सरवर रूप बिमोहा हिएँ हिलोर करेइ।
पाय छुवै मकु पावौं तेहि मिसु लहरैं देइ।।'

सरोवर लहरों के विस्तार में फैला है, कवि कल्पना करता है वह पद्मावती के रूप से विमुग्ध है और उसका हृदय हिलोरें ले रहा है। फिर कल्पना को कारण का संयोग होता है सम्भवतः उसके पैरों का स्पर्श करना चाहता है और इसीलिए लहरें ले रहा है। यह क्रम आगे सखियों के साथ पद्मावती के स्नान के लिए सरोवर के जल में उतरने के साथ भी चलता है। यहाँ कवि-कल्पना चमत्कार के साथ स्नान का दृश्य प्रस्तुत करती है, 'सरोवर (उनको पाकर) संसार में समा नहीं रहा है, तारों को साथ लेकर चाँद मानों नहाने के लिए उतरा है। धन्य वह नीर है जिसमें चाँद और तारे उदित हुए, अब कमल-कुमुदिनियों के दर्शन कहाँ?' रात में आकाश का चन्द्रमा और दिन में जल का यह चन्द्रमा (नायिका) अपने प्रिय से रात-दिन बिछुड़ी चकई को आकुल-व्याकुल कर रहा है। उपमेयों को बिना कहे प्रकृति-चित्र से प्रेम की मार्मिक व्यंजना यहाँ हुई है। कभी कवि प्रेम-व्यापार जैसे व्यापक अनुभव के सत्य को व्यंजित करने के लिए विशेष अप्रस्तुतों की योजना करता है,

'मुहमद बारि परेम की जेउँ भावै तेउँ खेल।
तीलहि फूलहि संग जेऊँ होइ फुलाएल तेल।।'

यहाँ प्रेम-जल की क्रीड़ा और तिल का फूलों के साथ बसाये जाने का कथन सुगन्धित तेल की तरह प्रेम की विशिष्ट भाव-व्यंजना के लिए किया गया है। एक सखी के हार खो देने

पर उसकी आँसुओं से भरी आँखों के लिए चित्र प्रस्तुत किया गया है कि मानों ढलक-ढलक कर मोती गिर रहे हैं। इसमें दृश्य-रूप की समानता सुन्दर एवं व्यंजक बन पड़ी है। अनेक प्रसंगों में इस प्रकार के वर्णन में व्यंजक अप्रस्तुत विधान अपनी अतिरंजना एवं अत्युक्ति में आध्यात्मिक सन्दर्भों का संकेत देता है। सुआ राजा के सामने बोलता है तो 'वह उसका मुख जोहने लगता है, मानों हृदय पर धारण करने के लिए इस प्रकार हार पिरो रहा हो। मानों पहले मार कर मुख में अमृत उड़ेला हो।' इस प्रकार कवि ने गुरु शिष्य के सन्दर्भ से अध्यात्म की व्यंजना की है। सुआ नागमती के सामने उसकी सापेक्षता में पद्मावती के महत्त्व को प्रतिपादित करने में प्रकृति का अप्रस्तुत-विधान दृष्टान्त रूप में किया गया है, 'जेहि सरवर महँ हंस न आवा। बकुली तेहि जल हंस कहावा।।' यहाँ सन्दर्भ से स्पष्ट है, यह नागमती को पद्मावती के सापेक्षता में हंस के सामने बकुली कहा गया है। इस कल्पना शैली का उपयोग करते हुए आगे कहा गया है, 'वह दिन जैसी है और तू अँधियारी रात है। जहाँ वसन्त है वहाँ करील की बाड़ी क्या?'

(8 : 25) पद्मावती को सूर्य रूप में निरन्तर कहा गया है और यह उपमान प्रतीक माना गया है। रत्नसेन पद्मावती (सूर्य) का नाम सुनकर लाल (रत्न) हो गया। आगे कवि उत्प्रेक्षा के माध्यम से प्रेम की स्थिति का वर्णन करता है,

'जनु होइ सुरुज आइ मन बसी। सब घट पूरि हिएँ परगसी।।'

प्रेम-सम्बन्ध के आध्यात्मिक आयाम को व्यंजित करने के क्रम में जायसी ने यहाँ किंचित् जटिल अप्रस्तुत-विधान किया है, 'मैं सूर्य हूँ और वह चाँद है, पर मैं उसकी छाया हूँ। जल के बिना मीन और रक्त के बिना काया की क्या स्थिति है? सूर्य की किरण और चन्द्रमा की कला में प्रेम का अंकुर निकला है। चन्द्रमा यदि स्वर्ग (आकाश) में भी हो तो सूर्य (वीर) होकर उससे मिलूँगा।' सुआ द्वारा पद्मावती के 'नखशिख' का वर्णन-क्रम चलता है और इस सौन्दर्य-वर्णन में इस स्तर की व्यंजनाएँ देखी जा सकती हैं। उपमा, रूपक तथा उत्प्रेक्षा अलंकारों के प्रकृति से ग्रहीत अप्रस्तुत-विधान के माध्यम से यह वर्णन-क्रम प्रायः चलता पर उत्कृष्टता, वैचित्र्य, भावोत्कर्ष, रहस्य-व्यंजना आदि दृष्टियों से अन्य अलंकारों का प्रयोग भी किया गया है। पद्मावती के कस्तूरी जैसे केशों पर नागराज बासुकि के बलि जाने की कल्पना के साथ सीधे उल्लिखित उपमानों का उपयोग यहाँ भी हुआ है। माँग के चित्र प्रस्तुत करने में उसे सिन्दूर के बिना ऐसा दीया कहा गया है जो रात्रि में मार्ग (केशों के) को प्रकाशित करती है।' इस उत्प्रेक्षा में विनोक्ति का अन्तर्भाव भी है। फिर वस्तुत्प्रेक्षा से इस चित्र को आगे बढ़ाया गया है,

'कंचन रेख कसौटी कसी। जनु घन महँ दामिनि परगसी।।'
सुरुज किरिन जस गगन बिसेखी। जमुना माँझ सरसुती देखी।।'

रूप सौन्दर्य का यह वर्णन-क्रम प्रमुखतः इसी प्रकार सादृश्य पर आधारित अप्रस्तुतों, मुख्यतः प्रकृति-उपमानों के माध्यम से चला है। कवि ने इस प्रकार की कल्पनाएँ यहाँ की हैं, जो परम्परित उक्ति-वैचित्र्य के रूप में है। माँग को रक्त से भरी खाँड़े की धार या वेणी पर रखी गयी करवत कहा गया है। परन्तु ऐसे प्रयोग सीमित हैं, क्योंकि तुरन्त बाद मोतियों से पूरी माँग को यमुना के बीच में गंगा की धार भी कहा गया है। फिर फल की सम्भावना के साथ उत्प्रेक्षा की गयी है,

'कनक दुआदस बानि होइ चह सोहाग वह माँग।
सेवा करहिं नखत औ तरई उऔ गगन निसि गाँग।।'

एक ओर सिन्दूर (सुहाग) की चाहना के साथ बारहबानी सोना (सुहागा से शुद्ध किया सोना) होने की कामना है और दूसरी ओर माथे के टीका और उसमें जड़े नगों की कल्पना के साथ माँग को नक्षत्र-तारों के साथ आकाश गंगा की भाँति जगमगाता कहा गया है। ललाट के वर्णन में द्वितीया के चन्द्रमा के समान कह कर फिर उसकी ज्योति को कम कहा गया है। फिर सहस्र किरणों में दीप्तमान् सूर्य उस ललाट को देख कर छिप जाता है। मयंक की उससे क्या बराबरी, वह कलंकी है और वह निष्कलंक है। चन्द्रमा को तो राहु ग्रसता है, वह राहु की बाधा के बिना सदा प्रकाशित है। इस रूप-विधान में व्यतिरेक जैसे अलंकार का प्रयोग सौन्दर्य के साथ हुआ है। भौंहें मानों ताना हुआ धनुष हों जो जिसे देखती हैं विष बुझा बाण मारती हैं। फिर उसे काल का हथियार कह कर कृष्ण, राम और अर्जुन के धनुष के रूप में कल्पित किया है। साथ ही उसके लक्ष्य का विस्तार सारा संसार मान कर उसके प्रभाव के रूप में पद्मावती के सौन्दर्य की व्यापकता का वर्णन है। नखशिख वर्णन के पूरे क्रम में इस प्रकार का सौन्दर्य-विधान देखा जा सकता है। नेत्र की कल्पना 'जैसे मान का समुद्र उलीचते हैं' भाव-सौन्दर्य की व्यंजक है। हेतुत्प्रेक्षा के रूप में प्रस्तुत नेत्र की पुतलियों का उल्लेख किये बिना उनकी भाव-व्यंजना के साथ अप्रस्तुत-विधान सुन्दर बन पड़ा है, 'लाल कमल पर भौंरे मँड़राते हैं, सुगन्ध से मतबाले होकर मँड़राते हैं और फिर उड़ जाना चाहते हैं।' उत्प्रेक्षाओं का यह क्रम सौन्दर्य के अनेक पक्षों को उजागर करता है—'नेत्र पवन के समान झकझोरते हैं, आकाश तक ले जाकर फिर पृथ्वी पर गिरा देते हैं।' इसमें मन पर पड़नेवाले प्रभाव की प्रकृति-चित्र के माध्यम से व्यंजना है। इन नेत्रों के व्यापक प्रभाव से संसार विचलित हो रहा है। दृष्टिपात मानों आकाश को डुबो रहा है। उनके घूमने से जान पड़ता है, समुद्र के हिण्डोले पर झूल रहे हों, खंजन पक्षी क्रीड़ा भाव से लोटते हों अथवा भूले हुए मृग हों। नेत्रों की कल्पना भरे हुए समुद्र के रूप में करके उसकी तरंगों पर लहराते हुए माणिक्यों का चित्र सामने उभरता है और फिर उसकी काली पुतलियाँ काल-भँवर के रूप में उन लहरों के साथ किनारे लौटती दिखायी गयी हैं। यह सौन्दर्य-विधान नेत्रों की गतिशीलता के साथ आन्तरिक भावों की सूक्ष्म व्यंजना कर रहा है। इसी प्रकार बरौनियों के लिए आमने-सामने खड़ी दो सेनाओं के द्वारा बाणों के सन्धान की उत्प्रेक्षा करके भी कवि सारे संसार के बिंधने जैसी कल्पना के माध्यम से व्यापक प्रभाव को व्यक्त करता है।

(8 : 26) रूप-सौन्दर्य के वर्णन में जायसी उसके गतिशील पक्ष पर निरन्तर ध्यान रखते हैं और प्रभाव की व्यंजना निरन्तर करते हैं। जैसा कहा गया है, कभी-कभी कवि चमत्कारी उक्ति का प्रयोग करता है, 'नासिका की बराबरी खंग से क्या की जाय, उसकी अपेक्षा में अपनी हीनता समझ कर वह क्षीण रहती है।' यहाँ नासिका को शुक-नासिका की तुलना में श्रेष्ठ कहकर व्यतिरेक अलंकार का प्रयोग है। और सम्भावनाओं की कल्पना से इस वर्णन को सुन्दर बनाया गया है, 'नासिका को देखकर सुआ लज्जित हुआ, स्वयं वर्णन करनेवाला हीरामन लज्जा से पीला है। स्वयं शुक्र नक्षत्र उसकी नाक का बेसर बनकर प्रकाशित हुआ

है। सुआ की नाक तो (लोहार की) सुम्मी के समान कठोर होती है और वह (उसकी नाक) कोमल तिल-फूल की कली से बनायी गयी है।' यह सौन्दर्य की व्यंजना फल की सम्भावना के आधार पर की गयी है। निश्चय ही पद्मावती के नखशिख वर्णन में अलंकारों के प्रयोग में जिस प्रकार का अप्रस्तुत-विधान कवि ने किया है, उससे उसके काव्य-कौशल और उसकी प्रकृति-सौन्दर्य को कल्पित करने की क्षमता दोनों का प्रमाण मिलता है। अधिकतर परम्परित होने पर भी प्रकृति उपमानों के माध्यम से चित्रांकन तथा भाव-व्यंजना में सहज कवि-प्रतिभा लक्षित की जाती है। अमृत रस से भरे अधरों की लाली का वर्णन करते हुए कवि जब इस प्रकार की सम्भावना करता है कि उनसे लजा कर बिम्बाफल वन में जाकर फलता है। आगे उत्प्रेक्षाओं के क्रम में सौन्दर्य-चित्र उभरता आता है, 'मानों लाल दुपहरिया के फूल हों, जब-जब बोलती है तो बन्धूक पुष्प झड़ने लगते हैं। हँसते ही हीरा अपनी शुभ्रता से विद्रुम की कान्ति को जीत लेता है और संसार में प्रकाश फैल जाता है।' यहाँ प्रस्तुत (उपमेय) का उल्लेख किये बिना अप्रस्तुत प्रकृति उपमानों के माध्यम से चित्र-फलक को सुन्दर और आकर्षक बनाया गया है। अन्त में कवि जब अधरामृत के लिए सारे जग को आशा लगाये कहता है और यह प्रश्न करता है कि 'न जाने किस के लिए कमल खिला है और कौन भौंरा उसका रस लेगा?', तब परम सत्ता का रहस्यमय संकेत भी मिलता है। इस प्रकार के संकेत निरन्तर मिलते हैं। दाँतों की मिस्सी लगी पंक्ति के चमक उठने के लिए भादों की रात में बिजली की कौंध की कल्पना रूप-सौन्दर्य को व्यक्त करती है। पर इस क्रम में उसकी ज्योति को हीरा से अधिक प्रकाशमान, और उसकी छाया से तुम्हें चमकते कहकर (व्यतिरेक) कवि पुनः उस संकेत को देने लगता है,

'जेहि दिन दसन जोति निरमई। बहुतन्ह जोति जोति ओहि भई।।
रबि ससि नखत दीन्हि ओहि जोती ! रतन पदारथ मानिक मोती।।'

इस संकेत देने के साथ पुनः रूप-सौन्दर्य की गतिशीलता को व्यंजित किया गया है, 'जहाँ-जहाँ वह सहज भाव से मुस्कान के साथ हँसी, वहाँ-वहाँ ज्योति छिटक कर फैल गयी।' इस सौन्दर्य-चित्रों के निर्माण में जायसी ऐसी अनेक हेतुत्प्रेक्षाओं के रूप में प्रकृति-उपमानों की योजना करते हैं जिससे पद्मावती के सौन्दर्य में प्रकृति में व्याप्त सत्ता का आभास मिलता है। कपोल के तिल के रूप में ध्रुव नक्षत्र की कल्पना इसी प्रकार की है; कुण्डलों के हिलने से दिशाओं में कौंधती बिजली से सिंहल के देवताओं का डरपना, कानों के जड़ाऊ रत्नों की सेवा करते नक्षत्रों के रूप में और चन्द्र-सूर्य की आभूषण रूप में कल्पना भी इसी कोटि की है। पद्मावती के नाभिकुण्ड में मलय सुगन्धित वायु बहती है और वह गम्भीर नाभि अपने चक्र में समुद्र के भँवर की भाँति है, जिसके बवण्डर में आकर अनेक लोग अपने गन्तव्य तक पहुँच कर स्वर्ग चले गये। अन्त में नाभि को कमल कली कल्पित कर उसकी सुगन्ध को सारे संसार में व्याप्त कहा गया है। इस व्यापक भावना के साथ 'न जाने किस भौंरे के लिए सुरक्षित है' कह कर प्रेम के इसी आयाम को व्यंजित किया गया है।

(8 : 27) साधना क्षेत्र में प्रेम की अभिव्यक्ति के लिए रूपकों का संयोजन सांग रूप में किया गया है। गुरु के पास राजा ने प्रेम रूपी अंगूरी रस का पान किया। इसका पूरा रूपक

कल्पित किया गया है, 'विरह की अग्नि से शरीर की भट्ठी में हड्डियों के ईंधन को प्रज्वलित किया गया, नेत्रों के बहते हुए जल को मोती बनाया गया और इस प्रकार मद (प्रेम का) चुआ वह अन्दर दीपक जैसा जला।' किलकिला समुद्र के प्रसंग में समुद्र की ऊठती हुई लहरों की कल्पना तूफ़ानी दृश्य का यथार्थ रूप-विधान करती है, 'लहर क्या है मानों चारों ओर से आकाश टूट कर गिर रहा है। पर्वत की तरह उठती है और लाख योजन तक घूमती-फैलती जाती है। धरती के सारे विस्तार में फैलती हुई आकाश को ढँकने के लिए बढ़ती है, मानों सारा समुद्र उठ कर खड़ा हो गया है।' इस कल्पना के विधान में अत्युक्ति तथा अतिशयोक्ति के माध्यम से सम्भावना यथार्थ वस्तु-स्थिति के अनुभव को व्यंजक बनाती है। इसी प्रकार का रूपक-विधान पद्मावती के वियोग प्रसंग में किया गया है, 'कमल (पद्मावती) के शरीर के अंगों में जैसे अग्नि जल रही है, प्रेम की पीड़ा से हृदय पीला पड़ गया है, वह कमल भ्रमर-दृष्टि को आकाश में लगा कर सूर्य (रत्नसेन) के दर्शन से खिलना चाहता है।' यहाँ अप्रस्तुत-विधान दृश्यों के रूप में भाव-व्यंजना करता है। धाय पद्मावती को अपने उत्तर में उसे समुद्र-रूप कह कर समझाती है, 'अन्य नदियाँ समुद्र में समा जाती हैं, पर समुद्र मर्यादा छोड़कर कहाँ समायेगा? अभी तेरा हृदय कमल कली के समान है, तेरी जोड़ी का भौंरा निश्चय ही आयेगा। यौवन रूपी तुरंग की बाग हाथ में रखनी चाहिए, उससे जहाँ चाहे जाने न देना है। जो यौवन मतवाले हाथी के समान है, उसे ज्ञान के अंकुश से वश में करो।' विरह को राहु रूप मान कर पद्मावती के यौवन का उदय चन्द्रमा रूप में माना गया है, 'उस यौवन रूपी चाँद के उदय होते ही विरह राहु उसके संग (ग्रसने के लिए) हो जाता है। इसी से वह घटते-घटते एकदम क्षीण हो गया।' वियोग में रत्नसेन के रुदन का वर्णन प्रलय-वर्षा की कल्पना के साथ किया गया है, 'जैसे आकाश से मेघ घनघोर बरस रहे हैं, धरती को भर कर पानी चारों-ओर बह चला है। सागर मर्यादा छोड़कर उलट पड़ा है और पर्वत-शिखर डूबा जा रहा है। पानी उबलने लगा और चट्टानों का हृदय फटने लगा है।' नायक के वियोग का यह वर्णन अपनी अतिरंजना में अपने विश्व-व्यापी प्रभाव के साथ प्रेम के आध्यात्मिक साधना पक्ष को व्यंजित करता है। यह कवि की दृष्टि है। शून्य समाधि की स्थिति को अनेक दृष्टान्तों के माध्यम से अभिव्यक्ति मिली है, और उसमें एकात्म भाव का बोध कराया गया है, 'जैसे बूँद समुद्र में मिल जाता है, वह खोया हुआ ढूँढ़ने पर भी नहीं मिलता। जैसे पानी रंग मिल कर वैसा ही हो जाता है, वह अपने को खोकर उसी की तरह हो रहा है।' हम देखते हैं कि पूरी परिस्थिति के बीच भाव-व्यंजना करने के क्रम में जटिल अप्रस्तुत योजना भी सहज रूप में प्रस्तुत हुई है। सुआ (हीरामन) रत्नसेन को पद्मावती की पाती और सन्देश देता है। उस कृपा को सुनने पर रत्नसेन की भाव-स्थिति को व्यंजित करने के लिए कवि प्रकृति दृश्यों की सम्भावित कल्पना करता है, 'उसके मन में वसन्त छा गया और उसकी काया में नये पल्लव निकल आये। सुआ के बोल पवन (सुखद) होकर लगा। चन्द्रमा ने मिलन की आशा बँधाई और उससे सूर्य सहस्र किरणों (कलाओं) में प्रकाशित हो गया।' हनुमान् के जागने की तुलना देकर रत्नसेन के उत्साह को व्यक्त किया गया है। उपमेय (प्रस्तुत) का कथन किये बिना उपमानों (अप्रस्तुतों) के चित्र-संयोजन से जायसी विविध प्रकार के प्रयोगों के द्वारा वस्तुओं के रूप विधान से लेकर भावाभिव्यक्ति तक करने में सक्षम हैं।

(8 : 28) जायसी के रचना-विधान में अलंकारों के अप्रस्तुत-विधान का व्यापक प्रयोग किया गया है, उसमें विरोधमूलक, शृंखलापरक और न्याय-मूलक आदि सभी प्रकार के प्रयोग मिलते हैं। परन्तु मूलतः उनकी कल्पना सादृश्य के आधार पर गतिशील हुई है और प्रकृति-उपमानों को अधिक संयोजित करती है। जैसा कहा गया है, रचना के प्रवाह में यह कल्पना अनेक बार प्रस्तुत आधार को छोड़ कर अप्रस्तुतों के सहारे गतिशील रहती है। पद्मावती 'कमल है, शशि की ज्योति है, हँसती है तो फूल झड़ते हैं। रोती है तो मोती बिखरते हैं।...इधर जैसे ही सूर्य (रत्नसेन) को राहु लगा, तभी कमल के मन में उसका आभास हो गया।' कवि अप्रस्तुत-चित्रों के माध्यम से नायिका की प्रेमाभिव्यक्ति करता है, 'चार घड़ी वह ग्रहण से ग्रसित रही, फिर विधाता ने उसके हृदय में ज्योति' प्रकाशित की...हे पद्मिनी, तू कमल कली है, अब रात बीत गयी, प्रातःकाल हुआ और अब भी तू अपने सम्पुट नहीं खोलती, जबकि जगत् में सूर्य उदय हो चुका है।' यह वर्णन-क्रम अप्रस्तुत-योजना के रूप में ही आगे बढ़ता है,

'भान नाउँ सुनि कँवल बिगासा। फिरि कै भँवर लीन्ह मधु बासा।''

अभिव्यक्ति क्रम में मुख और नेत्र के साथ उनके उपमान चन्द्र और खंजन के माध्यम से रूपक के प्रयोग को 'मानों किलोल करने लगे' कह कर उत्प्रेक्षा रूप प्रदान किया गया है कवि निरन्तर ऐसे प्रयोगों से भाव-व्यंजना सघन और मार्मिक बनाता है विरह की दारुण दावाग्नि से हृदय काँप रहा है, विरह दुःख से (अग्नि धुएँ से) ढँका उघाड़ा नहीं जाता। उदधि समुद्र जैसा तरंगों को दिखाता हुआ (विरह) तरंगों में फैल रहा है, नेत्रों में अनेक आ रही है पर मुख में एक भी नहीं आ पाती।' इस प्रकार प्रस्तुत-अप्रस्तुत, उपमेय-उपमान के विविध संयोगों में कई अलंकारों को एक-साथ संयोजित अथवा व्यक्त होते पाते हैं। प्रेम को प्रीति की बेल के रूप में कल्पित करके इसी प्रकार उसके अप्रस्तुत-विधान से भाव के अनेक रूपों-स्तरों को व्यंजित करने का क्रम देखा जा सकता है, 'तुम दुःखी क्यों न हो, प्रेम के कारण प्रीति की बेल में उलझ गयी हो। प्रीति के बेलि में कोई न उलझे, उलझने पर मर कर भी नहीं छूटता। प्रीति की बेलि ऐसे ही शरीर को दग्ध करती है। पल्लवित होने पर सुख होता है, पर बढ़ते ही दुःख बढ़ जाता है। इस प्रीति की बेलि के साथ अपार विरह का अनुभव है, जिसकी झार स्वर्ग से पाताल तक जलती है।' कवि अप्रस्तुतों के विविध संयोजनों से अपने वर्णन-क्रम में सौन्दर्यमयी व्यंजनाएँ करता है। कभी कवि उपमानों के अपकर्ष के क्रमिक विधान से (व्यतिरेक) नायिका के सौन्दर्य को व्यक्त करता है, 'उसकी चाल से लज्जित होकर हंस दूर चला गया, हाथी ने अपने सिर पर धूल डाल ली। मुख देख कर अपने कम मान कर चन्द्रमा छिप गया, दाँतों को देखकर बिजली लज्जित हो गयी। नेत्रों को देख कर खंजन छिप गया, मधुर बैन सुन कर कोयल छिप गयी।' इस प्रकार ग्रीवा, कटि, भौंह, वेणी, नासिका, अधर, भुजाओं और जाँघों के उपमानों, कोयल, मोर, सिंह, इन्द्रधनुष, अमृत, कमल नाल और कदली की हीनता को व्यंजित करके नायिका के अंगों के सौन्दर्य को व्यंजित किया गया है। हम देखते हैं, ये सारे परम्परित उपमान हैं। पर प्रयोग की स्थिति में व्यंजक हैं। पद्मावती और रत्नसेन मिलन के अवसर पर प्रेम की विशेषता अथवा उत्कृष्टता को प्रतिपादित करने के

लिए उपमानों के वैशिष्ट्य या सम्बन्ध को रेखांकित किया गया है, 'स्थान-स्थान पर ज्योतिमय नग नहीं होता, हर जल की सीपी में मोती नहीं होता, वन-वन में चन्दन वृक्ष नहीं होता।... जल में कमल और आकाश में सूर्य रहता है, प्रीति होने पर दोनों को पास समझो। जोगी और भौंरा स्थिर नहीं रह पाते, क्योंकि जिसे खोजते उसको नहीं पाते।...स्वाति को छोड़ कर उसका प्रेमी (चातक) अन्यत्र नहीं जाता। भ्रमर मालती से आकर मिल गया, वह उसको छोड़ कर अन्य फूल के पास क्यों जाय?' यहाँ सम्बन्ध और असम्बन्ध दोनों के होने की स्थितियों के आधार पर उपमानों का संयोजन है। इसी प्रकार प्रेम की निरन्तर व्याप्ति और उसके लिए पूर्व उत्सर्ग भाव की अभिव्यक्ति के लिए चम्पा और भौंरा का दृष्टान्त चित्र प्रस्तुत किया गया है,

'चंपा प्रीति जो बेलि है दिन दिन आगरि बास।
गरि गुरि आपु हेराइ जौं मुएहु न छाँड़ै पास।।'

जायसी द्वारा प्रस्तुत अनेक चित्रों में कतिपय अलंकारों का प्रयोग मिलजुल गया है। सादृश्य-धर्म पर आधारित अलंकारों में उपमा और रूपक के उपमान-विधान को अनेक स्थितियों में संयोजित पाया जाता है। जिस प्रकार उत्प्रेक्षा में अप्रस्तुत की सम्भावना रूप में कल्पना की जाती है, सामान्य-विशेष की सम्बन्ध के आधार पर प्रतीति अथवा प्रस्तुत अर्थ की प्रतीति का आश्रय रूप अप्रस्तुत की वर्णना अप्रस्तुत प्रशंसा में होती है। प्रस्तुत या अप्रस्तुत वस्तुओं का सादृश्य समान धर्म से एक-दूसरे के साथ सम्बद्ध होने से तुल्ययोगिता में माना गया है। इसी प्रकार निदर्शना में सम्बन्ध न होते हुए उपमान तथा उपमेय सम्बन्ध भाव की कल्पना की जाती है। और उपमान तथा उपमेय वाक्यों में एक ही साधारण धर्म का कथन प्रतिवस्तूपमा जैसे अलंकार में माना गया है। इसी प्रकार के दो वाक्यों में उपमा जैसे प्रयोग का बिम्ब-प्रतिबिम्ब भाव दृष्टान्त में माना गया है। कतिपय अन्य अलंकार भी हैं जिनका सबका अन्तर्भाव जायसी के अप्रस्तुत-विधान में एक-दूसरे से सम्बद्ध, मिला-जुला और उलझा हुआ देखा जा सकता है। एक सर्जनशील कवि के रूप में जायसी ने व्यापक रूप में बिम्ब-ग्रहण कराने की दृष्टि से अधिकांश में अप्रस्तुत-विधान किया है। उनकी दृष्टि रूप-सौन्दर्य और भाव-सौन्दर्य पर निरन्तर रही है। यह अलग बात है कि उनके वाक्य में ऐसे प्रयोग भी हैं जो काव्य-रूढ़ि की पालन की दृष्टि है और उसे सौन्दर्य-बोध और रस-व्यंजना के अनुकूल नहीं स्वीकार किया जा सकता। लेकिन उनकी काव्य-प्रतिभा तथा सर्जन-क्षमता को उनके काव्य की व्यापक अभिव्यक्ति में सहज ही देखा-समझा जा सकता है।

सन्दर्भ

प्रकरण अष्टम : भावाभिव्यक्ति और अप्रस्तुत विधान

अनु. 1 : पद्मावत 2. सिंहल द्वीप वर्णन के अन्तर्गत सरोवर ताल, वाटिका, फुलवाड़ी, नगर, राजसभा, राजभवन, राजमन्दिर, रनिवास आदि के वर्णन हैं (मुख्यतः 32-40, 47-49)। दूसरी ओर परिवेश की दृष्टि से उपवनों, सरोवरों, कूपों, बावलियों, पशु-पक्षियों आदि का वर्णन है (27-31)।

अनु. 2 : पद्मावत 2 : 27, 29; 4: 62, 65; 29 : 335, 337, 338।

अनु. 3 : पद्मावत 30 : 344, 345, 349, 350, 352, 353 और 355।

अनु. 4 : पद्मावत 9 : 94, 96; 19 : 180; 23 : 224-234। 30. नागमती-वियोगखण्ड; 31. नागमती सन्देश खण्ड; 370।

अनु. 5 : पद्मावत 5 : 65—आगे मानसरोवर पद्मावती को प्राप्त कर लेने का प्रभाव का कथन इसी प्रकार अपने अस्तित्व के रूपान्तरण में करता है—मलै समीर बास तन आई। भा सीतल गै तपनि बुझाई।। न जनौं कौनु पौन लै आवा। पुन्नि दसा भै प्राप गँवावा।। 33 : 388/10 : 99, 100, 102, 103—इस वर्णन-क्रम में उत्प्रेक्षा, अप्रस्तुत प्रशंसा, अतिशयोक्ति, विभावन जैसे अलंकारों के प्रयोग से सौन्दर्य की अलौकिकता, प्रभाव की व्यापकता, भाव की मार्मिक व्यंजना की गयी है—कोंवल कुटिल केस नग कारे। लहरन्हि भरे भुजंग बिसारे। बेधे जानु मलैगिरि बासा। सीस चढ़े लोटहिं चहुँ पासा।।—कंचन रेख कसौटी कसी। जनु घन महँ दामिनि परगसी।।...तेहि पर पूरि धरे जौं मोती। जमुना माँझ गाँग कै सोती।।...सुभर समुँद अस नैन दुइ मानिक भरे तरंग। आवत तीर जाहिं फिरि काल भँवर तेन्ह संग।। 41 : 469, 470—प्रकृति का यह अप्रस्तुत-विधान अलंकारों के संश्लिष्ट प्रयोग से रूप और भाव सौन्दर्य के साथ अलौकिक (ब्रह्म) तत्त्व की व्यंजना की गयी है...बेनी छोरि झारु जौं केसा। रैनि होइ जग दीपक लेसा।। सिर हुति सोहरि परहिं भुइँ बारा। सगरे देस होइ अँधियारा।। अनु. जा. ग्र. पृ. 70। 12 : 129—बैठि भोग रस मानहु कै न चलहु अँधिआर।। यहाँ माता के हृदय की व्यथा की सहज अभिव्यक्ति हुई है। 52 : 613। 12 : 131। 57 : 648। 42 : 489, 500। 51 : 610। 42 : 517।

अनु. 7 : पद्मावत 9 : 94—चहौं दीप वह देखा सुनत उठा तस चाउ।। 11 : 119, 123। 22 : 210।

अनु. 8 : पद्मावत 26 : 280। 27 : 315—बिनु जल मीन तपी तस जीऊ। चात्रिक भइउ कहत पिउ पिऊ।। जरिउँ बिरह जस दीपक बाती। पँथ जोवत भइउँ सीप सेवाती।।' 320—सुनु धनि पेम सुरा के पिएँ। मरन जियन डर रहै न हिएँ।। जहँ मद तहाँ कहाँ संभारा। कै सो खुमरिहा कै मँतवारा।। 2।।

अनु. 9 : पद्मावत 29 : 332—सखियों के साथ पद्मावती— जनहुँ कँवल सँग फूलीं कुईं। कै सो चाँद सँग तराई उईं।।, 333—मै कातिकी सरद ससि उवा। बहुरि गँगन रबि चाहै छुवा।। 337—मलै समीर बास सुख बासी। बेइलि फूल सेज सुख डासी।। हरियर भुम्मि कुसुंभी चोला। औ पिय संगम रचा हिंडोला।। 54 : 638—पदुमावती मन अही जो झूरी। सुनत सरोवर हिय गा पूरी।।, 639, 640।

अनु. 10 : पद्मावत 30 : 342—आह जो मारी बिरह की आगि उठी तेहि हाँक। हंस जो रहा सरीर मँह पाँख जरे तन थाक।।, 352, 354—सूरुज जरत हिवंचल ताका। बिरह बजागि सौहँ रथ हाँका।। 24 : 248, 249।

अनु. 11 : पद्मावत 12 : 132, 133। 18 : 168—इस प्रसंग में विरह की रात किस प्रकार बितायी जा रही है, उसका वर्णन है—कलप समान रैनि हठि बाढ़ी। तिल तिल मरि जुग-जुग बर गाढ़ी।। गहै बीन मकु रैनि बिहाई। ससि बाहन तब रहै ओनाई।। 169,

172—बिरहा सुभर समुँद असँभारा। भँवर मेलि जिउ लहरन्हि मारा।। विरह नाग होइ सिर चढ़ि डसा। और होइ अगिनि चँदन महँ बसा।।, 173। 21 : 199—अब तेहि बिन जग भा अँधकूपा। वह सुख छाँह जरौं हौं धूपा।। बिरह दवा अस को रे बुझावा। को प्रीतम सें करै मेरावा।।, 200—जस बिछोव जल मीन दुहेला। जल हुति काढ़ि अगिनि महँ मेला।। चंदन आँक दाग होइ परे। बुझहिं न ते आखर परजरे।। और 201।

अनु. 12 : पद्मावत 23 : 226, 227—ततखन गा हीरामनि आई। मरत पियास छाँह जनु पाई।।, 228—विरह का प्रकृति के माध्यम से वर्णन, प्रभाव की प्रक्रिया की अभिव्यक्ति अत्युक्ति होकर भी व्यंजक एवं मार्मिक है, प्रकृति सहानुभूति की भावास्थिति में प्रस्तुत—तहाँ चकोर कोकिला तिन्ह हिय मया पईठि। नैन रकत भरि आए तुम्ह फिरि कीन्ह न डीठि।।' 233, 234—हौं पुनि अहौं असि तोहि राती। आधी भेंट प्रीतम कै पाँती।। तोहिं जौं प्रीति निबाहै आँटा। भँवर न देखु केतु महँ काँटा।।, 235 और 236।

अनु. 13 : पद्मावत 30 : 361, 363, 359—इस प्रभाव को आगे देखा जा सकता है—जहँ जहँ ठाढ़ि होइ बनबासी। तहँ तहँ होइ घुंघचिन्ह कै रासी।। बुंद बुंद महँ जानहुँ जीऊ। कुंजा गुंजि करहिं पिउ पिऊ।। 31 नागमती सन्देश खण्ड से, इसमें प्रकृति के साथ मनुष्य की आन्तरिक सहानुभूति की सघन व्यंजना हुई है—फिर फिर रोई न कोई डोला। आधी रात बिहंगम बोला। तैं फिर फिर दाधे सब पाँखी। केहि दुख रैनि न लावसि आँखी।। 360।। वियोगी के प्रेम-सन्देश को लेकर चलनेवाले पक्षी का प्रभांव प्रेम की अलौकिक भाव-व्यंजना के साथ—लै सो सँदेस बिहंगम चला। उठी आगि बिनसा सिंघला।। बिरह बजागि बीच को ठेघा। धूम जो उठे स्याम भए मेघा।। 363 और 371।

अनु. 14 : पद्मावत 30 : 342, 343, 344—चढ़ा असाढ़ गँगन घन गाजा। साजा बिरह दुंद दल बाजा।। धूम स्याम धौरे घन धाए। सेत धुजा बगु पाँति देखाए।।, 345—सावन बरिस मेह अतिपानी। भरनि भरइ हौं बिरह झुरानी।।...जग जल बूड़ि जहाँ लगि ताकी। मोर नाव खेवक बिनु थाकी।।

अनु. 15 : पद्मावत 30 : 346—जल थल भरे अपूरि सब गँगन धरति मिलि एक। धनि जोबन औगाह महँ दे बूड़त पिय टेक।।, 348, 349—पिय सौं कहेहु सँदेसरा ऐ भँवरा ऐ काग। सो धनि बिरहें जरि गई तेहिक धुआँ हम लाग।।, 350 में प्रकृति के माध्यम से विरह की सघन वेदना की अभिव्यक्ति पूस जाड़ थरथर तन काँपा। सुरुज जड़ाइ लंक दिसि तापा।।... रकत ढरा माँसू गरा हाड़ भए सब संख। धनि सारस होइ ररि मुई आइ समेटहु पंख।। और 352।

अनु. 16 : पद्मावत 30 : 358, 359। 31 : 360, 361—हाड़ भए झुरि किंगरी नसैं भईं सब ताँति। रोवँ रोवँ तन धुनि उठै कहेसु बिथा एहि भाँति।। इस वाद्य-यन्त्र के अप्रस्तुत-विधान (उपमान रूप में) से सुन्दर भाव-व्यंजना की गयी है, परिस्थिति के सन्दर्भ के साथ।

अनु. 17 : पद्मावत रा. च. शु. : क. ग्र., भूमिका—प्रेम तत्त्व (पृ. 48), जायसी का रहस्यवाद (पृ. 117)।

अनु. 18 : पद्मावत 2 : 27—जबहि दीप निअरावा जाई। जनु कबिलास निअर भा आई।... पंथिक जौं पहुँचै सहि घामू। दुख बिसरै सुख होइ बिसरामू।। जिन्ह वह पाई छाँह

अनूपा। बहुरि न आइ सही यह धूपा।। 3 : 51—पदुमावति कन्या ओतारी', 'पदुम गंध बेधा जग बासा' जैसे प्रयोगों से संकेत दिये गये हैं। 4 : 61 और 65।

अनु. 19 : पद्मावत 5 : 68—बहुत सहज रूप में प्रचलित प्रयोग के स्तर पर यहाँ पिंजड़े से सांसारिक जीवन की असारता की व्यंजना की गयी है। पिंजर जेहि क सौंपि तेहि गएऊ। जो जाकर सो ताकर भएऊ।।, 8 : 91 । 9 : 93 हीरामनि हौं तेहि क परेवा। कंठा फूट करत तेहि सेवा।।, 96—जनु होइ सुरुज आइ मन बसी। सब घट पूरि हिएँ परगासी।। नखशिख खण्ड 10 के वर्णन-क्रम में विभिन्न अंगों के उपमानों के संयोजन में इस प्रकार की अलौकिक व्यंजना निरन्तर चलती है (99 से 118 दोहे तक)। उदाहरण के लिए बालों की कल्पना मलयगिरि (शरीर) की सुगन्ध से बेधे हुए नागों के रूप में (बेधे जानु मलैगिरि बासा) अथवा अष्टकुल के नागों के अधिपति को बन्दी बनानेवालों के रूप में की गयी है।

अनु. 20 : पद्मावत 11:121, 122, 123, 125—हिएँ की जोति दीप वह सूझा। यह जो दीप अँधिअर भा बूझा; 15:158-देखि मानसर रूप सोहावा। हियँ हुलास पुरइनि होइ छावा।। गा अँधियार रैनि मसि छूटी। भा भिनुसार किरिन रबि फूटी।।, 159...न जनौं आजु कहाँ दिन उवा।। पवन बास सीतल लै आवा। कया डहत जनु चंदन लावा।।...निकसत आव किरिन रबि रेखा। तिमिर गये जग निरमर देखा।; 16:160।

अनु. 21 : पद्मावत 27:303—सोरह कराँ दिस्टि ससि कीन्ही। सहसौ करा सुरुज कै लीन्ही।। भा रबि अस्त तराइन हँसें। सुरुज न रहा चाँद परगसें।।, 306, 308-चाँद के रंग सुरुज जौं राता। देखिअ जगत साँझ परभाता।।; 27 : 320, 321, 322, 324-जत खन भान कीन्ह परगासू। कँवल करी मन कीन्ह बिगासू।।

अनु. 22 : भामहः काव्यालंकार, 2:85; दण्डी : काव्यादर्श, 2 : 1; वामन, काव्यालंकारसूत्र, 3:1, 2 और वृ. । : । : 1, 2। रा. चं. शु. : जा. ग्रं., प. 79।

अनु. 23 : पद्मावत 2 : 27-जबहि दीप निअरावा जाई। जनु कबिलास निअर भा आई।।; 37, 40, 41, 48—लाग खंभ मनि मानिक जरे। जनहु दिया दिन आछत बरे। देखि धौरहर कर उँजियारा। छपि गे चाँद सूर औ तारा।।; 3: 50-जस अंचल झीने महँ दिया। तस उजियार देखावै हिया।।, 54। 4 : 59, 61—ससि मुख अंग मलैगिरि रानी। नागन्ह झाँपि लीन्ह अरघानी।। ओनए मेघ परी जग छाहाँ। ससि की सरन लीन्ह जनु राहाँ।।

अनु. 24 : पद्मावत 4 : 61, 62—चकई बिछुरि पुकौरै कहाँ मिलहु हो नाँह। एक चाँद निसि सरग पर दिन दोसर जल माँह।।, 7 : 82—जौं बोलै राजा मुख जोवा। जनहुँ मोति हिअ हार पिरोवा।। जनहुँ मारि मुख अंब्रित मेला।, 8 : 84—दिनहिं न पूजै निसि अँधियारी।।, 87—वै जस दिन तूँ निसि अँधिआरी। जहाँ बसंत करील को बारी।।

अनु. 25 : 9 : 96—अब हौं सुरुज चाँद वह छाया। जल बिनु मीन रकत बिनु काया।। किरनि करा भा पेम अँकूरू। जौं ससि सरग मिलौं होइ सूरू।।, 10 : 100, 101—का सरबरि तेहि देउं मयंकू। चाँद कलंकी वह निकलंकू।। औ चाँदहि पुनि राहु गरासा। वह बिनु राहु सदा परगासा।।, 102—भौंह धनुक धनि धानुक दोसर सरि न कराइ। गगन धनुष जो ऊगवै लाजन्ह सो छपि जाइ।।, 103, 104—इसी प्रकार अन्य कल्पनाएँ की गयी हैं—धरती बान बेधि सब राखी। साखा ठाढ़ि देहिं सब साखी।।

अनु. 26 : 10 : 105 अप्रस्तुत-संयोजन के विचित्र्य से सौन्दर्य की व्यंजना—अधर दसन पर नासिक सोभा। दारिवँ देखि सुआ मन लोभा। खंजन दुहुँ दिसि केलि कराहीं। दहुँ वह रस को पाव की नाहीं।।, 106—अधर सुरंग अमिअ रस भरे। बिंब सुरंग लाजि बन फरे।। फूल दुपहरी मानहुँ राता। फूल झरहिं जब जब कह बाता।।, 106, 107, 109, 110 और 117।

अनु. 27 : 15 : 154—कवि रूपक की कल्पना को व्यापक सन्दर्भों के बीच में अप्रस्तुतों के माध्यम से संयोजित करता है और उससे लोकोत्तर व्यंजना करता है—मुहमद मद जो परेम का किएँ दीप तेहि राख। सीस न देइ पतँग होइ तब लगि जाइ न चाख।।, 155—पूरी प्रकृति के परिवेश के चित्र की कल्पना के साथ मनःस्थिति की अभिव्यक्ति—गै अवसान सबहिं कै देखि समुँद कै बाढ़ि। निअर होत जनु लीलै रहा नैन अस काढ़ि।।, 169—अंग अनल अस कँवल सरीरा। हिय भा पियर पेम की पीरा।। चहै दरस रबि कीन्ह बिगासू। भँवर दिस्टि महँ कै सो अकासू।। 171—अप्रस्तुत-विधान का नियोजन दृष्टान्त के समर्थन रूप में अर्थ की आन्तरिक सघनता को व्यंजित करता है—जब लगि पीउ मिलै तोहिं साधु पेम कै पीर। जैसे सीप सेवाति कहँ तपै समुँद मँझ नीर।। 15 : 213—गँगन मेघ जस बरिसहिं भले। पुहुमि अपूरि सलिल होइ चले।। साएर उपटि सिखर गा पाटी। जरै पानि पाहन हिय फाटी।। 23 : 235 बुँदहि समुँद जैस होइ मेरा। गा हेराइ तस मिलै न हेरा।। रंगहि पानि मिला जस होई। आपुहि खोइ रहा होइ सोई।।, 237—सुवा क बोल पवन होइ लागा। उठा सोइ हनिवँत अस जागा।। चाँद मिलन कहँ दीन्हेउ आसा। सहसौ कराँ सूर परगासा।।

अनु. 28 : 24 : 247—जबहिं सुरुज कहँ लागेउ राहू। तबहिं कँवल मन भएउ अगाहू।। बिरह अगस्ती बिसमौ भएऊ। सरवर हरख सूखि सब गएऊ।।, 250, 251—भावों की यह व्यंजना दावाग्नि, धुआँ, उदधि, तरंग आदि उपमानों से सघन हो गयी है और अपनी व्यापकता में लोकोत्तर भी—दवैं बिरह दारुन हिय काँपा। खोलि न जाइ बिरह दुख झाँपा।। उदधि समुँद जस तरँग देखावा। चखु कोटिन्ह मुख एक न आवा।।, 254—प्रीति के लिए 'बेलि' का उपमान 'दाख रस' के अप्रस्तुत की कल्पना में सांग रूप ग्रहण करता है—प्रीति बेलि अरुझाइ जौं तब सो छाँह सुख साख। मिलै जो प्रीतम आइ कै दाख बेलि रस चाख।।; 27 : 302—पदुमिनि गवँन हंस गौ दूरी। हस्ती लाजि मेल सिर धूरी।। बदन देखि घटि चंद छपाना। दसन देखि छबि बीजु लजाना।। और 311।

———